本书得到中国教育发展基金会、中国人民大学公共治理研究院资助

中国大学教育基金会发展报告

(2018)

《中国大学教育基金会发展报告》编写组／编

THE DEVELOPMENT REPORT OF

THE CHINESE UNIVERSITY EDUCATION FOUNDATION (2018)

社会科学文献出版社
SOCIAL SCIENCES ACADEMIC PRESS (CHINA)

编写说明

本报告由中国人民大学公共治理研究院教育基金研究中心与华北电力大学世界一流大学教育基金研究中心共同完成。本报告编写团队中既有长期以来关注大学基金问题的专家学者，也有从事大学基金会实务的一线管理人员。他们分别是北京大学教育基金会副秘书长赵文莉，清华大学教育基金会副秘书长王丹，中国人民大学教育基金会副秘书长王志成，云南大学教授罗志敏，北京语言大学副教授余蓝，北京师范大学中国公益研究院慈善法律研究中心主任黎颖露，中国矿业大学（北京）副教授莫蕾钰、许文文，浙江大学助理教授林成华，华北电力大学教育基金研究中心副主任、中国人民大学公共治理研究院研究员杨维东。本书由中国人民大学公共治理研究院院长程天权作序。

本报告主要分为总报告、实务操作篇、理论篇、制度环境篇等部分。旨在通过反映教育基金行业发展现状，分析行业发展过程中面临的突出问题，推动教育基金行业健康可持续发展。

本报告的编撰工作历时近一年，从确定选题到最终形成文稿，经过了立意、撰写提纲、反复讨论以及最终定稿的过程。

序　言

　　中国社会有着悠久的做公益慈善的文化传统，这种传统几乎涌动于每一个人的真善美品格中。改革开放以来经济快速发展，中国社会积蓄了相当的物质基础，它们正在有序释放到社会领域的方方面面，深刻影响着每个人的生活。在这一进程中，有一种重新出现的组织形式，伴随着我国高等教育的发展，在大学校园中担负着多渠道筹集办学资金、传承传统慈善文化的使命，这就是大学教育基金会。与一般其他基金会这种组织形式一样，大学教育基金会也是舶来品，但它扎根中国大地二十余年来，较好地实现了与中国国情的相互融合，与中国高等教育发展阶段相匹配。通过大学教育基金会这一桥梁与纽带，包括大学、校友、社会各界人士在内的相关群体，越来越紧密地联系在一起，共同推动我国高等教育事业的可持续发展，高等教育命运共同体的理念正在逐步成型。许多大学教育基金会成立不久即取得了突出的业绩。

　　在大学教育基金会取得令人瞩目的成绩的同时，我们也清醒地看到，我国大学教育基金会发展模式、治理路径还存在诸多不适应高等教育发展之处，与国外相比，服务培育人才和教学科研的能力与水平还存在一定差距，其赖以存在的制度环境也处于变动中，大学教育基金会的资源整合作用远未得到有效发挥。当然，总体上我们还是对中国大学教育基金会发展充满信心，因为事物的发展变化总是处于应对问题和解决问题的过程中，这一规律同样适用于总体处于上升期也在努力适应环境变化的大学教育基金会。

　　这本《中国大学教育基金会发展报告（2018）》正是在这样的背景下与大家见面的，它一方面力求全面总结过去几年来我国教育基金会发展建设情况，另一方面前瞻性地对影响教育基金会事业可持续发展的筹资和投资等重要问题进行专题研究，是在我国大学教育基金会发展过程中，特别需要回顾与总结的关键时点出现的一本纵览式读物，能帮助大学教育基金会管理人员树立信心，减少迷茫感。

　　本书是在中国教育发展基金会的大力资助下完成的，中国人民大学公共治理研究院负责组建写作团队并提供了部分配套资金。本书具有以下几个方面的特点。

　　从写作时机看，党的十九大描绘了迈进新时代、开启新征程、夺取新胜利的宏伟蓝图。大学教育基金会的创新发展，必须深刻把握新时代的新要求，以新气象新作为谱写新时代的新篇章；同时，深化教育综合改革和双一流建设已经破题，大学教育基金会在其中扮演什么样的角色，发挥什么样的作用，亟待通过顶层设计加以明确；最后，中央巡视组对大学教育基金会提出的若干意见，也应进行深入学习并加以落实。总之，深入思考大学教育基金会战略性问题的时机已经成熟。

从结构与内容上看，书中既包括宏观的以数据分析为基础的大学教育基金会概览，也涉及大学教育基金会筹资影响因素、财务管理体制、项目管理等微观性问题；既包括基金会通用的管理问题，也涵盖财政配比政策、慈善文化传承等大学教育基金会个性化特征。在考虑大学教育基金会管理共性的同时，更多地关注其治理特殊性。

从写作人员看，本书既有关注大学教育基金会的专家学者及科研院校专业人员，也有从事大学教育基金会实务的一线管理人员。事实上，写作团队的多元化特征，本身就为大学教育基金会理论与实务对话和交流提供了平台。这一平台的搭建，在一定程度上实现了理论研究与实务操作的良性互动，而这正是大学教育基金会可持续发展不可或缺的重要因素。

总体来看，《中国大学教育基金会发展报告（2018）》对这一特定行业发展相关问题都做了较为深入的研究，是编写团队集体智慧的结晶。本书的目的在于分析大学教育基金会环境变化情况，把握我国公益慈善环境日益成熟的机遇，从实际出发，有针对性地研究分析大学教育基金会体制机制改革过程中出现的新情况，及时回答大学教育基金会服务双一流建设过程中需要研究解决的各种问题。

即便如此，这本书想要完全呈现大学教育基金会二十余年的积累沉淀也是困难的，只是对这一领域的截面式、针对性的概览。我们也想通过此书，呼吁更多的研究者加入对这一特殊领域研究的团队当中来。新时代新气象，中国人民大学公共治理研究院将一如既往开展大学教育基金会相关研究，会聚相关领域专家学者，围绕大学教育基金会作用有效发挥、慈善文化传承等重点问题进行系统研究。

不忘初心，牢记使命。在教育体制综合改革的背景下发展大学教育基金会事业，应将资助教学科研与师生员工这一初心与使命作为发展的基本原则和前提，探索相关激励约束机制，健全内控体系，守好底线，杜绝盲目筹资行为，减少对大额捐赠的过度迷信，扎实做好基础性工作，更好地推动学校事业发展。

　　当然，由于大学教育基金会行业的特殊性，编写团队搜集的资料有限，特别是因为大学教育基金会登记类型的差别，信息公开的要求与时间点也不一样，致使本书部分指标的时效性不足。同时，由于研究能力有限，本书的内容与观点难免存在不全面、不准确甚至错误之处，敬请业内专家与广大基金会从业人员批评指正。

　　再次感谢中国教育发展基金会对本书编写的资助与支持，也感谢编写团队的用心工作，是你们用心记录了大学教育基金会的成长历程。同时，感谢一直默默无闻地从事大学教育基金会工作的实践者们，你们正在从事的是功在当下、利在千秋的事业。在本书出版前夕，编写团队邀我作序，上述感言，聊以为序。

中国人民大学公共治理研究院院长

中国人民大学教育基金会原理事长

程天权

目　录

总报告
中国大学教育基金会：过去、现在与未来

一　中国大学教育基金会成立的初衷

大学教育基金会从 21 世纪初散见于我国几所顶尖大学，到现在有五百余家的规模，成为大学治理体系中的标准配置。这一新的组织形式用不到三十年的时间完成了在中国高等教育领域的普及与推广。在回顾我国大学教育基金会发展历程前，我们有必要先了解一下大学教育基金会存在的基础，或者说高校成立基金会的原动力及初衷是什么。

大学教育基金会存在的价值，体现在其以独特的组织形式帮助大学解决特定问题，特别是财务供给问题上，具体方式则会受到一国法律、文化以及高等教育体制等方面的影响。以美国为例，公立大学才会成立专门的大学教育基金会（Foundation），私立大学则大多以捐赠基金（Endowment）的形式运营大学捐赠基金。具体到我国，大学教育基金会能够为大学解决的现实问题主要体现在以下方面。

首先，大学教育基金会解决了外来教育捐赠接收渠道问题。20 世纪 80 年代中后期，随着改革开放和对外交流的逐步深入，港澳台地区及海外华人华侨对我国教育事业的捐赠越来越多，这类捐赠人大多希望参照国外大学捐赠模式，将自己的捐赠与现有高校的财政拨款渠道相区别，相对独立地开展公益项目。1986 年，荣毅仁、霍英东等人在香港注册成立了暨南大学教育基金会，推动了八年后我国内地第一批大学教育基金会的产生。尽管目前仍有部分社会资金通过大学渠道（2016 年清华大学财务决算显示，清华大学直接接受捐赠资金40666.24 万元；北京大学财务决算显示，北京大学直接接受捐赠资金 8558.55万元）实现，但越来越多的学校鼓励捐赠资金纳入大学教育基金会统一管理。2017 年，中央巡视组对北京师范大学进行了巡视，北京师范大学在巡视整改情况通报中明确提出，完善校内单位募集捐款监管，统一由教育基金会与捐赠方签署协议，进一步明确了教育基金会在捐赠事务管理中的主体责任。

其次，大学教育基金会这一组织形式解决了社会资金捐赠免税问题。随着公益慈善活动在内地的兴起，捐赠人的免税意识与诉求越发强烈。尽管免税与否并不是所有捐赠人的核心诉求，但免税终究是提高筹资竞争力的重要砝码之一。我国相关税收政策规定，符合条件的公益性社会团体和基金会才具有相应免税资格，包括高等学校在内的其他机构都得不到免税资格。不仅如此，向基金会捐赠申请免税还需符合一定条件：一是捐赠对象必须是国务院民政部门批准成立的非营利公益性基金会；二是这些基金会捐赠税前扣除资格要经过各级财税部门确认才可获得。符合上述条件后，纳税人通过基金会用于公益救济性的捐赠，方可准予在计算缴纳企业和个人所得税时税前扣除。因此，为满足捐赠人的免税诉求，部分出自税收方面的考虑，高校纷纷成立自己的教育基金会。

最后，也是对高校成立基金会产生最大推动作用的因素，就是中央财政及省市财政对高等学校捐赠收入配比政策。2009 年，财政部、教育部制定并下发了《中央级普通高等学校捐赠收入财政配比资金管理暂行办法》，鼓舞了中央级高校设立教育基金会的热情，进一步加快了大学建立教育基金会的步伐，正是此时，原"985"和"211"院校先后在民政部或省级民政局注册成立教育基金会。不仅是中央层面，为进一步支持高校拓宽筹资渠道，浙江、深圳、北京、湖北、山东等省份也相继设立了省市级财政配比资金，对本地区高校接受社会捐赠收入给予奖励补助，其中深圳市明确市级财政每年将安排人民币 5 亿元配比资金，鼓励社会各界捐赠普通高等学校。伴随着一系列支持举措的出台，大学教育基金会事业进入快速发展时期。

除此之外，大学教育基金会还在不同类型的学校中发挥着不同的作用。我国民办学校实行分类管理后，部分民办学校成立了自己的大学教育基金会，起到了联结营利性办学主体与非营利性民办学校的纽带作用；也有的学校在特殊时期，将公款消费隐身于教育基金会，或是将合作办学收入与捐赠收入互为融通。当然，随着各项管理的日益规范，后两种现象日渐消失。

总之，大学教育基金会发展在我国呈现出明显的问题导向与政策导向特征，现有五百余家大学教育基金会分布于不同层次的高校中，为高校解决发展过程中这样或那样、显性或隐性的问题，日益证明自身的存在价值。

二　中国大学教育基金会发展历程

事实上，大学教育基金会的发展历程，就是这一特殊的组织形式在不同阶段、以不同方式帮助大学解决现实问题的过程。首先要说明的是，大学教育基金会发展具有极强的依附性，这种依附性不仅体现在大学的日常管理上，而且体现在其受到国家经济社会发展，特别是高等教育发展的深刻影响。

从表1我国大学教育基金会成立时间可以看出，大学教育基金会的作用逐渐被认可，伴随着几个重要政策法规的出台，如基金会管理条例、中央财政配比办法等。大学教育基金会成立的几次高峰，都与这些时间节点重合（见图1）。从这一点上看，大学教育基金会的可持续发展，应更加注重与其他基金会、社会组织的发展相区别，而不是一味地盲目追求大学教育基金会的独立自主发展。

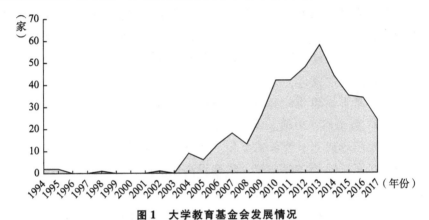

图1　大学教育基金会发展情况

表1　大学教育基金会成立时间

单位：家

年份	数量	年份	数量
1994	2	2006	13
1995	2	2007	18
1996	0	2008	13
1997	0	2009	26
1998	1	2010	42
1999	0	2011	42
2000	0	2012	48
2001	0	2013	58
2002	1	2014	44
2003	0	2015	35
2004	9	2016	34
2005	6	2017	24

20世纪末以来，随着招生规模的不断扩大，我国高等教育实现了从精英教育向大众化教育的转变。在这一进程中，财政经费投入与保障水平逐年提升，2017年的财政部、教育部公报显示，2016年全国高等教育经费总投入为10110亿元，比2015年增长了6.22%，比2010年的5629亿元几乎翻了一番。然而，财政资金的刚性要求与大学发展的机动性要求之间，一般性保障与大学卓越性发展之间总是存在矛盾，众多高校还是面临办学经费紧张的问题，财政压力已经开始制约大学的可持续发展。各高校在证明了举债发展这条路不通后，为了摆脱财务困境，在获得财政经费、争取科研经费、收取学费的同时，逐步探索借鉴国外大学经验，争取社会上的经费支持，相继设立教育基金会向社会筹措办学资金，并对资金进行科学有效管理以实现增值。与此同时，高净值人群数量的增加以及公益慈善文化的日渐形成，也为大学筹资营造了良好的外部环境。

在这一背景下，20世纪90年代中期，清华大学、北京大学相继成立了教育基金会，21世纪初，中国人民大学、浙江大学、上海交通大学、复旦大学等部属高校也陆续成立了教育基金会。目前，各级各类大学（学院）基金会组织共计527家，42所世界一流大学建设高校当中，除了国防科技大学和云南大学[①]外都成立了大学教育基金会组织。

在近年来的高等教育办学实践中，这些大学教育基金会承担着拓宽大学资金渠道、改善大学办学条件、提高办学质量的重任，在推动高等教育事业健康发展方面做出了有益的探索，已经成为面向社会筹资、补充教育经费的重要平台。[②] 大学教育基金会的相继成立，标志着我国高等院校的筹资工作从被动、零星地接受捐赠发展到主动、有计划、系统地开展筹款工作，标志着高校筹资工作正在走向规范化和专业化。

2017年9月，世界一流大学和一流学科建设高校及建设学科名单正式公布，首批双一流建设高校共计137所，其中世界一流大学建设高校42所。应该看到，双一流建设不是一朝一夕之事，它是一项长期任务，需要各方共同努力，高校只有不断拓宽筹资渠道，积极吸引社会捐赠，健全社会支持长效机制，多渠道汇聚资源，才能增强自我发展能力。2017年1月国务院印发的《国家教育事业发展"十三五"规划》中，明确了"十三五"时期教育改革发展的指导思想与主要目标，其中在统筹推进世界一流

---

① 云南大学教育基金会正在办理相关注册手续。
② 杨维东：《大学基金会治理问题研究》，中国政法大学出版社，2015。

大学和一流学科建设部分也提出，要通过不同途径给予相应经费支持，动员各方力量积极参与双一流大学建设，增强高校财务自主权和统筹安排经费的能力。

从世界一流大学治理实践来看，实力雄厚、管理高效、反哺能力强的大学捐赠基金，有力地支撑着大学发展，同时也形成了一股助推学校治理不断优化、人才培养质量不断提升的强大作用力。可以说，发展教育基金事业，多渠道汇聚资源既是今后高校建设双一流的若干子目标之一，也是建设世界一流大学的有力保障，更是大学社会责任的体现。可以想见，随着双一流建设进程的推进，大学教育基金会必将在其中发挥越来越重要的作用。

然而，应该看到教育基金会这一组织形式扎根中国二十余年来，尽管取得了相当大的成就，但与国外一流大学教育基金会相比，我们在捐赠资金规模、资金管理水平等方面还有较大差距，特别是在筹资策略、方法等方面缺乏战略性规划，筹资主动性欠缺，后续项目管理、反馈机制不健全，校友管理创新性不足，面对潜在捐赠者，筹资项目吸引力、竞争力较差。

因此，应根据教育基金会定位、机制、运行、监管等方面的特殊性，对其发展过程中存在的问题进行全面分析与通盘考虑。同时，大学教育基金会发展的内外部环境、政策法律、治理模式都发生了巨大变化，亟待对其发展模式进行反思与回顾，对其发展的中国路径进行合理规划，为建设世界一流大学和一流学科提供有力支持。

三　中国大学基金会发展现状

（一）发展概况

1. 总体数量

我国大学教育基金会地域分布广泛，注册层级多样，信息公开程度相对不高且动态性强，因此搞清楚到底有多少家大学教育基金会并不是一件容易的事。尽管如此，我们还是尝试尽可能全面地展示行业发展情况。

截至 2017 年 12 月 6 日，我们在中国社会组织网上以"大学"为关键字检索到基金会 356 家，以"学院"为关键字检索到 214 家，合计 570 家。我们逐一删除了其中不符合大学教育基金会基本特征的部分基金会，如附中基金会、大学附属医院基金会、早期成立的院级基金会等，最终筛选出成建制的大学教育基金会 527 家。

42 所世界一流大学建设高校当中，仅有国防科技大学、云南大学尚未成立大学教育基金会；95 所世界一流学科建设高校当中，仅西南财经大学、西北大学等 12 家高校还没有成立大学教育基金会，其中仅西南财经大学一家是部属高校。因此，教育部部属 75 所高校中，也仅有西南财经大学一家没有成立大学教育基金会。

需要说明的是，中国石油大学、中国地质大学、中国矿业大学这三所学校异地办学，都有各自的教育基金会。因此，首批 137 所双一流建设高校当中共有 123 所高校成立了 126 家大学教育基金会。

2. 类型分析

截止到 2017 年 12 月 6 日，中国社会组织网统计数据（见图 2）显示，全国社会组织共计 762053 个，其中基金会共 6073 家，包括大学教育基金会 527 家，占所有基金会的 8.68%。

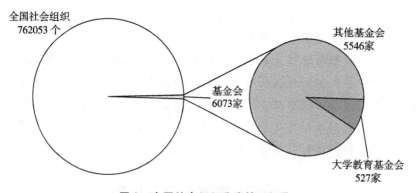

图 2　全国社会组织分类情况概览

3. 地区分布

基于中国社会组织网 527 家大学教育基金会的数据，我们整理了大学教育基金会省市分布情况，除西藏自治区以外，我国内地其他省份均有大学教育基金会组织，基本实现了全覆盖，其中，江苏、浙江、广东、北京等省份数量较多。分析显示，大学教育基金会分布与地区经济发展程度、高等教育资源聚集程度、省市财政支持力度等因素呈现一定的相关性。

4. 注册层级

由于中国社会组织信息查询平台披露的基础信息不全，所以，我们基于基金会中心网中的 413 家大学教育基金会统计数据整理了注册层级、发起学校类型等其他相关信息。

图 3 显示，仅有 5% 左右的高校基金会在民政部注册登记，绝大多数

（84.99%）的大学教育基金会在省级民政部门登记，其中包括省属高校，也包括相当多的部属高校。因此，同样是部属高校，存在注册登记层级不一致的问题，相应的，信息披露、信息公开时点要求等各个方面都会形成差异化管理。

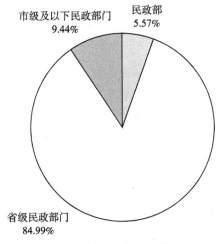

图3　大学教育基金会注册层级

5. 发起类型

大学教育基金会的特殊性，集中体现在与其所依托大学的关系上。我们根据基金会中心网中413家大学教育基金会相关信息，对发起（挂靠）学校类型进行了统计分析。

统计显示，接近90%的大学（学院）教育基金会发起单位是普通本科公立院校，6.78%的大学（学院）教育基金会由民办本科学校发起，余下部分大学（学院）教育基金会由独立学院、中外合作办学及高职院校发起。这一分布特点与我国高等教育发展特点、各级财政配比政策覆盖范围相一致。

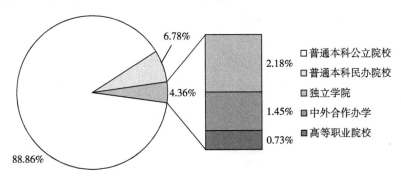

图4　大学教育基金会发起学校类型

6. 理事数量

现行《基金会管理条例》规定，基金会设理事会，理事为 5～25 人。在基金会中心网统计的 413 家大学教育基金会当中，有 310 家大学教育基金会公布了理事数量，我们对其进行了整理分析。从图 5 可以看出，大多数大学教育基金会理事在 15 人以下，其中 11～15 人的理事会最多。

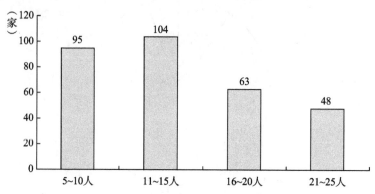

图 5　大学教育基金会理事会人员

7. 理事长身份

大学教育基金会理事长的身份特征，在一定程度上表明了基金会在学校的地位，也是基金会筹款活动的重要支撑。大学教育基金会发展初期，理事长一般由学校党委书记担任。党的十八大后，随着领导干部兼职行为的日益规范，理事长身份呈现出多元化的特征。在基金会中心网统计的 413 家大

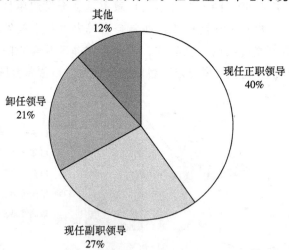

图 6　大学教育基金会理事长身份

说明：其他中包含了校长助理、校友办主任等。

学教育基金会当中，有 284 家公布了理事长身份信息。如图 6 所示，其中 40% 由现任正职领导（一般是党委书记）担任，27% 由副校长等副职校领导担任。此外，还有 21% 的基金会理事长由卸任校领导担任，这一情况主要是因为理事长从党委书记任上退休，但理事会尚未换届。

8. 人员数量

在基金会中心网统计的 413 家大学教育基金会当中，仅有 282 家公布了专职工作人员数量有关信息，我们对这些数据进行了整理。其中近一半的大学教育基金会工作人员数量在 1~5 人，20 人以上的仅有 7 家。特别要说明的是，其中 79 家大学教育基金会专职工作人员人数为零，这一情况并非大学教育基金会没有专职工作人员，而是基金会日常工作人员大多隶属于校内其他行政单位，这也从另一个侧面说明了大学与其基金会与生俱来的关系。

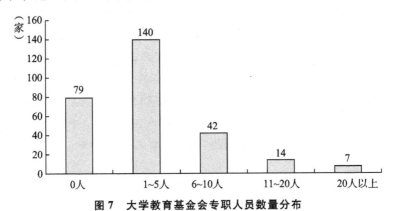

图 7　大学教育基金会专职人员数量分布

（二）财务分析

1. 2012~2015 年捐赠收入趋势分析

截至 2017 年 12 月 8 日，除了部分原"985"大学公布了 2016 年年报外，其他绝大多数大学教育基金会并未披露 2016 年的相关数据。因此，我们只能根据基金会中心网中 413 家大学教育基金会信息，汇总这些大学教育基金会 2012~2015 年捐赠收入情况。

从图 8 捐赠收入趋势中可以看出，2012~2015 年大学教育基金会捐赠收入并没有呈现出一路上扬的趋势，而是处于一种相对温和的波动状态，整体上捐赠收入总量为 60 亿~70 亿元的规模。捐赠收入的波动受到多种因素影响，如部分高校集中校庆、经济下行等。

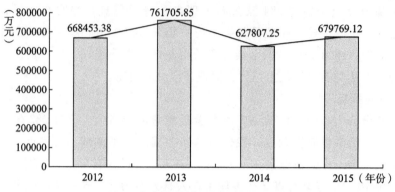

图8　大学教育基金会捐赠收入趋势

2. 2012～2015年捐赠支出趋势分析

从捐赠支出角度看，尽管在2014年有些小幅波动，但捐赠支出始终维持在40亿元规模上下，总体相对稳定。但从捐赠支出与高校总支出占比情况来看，这一比例依然偏低。财政部科教司司长赵路2017年4月在中国人民大学公共治理研究院举办的"世界一流大学建设与教育基金发展的中国路径"研讨会上透露，2015年全国高校总收入是9364亿元，财政拨款占62.4%，学费收入占32.2%，捐赠收入占0.5%，其他收入占4.9%。按照图9的数据，2015年41.7亿元的捐赠支出规模仅占高校总收入的0.44%，比例与财政部数据总体一致但略低。

图9　大学教育基金会捐赠支出趋势

3. 2012～2015年净资产趋势分析

与捐赠收入的波动情况不同，2012～2015年，413家大学教育基金会净资产翻了一番，达到了300亿元的量级（见图10）。尽管相对于美国大学基金会（哈佛大学基金会2017年底的资金达到了441亿美元，约3000亿元人民币），或国内其他基金会（中国社保基金管理运营资金已达 2 万亿元）来说整体规模依然较小，但发展趋势不容小觑。照此增长速度，5~8 年时间大学教育基金或可接近千亿元规模。

图 10　大学教育基金会净资产趋势

（三）一流大学建设高校大学教育基金会指标分析

2017 年 9 月，世界一流大学和一流学科建设高校及建设学科名单正式公布，首批双一流建设高校共计 137 所，其中世界一流大学建设高校 42 所（主体是原"985"高校）。这 42 所大学当中，仅国防科技大学、云南大学未发起成立基金会。尽管其余 40 所大学教育基金会仅占到我国大学教育基金会总数量的不到 10%，但其捐赠收入、基金总规模等重要指标却有着极强的代表性，以 2015 年为例，这部分大学教育基金占到所有大学教育基金捐赠收入的73%，净资产占到 71%。因此，我们对这 40 所大学教育基金会 2016 年的相关信息进行重点解读。

1. 2012~2016 年收入趋势分析

与大学教育基金会整体情况类似，40 所一流大学建设高校基金会捐赠收入在 2012~2016 年的 5 年间同样存在波动情况。主要体现在 2014 年，由上一年度的 50 亿元降到了 42 亿元。不过，经过短暂调整，捐赠总额在 2016 年达到了 53亿元（见图 11）。

从捐赠收入分布情况来看，由于苏世民项目的实施，2016 年清华大学教育基金会实际捐赠收入突破 10 亿元规模。12 家大学基金会捐赠收入过亿元，24 家筹款超过千万元（见图 12）。需要说明的是，尽管部分高校协议到账金额较大，但实际到账往往会大打折扣。

从捐赠收入排名前十的大学教育基金会可以看出（见表 2），排名第一的

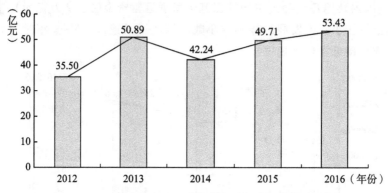

图11　40所一流大学建设高校教育基金会捐赠收入趋势

清华大学教育基金会筹资额超过排名第二的北京大学教育基金会10亿元，是同济大学教育发展基金会的十余倍，可谓一枝独秀。同时，这一排名情况动态性较强，筹款情况受到校庆活动等事件影响，如厦门大学2016年筹资近4亿元，就是以厦大95周年校庆活动为契机的。

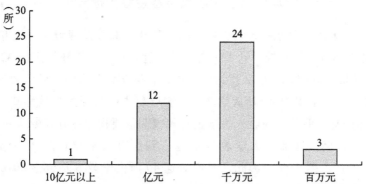

图12　40所一流大学建设高校教育基金会捐赠收入规模分布

表2　2016年捐赠收入排名前十

基金会名称	捐款收入（万元）
清华大学教育基金会	158931.87
北京大学教育基金会	57049.67
厦门大学教育发展基金会	39963.06
浙江大学教育基金会	35288.00
上海交通大学教育发展基金会	27523.46
中山大学教育发展基金会	20216.81
复旦大学教育发展基金会	16720.14

续表

基金会名称	捐款收入（万元）
武汉大学教育发展基金会	16156.04
上海同济大学教育发展基金会	13067.09
南京大学教育发展基金会	11460.68

2. 2012～2016年净资产趋势分析

与大学教育基金会整体发展趋势类似，40所一流大学建设高校教育基金会的净资产从2012年的不到100亿元规模，一举跃升到了2016年的230亿元规模，并且年度增幅较为均衡（见图13）。照此速度，至2018年底，40所一流大学建设高校教育基金会净资产或可突破300亿元。

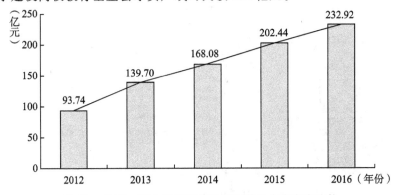

图13　40所一流大学建设高校教育基金会净资产趋势

从规模分布情况（见图14）来看，40所一流大学建设高校教育基金会净资产规模差异较大，净资产10亿元以上的较少（5家），其中50亿元以上的1家。千万级8家，百万级1家。大部分学校教育基金会（26家）净资产在亿元以上10亿元以下，整体上看马太效应日益显现。

以纺锤形图展示这种差异，效果更加直观。从图15中可以看出，清华、北大基金占据顶尖位置，新晋世界一流大学建设高校的新疆大学排名最后。中间是一些原"985"大学，其中值得注意的是，北京地区高校，除了清华、北大和中央民族大学外，都处于中间位置，而居于第二梯队的浙江大学、上海交通大学、南京大学都处于经济较为富庶的长三角地区。

表3为40所大学教育基金会2016年净资产具体金额及排名情况，这一排名也是所有大学教育基金会的净资产排名。即便是TOP10的大学教育基金会，排名第一的清华大学教育基金会净资产是排名第十的北京师范大学教育基金会净资产规模的十余倍。

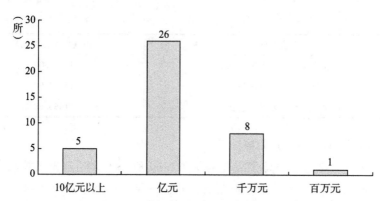

图 14 40 所一流大学建设高校教育基金会 2016 年净资产分布情况

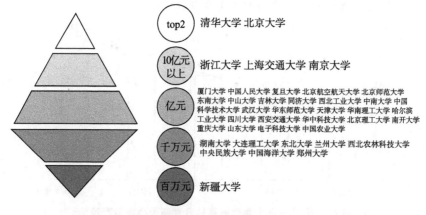

图 15 40 所一流大学建设高校教育基金会 2016 年净资产纺锤图

表 3 2016 年 40 所大学教育基金会净资产前十名情况

基金会名称	净资产（万元）
清华大学教育基金会	630104.97
北京大学教育基金会	444266.93
浙江大学教育基金会	203783.72
上海交通大学教育发展基金会	111866.66
南京大学教育发展基金会	103642.14
厦门大学教育发展基金会	80676.57
中国人民大学教育基金会	61001.06
北京航空航天大学教育基金会	59387.49
复旦大学教育发展基金会	58977.56
北京师范大学教育基金会	54265.79

3. 捐赠支出与学校总支出占比

大学教育基金支出占学校总支出的比例，反映了大学基金会在学校财务体系当中的分量与贡献，也是大学多渠道筹资的能力证明。如图 16 所示，在 42 所一流大学建设高校中仅有 29 家公开了 2016 年的财务信息，基于这些数据，我们统计了 2016 年捐赠收入前 20 名的大学教育基金会相关数据。从表 4 可以看出，2016 年，即便是占比最高的清华大学，捐赠支出占比不过刚过 5%。厦门大学和复旦大学超过了 4%，其他学校则都在低位徘徊，整体来看收入占比均值 2.87%，支出占比均值 1.98%。从全国范围来看，0.5% 的捐赠支出占比情况更不乐观，我国高等教育多元化筹资任重道远。

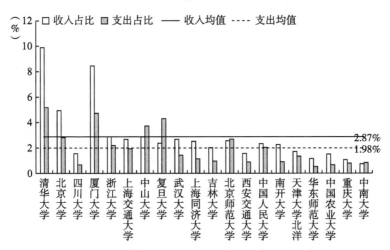

图 16　大学教育基金会收支在学校总收支的占比

表 4　大学教育基金会收支在学校总收支的占比

名称	收入比（%）	支出比（%）
清华大学	9.86	5.16
北京大学	4.92	2.80
四川大学	1.54	0.66
厦门大学	8.44	4.70
浙江大学	2.86	2.18
上海交通大学	2.66	1.92
中山大学	2.85	3.71
复旦大学	2.35	4.29
武汉大学	2.67	1.42

续表

名称	收入比（%）	支出比（%）
上海同济大学	2.50	1.13
吉林大学	2.00	0.95
北京师范大学	2.55	2.68
西安交通大学	1.56	0.88
中国人民大学	2.32	2.03
南开大学	2.24	0.91
天津大学北洋	1.70	1.33
华东师范大学	1.15	0.53
中国农业大学	1.51	0.66
重庆大学	1.07	0.79
中南大学	0.74	0.84
华南理工大学	0.62	0.40
大连理工大学	0.60	0.49
西北农林科技大学	0.62	0.75
东北大学	0.43	0.31
兰州大学	0.44	0.32
中国海洋大学	0.26	0.28
中央民族大学	0.18	0.28
新疆大学	0.00	0.00

四　供给侧改革视角下的大学教育基金会

（一）大学财务的供给侧与需求侧

进入 21 世纪以来，随着国际国内形势的变化，我国经济结构性矛盾日益突出，经济由高速增长转为中高速增长，经济发展转入新常态。面对日益复杂的国际经济环境，党中央做出推进供给侧结构性改革的战略部署，引领中国经济持续健康发展。经济领域的供给侧结构性改革，就是在强调适度扩大总需求的同时，着力提高供给体系质量和效率，实现供给侧改革，使供给和需求合理匹配。借用供给侧结构性改革的视角，我们可以更好地理解大学教育基金会在支持高等教育事业发展过程中的独特作用。

高等教育领域的财务供给，是指高等教育办学主体在某一特定时期内，能够获得的相对稳定的资源支持。按照约翰斯通的高等教育成本分担理论，高等教育成本应由政府、家长和学生等几方面主体来分担。然而，当前我国高等教育经费筹资渠道较为单一，绝大部分高校仍然依靠财政拨款，经费来源多元化格局尚未形成。2017年，教育部、财政部、国家发展改革委制定的《统筹推进世界一流大学和一流学科建设实施办法（暂行）》中明确指出，中央高校开展世界一流大学和一流学科建设所需经费由中央财政支持；纳入世界一流大学和一流学科建设范围的地方高校，所需资金由地方财政统筹安排，中央财政予以引导支持。很明显，"双一流"建设过程中，政府将作为主要供给方提供财政保障，学费、社会服务等其他收入会是补充来源。

需求方面，经济学中的需求概念是指在一定时期经济主体对一件商品或服务的效用，通常跟收入有关。高等学校的财务需求是指办学过程中发生的直接或间接的资金用途，如基础设施建设、教学科研、人才培养、教职工工资等支出。与其他领域一样，高等教育的财务供需也总是处于一种不均衡状态，特别是21世纪以来，大学扩张的步伐与国家直接财政经费相对不足的矛盾日益突出，众多高校面临办学经费紧张、负债经营畸形化、自我筹资难等问题，资金问题已经成为严重制约大学乃至我国高等教育可持续发展的重要因素。[①] 正是这种财务的供需矛盾，引发了大学成立教育基金会，以增加其自有资金自主权的热潮。

（二）大学的财务供给方

从真正意义上的大学教育基金会——1994年成立的我国首家高校教育基金会清华大学教育基金会算起，我国大学教育基金会迄今已经走过了二十余年的历程。随着数量的增加与规模的不断扩大，大学教育基金会已经初步显露出制度优势，财务供给作用日益显现，正在为高校筹资体系的多元化做出重要贡献。这种财务供给作用主要体现在两个层面。

1. 国家层面

教育部发布的2016年全国教育经费统计快报显示，2016年全国教育经费总投入为38866亿元，其中全国高等教育经费总投入为10110亿元，比上年增长6.22%。教育投入是支撑国家长远发展的基础性、战略性投资，是教育事

---

① 邓娅：《我国高等教育财政体制改革与大学基金会的兴起》，《北京大学教育评论》2011年第1期。

业的物质基础，是公共财政的重要职能。然而，包括政府在内的社会各方都认为高等教育不应单独由财政资金负担，以政府拨款为主的多渠道筹资体系才是"双一流"建设的应有之义。

事实上，尽管全国教育经费总投入在逐年提高，但其中高等教育投入所占比重呈现出逐年下降的趋势。国家统计局发布的教育经费数据显示，2000～2011年，高等学校教育经费占教育总经费比重平均为28.99%。2015年与2016年全国教育经费总投入分别为36129.19亿元和38888.39亿元，其中高等教育投入分别为9364亿元和10110亿元，占比分别为25.9%与26.00%，高等教育投入在教育总投入中所占比重呈现减少态势。

《国家中长期教育改革和发展规划纲要（2010—2020年）》提出，高等教育实行以举办者投入为主、受教育者合理分担培养成本、学校设立基金接受社会捐赠等筹措经费的机制。2017年1月，《国家教育事业发展"十三五"规划》中也提出，包括高等教育在内的非义务教育今后将实行以政府投入为主、受教育者合理分担、其他多种渠道筹措经费的投入机制。

上述表述从国家层面对社会资源进入教育的途径进行了明确，也对大学教育基金会的目标任务进行了原则性规定。从2009年开始施行的中央财政捐赠资金配比措施，正是以财政资金撬动社会投入、放大财政投入效果的有益尝试，至今已累计配比资金近200亿元。

2. 学校层面

在国家层面需要大学教育基金会对高等教育进行补充性供给的同时，大学层面更是需要这一制度形式有效发挥作用。持续稳定的资金投入是办好大学的前提条件，支撑一流的大学需要一流的经费保障，办学资金的多寡直接影响大学的发展进程，这已经成为当代大学管理者的共识。因此，多渠道筹资已成为大学实现可持续发展的必然选择，办学资金来源多元化已经成为世界性趋势。

2017年"双一流"建设高校名单公布后，42所一流大学建设高校相继出台自己的"双一流"建设方案，世界一流大学建设进程正在加速。然而如前所述，建设世界一流大学是一项长期任务，单纯依赖财政资金是远远不够的，需要各方共同支持分担教育成本，提升高等教育品质。作为办学主体的高等学校，更是要不断拓宽筹资渠道，积极吸引社会捐赠。只有这样，高校自我发展的能力才能逐渐增强。

在办学实践中，大学对捐赠资金的需求体现在总量需求与灵活性需求两个方面。在总量方面，财政资金在相对稳定地提供资金支持的同时，因财政预算体制的限制，也存在经费增长空间有限的问题，特别是在新校区建设、重大科研攻关项目、原有校区基础设施改造等急需资金支持的重点项目上，大学很难在常规财务供给模式基础上寻求增量资源。此外，过去部分高校通过举债、卖地等形式筹措办学资金，在当前严格控制财务风险的背景下，以这些方式解决财务经费短缺问题已不可能。量入而出的财务供给模式，极大地制约了大学各项事业的发展。因此，教育基金可在大学财务总量需求上实现突破。

另一方面，即便是财政资金较为充足的世界一流大学或世界一流学科建设高校，也存在资金使用刚性强、灵活性不足问题。高校在使用财政资金过程中采用的是刚性预算，在执行过程中控制性强，变动余地小，有限的资源难以因校制宜合理配置，这就形成了大学发展的自主性、应变性、动态性与预算刚性的矛盾，这一点在"双一流"建设过程中将更加突出。

因此，作为新的财务供给方，大学教育基金会可在一定程度上缓解上述矛盾，成为财政资金这种主体来源的有益补充，扶持财政资金难以覆盖又彰显学校特色的领域，更好地支持学校事业发展。目前，"双一流"高校基本实现了教育基金会的全覆盖，说明高校管理层已经认识到了大学教育基金会的补充性财政供给作用，不断探索大学教育基金会支持、保障学校事业发展的独特作用与方式，适当减少对财政资金、学费收入的依赖。

（三）大学财务供给现状

尽管大学教育基金会作为高校的财务供给方，其重要作用日益显现，然而由于高等教育管理体制机制、公益慈善文化发展程度等多方面因素，我国公立大学一直过多倚重财政经费，财务来源相对单一，大学资金依赖性强，多渠道筹资机制远未建立，具体表现在社会捐赠资金占学校整体支出比例过低，支持学校事业发展的潜能有待深入挖掘。

结合当前我国高等教育财务体制与大学特点，通过对大学财务供给与需求诸多因素的分析，我们将对大学现有财务供需模式进行归纳，整理出高校财务供需模式（见图17）。

由图17可以看出，与主流的财务供给方式相比，大学教育基金会担负的财务供给作用具有从属性、次要性、辅助性的特点。尽管如此，大学教育基金会的这种补充性作用也主要在我国少数大学体现，即便是那些处于金字塔顶端的大学，大学教育基金会的作用发挥机制也不牢固，供给机制仍不稳定。

当前，我国经济领域供需的主要矛盾是供给与需求不匹配、不协调和不平衡，矛盾的主要方面在供给侧。与之类似，我国"双一流"建设高校只有在调

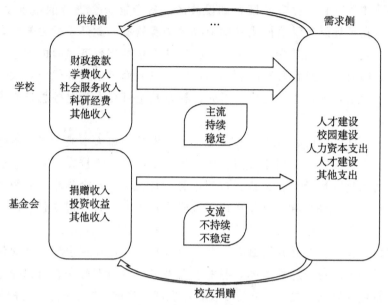

图 17　高校财务供需模式

整需求结构和适度扩大总需求的同时，着力加强供给侧结构性改革，逐步提高大学教育基金的供给比例，才能实现由低水平供需平衡向高水平供需平衡的转变。同时，近几年频发的中国财富外流美国大学事件也说明，供需不平衡现象并不是因为我国公益慈善氛围不足，而是因为大学教育基金会供给机制不健全，专业性有待提升。

（四）大学财务供给侧改革

从供给侧改革视角看，大学教育基金会作用的有效发挥应实现以下几点目标（见图18）。

1. 重视大学教育基金会供给作用，在供给总量上实现充分供给

从国内外一流大学发展经验看，捐赠基金本身及其投资衍生收益是大学发展的重要供给渠道，是人才培养和科学研究等各项工作的支撑条件之一。哈佛大学2017年年报显示，哈佛捐赠基金2017财年实现了8%的增长，达到了441亿美元的量级。当年大学支出中共有45%源于大学基金，其中36%源于资金池支持，9%源于直接捐赠。虽然我国高等教育的国情特征决定了在相当长时期内我国大学的主要供给端是政府财政，但不影响大学管理层可以借助大学教育基金会这一平台，做好做足财务供给领域的增量文章。

"双一流"大学建设的重要方面，就是保证内部资源的合理配置和科学管理，同时最大限度地获取外部资源，这一问题直接关系到大学当前和长远的发展。① 即便是各种资源相对充足的清华、北大等顶尖大学，也要在对存量资源优化配置的同时，最大限度地获取外部资源。谁获得的资源多，谁就能在"双一流"大学建设中赢得先机。

大学管理层应对教育基金会这一重要的财务供给端给予足够重视，在未来一个时期抓住慈善法律环境逐渐优化、公益文化氛围逐渐浓厚的难得的历史机遇，充分挖掘大学教育基金会的制度优势，提高其供给能力，尽可能实现充分供给。

2. 优化大学教育基金会供给方式，在供给特征上实现差异供给

古典学派和供给学派认为，供给一方的重要作用还体现在可以通过财政货币等政策措施，以供给侧结构性改革激励企业提升产品质量，调整产品结构，形成指挥棒效应，进而带动整个国民经济提质增效。高等教育领域的供给侧改革，一样可以助力我国高校"双一流"建设进程，发展学科新特色，创造大学新优势。

在我国当前高等教育管理体制下，大学教育基金会的财务供给与财政拨款、学费收入等主流供给方式并不具有此消彼长的关系，完全可以将两类供给进行科学划分，优化供给方式，将大学教育基金会供给侧重于卓越与特色项目，实现差异化供给。一方面，将大学教育基金会供给资金更多用于讲席教授、青年科研人员资助等卓越项目上，培植未来的特色和优势，提前谋划"双一流"建设；另一方面，借鉴国外一流大学经验，尝试将捐赠基金与尖端科研项目相结合，将学校特色、优势学科更多地展现给潜在捐赠人，尽可能地使学科发展与捐赠意愿相匹配，增强筹资吸引力，引导、鼓励捐赠人关注学校卓越项目与前沿科学。当然，这种差异化供给机制，也考验大学教育基金管理团队的筹资技巧。

3. 提高大学教育基金会参与能力，在供给时间上实现持续供给

我国大学财务供给侧的机制优化，应注重其供给持续性的形成，形成有利于大学量入为出、科学筹划资金使用的供给环境，这有赖于处理好三个方面的关系。

一是处理好捐赠基金当下使用与投资增值的关系。

大学教育基金会因校园公益慈善项目而生，资助师生与科研项目是其天然使命，然而从国外一流大学实践来看，其大多会以资金池的形式进行保值增值管理，以形成可持续供给能力。因此，既要实现当期对大学发展各项事

① 张德祥：《高水平大学建设要重点处理好的八个关系》，《高等教育研究》2009 年第 6 期。

业的财务供给，又要实现大学捐赠基金的资金池与规模效应，就要处理好当下使用与投资增值的关系，合理划分两者比例，在实现捐赠基金代际使用均衡与公平的同时，提高供给持续性。

事实上美国政府已经注意到此类问题，总统特朗普曾表态将与国会合作，向拥有大额捐赠基金的大学施压，要求捐赠超过 10 亿美元的大学必须将 10% ~15% 的捐赠收入资助学生，督促他们把钱花在学生身上，否则将可能失去免税资格。

二是处理好大额捐赠与小额捐赠的关系。

以校庆活动为契机进行募款，是国内外大学筹资的惯例。但与国内大学对校庆大额捐赠依赖不同，国外一流大学往往也关注筹资平衡性，重视众多潜在的小额捐赠群体。在当前我国捐赠文化尚未成型、捐赠与回馈习惯尚未养成的情况下，奉行"二八法则"的大学筹资团队为了追求规模经济，更多地关注捐赠额较大的少数捐赠者无可厚非，但这种高度依赖大额捐赠的筹资模式具有一定的不可持续性。

新媒体时代的到来以及便捷支付工具的应用，为校园微公益的发展提供了难得的发展机遇，高校应该充分利用社交媒体尽可能扩大捐赠项目的影响与覆盖面，在此基础上引入众筹概念，提升捐赠项目的个性化程度，更加关注小额捐赠，实现大额捐赠与小额捐赠的共同发展。[1] 的确，在高校教育基金筹资中引入长尾战略，关注捐赠贡献率不高但潜力巨大的群体，有助于减少捐赠金额波动，提升大学捐赠收支的预见性与资助项目的可持续性。

三是处理好谨慎投资与抵消通胀的关系。

十八届中央第十二轮巡视对北京大学等 29 所中管高校党组织巡视期间，对北京大学、北京师范大学等高校教育基金会投资管理提出了整改要求。民政部也出台了慈善组织保值增值投资活动管理办法。作为诸多基金会当中的特殊一支，大学教育基金会特点鲜明，其承受风险的能力要低一些，投资不应盲目追求高收益，投资管理与风险防控应更加严格，但对其监管严格并不意味着大学教育基金会不可以通过投资实现保值增值。

相反的，应在"合法""安全""有效"原则之下，优化资产配置，审慎进行投资行为，否则既是对现有捐赠资源的浪费，也是对捐赠者的不负责任，造成捐赠基金总规模货币贬值与购买力下降。投资管理作为教育基金的一体两翼之一，有利于基金整体的均衡发展，有利于谋求增量发展，同时也是管理能力

---

[1]　杨维东、朱丽军：《大学捐赠基金筹资模式的转变——基于长尾理论的分析》，《教育与经济》2015 年第 3 期。

的标志，有利于赢得捐赠人信任，最终提高持续性供给的能力与水平。

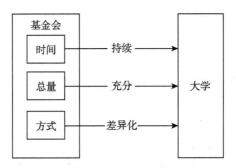

图 18　大学教育基金会财务供给目标优化

五　巡视利剑之下的大学教育基金会

公开资料显示，巡视组关注大学教育基金会问题始自 2014 年 11 月山东省委第一专项巡视组对山东财经大学进行的专项巡视。巡视过程中，巡视组提出山东财经大学教育基金会部分奖学金没有支取凭证、部分助学金无领取人员信息统计表等问题，首次将基金会管理纳入巡视范围。在整改环节，山东财经大学教育基金会补签了专家评审协议，补齐了学生奖助学金中缺少的信息，并对会计报销中缺少的必要凭证、材料进行了补齐完善。

其后，2015 年 10 月北京市委第四巡视组对北京电影学院进行巡视，巡视意见中提出，"学院招待费近年来逐年减少，但学院财务之外的教育基金会招待支出逐年增加"。北京电影学院在巡视整改过程中，加强了对教育基金会的管理，修订了《北京电影学院教育基金会接待费管理办法》《北京电影学院教育基金会项目管理办法》等相关文件。

2017 年，中央巡视组对中管高校进行巡视，这次巡视对大学教育基金会的深远影响，是前几次省级巡视所不能比拟的。

（一）中央巡视组首次对大学教育基金会提出整改意见

根据中央统一部署，十八届中央第十二轮巡视对北京大学、清华大学、北京师范大学、中国农业大学等 29 所中管高校党委开展专项巡视。与以往高校巡视不同的是，此次中央巡视过程中，除对党委主体责任履行、纪检监察、党建工作、思想政治、干部管理、校办企业、后勤等问题多发领域关注之外，对大学教育基金会管理也提出了一系列整改意见。在后续整改过程中，北京大学、北京师范大学、兰州大学、大连理工大学按照巡视组要求，专门就大学教育基金会管理问题在巡视整改情况通报中进行了披露，明确了整改措施与时间表。而2013年和2014年中央巡视组对中国人民大学和复旦大学巡视过程中，并没有对大学教育基金会管理问题提出整改建议。

此次将大学教育基金会管理纳入中央巡视范围还是历史上首次，一方面说明了中央巡视突出问题导向，关注风险多发易发领域，巡视力度、深度与广度大幅提升，另一方面也说明大学教育基金会规模不断扩大，社会影响力逐步提升，社会各界对这一新兴领域的关注度显著增加。

对中管高校教育基金会来说，第十二轮中央巡视给出的巡视意见意义深远，与其他规范性文件与指导意见相比，指导性与标志性更强，分量更重。同时，这些意见也不限于这29所中管高校，它将对其他高校教育基金会产生标杆性指导意义，对整个教育基金行业发展意义重大。

（二）巡视对大学教育基金会的深远影响

1. 校内双重管理模式得以明确

理事会是大学教育基金会的最高决策机构，处于组织权力的中枢位置，承担着组织的决策和监督职能，拥有整个组织的控制权。[①] 然而，大学教育基金会是一种极为特殊的社会组织形态，它是大学发起成立的基金会组织，与所在大学存在千丝万缕的联系。大学教育基金会各项事务事实上已被纳入大学管理整体框架中，政策制定、人力资源、财务管理、筹资募款等诸多方面都要与大学协同开展。但从理论上来讲，大学教育基金会的最高权力与责任归属仍然在理事会。

然而，此次中央巡视后这种格局将会产生微妙变化，学校最高议事机构党委常委会与基金会理事会的双重管理体制将逐步得以明确。北京大学在巡视整改情况通报中提出，要强化学校和理事会对基金会的双重领导，确保重大资金募捐项目报学校党委常委会审核批准；同时将学校党委常委会听取教育基金会工作汇报的做法制度化，加强学校党委对基金会工作的领导，党委常委会每学期至少听取一次基金会工作汇报并做出决策。此外，教育部有关指导意见也提出，高校应加强对基金会的监督，建立理事会会议纪要抄送高校党委或校长办公会议（校务会议）制度。由此，大学教育基金会在校外施行双重管理体制的同时，校内双重管理体制也得以明确。图19对巡视前后大

---

① 杨维东：《大学基金会治理问题研究》，中国政法大学出版社，2015。

学教育基金治理模式变化情况进行了描述，党委常委会下方的两个黑色箭头，以及财务与审计的专项管理代表了巡视后治理模式的变化情况。

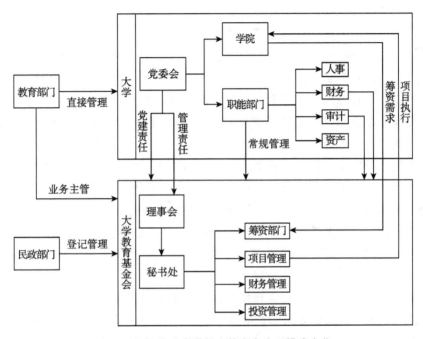

图 19　巡视前后大学教育基金会治理模式变化

说明：华北电力大学教育基金会刘靖一对本图有贡献。

一种声音认为，这种校内双重领导体制会加重业已存在的教育基金会行政化程度，不利于大学教育基金会独立自主，影响基金会事业可持续发展。然而，当我们将这一制度安排放在教育基金发展的国情之上时，就会发现没有大学的资源扶持，大学教育基金会举步维艰；没有大学方面的深度参与，特别是大学领导在募款环节的亲自出马，大学教育基金会筹资寸步难行。更为重要的是，大学教育基金会的风险与责任，或多或少地要由大学承担。因此，应认识到大学对其教育基金会的全方位管理与教育基金会的自主性建设并不矛盾，二者是相辅相成的统一体，教育基金会独立性是建立在大学支持与监管基础之上的。

当然，大学对其教育基金会的管理也应充分考虑基金会特性，在必要的自主性与适当依附性之间寻找最佳结合点。不管怎样，随着校内双重管理体制的明确，大学教育基金会过去往往被认为是基金会形式在大学的一种特殊存在，今后将逐步转变为具有基金会特质的大学内设部门。

2. 捐赠来源审核将趋于严格

最近几年，高校筹资过程中捐赠背景审核问题愈发引起人们关注。由于当前捐赠资源具有一定的稀缺性，大学为了获得巨额捐赠的轰动效应，在争取巨额捐赠过程中往往会忽视捐赠人背景审查工作，对捐赠人行业背景、社会声誉、过往捐赠完成情况等信息关注不足。此外，大学筹资多以结果论英雄，还存在多头筹资、募款的情况，对校内单位募款监管乏力，相关机制尚不完善，归口管理体制有待明确。还有的捐赠与社会合作捆绑在一起，甚至还有外部公益组织、公益项目直接挂靠在学校教育基金会下开展筹资工作，风险指数较高。

的确，捐赠金额越大，社会关注度越高。在新媒体高度发达的今天，在包括大学教育基金会在内的公益慈善机构信息公开程度越来越高的当下，社会公众很容易获取捐赠细节，对捐赠事件持续关注。一旦捐赠过程的某个环节出现问题，会对大学的声誉带来难以挽回的负面影响。

中央巡视组针对此类问题，对有关高校提出了巡视意见。北京大学在巡视整改意见中提出，要严格捐赠来源审核，加强源头风险防控，严格审核捐赠方背景和用途，加强审核流程控制，确保重大资金募捐项目报学校党委常委会审核批准。北京师范大学则在巡视整改意见中明确，今后原则上不接受新的外部公益组织、公益项目直接挂靠，同时完善校内单位募集捐款监管制度，统一由教育基金会与捐赠方签署协议，与部院系签署项目执行协议。严格遵循合作办学收入与捐赠收入分离原则。

在中管高校的示范带动下，无论学校大小，捐赠基金规模如何，各级各类大学教育基金会在捐赠筹资过程中，都会更加重视捐赠人背景审核与甄别工作，将筹资的风险防控措施前移，更加注重源头上的防控，防范潜在风险。审核内容应包括捐赠人政治倾向、捐赠能力、征信情况、社会信誉、历次高校捐赠的到账与执行情况等，尽可能完善背景调查。这也是对基金会管理者、基金会乃至大学的一种自我保护机制。

3. 大学教育基金投资将更加审慎

与筹资相比，投资一直是我国大学教育基金会的短板，其原因大致有三个方面：一是制度不完善，投资流程与风险控制及容错机制不明确；二是资产管理团队专业性不足，保值增值办法不多；三是激励机制不健全，权责利模糊。因此大多数大学教育基金选择了低风险或者零风险同时较低收益的投资项目。即便如此，投资过程中仍存在一些不规范现象。

此轮中央巡视对北京大学、北京师范大学等教育基金会投资问题提出了意见，涉及投资风险管控、关联交易、投资程序等方面。根据这些意见，北京大学在巡视整改环节提出加强投资风险管控，增设投资风险控制岗位与人员配备，加强风险控制力量，完善风险控制机制等举措，还对落实投资决策与执行相分离原则、关联方回避制度、投资上限等问题进行了明确。

北京师范大学在巡视整改意见中提出，将加强对外投资管理，暂停基金会利用沉淀资金进行一切对外投资，未到期产品待到期后暂停，严格按照理事会授权权限、范围执行对外投资。北京师范大学整改措施与北京大学教育基金会相比，规避风险的意识更加强烈，也更有针对性。

可以预见的是，大学教育基金会在投资过程中将更加注重风险管理，一方面体现为大学对其教育基金会投资的责任更加明确，另一方面，大学教育基金会自身的风险管理体系将逐步完善，风险识别、评估、控制等一系列风险管理措施将逐步成型。今后，大学教育基金会对投资程序的关注将侧重于对结果的关注，对投资风险的关注大于对收益的关注，总体上将趋于偏爱稳健性投资组合，对风险的厌恶程度日益加大。

4. 捐赠项目管理将日趋规范

筹资过程中，捐赠人意愿、学校诉求、政策要求总是难以完全契合，导致捐赠协议在实施过程中存在偏差。同时，捐赠主体、用资对象、用资方式总是不断变化，项目执行与捐赠协议也存在不一致的可能，有的项目多年未开展活动，有的项目存在阴阳协议。此轮中央巡视也对捐赠基金项目管理提出了要求。

北京大学巡视整改措施中提出，将规范捐赠项目全过程执行，全面梳理基金会现有捐赠项目，严格要求每个项目程序完备，严格按照捐赠协议执行。所有捐赠项目设立负责单位或负责人，负责按照捐赠协议依法依规组织项目实施；专项清理不规范的捐赠项目，对多年未开展活动的项目进行清理，对项目执行与捐赠协议有偏差的项目进行整改。

大连理工大学整改措施中提出修订基金会《项目管理办法》，规范基金会和校友会项目管理，取缔了大连青年校友活动项目及大连机械行业校友研讨会项目，取缔了5个教工文体协会活动基金。明确规定基金会今后不接受定向支持校友会、校友活动、文体活动的捐赠资金，不设立相关捐赠项目。

其他教育基金会也应以此次巡视为契机，适时对自身存量捐赠项目进行自检，及时发现问题并加以解决。做到一方面严把入口关，在筹资环节提高增量资金管理规范性，另一方面对存量捐赠项目及时进行自检与回头看，确保项目管理规范性。此轮巡视后，这两方面将会成为大学教育基金会管理的刚性要求。

5. 人员经费发放将成为监管重点

近年来，财政资金、课题经费等常规人员经费发放渠道的管理越来越严格，相对而言，捐赠资金人员经费发放则较为灵活，部分高校通过捐赠资金发放人员津贴、补贴、绩效奖励已是通行做法。有的学校还通过讲席教授等形式把学校财务无法解决的大额人才引进费用，归入捐赠项目中支出。在此过程中出现了发放津贴、补贴、绩效奖励缺少制度约束，决策程序不严，标准不统一等问题。事实上，学校日常薪酬管理体系之外形成了人员经费发放的灰色地带。此轮中央巡视也对上述问题提出了整改意见。

整改环节，北京大学提出要制定关于捐赠款项发放教职工等人员经费管理办法，明确发放讲席教授津贴、补贴、绩效奖励，纳入单位薪酬管理办法统一管理。明确奖酬金决定机制和标准，其中事业编制在职人员，要经党政联席会审议通过后，分别报学校财务部和基金会备案。北京师范大学在整改通报中提出要加强捐赠资金用途管理，2017 年 6 月起暂停发放学校在职人员酬金。修改捐赠协议模板，明确资金用途及人员经费比例，此外还印发了《教育基金会关于捐赠款项发放教职工等人员经费所需材料的通知》，规范人员经费发放。

在加强捐赠资金发放人员经费管理的同时，也不应忽略大学教育基金在人才引进方面能够发挥的重要作用，因噎废食。提高捐赠资金人员经费管理水平，形成管理科学、标准统一、程序规范的管理体系，将有助于利用社会资源吸引和留住国际顶尖学者，助力"双一流"建设。因此，捐赠资金不是不能用于人员支出，而是要用在讲席教授等关键项目上，不能搞普惠性的福利发放。同时要加强制度建设，规范发放行为。

此轮巡视还对部分学校教育基金会境外捐赠资金管理、信息披露与重大事项公开方面提出了整改意见，此外，多所高校还进一步明确了校内审计部门对基金会的年度例行审计制度。

上述五个方面的问题，可以说涵盖了大学教育基金会的主要业务领域与流程。可以预见的是，在大学教育基金会常规监管制度措施之外，巡视制度也逐渐成为监管增量，这是大学及其教育基金会管理者不得不面对的现实问题。同时，从此轮巡视整改问题中也可以看出大学教育基金会发展的校际差异与不平衡性，有的学校在投资、境外筹资方面出现问题，而有的学校仍然在餐费、接待费管理方面不规范。

六　大学教育基金会学术研究及智库建设情况

（一）方兴未艾的学术研究

伴随着大学教育基金会的发展，学术界对这一新兴领域的关注度越来越高，相继产出了一批有价值的研究成果。为对大学教育基金相关研究进行有效梳理，我们检索了中国知网上以大学（高校）教育基金会、大学筹资、大学捐赠为关键词的期刊论文，并对其进行了年度趋势分析，时间周期为1994～2016年，历年的论文数量如图20所示。

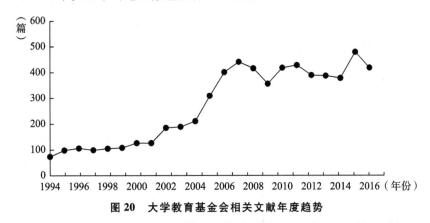

图20　大学教育基金会相关文献年度趋势

从图20中可以得出一个基本判断，整体上看这一领域的研究是呈现明显上升趋势，同时学术研究与大学教育基金会行业发展呈现出高度相关性，特别是2004年基金会条例出台后，大学教育基金会形成新一轮成立高潮，相应的，学术研究成果数量也呈现出明显上升状态。

大学教育基金会研究属于公共管理一级学科下的教育经济与管理专业范畴，但它又是一门新兴的边缘与交叉学科，涉及高等教育学、应用经济学与公共管理学等多个学科领域，通过不同视角研究大学教育基金相关问题。宏观上有大学教育基金会在高等教育成本分担机制中发挥作用的问题，中观上如大学与其教育基金会关系问题，微观上涉及筹资与投资管理、人力资源管理等操作性问题。

然而，尽管近年来大学教育基金会相关研究成果逐渐形成规模，但相对于人文社会科学其他领域来说，在数量、质量等方面都存在一定差距，即便是在社会组织、公益慈善研究领域，大学教育基金会研究成果也相对较少，针对专业筹资、投资以及治理模式方面的高质量研究成果更是少之又少。总体来说，研究大学教育基金会的学者不多，相关成果不多，理论研究工作严重滞后。

此外，我国大学教育基金会方面的理论研究与学术科研活动，还存在与实践脱节、数据信息来源真实性差等问题。由于大学教育基金会的特殊性，相当长时期内其信息公开程度不高，理论研究所需的数据可获得性较差，所以很多商业化网站、商业程度较高排名反倒成了很多专业学术论文的引用来源。

因此，大学教育基金会的理论研究工作，与快速发展的教育基金事业相比，与大学教育基金会在高等教育事业发展、"双一流"建设当中的巨大潜力相比，研究深度、研究数量、成果转化程度、研究质量与数据真实性等方面还存在相当大的差距。

（二）刚刚起步的学术机构

成建制的学术研究机构是公益慈善相关行业发展的重要推动力量，承载着创新公益发展路径、打造新型公益慈善模式的重任。依托高等院校组建的高层次、高起点、高水平的学术研究机构，既是大学教育基金会行业健康发展不可或缺的基础设施，又是引领这一行业创新发展的重要保障。

尽管我国大学教育基金会事业经过二十余年发展，特别是近十年的快速增长，已经形成了自身鲜明的行业特点，然而，专门的大学教育基金会、教育捐赠基金研究机构一直处于缺位状态，为数不多的相关领域研究者长期碎片化地散落在各个高等院校，学术力量缺乏有效整合，大学教育基金会研究难以形成规模。

针对当前教育基金会行业研究能力不足、整合性差的问题，2016年，中国人民大学公共治理研究院充分利用其在经济学、管理学等学科的综合优势，发起成立了国内首家教育基金研究中心，通过这一学术研究平台汇集了一批教育基金领域的知名专家学者以及实务从业者，致力于教育基金领域的理论研究，重点关注大学教育基金会的内部治理、筹资募款战略与技巧、法律法规和制度体系等课题，特别注重世界一流大学国际经验的中国化，同时对大学教育基金行业发展的战略性问题提供咨询。

成立一年多来，教育基金研究中心陆续发表高质量论文多篇，部分咨询建议得到中央领导批示，教育部有关司局正在根据批示精神拟定教育基金行业相关指导意见。中心承办的"世界一流大学建设与教育基金会发展的中国路径研讨会"于 2017 年 4 月成功举办，受到各方高度肯定。此次《中国大学教育基金会发展报告（2018）》也是中心成果之一。

作为国内较早关注大学教育基金会发展的高校，2017 年 4 月，华北电力大学也成立了教育基金研究机构。华北电力大学世界一流大学教育基金研究中心是跨学科、跨学院的校级、校际研究机构，将结合工科学校特点，重点挖掘教育基金在官产学融合发展当中的独特作用，为科研成果的转化提供创新性路径，更好地支持学校发展与服务社会工作。中心将依托华北电力大学经管学院、人文学院等校内机构，面向相关专业本科生、硕士生开设教育基金相关方向课程，探索教育基金高端人才培养路径，为行业发展储备人才。目前，该中心正在与美国哥伦比亚大学协调共建事宜。

大学教育基金领域两个研究中心依托各自高校，从不同角度研究大学教育基金在拓宽筹资渠道、推动学校事业发展、弘扬公益慈善文化等方面的作用发挥机制，形成了研究视角的差异化与互补性。这两个中心的相继成立与有效运转，有效整合了国内相关领域研究力量，搭建了大学教育基金研究国内外交流的平台，促进了教育基金事业的健康发展。

（三）初露头角的高校筹资联盟

近年来，在高校基金事业取得突出成就的同时，科学技术的进步也在时刻影响着我们的工作与生活，特别是随着自媒体时代的到来，信息传播出现了新的特点，微信公众号日益成为知识交流与互动的重要渠道与工具。为应对这一变化，2015 年 9 月，关注大学教育基金行业发展的微信公众号——高校筹资联盟应运而生。高校筹资联盟是开放性、共享性的大学教育基金会行业交流与信息发布平台，面向全国大学教育基金会从业人员及相关研究者提供资讯服务，推介国外一流大学筹资理念、筹资技巧以及国内外最新成果，提升我国大学教育基金会国际化水平。

高校筹资联盟的愿景与目标是，通过交流、沟通与合作，促进教育基金管理领域实现机制创新，应对由政策与环境不断发展变化而带来的机遇与挑战，努力成为国内领先的高等教育筹资领域新思想、新方法的发源地。创办两年来，高校筹资联盟立足于教育基金特点，在内容上精挑细选，形式上精益求精，致力于国内外教育捐赠动态、筹款方法与技术手段等内容推送，受到了用户的持续关注，目前关注人数近千人。这一国内最早关注教育基金行业的新媒体平台正在发挥着日益重要的传播、引导、交流作用。

此外，高校筹资联盟还注重与上述两个研究中心相互协同，整合高校资

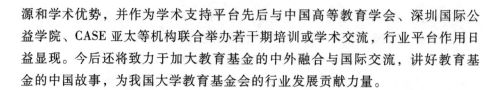

源和学术优势，并作为学术支持平台先后与中国高等教育学会、深圳国际公益学院、CASE 亚太等机构联合举办若干期培训或学术交流，行业平台作用日益显现。今后还将致力于加大教育基金的中外融合与国际交流，讲好教育基金的中国故事，为我国大学教育基金会的行业发展贡献力量。

（四）大有可为的大学教育基金发展咨询工作

广义的大学教育基金发展咨询是指高等院校、研究机构、咨询公司或个人针对大学教育基金相关问题，为政府有关部门、大学教育基金会或捐赠人提供的智力支持。良好的发展咨询是辅助决策的重要手段，能够起到为决策者充当顾问、参谋、助手的作用，具体又分为面向政府、大学及其教育基金会、意向捐赠人等几类咨询。

1. 面向政府的咨政咨询

党的十八届三中全会通过的《中共中央关于全面深化改革若干重大问题的决定》明确提出，加强中国特色新型智库建设，建立健全决策咨询制度。相对于其他领域而言，我国大学教育基金会智库不成体系，针对大学教育基金决策者献计献策的能力不足，这也与大学教育基金会科研机构情况匮乏、松散的情况相一致。如前所述，尽管中国人民大学教育基金研究中心在咨政方面做了一些前期探索，已经成为行业研究的重要智库，但与当前我国大学教育基金发展的迅猛势头相比，行业智库建设亟待加强。

当前，我国大学教育基金事业仍处于摸着石头过河的阶段，发展路径不清晰。因此，应首先对中国大学教育基金行业发展进行总体性规划，从教育学、经济学、管理学、法学等角度系统研究中国教育基金发展的使命与路径，做好整体性制度安排。在规划发展路径过程中，尤其要注重与我国捐赠文化、大学性质、捐赠基金发展阶段相对应，形成自身特色。

大学教育基金会行业性咨政服务的缺失，反映了现有研究机构能力的不足，是智库建设的重要发展机遇。有关研究机构应对教育基金行业发展重大战略、重大决策进行咨询、研究，补齐研究与智库短板。首先要梳理出我国高等教育基金发展的内在规律性特征，对捐赠基金进行系统性研究。其次要对大学教育基金会发展现有体制机制进行研究，破解困扰大学教育基金会发展的制度瓶颈，从整体上提出我国高等教育拓宽筹资渠道、丰富筹资方式的解决方案。再次是大学教育基金运行风险防范的相关研究，随着大学教育基金规模的逐渐加大，项目、财务、投资等管理风险日益积聚。特别是中央巡视后，对大学教育基金会的风险控制愈发成为关注的重点，这也是咨政的重要内容之一。最后关注校园公益慈善，加强大学教育基金会在公益慈善文化传承方面的研究，通过一些有操作性的建议，为中国公益慈善文化的传承与发展做出积极贡献。

2. 面向大学的发展战略咨询

目前，我国各级各类大学教育基金会接近600家，这些学校在办学规模、学科特点、定位与特色、历史传承、发展模式等方面存在较大差异，财务来源与筹资渠道也各有不同。因此，大学教育基金会在拓展筹资渠道、服务学校事业可持续发展过程中的使命与责任也会有所差异。大学发展、壮大自己的教育基金会组织，应在制度与共性的框架内，更多体现出治理个性，逐步探索既符合大学教育基金会发展规律又符合所在高校自身特点的差异化、个性化管理模式。

大学应广泛邀请和吸收教育经济、社会组织领域知名专家学者、教育基金会实务从业者作为咨询专家，还可聘请世界一流大学发展事务专家和筹款咨询师作为国际咨询专家，为大学教育基金会发展出谋划策。

首先，应在战略层面做出大学教育基金会发展的相应安排。依据大学外部环境和自身条件的状况，制定和实施大学教育基金会发展的中长期战略，并根据情况发展不断进行调整，对大学教育基金会发展方向进行明确，对资源进行有效配置。

其次，对大学教育基金会治理模式提出解决方案。大学与其教育基金会关系一直是模糊地带，随着相关政策法规的出台以及中央巡视意见的明确，两者关系即将进行重构。大学应从治理关系优化角度，依托外部专家团队，在校内既有治理体系框架内，优化大学教育基金会决策体系，对教育基金会治理有关问题提出对策建议。

最后，随着大学教育基金规模的日益增大，大学及其教育基金会面临的重大决策、潜在风险都在增多，大学教育基金会风险会同时转移到大学。这就需要一个明确、有效的风险控制体系控制风险，维护大学信誉。应借助外部专家团队，构建并不断优化大学教育基金会风险控制体系，在鼓励适度创新的同时，确保其在相应的法律法规框架内良性运营。

3. 面向大学教育基金会的管理咨询

相对于基金会发展战略与风险控制咨询，大学教育基金会自身的咨询需求更侧重于操作层面。大学教育基金会管理较为粗放，人力资源、筹资项目、品牌建设、投资管理等环节精细化程度不足。而且，大学教育基金会工作人员往往陷于日常事务性工作，因精力有限，很难系统、全面地对工作进行评估与优化。这就需要大学教育基金会借助外部专家，对其发展进行阶段性总结，对其战略定位、发展现状、发展瓶颈等问题进行调查研究，找出存在的问题，分析产生问题的原因并提出解决方案，完善大学教育基金会的运行机制，推动组织良性发展。

尽管大学教育基金会的上述发展咨询需求是客观存在的，但受到观念及经费等多种因素限制，一直没有得到有效开展。更为重要的是，目前我国还没有成规模的机构能承接这种咨询服务，这一点也成为大学教育基金会行业发展的若干瓶颈之一。在大学教育基金会规模较大、管理体系较为成熟的美国，活跃着一大批为大学及其教育基金会提供智力服务的管理公司，如 Blackbaud、GG + A 公司。

Blackbaud 成立于 1981 年，是一家专为包括大学教育基金会在内的非营利性机构提供服务的全球性提供商，其总部位于美国，在澳洲、加拿大、中国香港、荷兰和英国设有分支机构。其咨询业务包括筹款支持、潜在捐赠者关系管理、财务管理、网站管理、前景研究、咨询和分析等各种服务。26 年来，Blackbaud 帮助客户建立强大的关系网络与 CRM（客户关系管理）系统，提高非营利机构营运效率，募集更多资金，支持他们更好地完成使命。

GrenzebachGlier and Associates（GG + A）成立于 1961 年，总部位于芝加哥，其定位是教育机构的慈善管理顾问，也是筹款咨询的权威机构。GG + A 的咨询方法是数据驱动的，包括机构的战略规划、培训、校友关系顾问等，以及后续的分析解决方案。解决方案使筹资工作更加有效，筹资过程的合作程度和透明度均有所提高，这有助于高校吸引和培育捐助者，拉近筹资与资助主体之间的距离。GG + A 公司的客户包括耶鲁大学、宾夕法尼亚州立大学、佛罗里达大学、约翰霍普金斯大学、俄勒冈州立大学、明尼苏达大学、佐治亚大学、卡内基梅隆大学等近百所世界知名大学，其中与很多大学及其教育基金会的合作由来已久，可以追溯到 20 世纪七八十年代。

4. 针对潜在捐赠人的咨询服务

近年来，我国高净值、超高净值人群逐年递增。随着这一群体公益理念的逐步形成，他们开始关注公益慈善事业，或是成立家族基金会，或是以慈善捐赠的形式介入公益慈善活动，其中相当部分捐赠流向高等教育事业。然而，由于大学及其教育基金会有自身特点，捐赠人并不一定对捐赠对象、捐赠流程等情况特别了解。因此，针对潜在捐赠人的咨询服务可以协助捐赠人更好地实现公益初衷，减少机会成本，同时起到沟通捐赠双方的桥梁纽带作用。然而，此类咨询与顾问服务目前也处于缺位状态，即便有律师协助处理部分事务，也大多是从法律层面进行的条款性咨询服务。

此外，不仅大学教育基金会应朝着专业化的方向迈进，潜在捐赠人也应对自己的捐赠行为进行科学管理，在捐赠的不同阶段对项目不断进行优化，科学地配置捐赠资源。意向捐赠初期，捐赠人应聘请熟悉高等教育特点的专业人士，更加深入地了解意向捐赠大学或科研机构，优化捐赠方向选择；借助此类咨询顾问，可在捐赠协议签订、双方权利义务等方面更加有效沟通，以规范捐赠行为，减少不必要的捐赠纠纷；捐赠后期可系统归集项目反馈情况，实现对捐赠项目的统一监管，有利于捐赠项目有效执行，同时通过评估为后续捐赠提供参考。此外，还可引导捐赠者尝试慈善信托捐赠、遗产捐赠等新兴慈善方式。

因此，不管是针对政府的咨政，还是针对大学及其教育基金会、捐赠人的咨询服务，都是目前亟待开发培育的新兴领域。其中，培育我国自己的大学教育基金会咨询机构，与专业学术研究机构一道，重点关注内部治理、筹资募款战略与技巧、投资等重点领域，致力于教育基金领域的理论研究、行业分析与咨询服务，为大学教育基金会提供独特性和定制性服务，又是其中的当务之急。

七　发展面向未来的大学教育基金会事业

大学教育基金会这一组织形式扎根中国大地二十余年来，对高等教育事业的支持作用日益显现，正在逐步释放其组织活力。特别是最近五年来，大学教育基金会不断提高内部管理水平，积极主动地积蓄创新能力，转变发展方式，针对大学的大额捐赠屡见报端，大学教育基金会的社会认知度与社会影响力显著提高。同时，伴随着实务领域的实践创新，越来越多的学者也开始关注这一新兴领域，研究成果越来越多，大学教育基金会的行业性逐步显现。

同时也应该看到，大学教育基金会发展过程中的核心问题尚不明朗，特别是在大学与其教育基金会关系、大学教育基金投资原则等关键性问题没有得到明确，制度瓶颈亟待破题的情况下，大学巡视、慈善法出台、基金会条例修订、基金会投资管理等若干新情况又一并作用于大学教育基金会，导致大学及其教育基金会管理团队应接不暇，挑战日益增加。因此，在看似光鲜的大学巨额捐赠背后，搞好大学教育基金会任重道远。当前，应明确大学教育基金会发展的中国路径，实现与国情的对接，在以下两个方面实现突破。

（一）找准两个关键定位

1. 定位于体现新时代的中国特色

我国大学教育基金会事业经过二十余年的发展，已经部分形成了自身的组织特征与行业特点，然而从整体上看，其行业发展路径仍不清晰，是对标哈佛、耶鲁等美国一流大学动辄上百亿美元规模的大学捐赠基金，还是结合国情，走中国特色的大学教育基金发展之路，尚没有一个清晰的战略定位。习近平同志在十九大报告中指出，经过长期努力，中国特色社会主义进入了新时代，这是我国发展新的历史方位。在这一大的历史背景下，我国的大学教育基金会发展也应发挥好自身作用，体现新时代特征，彰显中国特色。

因国情与高等教育体制不同，不应盲目对比中美大学教育基金规模及其管理体制，而应从大学教育基金功能作用的有效发挥入手，着眼于大学教育基金对所依托高等教育体制的推动与支持保障作用。既不应夜郎自大，一味强调大学教育基金在中国发展的特殊性，也不应妄自菲薄，简单从捐赠基金规模上与大体量的美国捐赠基金对比。应该说，美国一流大学捐赠基金发展到现在的程度，也经过了七八十年的积累与摸索，如果算上早期的私立大学的募款实践，更可以追溯到 18 世纪。此外，美国大学教育基金发展程度较高，得益于美国特有的捐赠与回馈文化，捐赠基金规模较大是捐赠文化深入人心的结果；而在我国，大学教育基金会事业的发展虽然受益于中国传统文化仁爱思想，但目前大学教育基金会还担负着传承公益慈善文化的重任，这是美国大学基金所没有也不需考虑的内容。

因此，大学教育基金会是一种依托社会经济发展所创造的物质条件，结合多元包容的社会文化传统，孕育出的现代意义上的特殊基金会形式。发展中国大学教育基金会事业不能一蹴而就，在考虑中国大学教育基金发展模式时应立足长远，立足国情，不应仅把眼光瞄向捐赠基金富可敌国的美国大学，简单照搬西方发达国家的教育捐赠基金模式，而应注重我国捐赠文化、大学性质、捐赠基金发展阶段，使其扎根中国大地同时顺应其发展规律，扎实做好基础性工作，服务中国高等教育事业。

2. 定位为服务于"双一流"建设

2017 年 9 月，世界一流大学和一流学科建设高校及建设学科名单正式公布，首批"双一流"建设高校共计 137 所。2017 年 10 月，习近平同志在十九大报告中指出，要加快一流大学和一流学科建设。"双一流"建设是党中央、国务院做出的重大战略决策与顶层设计，对于提升我国高等教育综合实力和国际竞争力，实现从高等教育大国到高等教育强国的历史性跨越具有十分重要的意义。我国大学教育基金会应顺应这种大势，充分体现自身的教育基因与教育属性，自觉地将组织发展融入"双一流"建设进程，并为其服务，这也是大学教育基金会这一组织形式安身立命的根本。大学教育基金会各项作用的发挥，也只有在服务"双一流"建设战略进程中才能得到体现。

建设世界一流大学和一流学科是一项长期任务，需要参与各方共同努力，完善政府、社会、学校相结合的共建机制，形成多元化投入、合力支持的格局。其中，大学教育基金会可以发挥重要的桥梁和纽带作用。

首先也是最重要的，能够协助"双一流"建设各高校不断拓宽筹资渠道，积极吸引社会捐赠，扩大社会合作，健全社会支持长效机制，多渠道汇聚资源，在财政供给的常规保障基础上，寻求更多的增量资金支持学校事业发展。

其次，大学教育基金会在推动"双一流"建设方面的重要作用，不仅体现在拓宽筹资渠道与财务保障方面，还体现在它可以全过程、多领域地深度参与学校"双一流"建设进程的各个方面。在具体参与方式上，大学教育基金会可以依托讲席教授等形式，推动建设一流师资队伍，培养拔尖创新人才；通过设立前沿或基础研究基金，提升整体科学技术研究水平；通过构建捐赠人与受助人的交流互动平台，传承创新中国传统优秀文化；通过组建产学研一体化创投基金，推进成果转化。总之，大学教育基金会能够通过自身职能作用的有效发挥，围绕大学人才培养、科学研究、社会服务的核心问题，全方位参与一流大学和一流学科建设进程。然而，当前我国大学教育基金会的作用还处于财务支持与保障的初级阶段，服务"双一流"建设的能力与水平亟待提升，大学教育基金会能力建设有待破题。

此外，"双一流"大学建设的评价与考核，也应体现大学教育基金会的建设与作用发挥情况。有关部门在公布"双一流"建设名单时提出，遴选认定不是一劳永逸的，资格认定要打破身份固化，不搞终身制，对建设过程实施动态监测。为引导我国高校重视大学教育基金会作用的有效发挥，应借鉴 U.S. News评价体系①有益经验，在现有建设成效评价体系之外，引入大学教育基金管理及效果评价指标，激励高校更加注重大学教育基金会工作，同时也能够更加全面地反映大学的竞争性地位并与国际指标接轨，督促"双一流"大学建设高校加

---

① U.S. News 在学术声誉（全职教授人数、诺贝尔奖或其他大奖获得者、论文学术专著，占比22.5%）、学生保持率（回校率和毕业率，占比20%）、招生选拔、师资资源（占比20%）、财政资源（研究经费支持，占比10%）、学生就业率和薪资之外，特别加上校友捐赠率指标（占比5%）。

快推进改革进程。

（二）完善三个层面的制度设计

1. 宏观上做好大学教育基金会的顶层设计

党的十九大报告提出，中国特色社会主义进入了新时代，我国的社会主要矛盾也已经转化。这一非常重要的观念转变将会给包括大学教育基金在内的各个行业各个领域带来深远影响。与此同时，经过二十余年发展，特别是中央财政配比政策出台以来近十年的快速增长，我国大学教育基金会已经覆盖了所有的部属和省属重点高校以及部分职业、民办高校，规模效应已经显现。

然而，我国大学教育基金会发展模式与"双一流"建设的不匹配性日益突出，自身发展跟不上我国整个高等教育发展节奏，制约自身可持续发展的深层次矛盾逐渐显露。当前，应看到我国大学教育基金会存在的客观问题和现实差距，对教育基金行业发展进行阶段性总结，对其战略定位、发展现状、存在问题、发展瓶颈等问题进行调查研究，在充分尊重各所学校发展特性的同时，站在战略和全局的高度做好顶层设计，对大学教育基金会的发展理念、发展机制、发展方式进行明确，从教育基金会的交叉属性出发统筹相关政策，为高校拓宽筹资渠道、丰富筹资路径提供支持，实现大学教育基金会统筹协调发展。

大学教育基金会发展路径的顶层设计，可借鉴与我国高等教育体制接近的英国政府做法。2003年，英国政府针对教育捐赠事业存在的若干问题，专门成立了高等教育志愿捐赠特别工作组，委托布里斯托大学副校长埃里克·托马斯教授（Eric Thomas）担任主席，对英国高等教育领域教育捐赠所处的内外环境进行了总体评价，就政府作用、税收政策、学校策略、捐赠文化等问题进行诊断式研究，在此基础上提出了优化英国高等教育捐赠结构，提高英国大学捐赠水平、推动英国高等教育系统可持续发展的若干建议。英国政府及主要大学很快采纳了其中部分建议，英国整个教育捐赠规模与水平得到了较大提升。我国大学教育基金会的顶层设计，也应通过行业评估摸清家底与发展困境，从制约基金会组织发展的重大问题入手，针对当前教育基金管理零散化、碎片化等问题，明确若干个关键环节，拿出可操作性的解决方案。

2. 中观上理顺大学与其教育基金会关系

大学教育基金会不同于一般的社团、民非或基金会，它是依托所在大学发起成立的特殊的基金会类型，大学与其教育基金会有着或多或少或制度化或约定俗成的千丝万缕的联系，这在社会组织当中可以说是绝无仅有的。大学教育基金会的学术研究或日常管理，缺少对这种依附性的认知与理解，盲目强调大学教育基金会作为社会组织应有的独立性，就会偏离正确的方向，这是考虑问题的根本出发点和落脚点。因此，大学与其教育基金会关系问题，成为大学教育基金会治理当中不可回避的关键性问题。

然而，大学与其教育基金会关系，从不同角度能得出不同答案，不同的时期关注点也会有所不同。2017年中央巡视组对中管高校巡视以前，大学与其教育基金会关系更多强调发展过程中提高专业性与独立性，降低依附程度的问题；巡视以后，大学与其教育基金会关系发生了微妙的变化，更多地强调大学对其教育基金会的党建与监管责任，在成果共享、风险共担的基础上，大学的背书责任得以明确。相应的，之前有学者提出的大学与其教育基金会是伙伴关系的概念就失去了基础，取而代之的是大学的一体化管理模式，对基金会活动进行统一控制，强调规范化、制度化。在一体化管理的大背景下，理顺大学与其教育基金会关系应关照好两个关键问题。

首先是决策机制如何一体化问题，其核心是处理好大学党委常委会与基金会理事会的关系。按照相关法律法规，大学教育基金会作为独立法人，其理事会有最高决策权，尽管过去大学教育基金会理事大多由校内领导兼任，但理事会决议并不需要再报送学校决策层。然而，随着中管高校巡视整改措施的逐步实施及其示范作用，学校和理事会对基金会的双重领导机制将得以明确，大学党委常委会将在基金会决策体系中扮演越来越重要的角色，教育部有关指导意见也将会体现此类表述。

因此，如何理顺两个决策主体关系、合理划分决策权限成为优化大学教育基金会决策机制首先要考虑的问题。应以此次决策机制调整为契机，逐步提高理事会的专业化程度，使理事之间在专业领域形成交叉互补，提高理事会整体决策科学化水平。与此同时，将调动学校资源的问题、方向性原则性问题交由大学党委常委会把关拍板，形成差异化、层次性、互补性决策模式。

其次是大学教育基金会风险控制机制如何一体化问题，其核心是校内风险控制体系如何有效覆盖基金会。随着教育基金规模的日益增大，财务管理风险逐渐积聚，为规范各种财务活动及流程，大学教育基金会构建了自身的内控体系，以加强筹资、投资、管理等方面的预测预警与信息披露，从而对整体风险进行防控。同时，近年来，高校越发重视内部控制与风险防范体系建设工作，纷纷构建内部控制体系，对招生、基建、后勤等风险易发重点控制领域进行监管。后巡视时代，学校的内控体系将实现对大学教育基金会的全覆盖，具体表现在学校财务部门将会加强对基金会财务的业务指导和监督，审计部门将年度审计机制引入基金会监管，作为年度检查或报告的补充。

这就产生了两个层级的内控体系如何有效结合的问题，既要做到不浪费内部控制资源，同时又要充分考虑基金会的特殊性，实现对筹款策划、捐赠关系维护、项目管理、投资增值等方面的监管，这应是后巡视时代大学教育基金会一体化体系构建的重点内容之一。

3. 微观上建立衡量内部治理能力的指标体系

在国家层面提出治理体系和治理能力现代化的背景下，大学教育基金会也应对照自己的职能定位，在高等教育综合改革进程中不断提高自身的治理能力。在筹款、投资、项目管理等方面通过创新提高内部治理能力，构建定位准确、功能明晰、结构合理、管理有序的新型大学教育基金会治理模式，这将有助于吸引持续性的教育捐赠，提升基金会服务所在高校的能力。

大学教育基金会内部治理能力提升是一个系统工程，既需要有关部门完善行业基础设施建设，补齐行业组织短板，特别是依托高校面向大学教育基金各个层级的管理者开展继续教育和培训服务，从教育基金中外发展历程、发展趋势、筹资动态、基金会治理等方面进行系统培训，加强能力建设；又需要基金会所依托大学结合事业单位改革进程，借鉴国外捐赠基金管理经验，建立差异化的教育基金会工作人员薪酬体系。然而，治理能力的衡量标准问题，是困扰当前我国大学教育基金会发展的关键因素之一。

客观来说，当前我国大学教育基金会的规模与筹资金额多寡，更多的是与大学声誉相关联，而不是与大学基金会内部治理能力高低相关联。整体上看，一流大学建设高校的教育基金会规模或年度筹资额一定不会太差，一般性省属市属高校基金规模一定不会太大。同时，不同层次、不同学科特点的高校，其大学教育基金在讲席教授支持、学生综合能力培养、创意创新教育、基础学术研究等方面发挥作用的方式方法也会有很大不同。作为行业基础设施的重要组织部分，针对性、差异化的绩效衡量标准是我国大学教育基金事业发展过程中的瓶颈之一。

当前，应结合我国高等教育实际与大学教育基金会发展阶段，对大学教育基金会的战略目标进行分解，相应地建立各项工作的指标体系，更加全面、客观地反映大学教育基金会团队的工作绩效。治理能力衡量标准与指标体系的确立，才能进一步回答好建设什么样的大学教育基金会、怎样建设大学教育基金会这个根本问题，才能推动大学教育基金会健康可持续发展。

实务操作篇

高校教育基金会项目管理问题

赵文莉

一 公益公信问题与基金会项目
管理面临的形势

基金会是公益组织的重要形式,是社会公益财产的募集者、管理者。从一定意义上来说,还具有对社会财富进行再分配的职能。公开、公平、公正、效益是基金会运作的基本原则和理念。与此同时,基金会公益活动的主要方式,表现为捐助者与获捐者实现互动的项目运作。从某种意义上可以说,基金会对外的业务活动基本上由一系列项目组合而成。基金会正是通过一系列公益项目的实施,来体现组织目标与使命,以项目成果来回应实现设立宗旨的承诺。[①] 做好基金项目管理工作,不仅需要熟知与项目管理相关的具体运作,也需要对管理对象,即捐赠资金的社会属性、特点以及项目管理面临的新形势有所把握。换言之,需要基金项目具体管理之外的眼光和格局,知其然亦知其所以然。

众所周知,捐赠基金具有慈善性与公益性双重社会属性。前者导源于慈善事业,受到相对单纯的回报社会、感恩心理、积善愿望的支配,或者出于博取社会知名度、树立企业的公众形象以获取更大利益和丰厚利润等功利主义考量,具有源自学缘、人缘和偶发性、随意性等特点。后者则来自公益性项目投资,具有规划性、长期性、稳定性、普益性等特点。

进入 21 世纪,中国改革开放步伐加快,经济总量迅速增加,在世界的排名接连超过意大利、法国、英国、德国、日本。伴随着中国经济高速发展和体量持续增大,中国社会财富猛涨,企业收益剧增,个人收入增加明显。中国经济的变大变强和企业家集群的财富快速增长,构成大学教育基金会发展

---

① 马昕:《基金会公益活动的项目化管理》,《中国社会组织》2007 年第 1 期,第 51~54 页。

的新形势，为大学教育基金会发展提供了无限的正能量。

另外，伴随着社会走向富足和某些企业主、官员的优裕化，浮华、浮躁、浮夸等"三浮"不良风气在官场或社会的某些角落滋长，化公为私、以权谋私和权钱交易等攫取公共财富的腐败现象时有发生。这些不良风气和腐败现象冲击并破坏慈善、公益事业，影响捐赠方或筹资方的社会形象。

较早引起媒体舆论关注的，是华东师范大学"宋山木楼"的冠名事件。2008年10月，华东师范大学成立57周年校庆之际，计算机系校友、山木教育集团总裁宋山木向母校捐赠人民币100万元。得到的回报是师大在闵行校区第一教学楼西侧墙面用中英文镶刻"宋山木楼"的教学楼冠名，以及聘任其为师大"客座教授"。① 2009年12月，《华东师范大学校报》的配图报道，称此楼的命名"既显示了学校对校友成就的充分肯定，也是校友对母校深厚感情的体现，是校友对华师大认同感的物化"。简单的报道，对冠名做出了理想化的解释。

不到半年，2010年5月，宋山木因涉嫌强奸一案被深圳罗湖区检察院批准逮捕，媒体一拥而上，竞相炒作。消息传来，华东师范大学学生无法容忍"涉嫌强奸"的捐赠人冠名继续存在，纷纷在校内BBS上发帖要求撤销"宋山木楼"的冠名。几天后，师大采取措施，铲除了墙上的镶字，恢复了第一教学楼的原貌。透过媒体的曝光，不难看出大学教育基金会为获得捐赠而遭遇的尴尬和困窘。

2011年，社会捐赠与资金管理的事件接踵而至，凸显了社会公益心与公信力流失的大问题。捐赠与重新冠名教学楼的事件，再次引起媒体舆论的关注。5月，清华大学第四教学楼的南墙上出现了中英文金属字"真维斯楼"的新冠名和铭牌。很快，是否接受休闲服装品牌"真维斯"的冠名问题，在学生中间引起争议。5000多名学生参加了清华微博协会发起的意见征询，多数学生表示反对新冠名。校方称，在维持新冠名"真维斯楼"的同时，仍保留"第四教学楼"的名称。但此种说法得不到多数学生的认同，校园网站的帖子依旧群情汹汹。在这种情况下，校方最终摘除了"真维斯楼"铭牌。② 受赠方在建筑物的墙壁上对捐赠方冠名，是十分常见的国际惯例。至于捐赠方是否为知名企业，排名的档次高还是低，则是另外一个问题。当然，在这个过程中，受赠方的相关部门通过适当的渠道，广泛听取师生的意见，将捐

---

① 《宋山木楼》，百度百科，https://baike.baidu.com/item/宋山木楼/2564485。

② 《真维斯楼》，百度百科，https://baike.baidu.com/item/4372228? fr = aladdin。

赠事宜处理得更顺畅，应该是冠名方运作的必要程序。

2011年下半年接连出现的一连串事件，致使正在蓬勃发展的中国公益慈善事业的公信力遭遇严重质疑并备受冲击。2011年6月，新浪微博上刊登了一张配文的照片，一个名叫"郭美美Baby"的年轻女子戴着墨镜，斜靠在豪车玛莎拉蒂旁，自称是"中国红十字会商业总经理"，炫耀二十出头的她住大别墅、开名车、挎名包的奢侈生活。这个微博一出，立即引发了爆炸式的轰动效果。网友关注的是这个炫富的年轻女子为何拥有如此财富，强烈质疑郭美美聚敛暴富的门道、靠山，质疑社会的慈善捐赠被个人私吞占有。两天后，红十字会总会声明其员工中并无郭美美其人，也不存在下属的"红十字会商会"。刊登了郭美美炫富的新浪微博则为实名认证的审核不严、造成的负面影响表示歉意。① 但媒体和网民并未因此罢手，继续穷追不舍。一时间，炫富的郭美美成了网络人肉搜索的对象，有关其家庭背景、演艺角色、权色交易、敛财手段、奢侈消费等消息和图片满天飞，显露出"三浮"丑陋社会风气的冰山一角。

虽然郭美美的财富和奢侈与中国红十字会没有任何的关系，但是，据民政部统计，2011年7月全国社会捐款数为5亿元人民币，与6月相比降幅超过50%。② 中国红十字会常务副会长赵白鸽感慨地说："一个有着107年历史的红十字会，怎么会在一个小姑娘郭美美的冲击下产生这么大的问题？我很震撼，也在深思。"③ 在社会公信力危机的冲击下，红十字会百年业绩几乎在三天里败光。冷酷的现实表明，"郭美美炫富"之所以致使中国红字会形象受损，捐款数额大跌，其原因就在于红十字会的慈善性、公益性。社会捐款管理的公正、公开、公平性也因此受到社会的强烈质疑，引起普遍的不满和抵制。社会公众对公信力凭信性的渴望，以及信任度的脆弱性，均得到充分的展现。在这种情况下，红十字会收到的捐款额度大幅度下滑，且备受重创，恢复元气需要的时间较长，教训沉重。

中国红十字会的信任危机尚未平息，另一家公益慈善巨头——中华慈善总会又陷入舆论的漩涡。同年8月，多家媒体同时披露，此前连续四届公益捐助中国版权协会"中国青少年创意大赛暨知识产权宣传教育活动"的无锡尚德太阳能电力有限公司，未按照此前向中华慈善总会提交的书面承诺，将

---

① 《微博炫富事件》，百度百科，https://baike.baidu.com/item/7597068。

② 《7月全国社会捐款为5亿元环比减半》，腾讯财经，http://finance.qq.com/a/20110914006811.htm。

③ 《红十字会副会长：郭美美事件三天毁掉红会一百年》，人民网，http://politics.people.com.cn/GB/1026/16246971.html。

价值 1500 万元的太阳能组件，捐赠给该活动执行方中国版权协会教育委员会下属的北京佳行创新公司，而将其转交给了自己的关联企业北京创新中意公司，却从中华慈善总会领到了 1500 万元的捐赠免税发票。① 此事一经媒体炒作，立即引起社会公众的广泛关注。舆论的质疑主要有两点：一是尚德太阳能电力有限公司有诈捐之嫌，二是中华慈善总会有虚开发票和收取管理费之嫌。一时间，质疑总会内部的"潜规则"等消息满天飞。8 月 17 日，中华慈善总会网站辟谣，进行了澄清和解释，承认"总会对于此次事件过问不够、责任不到位需要改进"，"个别工作人员失信，有损中华慈善总会的社会声誉"，承诺将加强内部管理并监督捐赠物的发放。② 然而，"诈捐门"风波并未因此而平息。相关各方继续展开激辩，捐赠方尚德电力的诚意与接受方中华慈善总会捐赠管理的不到位备受指责，其客观效果是本应慈善性、公益性兼具的捐赠方与接收方的管理能力、公信力再次受到负面影响。

综上所述，"宋山木楼事件""真维斯楼事件""郭美美事件""尚德门事件"等接连挑战公益捐赠初心的事件，深刻反映出中国公益慈善运作中的若干值得探讨的问题。其一，基金会运作和管理面临机遇与挑战并存的复杂局面。尽管公布了《捐赠法》，但社会上总有一些动机不纯的财富人士，不知收敛甚至不知廉耻地炫富，为博取名利不择手段。事件迭发，抹黑了社会慈善公益事业，滋长了各种负能量。其二，上述公益问题的曝光，表明社会公众、社会舆论对基金会开展的公益活动高度重视和关注。关注者均为信息社会的活跃成员，他们目光敏锐，擅长思考，敢于发表独立见解。对其发表的意见，若理性地回应，自然会成为有助于基金会项目健全发展的正能量。其三，社会慈善公益组织的运作和管理需要再上新台阶，以驾驭局面，守正创新，有所作为。毋庸讳言，缺乏透明度、监管不严、缺乏法律法规的约束等问题不仅出现在上述基金会中，一些高校基金会也因捐赠冠名，捐赠物品受质疑，运作不透明、不规范等给其发展带来负面影响，反映了基金会项目管理的缺失。上述问题归结为一点，即如何加强基金会项目管理已经成为予以高度关注和不断拓展局面的重要问题。基金会公益活动项目化的重要特点启发我们，借鉴管理学理论，加强对公益项目的监管，是避免公益危机、提升基金会公信力、促进基金会健康发展的重要保证。

① 《尚德电力陷诈捐门》，新浪财经，http://finance.sina.com.cn/focus/sddlzj/。
② 《无锡尚德深陷诈捐门中华慈善总会承认监管缺失》，央视网，http://news.cntv.cn/20110818/110996.shtml。

二　高校教育基金会捐赠项目的特点
及管理现状

1994 年 12 月和 1995 年 1 月，清华大学教育基金会和北京大学教育基金会相继成立，以此为标志，中国高校教育基金会事业迈出了开创性的探索步伐。作为中国慈善事业的一支重要力量，20 年来，中国高校教育基金会发展迅猛，业绩斐然。截至 2016 年底，我国共有大学教育基金会 460 余家，绝大部分"211 高校"和几乎所有的"985 高校"均成立了教育基金会。据高校筹资联盟组织力量对 41 所（除国防科技大学外均有基金会）世界一流大学建设高校 2015 年、2016 年捐赠收入及净资产的统计，前 20 名重点高校教育基金会，其年度捐赠收入和净资产规模均如表 1 所示。

表 1　2016 年部分高校教育基金会捐赠收入及净资产情况

序号	学校名称	捐赠收入（万元）	净资产合计（万元）
1	清华大学	158931.87	630104.97
2	北京大学	57049.67	444266.93
3	厦门大学	39963.06	80676.57
4	浙江大学	35288.00	203783.72
5	复旦大学	25127.19	58977.56
6	中山大学	20200.00	暂无
7	武汉大学	16156.04	26703.13
8	同济大学	13067.09	32928.04
9	南京大学	11460.68	1036.42
10	北京航空航天大学	9922.27	59387.49
11	中国人民大学	9117.88	61001.06
12	四川大学	8190.55	19443.69
13	南开大学	7270.54	16008.61
14	天津大学	6727.42	24795.45
15	东南大学	5550.84	43670.84
16	北京理工大学	4302.16	17481.12
17	中国农业大学	4158.30	11086.45
18	重庆大学	3783.92	14149.08

续表

序号	学校名称	捐赠收入（万元）	净资产合计（万元）
19	湖南大学	3424.47	9489.09
20	华中科技大学	3385.84	17935.16

资料来源：《41 所世界一流大学 2015、2016 年捐赠收入及净资产一览》，2017 年 10 月 13 日，高校筹资联盟。

表 1 显示，各校的捐赠收入和净资产差别显著。2016 年，清华大学教育基金会年度捐赠收入超过 15 亿元，净资产合计超过 63 亿元，北京大学教育基金会年度捐赠收入近 6 亿元，净资产总额达到 44 亿元，浙江大学教育基金会年度捐赠收入近 4 亿元，净资产总额超过 20 亿元。其中，华中科技大学的年度捐赠数额，仅为清华大学的 2.1%，北京大学的 5.9%，浙江大学的 9.5%。[1] 上述统计数字显示了中国大学教育基金会获得社会捐助在数额上的基本特点：名牌大学效应显著、捐赠的影响要素多样化、捐赠额度名次变动幅度不大和名次靠后的大学尚有巨大的发展空间等。

如前所述，项目运作是基金会业务活动的主要方式。项目是基金会开展公益活动的载体，基金会的公益资产只有转化为一个个项目去运作，才能完成自己的使命。蓬勃发展的基金会事业，一方面给高校带来了源源不断的资源，另一方面也对项目管理工作提出了要求。如果说，在发展的初始阶段，各基金会更关心捐赠资源的拓展、捐赠资金的筹集，那么随着捐赠收入的增长、捐赠项目的增加，如何开展项目管理，规范、透明、高效完成项目预定目标，成为每一个高校教育基金会必须妥善解决的重大问题。作为基金会工作的重要一环，项目实施好坏，影响基金会公信力，决定基金会是否能够健康可持续发展。研究高校教育基金会项目管理问题，首先需要搞清楚高校教育基金会捐赠项目的特点及其管理现状。概括起来看，目前高校教育基金会捐赠项目及其管理具有以下几个特点。

1. 捐赠项目设立以促进本校教育事业发展为主要目标，基本建立起和学校发展需要相匹配的项目资助体系

基金会捐赠项目的设立，因其宗旨和性质不同而各不相同。比如，中国扶贫基金会、中国红十字会等全国性公募基金会，其工作重点和项目设立主要集中在社会健康、教育（主要是初等教育和中等教育）、救灾、社会发展、

---

① 《41 所世界一流大学 2015、2016 年捐赠收入及净资产一览》，2017 年 10 月 13 日，高校筹资联盟。

国际援助及公益理念倡导等社会公益领域，其受益对象为全国范围内有需要的民众。

综观大学教育基金会章程，均明文规定其基金会的宗旨是支持本校教育事业的发展，受益的主要对象为本校师生。比如《北京大学教育基金会章程》明确写道："本基金会的宗旨是：致力于加强北京大学与国内外各界的联系和合作，促进北京大学教学、科学研究和高新技术开发事业的发展。"[1] 《中国人民大学教育基金会章程》规定其宗旨是，筹集、接受、管理捐赠资金，促进学校教育、科研事业发展。[2] 《浙江大学教育基金会章程》规定：本基金会的宗旨是汇八方涓流、襄教育伟业，全面支持和推动浙江大学的建设和发展。[3] 《清华大学教育基金会章程》虽未明确指出捐赠资金用于支持清华大学，但可以看出，其捐赠项目设立亦主要围绕支持清华大学教育事业发展之需要。[4]

根据基金会宗旨，高校教育基金会捐赠项目主要包括以下6类：①学生奖助项目，包括奖学金、助学金、国际交流基金、科研创新基金、社会实践基金等；②教师奖助项目，包括讲席教授基金、青年学者基金以及各类奖教金等；③科研、出版资助，支持学术研究和出版发表，提供必要的支持；④学术交流基金，资助国内外学术互访、论坛、研讨会的举办；⑤基础建设项目，支持教学、科研、生活等设施建设以及仪器设备购置等；⑥面向社会公众的其他社会公益项目。[5]

从项目的层级来说，绝大多数高校将上述捐赠项目分为校级项目和院系项目。以北京大学教育基金会为例，所谓校级项目是指由学校教育基金会统一规划，委托相关校级职能部门负责执行的项目，该类项目由项目执行部门面向全校师生发布消息，提供统一申请表格，依据申请人申请条件，经专门评审委员会审核，开展各种公开选拔，申请合格者可与全校师生分享项目带来的成果。这类项目可以是校级奖助学金、奖教金，也可以是礼堂、餐厅、体育馆等公共设施的建设。

---

① 《北京大学教育基金会章程》，百度百科，https://baike.baidu.com/item。

② 《中国人民大学教育基金会章程》，中国人民大学官网，http://rucef.ruc.edu.cn/category/8。

③ 《浙江大学教育基金会章程》，百度百科，https://baike.baidu.com/item。

④ 《清华大学教育基金会章程》，百度文库，https://wenku.baidu.com/view/943c76291eb91a-37f1115cc6.html。

⑤ 这一规定扩大了高校基金会的业务范围，使其资金可资助社会有需要人士。但在实际操作中，由于资金发放、使用监管等问题，用于这类项目的资金非常有限，除非特殊情况，一般高校很少开展此类项目。

所谓院系项目是指以校内某一院系、所、中心和职能部门为受益单位的项目，包括院系发展基金、受益对象为某一个院系或部门的奖助学金、奖教金等。受益者同样需要依据公开的信息，履行必要的申请手续，并经过审议之后，获得奖助金、奖教金等。通过院系项目的展开，推进教学科研和学业的完成。以支持本校教育事业为主、校系两级项目层级体系，是高校教育基金会捐赠项目区别于其他社会慈善组织的重要之处。

2. 捐赠项目数量多，捐赠金额差异大，捐赠人诉求呈多样化、个性化之势

以北京大学为例，截至 2017 年 9 月，北京大学教育基金会累计捐赠项目2800 余项。项目五花八门，林林总总。至于捐赠的额度，更是千差万别，多寡悬殊。在进账的各类捐赠中，既有针对某一项目，额度高达亿元乃至数亿元的巨额捐赠；也有数千元、数百元的年度小额捐赠，还有数十元的年度超小额捐赠。尽管捐赠的额度有多寡、巨细之分，但均为国内外有识之士对教育的支持和慈善心、爱心的体现，对于北京大学来说，即使数十元的超小额捐赠，依然不失其意义，同样值得感激和珍惜。

资金用途也表现出很强的个性化需求。以北京大学教育基金会为例，主要有以下三个项目。①奖学金项目：综合素质奖学金的获奖对象，为品学兼优的学生；专项奖学金则资助北大学生，包括留学生在内的国际交流奖学金、资助学生创造性研究的科研创新奖学金，以及服务于培养学生优秀品格的"德育奖学金""荷花品德奖"等。某一类奖学金中，会因设奖人特有的情结或偏爱，对生源地或院系、专业等提出特别的要求。②助学金项目：多向家境经济困难或少数民族学生倾斜，即支持通过"国家专项扶贫计划"而进入北大的家庭经济困难学生，或者专门支持蒙、藏、疆少数民族地区学生。其资助方式，既有现金资助，又有电脑、生活用品等资助。更有一些热心人士，设立种类不同的后续项目辅助学生全方位成长，而这些项目的开展，都需要人力物力的大量投入。③教师奖励项目：除投入数额较大的讲席教授基金，用以吸引世界一流人才之外，还专门针对中青年学者，设置杰出青年学者奖。获奖事由多种多样，既有优秀教学奖，也有特别鼓励教师"用心""花时间"培养学生成长的"树人奖"等。这些奖项设置的目标各异，获奖缘由不同，实施效果是：一方面，激励优秀学生或需要特殊帮助的学生进一步振奋精神，完成好学业，树德成才；另一方面，增强师资力量的整体实力，有助于激发青年教师的潜力，调动其教书育人的积极性，从总体上推动学校的发展。在这个过程中，面对捐赠额度的多寡不一、奖项的事由取向的形形色色，以及申请、评议、审定、发放奖金各个环节的多样化，对项目管理提出了更高、更细的要求。至少，要在以下两点上力求完美。一是项目执行如何保证捐赠人满意，特别是保证中小捐赠人的满意度，使捐赠真正成为"乐捐"、"增捐"和"续捐"，而不是一锤子买卖。二是发挥奖学金、助学金、奖教金的最大效用，让获奖者在得到货币资助或物资援助的同时，在精神上得到激励，在学业和教书育人方面的心志得到进一步升华。上述两点，是高校教育基金会项目管理所面临的巨大挑战。

3. 筹评分离的项目运作模式

项目数量繁多、目标各异的特点，决定了高校教育基金会欲有效开展项目运作，必须建立筹评分离的项目运作机制。所谓筹评分离，是指基金会负责捐赠物资的筹集，但是捐赠资金的使用、受益对象的挑选则按照其用途交由不同部门来负责。在北京大学，基金会主管筹集社会捐赠；财务部按照相关的制度和规定，负责部分捐助款项的发放；学生工作部门负责奖学金、助学金的评定；人事部门负责讲席教授、奖教金的评定；基建部门负责基建工程款的使用；各院系负责院系资金的使用；等等。此种筹评分离的项目运作模式，便于发挥不同职能部门之间的相互制约作用，分工负责，各司其职，有利于将捐赠纳入公开、公平的轨道，使其发挥最大的社会效益。在我国高校，运作成熟的教育基金会，目前基本上已建立起规范有效的筹评分离的项目运作机制。

进一步说，筹评分离有利于提升项目运作的专业化程度和效率。古语云"术业有专攻"，不论是做学问还是做行政工作都讲求各有所长，各有其能。学工部、人事部的主要工作服务对象就是学生、老师，较之基金会，他们更加了解师生的需求，而且在长期的实际工作中均已建立成熟完善的各类奖项评审机制。什么样的奖助标准是合理的，名额如何分配，申请的流程是什么，如何应对评审中出现的问题，都是这些部门所擅长把握和解决的。而基建部门和各院系则能够更好地根据工程进度、院系需要合理分配使用资金。总之，行政职能部门负责项目运作有助于项目开展更加合理、规范、有效。

行政职能部门负责项目的具体运作，并不意味着基金会在这一过程中就可以置身事外。目前许多高校教育基金会虽不直接组织项目开展，但大都通过不同的方式，间接参与项目的实施。概括起来，扮演的主要角色有以下三个。其一，捐赠者与项目执行者之间的沟通者。一般来说，基金会最先接触项目捐赠者，在协商捐赠的过程中，加深了彼此的了解，包括捐赠人的文化素养、喜好、期待、抱负和理想等。在此基础上，基金会可以向项目执行单位转达捐赠人的意愿和项目理念，沟通双方，以利于执行项目的展开。其二，制定捐助项目的合作者。在一般情况下，基金会在项目执行过程中，经常与捐助者联系，掌握其意愿与期待。为确保顺利执行项目，基金会有必要与项目执行单位联系，按照捐赠协议的条文行事，有针对性地制定项目实施方案。其三，实施项目运作的督促者。众所周知，对于接受捐赠高校的师生，特别是青年教师来说，获得捐助的项目并非唯一的一件事。除了日常的学习和教学科研，还有其他大量的活动，挤占了其时间和精力。获得捐助固然令人高兴，但高兴之余，捐助项目能否遵照协议，按时保质地完成，则是另外一个问题。因此，在制定了捐助项目的实施方案后，基金会还有责任关注项目进展的状况，发挥对项目的提醒、督促的作用。

在高校教育基金会发展的初级阶段，因为捐赠资金额度有限，捐赠项目有限，一些基金会往往同时承担资金募集者和分配者两副担子，感受不到筹评分离的必要。但是随着基金会业务的开展，海内外的各种捐赠款项源源不断地涌入，数额越来越大。与此同时，捐赠的项目也水涨船高，越来越多，并为师生所熟知。在这种情况下，同时扮演资金募集者和分配者的基金会感到越来越力不从心，难以招架。因此，筹评分离的项目运作机制适应了高校教育基金会发展的需要，是有效开展项目执行的重要保证。

4. 捐赠项目受到的社会关注程度高

无论是国内还是国外，过去还是现在，教育特别是高等教育，历来都是获得捐赠款项最多的领域。在国内每年公布的捐赠排行榜中，上亿元的巨额捐赠往往投向大学。高校教育基金会，特别是名牌大学和"双一流大学"的教育基金会，通常会因为其捐赠数额高、捐赠人名气大、学校本身具有的社会影响力，格外受到社会公众和媒体舆论的关注。最近几年，登上网络新闻前列的国内外巨额捐赠，主要有：2011 年，北京中坤投资集团董事长兼中国诗歌学会会长黄怒波捐赠北京大学价值 9 亿元人民币的资产[①]；2013 年，美国黑石集团（Blackstone Group）创始人苏世民（Stephen Schwarzman）捐赠清华大学 1 亿美元，并承诺后续捐赠 3 亿美元[②]；2015 年，中国泛海控股集团捐

---

① 《大校友赠母校 9 亿元资产》，新浪网，http://news.sina.com.cn/c/2011 - 07 - 01/02392273-7140.shtml。

② 《黑石创始人苏世民向清华捐款 1 亿美元》，财新网，http://finance.caixin.com/2013 - 04 - 22/100518097.html。

赠复旦大学人民币 7 亿元[①]；2017 年，刘强东捐赠中国人民大学人民币 3 亿元[②]。这些消息一出，立即成为舆论关注的焦点。实际上，曾经在媒体舆论中沸沸扬扬的"真维斯楼"等事件，之所以惊动方方面面，产生轰动效应并引发舆论的持续关注，均与其向名校捐赠的背景有关。此外，捐赠人的背景，捐赠资金的来源、使用及其效果，大学如何鸣谢捐谢等，举凡与捐赠有关的问题，都会因为名人、名企和名校的结合而备受媒体舆论和社会公众的高度关注。

除上述特点外，从前述北大、清华、复旦和人大等高校获得的捐赠物品来看，捐赠物品日趋多样化，不仅有现金，还有物资、房产、股票，等等。

三　进一步提升捐赠项目管理水平，
促进基金会健康发展

筹资、管理、投资是基金会的三大职能，在不同的发展阶段，人们对于管理在基金会中地位和作用的认识也不尽相同。在基金会筹建之初，资源拓展更加被重视。人们普遍认为，拓宽筹资来源是基金会的首要职能，因为源源不断的捐赠资金方能奠定基金会赖以存在和发展的基础。没有资金来源，基金会的项目管理、资金的保值增值也就成了无源之水、无本之木。但是，随着捐赠的来源日益广泛和丰厚，高校获得的国内外捐赠的基金规模迅速扩大。在捐赠资金不再成为问题的情况下，项目管理的重要性得到快速提升，受到利益攸关方的高度重视。

所谓攸关方，主要是捐资方和筹资管理方。一般来说，捐资方，特别是巨额捐赠大都来自企业豪商，他们出于经商获利、资本增值的商人本能，时刻关注投入后的产出，并依据捐赠的效益，来决定捐赠是一锤子买卖还是长流水不断线。换言之，捐赠项目管理及其效果，对捐助者来说不外乎产生两种感觉：或者给捐赠人以满足和信心，因而下决心继续捐助；或者令其失望或顿时产生悔意，捐助到此为止。项目管理的重要性，由此略见一斑。

对于筹资管理方来说，新朋友令人愉快，但老朋友更令人珍惜。通过多年的交往，筹资管理方发现，项目的执行令捐赠方满意，进而从捐赠方继续

---

①　《泛海集团向复旦大学捐赠 7 亿元》，人民网，http://sh.people.cn/n/2015/1221/c134768 - 27369410.html。

②　《刘强东向母校中国人民大学捐赠 3 亿元设立基金》，网易财经，http://money.163.com/17/0602/15/CLUFLA3J002580T4.html。

争取新的捐赠，远比寻找一个新的捐赠者容易许多。因为，项目执行得越好，管理得越好，基金会的公信力就越高，声誉就越好，越容易受到捐资方的青睐和支持。若能在捐赠方之间形成口碑，则更有事半功倍的效果，而且很可能是始料未及的喜人效果。由此可见，在基金会的三大职能中，随着筹资工作的展开，项目管理成为三大职能中的重中之重，决定着基金会持续发展，构成再创业绩的基础，基金会新活力的来源，具备再造血的功能。那么，应该如何提高基金会项目管理水平以促进基金会健康可持续的发展？

根据管理学原理，每一个项目均对应一个相应的管理过程。结合高校教育基金会捐赠项目特点，基金会项目管理过程包括 5 大环节：设立、计划、执行、控制、结项（见图 1）。其中，"项目设立"是指依据基金会的性质和宗旨，审核批准一个新项目的过程；"项目计划"的含义是根据捐赠协议，制定项目目标、工作方案和实施进度；"项目执行"是指协调人员和其他资源实施项目计划；"项目控制"是指定期了解项目执行情况，确定实施情况与计划的差异，随时采取相应的纠正措施，保证项目目标的实现；"项目结项"是对项目的结果进行审核评估，达到项目有序地结束。

开展、提升捐赠项目管理水平就是针对上述项目管理的各个流程，秉持"规范、透明、效益、安全、服务"的理念和原则，按照项目管理的规章制度和程序，协调运用各种资源，完成项目设定目标，实现捐赠资金效益的最大化。项目管理者应始终牢记，项目管理的终极目标是，通过对捐赠项目的有效管理，提升基金会公信力，促进基金会健康、可持续发展。

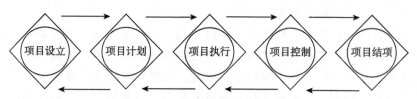

图 1　项目管理全流程

提升项目管理水平应从以下几方面入手。

1. 重视制度建设，拟定并不断完善各类项目管理制度

"制之有衡，行之有度"，"没有规矩，不成方圆"。制度是实施管理的基石和保障，要实施有效的管理，必须建章立制。为此，首先要在高校基金会理念、宗旨规定的框架下，制定项目管理的"根本大法"——基金会项目管理办法，这既是《基金会管理条例》的要求，也是开展基金会项目管理的需求。目前，绝大多数高校教育基金会根据各自的情况制定了项目管理办法，虽然繁简不一，各有侧重，但均将项目管理的目标、职责与流程，项目设立的标准、项目类型及资金使用方向作为重点加以明确。

如果说《项目管理办法》是开展捐赠项目管理的"纲"，那么在此原则指导下，还需要再针对项目管理的各个流程，明确操作程序、责任人、岗位职责以及任务目标等建立一系列的"目"，纲目结合，则会使得基金会项目管理制度建设更加细致完备，更利于实际工作的开展。以北京大学教育基金会为例，在制定《北京大学项目管理办法》的同时，还出台了北京大学教育基金会《捐赠协议申报审批管理办法》《捐赠项目立项审批管理办法》《捐赠项目执行管理办法》《校级奖学金设立管理办法》《校级助学金设立管理办法》《校级奖教金设立管理办法》等一系列文件，明确设奖标准、流程以及相关部门的职责等。

制定基金会项目管理制度，需要注意以下几点。①整体观念。所谓整体观念是指项目管理制度是基金会管理制度的一部分，不是独立存在的，要遵循基金会的理念宗旨，符合基金会的整体发展水平，与基金会发展水平不相符，过度宽松或严苛的制度规定不仅不能够促进基金会的建设，而且会适得其反。②与时俱进。项目管理制度建设是一个动态的过程，要根据基金会和捐赠项目的实际情况，不断调整、完善有关规定。③学以致用。要重视对制度的宣传、学习。制定制度的最终目的是使用制度，一旦明确了某项制度，就要及时组织相关人员认真学习，对制度存在敬畏之心，以制度作为行为规范的准绳。

2. 建立完善以项目负责人为核心的科学化管理模式

如前所述，高校教育基金会捐赠项目数量众多，尤其是筹款业绩比较好的高校，动辄上千项，而且还大有继续增长之势。如何对如此众多的项目实行全过程监管，是高校教育基金会项目管理工作面临的重大挑战。

高校教育基金会项目管理人手有限和捐赠项目增长无限的特点，决定了捐赠项目管理不能只依靠基金会内部工作人员，应当通过建立"项目负责人负责制"和"基金会监管"双管齐下的管理模式推进项目管理工作的开展。所谓"项目负责人负责制"是指基金会为每一个捐赠项目设立项目负责人或责任单位，项目负责人按照其职责，对项目执行的质量和效果承担责任。建立项目负责人负责制对开展捐赠项目管理具有十分重要的意义，它保证了项目执行落实到人，为基金会开展项目管理提供了有力的抓手。结合高校教育基金会捐赠项目的特点，项目负责人的主要职责是：争取捐赠资金按照协议约定如期到位；按照协议约定，公平、公开、公正、合法、合规、及时、高效开展项目执行；积极宣传项目成效；及时、如实答复基金会和捐赠人的查询；等等。"基金会监管"是指基金会督促项目负责人认真履行其职责，定期抽检部分项目，确保项目执行和资金使用合法合规。

实现对项目的有效管理须遵循科学化的管理原则。现代管理学认为，科学化管理有三个层次，即规范化、精细化、个性化。规范化管理是管理的基本要求，其具体含义是，遵照基金会的宗旨和价值理念，制定一整套公开透明、上下认同的，系统、完整、有机统一的项目管理制度。项目负责人按照相关制度规定，通过调配、整合、使用有关资源等一系列活动，实现项目预定目标。企业规范化管理的一个重要目标是达到所谓的"八零"境界，即决策制定零失误、产品质量零次品、产品客户零遗憾、经营管理零库存、资源管理零浪费、组织结构零中间层、商务合作伙伴零抱怨、竞争对手零指责。[①]借鉴这一概念，高校教育基金会捐赠项目规范化管理"八零"境界的主要含义是，按照捐赠协议约定，规范、透明、及时、高效开展项目执行，实现捐赠资金效益最大化，取得令捐赠人、受益人满意的项目效果。

精细化是管理的第二个层次，体现了一种理念，一种文化。"做大事必重细节"，"天下难事，必作于易；天下大事，必作于细"等论述，即反映了细节对于全局成败的重要意义。"窥一斑而知全豹"，小的细节能够反映出综合管理水平，具有超越其表面现象的价值，因此在规范化的基础上开展项目精细化管理，不仅对项目管理本身，对于基金会整体发展亦将具有重要的意义。精细化管理的基本内涵是："精确定位、合理分工、细化责任、量化考核。"捐赠项目的精细化管理重在细化过程管理、细化管理目标。

个性化管理是科学管理的最高层次，是在大众化基础上增加独特、另类、拥有自己特质需要的管理方式。个性化管理重视被管理对象的不同特点，强调从管理的起点、过程到目标的实现，采用适合被管理者的、不同的工作手段和工作方法，以取得独具一格的效果。个性化管理能够保证组织目标和效能的有效实现，最大限度地发挥、开发被管理者的优势和潜能，使之为组织做出更多更大的贡献。结合高校教育基金会捐赠项目，可以通过组建专门的项目管理委员会，独具一格、别开生面的项目执行，适时向捐赠人汇报项目进展，制作内容生动、丰富、翔实的个性化项目报告等方式完成对捐赠项目

---

① 舒化鲁：《拥抱辉煌的六根魔杖——企业规范化管理实施方案》，中国人民大学出版社，2003，第23~30页。

的个性化管理。

高校教育基金会捐赠项目数量众多，目标各异，如何确定每个项目的管理层次？这就需要细分项目类型，针对不同的项目目标，采取不同的管理方式。根据捐赠数额、是否具有进一步的捐赠潜力、项目意义以及捐赠人要求等因素，基金会捐赠项目可简单地分为两大类：重点项目和普通项目。通常而言，捐赠数额大、捐赠人具有进一步捐赠潜力、项目意义重大的，为重点项目，反之则为普通项目。普通项目规范化管理，重点项目精细化、个性化管理，是基金会项目管理工作遵循的原则和努力的方向。

3. 加强过程控制，防范风险发生

管理学原理告诉我们，项目是由多个过程构成的，项目目标的实现是一系列过程的结果，加强项目管理过程控制是确保项目朝目标方向前进的重要举措。过程控制，重在风险控制。所谓风险控制是在有效识别风险并对风险进行分析的基础上，制定行之有效的应对策略和管理方法，以回避风险，缓解风险。

高校教育基金会项目管理的风险主要有哪些方面？2016 年，北京大学审计室首次对北京大学教育基金会开展内部审计，并完成了《北京大学教育基金会过程控制手册》，明确指出基金会项目管理的风险主要在于：不依法依规审核协议，可能导致给予行为不具有慈善捐赠性质；资金不到位，可能导致项目无法执行；项目执行不依照捐赠协议，可能导致基金会丧失公信力，影响基金会生存和发展。无论是在调查中还是在报告中，均特别强调应重点加强对院系项目的监管。①

根据以上报告，针对高校教育基金会捐赠项目的特点，加强基金会捐赠项目过程控制首先要明确项目设立的标准和原则，即基金会捐赠项目设立应坚持学校发展需求与捐赠人意愿相统一的原则，既要符合捐赠人意愿更要符合学校发展需要，这是设立捐赠项目首先和必须遵守的原则。在这一大前提下，加强捐赠来源、用途、报批以及境外资金监管等四个方面的审查。

（1）要严格捐赠来源审核，包括严格审核捐赠方背景，要求捐赠方具备合法资质、资金来源合法以及捐赠具备公益性。

（2）要严格审查捐赠用途，确保资金使用符合国家法律法规和学校发展需要。

（3）要加强审核流程控制，除基金会审核外，协议涉及学校的事项还需

---

① 《北京大学教育基金会控制活动手册提纲·内部刊物》（2016 年版），第 2 页。

上报学校校长法律顾问办公室审核，重大资金募捐项目上报学校审核批准。

（4）要加强境外捐赠资金管理，以总体国家安全观为指导，严格按照《中华人民共和国境外非政府组织境内活动管理法》的要求，对于未在国内登记设立代表机构的境外非政府组织在中国境内开展活动的，依法向登记管理机关申报登记备案等。

另外，要按照"精确定位、合理分工、细化责任、量化考核"的精细化管理要求，通过对捐赠项目的精细化管理防范风险发生，比如，要落实项目负责人或负责单位，按照协议要求制定明确、具体、可行的项目执行方案，按方案组织开展项目实施，并在项目完成后对项目执行效果进行评估等。

如前所述，北京大学审计室在对基金会进行内部审计的过程中，明确强调应加强对院系项目的监管和控制。院系项目的快速增长是高校教育基金会推进建立二级筹款体制的结果，对激发院系筹资热情、拓宽高校捐赠资金来源渠道、扩大基金规模起到了积极有效的推动作用。随着各高校二级筹款体制的建立，院系筹资能力和水平不断提升，院系项目无论是数量还是资金额度，都在基金会占有相当的比例。以北京大学教育基金会为例，2015年新增项目152项，其中院系项目130项，2016年新增项目142项，其中院系项目126项，与校级项目相比，院系捐赠资金的来源更加广泛，资金使用几乎涵盖院系发展的各个方面，如奖助学金、奖教金、科研出版资助、学术交流资助、院系基础设施建设等，支持对象除了整个院系，还有不少项目指定支持院系下设的中心、所或某一特定的学科和专业。院系项目的上述特点，要求对其管理应该更加细致，应该更加注重建立完善合理规范的项目管理机制。除要严格立项审核之外，应该充分发挥院系对项目的监管职能。比如，项目的设立、项目负责人的确立需要院系主管领导的书面批准，对于有疑义的捐赠来源，院系和项目负责人应按照基金会要求出具相关说明，大额捐赠需要项目负责人提交项目执行方案，超过一定额度的资金支出首先需要院系主管领导审核签字等。严格院系项目管理一定要讲求方式方法，凡事既要坚持原则，又要多从院系角度着想争取得到院系、老师的理解和认可。在长期的工作实践中，笔者深深感到，关于项目管理中的不少问题，都还处在法律法规所规定的空白地带，既不能放得过宽，也不能管得过死。在实践中逐步探讨摸索使项目管理更加规范合理应当成为工作的出发点。

4. 以品牌项目建设带动基金会发展

品牌是一种无形资产，能够给拥有者带来溢价，产生增值，培育和创造品牌的过程是不断创新的过程。如同企业有了品牌产品就能多层次、多角度、多领域地参与竞争并在激烈的竞争中立于不败之地，同样，基金会要健康可持续有活力地快速发展也需要塑造自己的品牌项目。

品牌不仅是一种识别标识，更是一种精神象征、一种价值理念。作为高校基金会的品牌项目，需要具备以下特质：一是承载大学精神和传统；二是体现大学教育基金会的核心价值理念；三是具有广泛的影响力、传播力、示范引领力。

那么，什么样的项目最具备以上特质？众所周知，大学的中心任务是人才培养，大学一切工作的开展都紧紧围绕培养人才，一代又一代的毕业生成为大学精神和传统最好的继承者和传播者。著名教育家梅贻琦先生曾深刻指出"大学者，非谓有大楼之谓也，有大师之谓也"。教师，是大学建设发展的主力军。古人云，"师者，所以传道、授业、解惑也"，"德高为师，学高为范"。教师是人才的培养者、人类灵魂的塑造者，优秀的教师，承载着大学的精神，不仅传授知识，更塑造高尚人格，而任何美好、有价值、积极向上的精神和理念都具有广泛的影响力、传播力和示范引领力。因此，对高校基金会来说，从学生项目、教师项目中挖掘塑造品牌项目不失为品牌项目建设的有效之道。以北京大学教育基金会为例，通过长期的探索，先后设立"明德奖学金""未来领袖奖学金""博雅讲席教授基金""王选青年学者奖""杨辛荷花品德奖""嘉里集团郭氏树人奖教金"等特色项目，引导青年学生勤学向上，培养他们爱国家、爱人民，勇于奉献、敢于担当的使命感和责任感，弘扬北大教师以国家需求为目标，不计名利、迎难而上、潜心学术、勇于创新的崇高的精神境界、拼搏精神以及"用心""花时间"培养学生成长的园丁精神，得到社会各界高度认可和支持，形成了"同育英才、共筑宏基"的良好氛围。一批有特色的品牌项目的设立，促进了学校和基金会事业的很好开展，显现了品牌项目建设对机构发展的推动作用。

特别需要指出的是，品牌项目塑造是一项长期而艰巨的任务，不是哪一个人哪一个具体行动就可以完成的，需要按照一定的原则，通过一定的途径，全方位地精心打磨。塑造品牌项目，不仅要挑选合适的项目，还要从项目的执行、宣传等各个方面下功夫。精细化和个性化的项目管理和运作，是建成品牌项目的重要手段。

5. 加强项目管理人员的能力建设

任何管理活动都是通过一定的人来完成的，项目管理人员的能力大小、素质高低，决定管理的水平和效果。高校教育基金会项目管理人员，必须具备以下能力：使命理解能力、统筹计划能力、沟通协调能力、制度设计能力、应急应变能力和快速学习能力。

其中，使命理解能力至关重要。任何一个整体的局部，归根到底是要服务于整体。任何一个项目的圆满完成，都是对基金会发展的贡献。使命理解能力是项目管理人员必备而且十分重要的能力，它决定影响项目管理人员的责任感、对工作的投入程度以及实际的工作效果。具有强烈的使命感并愿为之全心付出，是做好项目管理工作的基本前提。说到高校教育基金会的项目管理，所谓使命理解能力即对基金会的核心价值理念的强烈认同感，充分认可捐赠项目的价值和意义。

除此之外，项目管理人员还应具备以下能力。①统筹规划能力，也就是项目管理人员面对数目众多、要求各异的捐赠项目，能够按照轻重缓急等原则，分门别类，确定管理标准和方案。②沟通协调能力是指项目管理人员应同时具备以下两种技能，一是能够与项目执行部门很好地交流，准确传达项目要求，督促项目执行部门按照协议要求完成项目目标，二是能够很好地与捐赠人沟通，及时了解捐赠人诉求，并协助捐赠人完成其意愿。③制度设计能力是指要通过有效的制度设计让各方的力量整合起来，实现项目目标。④应急应变能力，即能够针对各种突发情况，做出快速反应，经过客观、合理、冷静的判断，采取有利于事态向良性发展的措施，获得双方满意的良好效果。⑤快速学习能力，是指项目管理人员能够关注并及时学习与慈善组织发展有关的各种规定，并用以指导实际的工作，善于学习并运用新知识、新技术提升项目管理的效率等。

项目管理人员的上述能力的具备，固然需要在日常工作实践中逐步锻炼和积累，同时也需要接受专业化的培训，开阔眼界，增进理论素养，升华实际工作中的实践经验。与此同时，基金会建立学习制度和激励机制，创造努力争取业绩的工作氛围等，也是增强项目管理人员能力的重要举措。

四　高校教育基金会项目管理展望

1. 新形势下高校教育基金会项目管理的机遇与挑战

如前所述，自1994年底至1995年初清华大学、北京大学相继建立教育基金会以来，高校教育基金会在我国已走过20余年，经历了从无到有、从小到大的发展历程。随着我国高等教育事业的不断发展，随着创办世界一流大学和一流学科的"双一流"战略的出台，多方拓宽高等教育经费来源渠道，鼓励和动员社会力量捐资助教已经成为国家、社会和高校的共识。进入21世纪，改革开放的经济效益和社会效益日益显现，慈善、公益意识与环保意识普遍化，乐捐施善的社会风气渐成气候。在可以预见的未来，捐资兴学之风定会越来越强劲。近年来，高校校庆之日，募集大额乃至巨额捐赠的事实比比皆是。此种情况，表明大学筹资将出现新一轮增长。

2017年，校友慷慨解囊、回报母校的巨额捐赠的事例不胜枚举。在"五四"纪念日，北京大学举行119周年校庆时，木兰汇公益基金会、海航集团、同景集团分别向北大捐赠3亿元、1.5亿元和1.2亿元，总额高达5.7亿元。三项捐赠的主体部分都是不动本的永久基金，通过基金收益支持教育项目。① 在校庆典礼上，北大还举行了120周年校庆启动仪式，为2018年的新进展，包括吸收更多的国内外捐赠而未雨绸缪。6月，高瓴资本创始人兼首席执行官张磊宣布向其母校中国人民大学捐赠3亿元人民币，设立"中国人民大学高瓴高礼教育发展基金"。② 8月，武汉大学校友企业家联谊会副理事长周旭洲捐资3000万元，拟成立2亿元规模的武汉大学专项人才引进基金，校友现场认捐已达1.05亿元。截至2017年7月，武汉大学校友累计为母校捐款16.41亿元，位居中国高校校友捐赠排行榜第三。③ 9月，成都电子科技大学收到一份来自该校某"神秘"校友的大礼：占地7000多平方米、楼宇建筑面积6.6万平方米、价值3亿多元人民币的宏伟建筑"宣邦楼"。④ 10月，中国人民大学喜迎80周年校庆，高调宣布5天签下3亿元的捐赠协议。校庆活动启动以来，校友捐赠累计已超过10亿元人民币。⑤ 如前所述，基金会的特点是公益活动的项目化，项目是基金会业务活动的载体，所有捐赠资金的使用终将以项目运作的形式呈现和完成。可以想象，随着捐赠数额的增加，项目管理的任务也将更加繁重。

---

① 《北京大学迎119周年校庆收获5.7亿元巨额捐赠》，新浪网，http://edu.sina.com.cn/gaokao/2017 - 05 - 05/doc - ifyexxhw2450747.shtml。

② 《张磊宣布向母校中国人民大学捐赠3亿元》，新华网，http://news.xinhuanet.com/gongyi/2017 - 06/26/c_129641066.htm? from = singlemessage&isappinstalled =0。

③ 《校友又给武大捐了1亿助母校引进300名高端人才》，武汉大学新闻网，http://news.whu.edu.cn/info/1003/49326.htm。

④ 《电子科大神秘校友向母校捐建价值3亿元大楼》，中国网，http://news.china.com.cn/live/2017 - 09/28/content_38779650.htm。

⑤ 《中国人民大学举行80周年校庆》，中国新闻网，http://www.chinanews.com/sh/2017/10 - 03/8346280.shtml。

除了项目数量的增加，近年来，高校教育基金会捐赠资金来源构成也发生了明显的改变。以北京大学教育基金会为例，2014~2016年，来自中国内地的捐赠收入分别占到捐赠总额的74%、81%和70%①，大大超过了传统的大额捐赠来源地——港澳台地区和海外华人社会。上述捐赠主要来自国内民营企业。与港澳台地区的企业家和慈善家相比，内地民营企业家捐赠力度更大，协议金额动辄超过1亿元人民币，而且从萌发捐赠意向到签署捐赠协议的周期也大为缩短，大大打破了"大额捐赠通常需要3~5年周期"的筹款定律。毋庸置疑，上述捐赠对大学发展起到了积极的促进作用，但是同时应当看到，除了第一笔捐赠基本能够保证按时到账外，剩余资金的到位则任务艰巨。而且绝大多数民营企业尚处于发展阶段，在进行慈善捐赠的同时，对大学也有着比较高的期待和诉求。如何保证捐赠项目的设立、执行既满足捐赠人愿望又符合学校发展需要，如何确保捐赠的公益性，如何确保剩余资金按照协议如期到位，都是高校教育基金会项目管理需要面对和解决的问题。

此外，近年来，国家相关部门不断加大对基金会的监管力度，也使高校教育基金会项目管理工作不断面临压力。从2009年起，为了鼓励更多的人参与慈善事业，动员社会力量，加大社会对大学的捐赠力度，中央财政设立配比基金，对中央级普通高校每年接受的捐赠收入实行奖励补助，并出台《中央级普通高校捐赠收入财政配比资金管理暂行办法》，不仅明确规定配比资金的申请程序、申报材料，而且对配比资金的管理使用以及对后期项目的监督与检查做出了明确的说明。

为进一步加强社会组织管理，规范社会组织评估工作，完善评估机制，2010年12月，民政部在2006年开始启动的社会组织评估工作的基础上，出台《社会组织评估管理办法》并从2011年3月1日开始执行。该管理办法明确规定评估对象、工作机制、评估程序以及对评估等级结果的管理，其中评估内容所涉及的业务活动、诚信建设、社会评价多与基金会项目管理和运作有关。《社会组织评估管理办法》的出台和实施标志着民政部门对社会组织监管更趋制度化、常态化。

为规范、引导境外非政府组织在中国境内的活动，保障其合法权益，促进交流与合作，2016年4月，全国人民代表大会常务委员会发布《中华人民共和国境外非政府组织境内活动管理办法》，规定从2017年1月1日起，境

---

① 《2014年北京大学教育基金会年度报告》第6页，《2015年北京大学教育基金会年度报告》第6页，《2016年北京大学教育基金会年度报告》第6页。

外非政府组织在中国境内开展活动应当按照要求进行登记备案。高校教育基金会捐赠资金中，来自境外非政府组织的捐赠占有一定的比例，如何使这些机构理解该法的出台和实施，按照各个地区的不同要求，在规定的时间内完成相关规定工作，使基金会项目管理工作面临新的压力。特别是在高校基金会接受的奖助学金、奖教金项目中，有一部分资金来自境外非政府组织捐赠。该法颁布之时，正值不少学校制订下一年度奖助学金计划，如何在规定时间内完成相关登记备案工作，保证年度奖助学金计划如期确立，捐赠资金顺利入账，的确使不少高校教育基金会项目管理部门感到非常困难。

还需要特别注意的是，在2016年8月底结束的中央巡视组对中管高校的巡视中，除党建、思政、用人、校办企业等常规问题之外，高校教育基金会亦成为巡视的重点，受到特别的关注。有些高校的巡视报告特别指出了基金会存在的问题，而这些问题中有不少关于规范项目管理的意见。如有的高校的巡视报告中提出高校教育基金会应更加严格审核捐赠来源，更加规范管理境外捐赠资金，在严格管理捐赠增量的同时，适时对存量捐赠项目进行自检，对多年未开展活动、项目执行与捐赠协议有偏差以及院系与基金会责任不清的项目，及时加以解决。如此厚爱基金会，说明各方对这一蓬勃发展的新兴领域的关注，也对项目管理工作提出了更高的要求。①

机遇与挑战并存，困难与希望同在，在感受到项目管理工作面临压力的同时，也应该看到，随着《慈善法》的颁布，我们将迎来一个善商的时代，一个善治的时代，高校教育基金会的内部治理、筹资、管理以及投资等各项工作也将步入一个有法可依，更加规范化和制度化的时代。2016年3月16日，第十二届全国人民代表大会第四次会议通过《中华人民共和国慈善法》并于2016年9月1日起施行。《慈善法》是我国慈善领域的基础性、综合性法律，明确了慈善活动的范围与意义，规范了慈善组织的资格与行为，回应了社会普遍关注的慈善募捐和慈善捐赠的重大问题，确立了政府监管、社会监督和行业自律三位一体的综合监管体系。

《慈善法》对慈善组织的项目管理做出明确阐述。比如该法第十一条明确规定："慈善组织的章程，应当符合法律法规的规定，并载明下列事项：……（八）项目管理制度。"该法第十三条还明确规定："慈善组织应当每年向其登记的民政部门报送年度工作报告和财务会计报告。报告应当包括……慈善

① 杨维东：《中管高校大学基金会巡视整改情况分析》，2017年9月22日，高校筹资联盟。

项目实施情况以及……"① 除此之外，该法第四章《慈善捐赠》第三十四条至第四十三条，还明确规定了如何实现捐赠，如何签署捐赠协议，捐赠协议应当包括哪些内容，对如何开展项目执行、捐赠人权利义务、慈善组织权利义务等也均做出详尽阐述，为规范开展项目执行提供了有力的法律依据。

从《基金会管理条例》到《中华人民共和国捐赠事业法》再到《中华人民共和国慈善法》，法制建设的不断完备，为高校教育基金会加强内部治理，规范开展募捐活动和项目管理提供了有利的外部环境。

2. 以捐赠项目为切入点和平台，发挥高校教育基金会的育人功能，培养德才兼备的高级人才

举凡大学，无不遵循"育人为本"的办学方针，以人才培养为首要目标。随着社会的不断发展以及对人才素质要求的不断变化，大学的组织形式、发展方式、办学内容等都发生了深刻的变化，大学的功能亦因不同时代的要求而日趋齐备，但是其核心功能——"人才培养"始终没有改变。不论时代如何变迁、大学如何发展，"培养什么人、怎样培养人"始终是大学的根本问题。

大学运营的实践表明，教学是人才培养的基础和主要渠道，但其他渠道也不可小觑。科研可以育人，管理可以育人，一所大学的人文环境和传统学术氛围同样可以育人。大学一切环节的运作，机构、设施、专业、课程的设立等，都应该服务于人才培养这一中心工作，充分发挥对学生的培养教育功能。大学教育基金会的发展历程表明，大学教育基金会不仅能够为大学的发展提供财力上的支持，而且能够以其独有的特性，透过丰富多样的项目设立和实施，在大学人才培养的中心环节中发挥重要作用。

与其他项目不同，捐赠项目大都具有一定的精神内涵，比如此前提到的"北京大学王选青年学者奖"，之所以以王选先生的名字来命名，就是要弘扬宣传先生身上所体现的守正创新、不畏压力、迎难而上的"王选精神"。"杨辛荷花品德奖"则表达了设奖人——著名美学家、书法家，已97岁高龄的北大哲学系杨辛教授希望青年学子具有荷花一般正直高洁品格的殷切期望。还有其他许多项目，如"明德奖学金""鸿升教育基金""信和国际交流基金"等，都蕴藏着美好而丰富的精神内涵，包含着一个个励志、感人的捐赠故事。在我们为学生颁发奖助金的时候，不仅仅给予学生物质上的帮助和鼓励，更通过见面会、交流会等方式，将奖项所蕴含的精神、

---

① 《中华人民共和国慈善法》，百度百科，https://baike.baidu.com/item。

价值理念传导给学生。

我国高等教育肩负着培养全面发展的社会主义事业建设者和接班人的重大任务。党和国家历来重视高校人才培养工作。党的十八大报告指出，要把立德树人作为教育的根本任务，培养德智体美全面发展的社会主义事业建设者和接班人，培养学生的社会责任感、创新精神、实践能力。习近平总书记在全国高校思想政治工作会议上强调指出，高校思想政治工作关系高校培养什么人、如何培养人以及为谁培养人这个根本问题。要坚持把立德树人作为中心环节，把思想政治工作贯穿教育教学全过程，实现全程育人、全方位育人，努力开创我国高等教育事业发展新局面。在党的十九大报告上，习总书记再次强调要落实立德树人的根本任务。高校教育基金会的非营利慈善机构性质，以及其所接受捐赠项目的多样性，使得高校教育基金会可以从多个不同方面对学生进行综合培养或训练，这既是高校教育基金会的特点，也是可与学校其他部门相互配合，形成培养学生并使之成才的综合优势。高校教育基金会应以此为目标，以捐赠项目的设立和实施为切入点和平台，在立德树人过程中发挥出更大的作用。

3. 围绕"双一流"建设开展捐赠项目设计与策划，探索教育基金发展的中国路径

自 20 世纪 90 年代起，我国教育部、财政部牵头，先后推出"211 计划""985 工程"等高等教育发展规划，加快世界一流大学建设的步伐，以实现中华民族伟大复兴的愿景，满足社会对高等教育的重大期待。2015 年 11 月 5 日，国务院发出《关于印发统筹推进世界一流大学和一流学科建设总体方案的通知》，强调"积极探索中国特色的世界一流大学和一流学科建设之路"，启动创建"双一流"的进程。① 2017 年 1 月 24 日，教育部、财政部、国家发展改革委员会联合印发《统筹推进世界一流大学和一流学科建设实施办法（暂行）》的通知，强调"按照一流大学和一流学科的两类布局建设高校"，"坚持以学科为基础，着力打造学科领域高峰"。② 9 月 21 日，三部委又联合发表"双一流"建设高校及建设学科名单，北京大学等 42 所大学为一流大学建设高校，北京交通大学等 96 所大学为一流学科建设大学。"双一流"大学

---

① 《国务院关于印发统筹推进世界一流大学和一流学科建设总体方案的通知》，中国教育网，http://www.edu.cn/zhong_guo_jiao_yu/zheng_ce_gs_gui/zheng_ce_wen_jian/gao_deng/zong_he/201511/t20151105_1335126.shtml。

② 教育部、财政部、国家发展改革委：《统筹推进世界一流大学和一流学科建设实施办法（暂行）》，教研〔2017〕2 号，http://www.ndrc.gov.cn/zcfb/zcfbqt/201701/t20170126_837089.html。

建设是党和政府建设高等教育强国的重大举措，也是未来我国高等教育工作的中心任务和主要目标。

推进"双一流"建设固然离不开国家和政府的支持，但随着"双一流"建设的深入开展，仅靠政府拨款显然无法满足事业发展的需要。众所周知，举凡世界一流大学，必须具备一流的教师队伍、世界领先的专业设置、信息资源以及丰富的图书馆资源和先进的教学科研设备等。在激烈的竞争中，想要占据这些条件优势，都离不开强有力的资金支持。大学的类型多种多样，无论是国立、公立还是私立，其资金输入渠道五花八门，但它们都有一个共同点，即均设立大学教育基金会，为大学的发展提供多渠道、稳定并丰厚的资金支持。因此，各国的国情和大学的运营环境千差万别，但实力雄厚的大学教育基金会是成就、支持世界一流大学建设、发展的重要保障，可谓大同小异。

大学成功筹款的经验表明，大学之所以获得人们的青睐是因为"优秀"，大学欲取得出色的筹款业绩，必须凸显其教育目标和大学"特性"，以及大学的学术水平和社会贡献。而这一切，都离不开筹款主题与捐赠项目的精心设计和策划。

在这方面，国外大学的做法值得借鉴。1993～2001年，正值世纪之交，美国伯克利大学不失时机地启动"迎接新世纪"筹款运动。以往辉煌的业绩、大学的名牌效应以及在21世纪更加令人向往的发展前景，相应的，具体措施特别是"靠谱"的项目规划，引起社会各界高度关注，以至于在7年之间，共筹集社会捐款11亿美元。2006年，斯坦福大学启动了为期5年的筹款运动，计划至2011年筹资43亿美元支持"斯坦福挑战计划"。该计划主要包括三个方面的内容：一是寻求解决之道，即通过开展创新性的科学研究，寻求人们普遍关心、亟望解决的涉及人类健康、环境和可持续发展以及重大国际问题的解决之道；二是培养新型领导，通过为学生设计开创性的课程和课外项目，帮助他们掌握当今社会所需要的才能和知识；三是通过加强对教师和学生的核心支持，保持并提升斯坦福作为世界顶尖大学的卓越品质。正是因为上述项目凸显了大学的"特性"和对社会的贡献，使斯坦福大学此次筹款运动获得巨大成功，5年之间，居然筹集62亿美元，远远超过预定的目标。[①]

以国外教育基金筹集为借鉴对象，反观中国的高等院校教育基金募集路径，有若干问题值得深入思考。习总书记指出："世界上不会有第二个哈佛、

---

① 李萍：《斯坦福大学筹款工作的成功经验及其启示》，《国际人才交流》2008年第8期，第52～54页。

牛津、斯坦福、麻省理工、剑桥，但会有第一个北大、清华、浙大、复旦、南大等中国著名学府。"① 如同世界一流大学各有其特色，建设世界一流大学的教育基金，不仅要围绕高等教育的重要目标，更要找到适合自己特点的道路，方能实现突破性发展。也就是说，要紧紧围绕"中国特色"，通过精心策划捐赠项目，谋划教育基金的发展之道。

这个特色主要表现在哪里？这是需要首先梳理清楚的问题。概括起来，这些特色主要体现在以下三个方面。

（1）必须结合高等教育的使命和国家需要，确立能够得到社会认同和支持的受益主体。众所周知，国家间的高等教育竞争，说到底，是师资和生源等人才竞争。高等教育的使命和国家的需要集中到一点，就是人才培养。要获得大量的社会集资，就需要展示大学在人才培养方面的优势，从而产生强有力的凝聚力，并使之具有相当数额的货币表现或其他财产方式。持之以久，势必形成大学培养人才—社会良知人士大力捐助—形成更加优化的育人的条件和环境—培养更多的各类优秀人才—获得更丰厚的社会捐助等良性循环模式。围绕人才培养这个中心课题，设立人才培养基金就是一个有吸引力的举措。无论是政府还是企业，均需要既懂中国又懂世界，既具有国际视野又了解中国国情，掌握一流专业技能和开创性独立工作能力，足以在某种学科领域担当学科带头人的青年才俊。在此情况下，高等院校设立人才培养基金，堪称体现了大学最根本的存在价值和最高使命。此一基金的设立，不仅具体回应了政府与社会需要，而且最易得到社会捐赠的响应和认同，是普遍得到支持的募集资金项目。

（2）在科学研究方面，基金项目设计应着重瞄准我国社会发展进步的需求，为我国创新驱动发展战略提供支撑。改革开放以来，邓小平关于科学技术是第一生产力的论述深入人心。从 20 世纪 80 年代参加国际大循环，获取发达国家劳动密集型的生产技术以及设置沿海城市的经济特区，引进国外资本密集型生产技术；到 90 年代派出科技人员和留学生前往欧美发达国家的知识密集型企业、大学或科研部门学习先进技术，再到世纪之交中国加大自主研发科学技术的力度，到 21 世纪前两个十年高端科学技术的自主创新，特别是最近 5 年期间，港珠澳大桥、北盘江大桥、兰新高铁、京新高速、北斗网络系统、全球规模最大的 4G 网络、南水北调、西气东输等一系列令世界惊叹

---

① 习近平：《青年要自觉践行社会主义核心价值观——在北京大学师生座谈会上的讲话》，政府新闻网，http://www.gov.cn/xinwen/2014-05/05/content_2671258.htm。

的超级工程陆续竣工，复兴号列车、C919 大型客机等新型交通工具的研制和投入使用，显示了国力的强盛。与此同时，国家强调创新驱动发展战略，企业的创新转型以及群众性的"双创"活动的普遍开展，科学技术更加成为中国在更多的领域保持领先地位，对世界经济发展做出更大贡献的载体。在这种情况下，基金项目设计必须看到中国在科学技术突飞猛进的特色，发挥想象力，运用超前意识，利国利民，打开社会捐助的路径。

（3）在文化传承与创新方面，充分发挥中国文化博大精深的传统特色和优势，为基金项目设计找到广阔的用武之地。随着国内经济的高速发展、国民生活日益富足和国家在国际社会发言权的增强，国外对中国快速发展原因的探讨与国内社会自豪感的文化回溯、对传统文化中国价值观的弘扬，构成研究中国博大精深传统文化的持久动力。高等院校有关中国传统文化的专业、研究中心的普遍设立，相应研究成果的大量推出，既实现了学术的积累，也扩大了社会影响。总之，专注研究、传承中华文明，讲清楚中华文明的独特创造、价值理念，展示中华优秀文化的永恒魅力，为教育基金项目的设立奠定了深厚的基础，有助于拓展筹款资源。与此同时，借助传统文化的研究与普及，将更加有利于建立大学和企业、教育基金会与校友、海外华人华侨的联系，探索优化捐赠模式。在建设"双一流"大学的过程中，教育基金新的发展正值其时。

总之，项目管理是高校教育基金会工作的重要领域，影响决定基金会的声誉和公信力以及可持续发展。有效对捐赠项目进行管理，形成筹资—管理—筹资良性循环的局面，是项目管理工作努力的方向和目标。

大学教育基金会的品牌传播

王　丹

一　大学教育基金会的品牌传播基因

（一）从"99公益日"和大额捐赠谈起

2015 年，腾讯发起了"99 公益日"，并且加入一起捐、腾讯和企业配捐等多种方式，玩法不断迭代升级，社会影响力越来越大，民众关注度和参与度逐年提升。根据腾讯公益披露，2017 年的"99 公益日"，腾讯公益平台共动员 1268 万人次参与，公众捐赠 8.299 亿元，腾讯加企业配捐达到 4.7699 亿元，支持了 6466 个公益项目。特别值得一提的是，在公众筹款和腾讯配捐中，教育助学类项目均排名第一，占比超过 30%。[①] 由此可见，中国的百姓对于教育非常看重和关心。虽然腾讯公益看似是一个面向公众的筹款平台，但与其说这是国内公益组织彰显自身社会资源动员能力的舞台，不如说这是向公众传播组织使命的 PK 赛场，通过一个个图文并茂的介绍和说明，向公众传递组织的宗旨和项目的价值。基金会中心网的数据显示，截至 2017 年 11 月 23 日，国内共有 6321 家基金会。假设所有基金会都参与"99 公益日"，粗略均值可以达到每家基金会发起 1 个项目。[②] 目前大学教育基金会有 460 家左右，不过遗憾的是，笔者在梳理项目时发现，面向高等教育类项目均以传统类型的面向贫困生助学为主要内容，而通过有限的途径[③]仅可找到广西师范大学教育发展基金会作为项目发起机构发起了两个公益项目。

与参与公共平台的清冷相比，则是近年来大学教育基金会频频爆出的高

---

① http://www.sohu.com/a/201284552_760311。
② 目前腾讯公益平台的规则是，即便没有公募权的基金会也可以发起项目，接收机构为具有公募资格的基金会即可。
③ 腾讯公益平台上的检索功能无法进行发起机构的有效检索。

额捐赠新闻。根据"2017年胡润慈善榜"，2017年的捐款中有近一半（44%）是捐给大学的，高于三年前的比例（27%）。入围慈善榜的门槛上升了20%，达到1500万元人民币。百位慈善家共捐赠了23.5亿美元，平均捐赠额达2300万美元。比如，2017年6月23日，这一天共有三所知名高校合计接收到了10亿元承诺性捐赠，其中浙江大学4亿元，复旦大学3亿元，中国人民大学3亿元，分别涉及校园基建、学院建设、学科发展、师资支持、专项人才培养等众多促进大学全方位发展的项目内容。① 频繁的大笔捐赠，特别是校友的高额捐赠，在国内公益领域里可谓独领风骚，除了企业/家族基金会，很难有哪家基金会的单一获赠体量可以如此轻松突破亿元大关。而随着最高额校友捐赠记录的不断被刷新，大学教育基金会逐步成为媒体和公众关注的热点。

2017年5月3日，由浙大校友发起成立的上海遂真投资管理有限公司捐赠设立"浙江大学教育基金会遂真教育发展基金"，承诺将捐赠11亿元，媒体称其打破了电子科技大学校友熊新翔在2016年9月创造的向母校捐款10.3亿元的纪录，"刷新内地高校获赠的单笔最高金额纪录"。同时也引发了公众对于捐赠具体情况的一些疑问，浙江大学教育基金会副秘书长顾玉林积极回应解释，11亿元并非一次性付清，而是持续10年，"他们都是浙大的校友，考虑到即将校庆，就首期先捐赠1200万元"，后期款项及具体落实时间，"还要看他们的经营收益情况"。紧接着，首期到位的仅有的1200万元，再次引发了一些议论，艾瑞深研究院院长赵德国在接受《新京报》采访时表示，"浙大这次获捐11亿元并不是一次性付清，首期捐款也只有1200万，不排除浙大在刷纪录"，"对外公布所获校友捐赠的金额更多是出于一种宣传目的"。21世纪教育研究院副院长熊丙奇则提出，国内常有一种问题，即在签约宣布捐赠起到宣传效应后，后续的捐赠被捐赠方"食言"。学校有何机制确保这些捐赠都到位？② 此后，伴随着浙江大学120周年的校庆活动又有若干笔过亿捐赠大单陆续公布。粗略估计，不仅浙江大学，2017年80周年校庆的中国人民大学也获得了数亿元乃至数十亿元的承诺捐赠。

对比大众公益狂欢的"99公益日"的集体性缺席和不断被刷新的最高单体高校捐赠热点，难怪公益行业不少同行会认为，大学教育基金会是"高冷"的"白富美"，也难怪不少校友会发出"如果不捐个上千万，都不好意思给母

---

① http://www.sohu.com/a/154380598_686584。

② 赵凯迪、潘佳锟：《浙大获捐11亿，如何使用引关注》，《新京报》，http://www.bjnews.com.cn/news/201705/13/443185.html。

校捐款"的感慨。虽然大学教育基金会在捐赠来源占比中遵循典型的"二八原则",即 20% 的捐赠者贡献了 80% 的捐赠额(更有甚者,可以达到 1∶9 的比例),但是没有一家大学教育基金会认为不应当接收小额捐赠,一定是不论额度高低都欢迎社会各界来捐赠支持,特别是大学教育基金会的重要捐赠目标人群为本校校友时,就更加不会在面对校友时表现出"嫌贫爱富"的倾向。但值得思考的是,校友们乃至广大公众,通过公开渠道看到、听到、接收到的有关"大学教育基金会"的信息主要集中在"高额捐赠"的高频关键词上,与大学教育基金会想要向校友或公众表达的观点、态度似乎并不完全一致。"别人的理解"与"自己的构想"出现了错位与偏差,毫无疑问,在沟通上存在问题。

(二)大学教育基金会具有天然的公关职能

大学教育基金会是依托大学依法设立,从事教育公益事业的以非公募基金会(定向募集)为主的基金会,属于非营利法人,接受登记主管部门(民政部门)以及业务主管部门(教育部门)的双重领导,享有私法领域的法人主体资格。① 与美国众多顶级大学由私人或教会捐赠设立不同,中国的大学以"国家办学"为主,而中国的大学教育基金会则诞生于 20 世纪 90 年代国家高等教育改革的背景之下,是在政府和市场筹措教育经费不足的情况下开始发挥作用的。由基金会代表学校面向社会争取资源自筹经费,进而形成政府、受教育者和社会三方共同分担的教育投入机制。大学教育基金会以资助型为主,具体项目均由大学校内受益各方进行执行,公益支出主要流向大学,其在捐赠收入来源、项目设立、内部运作等方面显著有别于其他基金会,是具有特殊性的公益组织。

饶有趣味的是,虽然大学教育基金会与其背后的大学从法理上讲是两个独立的法人主体,但当大学教育基金会接收到高额捐赠时,媒体惯常以"××大学获得高额捐赠"为题进行报道,而鲜有采取"××大学教育基金会获得高额捐赠"的表述。这其实也代表了公众的普遍认知——基于对大学知名度的认知而判断大学教育基金会。事实上,这也体现出大学教育基金会有别于其他类别基金会的一个重要特征,即大学教育基金会与其背后的大学之间具有极强的依附性。有不少学者据此认为大学教育基金会丧失了作为法人的独立地位,变成了学校的附庸,或者说"行政化"了。笔者以为,这样的判

---

① 王丹:《中国大学教育基金会法律属性辨析》,《求索》2013 年第 12 期,第 196 页。

断忽略了大学教育基金会的产生背景以及其核心使命。大学教育基金会得以存在的本源是——大学，如果离开其背后的大学，大学教育基金会就不复存在，更遑论在社会上生存、发挥慈善作用。大学教育基金会治理结构和运作模式研究课题组于 2008 年面向 30 余所大学教育基金会的调研显示，普遍认为大学本身的知名度和社会声誉（83.3%）、学校领导的重视及个人影响力（63.3%）是影响大学教育基金会发展最重要的两个因素（见表1）。

表1　中国大学教育基金会运作的影响因素（2008）

影响因素	比例（%）	排序
大学本身的知名度和社会声誉	83.3	1
基金会自身的治理结构和运作模式	33.3	3
基金会的筹款计划与项目设计	30	4
学校领导的重视及个人影响力	63.3	2
基金会管理人员的工作能力	26.7	6
该大学所处的地理位置	30	5
政府的政策支持和干预	10	7
其他	0	8

资料来源：刘求实、董文琪等著《大学基金会的治理结构和运作模式研究》，清华大学，2009。

说得直白一些，大学教育基金会并不是也很难依靠项目品牌或者基金会自身品牌，而是应当并且在事实上依靠大学的品牌和声誉进行筹款。在中国大学教育基金会的初级发展阶段，如果没有大学对于办公人员、办公场地、理事会组成等多方面的"行政领导"，大学教育基金会怎么可能在短短 20 余年的时间里总资产、总收入、总支出合并占据同类基金会的 50% 以上？大学教育基金会首要服务于自己的大学，不论国别不论体制，世界上各国的大学教育基金会都是如此，毫无例外都是为了服务本校发展而存在。而大学教育基金会的使命达成必须基于对大学的战略目标、发展规划、实际情况的了然于胸，才可能有效地进行基金会运作，募集资金，从事公益行为。具体到内部治理的模式，会因是否有别于传统高校体制而产生效果和效率上的差异，但大学教育基金会法人独立性与其与大学业务依附性之间，从根本上说并不矛盾，应当辩证地理解。

笔者提到的大学教育基金会与大学之间的依附性是一种宏观概念上的双向依附性，两者具有作用力与反作用力。如果说大学教育基金会成立初期，主要依托于大学的声誉和知名度来打开市场，那么随着基金会的稳步发展，其承担的连接大学与社会之间的桥梁功能就越发凸显。不仅从募集捐款的结果来看大学教育基金会可以更好地为大学建设发展提供资金支持，让大学可以有更现代化的校园、更顶级的学科带头人、更具有创新性的学生，通过提升大学的整体实力以及在国际上的声望，经费带给大学的不仅仅是财源，伴随着各种办学条件的改善，大学声誉也会得到相应提升。大学教育基金会自身的建设和工作过程本身对于提升大学品牌和知名度也发挥着越来越重要的作用。

任何一所大学的形象都不是与生俱来的，都具有极强的可塑性。大学的社会形象，除了大学内部的建设和努力外，外部公众的交互评价在某种程度上具有决定性作用。在现代大学理念之下，良好的公共关系（Public Relationships）是大学发展的隐性动力，也是大学进行现代组织管理的重要手段。特别是在互联网发达的背景下，传播速度极快，积极开展公关活动，搭建有效传播渠道，把自身的知名度、美誉度不断提升并扩展到全社会是大学应当重视的一项重要职能。大学的社会形象能否在公众心目中形成正确反映，涉及大学是否拥有合理有效的形象传播途径。而服务于大学的大学教育基金会就是高校开展公共关系、品牌传播，与公众形成良性互动机制的有力平台。1958 年，在美国大学公共关系协会与全美校友会代表出席的格林布艾尔会议（Greenbrier Conference）上，与会者一致主张"由于基金会捐赠、校友关系与公共关系是每一所高等学府寻求外界支持与了解的主要基础，因此这三项功能应该在一个独立的组织内运作"。这个建议后来逐步为全美大学所实行。[①]新加坡南洋理工大学的发展处（Development Office）在定位自身首要任务时就明确提出要提升南洋理工大学的品牌形象（Brand）。大学教育基金会负有的公关职能，是承担学校与社会公众之间的沟通重任，以获取社会公众对学校的了解、信任和支持。大学教育基金会的基础性业务——筹款活动，就是以最直白的方式向社会公众展示大学的各方面成就以及学校的未来发展前景，从这个意义上讲，大学教育基金会本身就是公共关系。

（三）大学教育基金会品牌传播的内在诉求

在中国大学教育基金会的组织架构中，通常提及的核心业务模块主要有三个：筹款、项目管理、资金运作。其余则为通用支持性模块，包括财务、宣传、信息、法务、行政、人事等，各家基金会的部门设置虽略有差异，但

---

① 雷虹：《中美大学基金会之研究》，《上海高教研究》1997 年第 12 期，第 62 页。

主要的工作模块不外如此。按照《慈善法》《基金会管理条例》《基金会信息公布办法》《公益慈善捐助信息公开指引》等相关法律、法规的规定，信息披露是基金会非常重要的一项法定义务，其要求基金会必须及时、准确将内部信息和业务活动信息通过媒体向社会公布。强制性的信息公开可以增强基金会的透明度，提高组织的社会公信力，同时也通过此制度确保了捐赠人和社会公众的知情权、监督权等权利。因此，各大学教育基金会通常将信息披露从职能归属上纳入宣传部门、信息部门或者行政部门。但是信息披露仅为法律规定的最基础性要求，如果大学教育基金会仅完成信息公开的义务性任务，其显然还是未能充分覆盖公共关系的职能。信息公开，更多体现的是基金会朴素的单向输出，侧重于信息发布的规范性、条理性，便于外界查询，但公共关系和品牌传播是在信息公开的基础上更强调与受众群体的双向互动，其形式多样，创新无限，带有推介自身、说服受众的强烈意愿，是基金会主观能动性的典型体现。大学教育基金会不仅是大学开展公共关系的窗口平台，就其自身发展而言，也有着开展品牌传播、发展关系的内生动力。

首先，传播即筹款，筹款即传播。以开篇提到的腾讯公益平台为例，2017年6月，腾讯发布助力公益生态发展的"创益计划"，首期提供总额价值20亿元的广告资源，帮助全国公益机构和公益项目提升公益创意传播能力，打造人人都能参与公益的社会文化。

在"99公益日"期间，"小朋友画廊"H5①刷屏了朋友圈，在15个小时内578万人次捐款超过1200万元，计划的项目筹款1500万元顺利满额（581万人次捐款1289万元，99公益配捐213万元）。"小朋友画廊"H5正是创益计划支持的活动，"小朋友画廊"合作机构上海艺途公益基金会（WABC）与腾讯共同准备两个多月，整个产品和创意由腾讯公益团队负责，WABC则负责搜集、整理、提供孩子画作，采集音频、配合视频拍摄等。双方原计划将其作为"99公益日"预热活动，在9月1日上午进行线下互动展览发布，未曾想，合作伙伴一个转发朋友圈的举动使得

---

① "小朋友画廊"H5是基于上海艺途公益基金会（WABC）联合深圳市爱佑未来慈善基金会共同在腾讯公益平台上发起的"用艺术点亮生命"互联网公益募捐项目做的一个线上创益筹款互动活动。

"小朋友画廊"H5 在 8 月 28 日成为互联网屏霸，连主流媒体也纷纷表达对项目的认同与肯定。当有不同声音质疑画作真实性、机构的合法性、项目是否存在商业性以及捐款流向时，腾讯与 WABC 也进行了快速积极应对，在 8 月 29 日通过腾讯平台给予了官方解答，顺利化解了舆论危机。可以说，"小朋友画廊"H5 是中国公益界近年来涌现出的公益传播的优秀案例，从初始的创意构思、项目设计，到素材准备、形式呈现，再到舆情引导和危机控制，形成了相对完整的闭环，WABC 通过深度挖掘自身优势并整合资源，将自己的专业优势和公益理念传播给公众，并在短时间内得到公众的认可，进而通过捐赠行为予以积极反馈，使得组织和项目的品牌在这一传播过程中得以快速升级，同时筹款目标也顺利实现。581 万人次参与，接近于 2016 年青海省全省的常住人口数量，而捐赠的人均额度也才不过 2.2 元左右，可见传播力量之大，集成之强。好的公益品牌传播，最终结果一定会转化出捐赠行为，而好的筹款项目，本身就应该是良好的传播题材。

在一百年前的美国，曾有两所大学开展的筹款活动也同样证明了传播与筹款之间的紧密关系。1914 年，匹兹堡大学和埃尔米拉学院相继开展了轰轰烈烈的大学筹款活动。匹兹堡大学通过筹款宴会、大学停课、学生游行、商店橱窗布置、马车广告和报章报道等一系列的宣传，吸引了数量庞大的志愿者参加活动。埃尔米拉学院的筹款活动主办方则开发了一系列公关技巧，以在最短的时间内吸引最多的关注，其中有个很巧妙的设计：如果将排成一英里的 10 美分硬币收集起来，总额可达 6336 美元，而一个筹款信封可以装得下排成一英尺的 10 美分硬币，于是这种信封里的信件就恳请潜在捐赠人"为这一英里捐献一英尺"。从 20 世纪早期就可以看出，宣传活动和公共关系对筹款运动而言是十分重要的。[①] 所有的成功性筹款都建立在有效传播和发展关系基础上，有效传播可以降低筹款成本，提高效率，而好的项目筹款本身就是出色的传播方式。

其次，生成自身形象定位（核心竞争力）的需求。大学知名度和教育质量与大学教育基金会的捐赠收入呈正相关，因此大学教育基金会在以大学品牌对外开展筹款工作时，必然要想尽办法宣传、提升大学的社会影响力。以高校声誉筹款的大学教育基金会，全力维护并有效传播大学声誉，扩大其影响力是其根本要求，但这并不意味着自身品牌建设不重要。从宏观层面讲，大学教育基金会本身也是大学的有机组成部分，与大学不可分割。大学教育

① 弗兰克·H. 奥利弗：《象牙塔里的乞丐——美国高等教育筹款史》，许东黎、陈峰译校，广西师范大学出版社，2011，第 68~75 页。

基金会自身形象如何，也是大学精神和大学品质的体现。大学的传统、文化、信念、管理、学科、师资和学生素质等，需要大学在长期的发展过程中通过不断的传播、沟通和协调逐渐积累形成。同样的，大学教育基金会自身的品牌建设也需要在不断的传播、沟通和协调中方得以建立，大学教育基金会的社会形象既要与自身所服务的大学保持高度一致，也要同时体现出其作为慈善组织的独特性。

2014 年，SOHO 中国的潘石屹夫妇承诺将给国外大学（包括哈佛大学、耶鲁大学等世界顶级高校）累计捐赠 1 亿美元，香港陈启宗的家族慈善基金"晨兴基金会"承诺给哈佛大学捐赠 3.5 亿美元，2016 年阿里巴巴董事局执行副主席蔡崇信向耶鲁大学捐赠 3000 万美元，陈天桥捐赠 1.15 亿美元支持美国加州理工学院……近年来频频爆出的高额资金捐赠国外大学的新闻引发了巨大反响，在公众的讨论中谈及为何不捐给中国大学，大学教育基金会常常会被诟病管理不规范、捐赠资金使用不透明，更有甚者认为捐赠国内大学与大学精神不符。有媒体分析时引用了陈天桥的表述："我曾经要捐赠给某大学一笔资金，对方开始很高兴，我们说希望你给我一个报告，结果就不给。问题出在哪？他们还是不缺钱，没必要和我打报告做乙方。"据说加州理工学院在洽谈陈天桥捐款事宜时，学院专门安排捐款意向人参观了病人的具体治疗、康复过程，两相比较，加州理工学院的耐心和诚意显然更足。

与频爆知名大学校友高额捐赠的新闻相比，"为什么不捐给国内高校"的话题同样成为近些年与大学教育基金会紧密相关的另一个舆论热点，并随着媒体传播发酵，中国大学教育基金会被扣上了不专业、不规范、不透明的大帽子。

在捐赠意向洽谈初期，大学声望和领导重视投入程度对于吸引潜在捐赠人来说发挥着主导作用，而在进入捐赠实质性环节时，捐赠人将会对资金受赠方——大学教育基金会进行细致的考察和了解，通常考察的手段和渠道包括验证资质、浏览官方网站、实地考察、政策咨询、协议文本起草等，每一个环节都在双方关系建立的过程中呈现出基金会自身的形象特征。此时，大学教育基金会是否具有专业、规范、可信赖的形象异常重要。同样的，如果在捐赠人或合作方洽谈意向之前，就已经通过公开渠道获知了大学教育基金会的基本情况，形成良好印象，那么对于大学教育基金会的发展无疑将顺畅得多。就目前看来，不少媒体特别是自媒体，对于大学教育基金会的认知还不够充分，因此对大学教育基金会的误读误判情况也时有发生，从心理学角度来说，一旦公众基于"首因效应"对大学教育基金会形成了不恰当的判断，对大学教育基金会来讲，后续扭转不当认知的调整成本更多，难度更大。因此，从大学教育基金会自身发展角度来看，越早主动形成传播战略越有利。在人员、资源有限的情况下，是先全员动员努力扩大业务领域，还是集中精力做精做细，是不同组织不同领导的价值判断问题，选择无对错，后果有不同，从自身形象建设上，要提早有所准备和应对。

最后，是引导培育捐赠文化的需求。中国在先秦时期已形成了传统的慈善思想，但发展至现代，王权慈善模式的影响还依然存在，扶贫、救弱、济困是常见的捐赠领域，人们更愿意捐赠支持比自己弱小的群体，而社会问题的深度解决、促进优质领域进一步发展仍很难进入大众的捐赠视野中，中国现代公益慈善理念虽已萌芽，公益捐赠文化的养成还需过程。

基于体制与历史发展等因素，相比国外而言，国内整体对于高等教育捐赠的意识还普遍不强，即便有企业家校友通过高额捐赠将高校整体资金量提升到一个相对高的层次，但在分析捐赠来源结构时可以发现，普通校友以捐赠方式回馈母校的慈善文化还比较欠缺，再加上提供给校友的小额捐赠可选项目和捐赠渠道不足，使得校友的捐赠参与率整体比例不高；在捐赠项目类别上，校友和社会人士以常规的奖助学金、基础硬件建设为主，对于现今中国高等教育发展同样急需的师资人才支持、基础学术研究、学生综合能力培养、创意创新教育等方向则不甚理解；由于先有国家办学，后有基金会，广大民众认定高校特别是重点高校有花不完的财政拨款的观念难以在短时间内改变；同时，在校内，师生员工都是广义上的捐赠受益方，怎么理解社会各界对大学方方面面的支持，如何在作为具体项目的受益方时妥善处理与捐赠人沟通、反馈的关系，都还需要与大学教育基金会进一步达成共识。现在，中国公益事业进入了新的历史发展阶段，有学术支撑的大学教育基金会不应该是默默无闻的，建立具有中国特色的公益文化是大学教育基金会义不容辞的责任，应当主动在慈善理念倡导上有所作为。

当然，对于高等教育领域的捐赠文化倡导，绝非一家或几家大学教育基金会就可以凭借一己之力实现的，需要所有大学教育基金会形成合力，共同推进。在这个进程中，没有哪家基金会可以独善其身，所谓一荣俱荣，一损俱损。同行要一起，边建设，边学习，通过社会传媒积极开展宣传活动，促进人们对大学教育基金会工作的认识和理解，在形成自身鲜明品牌辨识度的同时，扩大大学教育基金会的影响，激发校友和社会各方参与支持高等教育的成就感、使命感，调动校内广大师生员工的积极性，培育健康正能量的公益关系，努力营造具有社会广泛支持的大学教育基金会发展环境和捐赠氛围，形成价值自信、文化自信。

二 大学教育基金会品牌传播现状

互联网技术的迅猛发展给中国信息传播方式带来了深刻变革。国家统计局数据显示，2016 年全国移动互联网用户为 10.94 亿户，网民数量达 7.31 亿人。摩根士丹利在针对微博发布的一项报告中预测，在 2017 年内微博的月活用户将达 4 亿，腾讯官方发布的《2017 微信数据报告》则称，截至 2017 年 9 月，微信日登录用户超 9 亿。被称为新媒体平台的网站、微博、微信使得个人、组织只要有愿望都能便捷地形成通道发布信息、传播观点，成为"自媒体"。因此，当下探讨组织传播时，都要提"全媒体传播"，即传统媒体 + 新媒体。特别是通过新媒体，可以更好地做好"传播力""影响力""公信力""引导力"建设，官网、官方微博、官方微信（一网两微）已经成为党政部门、事业单位的政务新平台。据教育部网站公布的信息，截至 2016 年 1 月，75 所直属高校中，73 所开通官方微博，全部开通官方微信，双微开通约占98%。目前，大学教育基金会的主管部门并未将一网两微建设作为刚性任务予以统一性要求，而一网两微恰恰是验证组织是否积极开展对外宣传、主动建立互动联系的工具，因此笔者围绕 985、211 大学教育基金会在一网两微新媒体建设上做了实证调研，从中可以对国内主要大学教育基金会的品牌传播工作现状形成初步画像。

（一）官方网站建设情况

整体看来，985 大学教育基金会官网建设情况好于 211 高校。目前中国一共有 39 所 985 高校，其中 38 所高校都有自己的大学教育基金会，中国科学技术大学同时还有一家由校友发起成立的、与大学之间是"合作而独立"的"中国科学技术大学新创公益基金会"。如表 2 所示，通过网络检索可以发现，38 家大学教育基金会中有 37 家建设了独立的官方网站，官网开通率达到 97%。将检索范围扩展至 211 高校中，则有近 20 家基金会没有独立官网，其中有 7 家大学教育基金会与校友会联合共建网站，这种情形符合基金会、校友会合署办公的大学治理模式，官方网站是组织对外的"网络名片"，从大学教育基金会是否拥有自己的网站，可以看出其法人独立性意识的强弱。

表2 985高校教育基金会网站建设情况

名称	官方网站地址	更新频次	工作报告信息公开
北京大学	http://www.pkuef.org/pkuef/index.php	月更	有
中国人民大学	http://rucef.ruc.edu.cn/index.php	月更	有
清华大学	http://www.tuef.tsinghua.edu.cn	周更	有
北京航空航天大学	http://bhuef.buaa.edu.cn/	月更	有
北京理工大学*	http://ef.bit.edu.cn/bit/index.html	月更	
中国农业大学	http://cauef.cau.edu.cn/	月更	有
北京师范大学	http://www.bnuef.org/	月更	有
中央民族大学	http://xiaoyou.muc.edu.cn/mdxy/foundation/intro	月更	
天津大学	http://pyedf.tju.edu.cn/	月更	有
大连理工大学	http://edf.dlut.edu.cn/	月更	有
东北大学	http://www.chlef.org/	月更	有
吉林大学	/	/	/
复旦大学	http://cn.fuedf.org/	月更	有
同济大学	http://fund.tongji.edu.cn/	月更	有
上海交通大学	http://foundation.sjtu.edu.cn/site/index.php	月更	
华东师范大学	http://foundation.ecnu.edu.cn/	月更	有
东南大学	http://seuef.seu.edu.cn/	2~3/周	有
浙江大学	http://www.zuef.zju.edu.cn/	月更	有
中国科学技术大学	http://ef.ustc.edu.cn/site/ustc/jjh/index/	月更	/
厦门大学	http://edf.xmu.edu.cn/	月更	有
中国海洋大学	http://www.ouc.edu.cn/jjh/main.psp	月更	有
武汉大学	http://edf.whu.edu.cn/	月更	有
华中科技大学	http://edf.hust.edu.cn/	月更	有
湖南大学	http://hnuef.hnu.edu.cn:8080/Views/HomePage.aspx	月更	有
中山大学	http://edf.edaao.sysu.edu.cn/	月更	有
华南理工大学	http://www.scutef.org/	月更	有
四川大学	http://foundation.scu.edu.cn/	月更	有
重庆大学	http://edf.cqu.edu.cn/	月更	有
西安交通大学	http://www.ef.xjtu.edu.cn/	月更	有
西北工业大学	http://xyh.nwpu.edu.cn/jyjjh.htm	月更	有
西北农林科技大学	http://edf.nwsuaf.edu.cn/index.do	月更	有

续表

名称	官方网站地址	更新频次	工作报告信息公开
兰州大学	http://lzuedf.lzu.edu.cn/	月更	有
南开大学	http://nkuef.nankai.edu.cn/	月更	有
哈尔滨工业大学	http://hitef.hit.edu.cn/	月更	有
南京大学	https://njuedf.nju.edu.cn/	周更	有
山东大学	http://www.jjh.sdu.edu.cn/	月更	有
中南大学	http://csuef.csu.edu.cn/Block/Index.aspx	月更	有
电子科技大学	http://www.edf.uestc.edu.cn/	月更	

注：目前中国一共有 39 所 985 高校，其中国防科技大学尚未成立大学教育基金会。因此按照 38 家大学基金会为基数进行统计。网站建设情况均通过互联网公开检索汇总形成，表格中大学基金会名称简化为大学名称，大学名称后带有 * 标识的为网站存在，但有时打不开无法浏览；大部分基金会网站更新并不规律，遇有校庆或者奖助学金集中颁发活动时会更为密集，表格中更新频次以 2017 年 4 ～ 6 月为基础做最低频次的粗略估算，每月更新频次在 4 次及以下，记为月更，5 次以上为周更，但并不能完全代表全年的整体情况，特此说明。

从网站的更新频次上，可以看出大学教育基金会在搭建官网后的维护态度、活跃程度。更新频率可以达到按周次更新的，主要有 3 所大学教育基金会。大部分 985 高校能够做到按月更新网站内容，平均可以维持在每月更新 1 ~4 次，但更新普遍不规律，在校庆月或活动相对密集的月份，更新内容相对较多，也经常出现月度更新空缺。

《基金会管理条例》中规定：基金会应当于每年 1 月 1 日 ~3 月 31 日，向登记管理机关报送上一年的年度工作报告和财务会计报告，并在登记管理机关统一的信息平台上向社会发布。按照民政部门的管理规范，基金会的年度工作报告通常在民政部门建设的网站平台予以集中公布，同时基金会也需要在指定的报纸平面媒体上将工作报告摘要予以登载。可喜的是，37 家大学教育基金会在官方网站的设计上，大多考虑了信息公开模块，能够将年度工作报告、财务会计报告予以公开，指引明确友好，更加方便捐赠人、公众在基金会平台上进行查询、监督。更有不少大学教育基金会，在此基础上，还将捐赠名单（明细）、受益方名单、公益支出情况、关联方关系及交易都进行了公开，高出法律规范的基础性要求，可以看出大学教育基金会在提升组织透明度方面的积极努力。

此外，就大学与大学教育基金会的关系而言，从双方网站链接上也可以看出端倪。大学教育基金会的网站首页，大多设置了大学官方网站链接；而在大学的官方网站上，通常将基金会放在首页之下的学校概况、组织机构等

2～3级目录里，如部分高校在此页面设置了链接，则可直接点击转入基金会主页。也有部分高校，比如清华大学、浙江大学、复旦大学等在大学的官方网站首页上，直接以"基金会"或"捐赠"等字样提供链接导引接入基金会官方网站，由此可以看出大学对基金会的认可和重视程度。

（二）微信微博建设情况

官方网站是基金会信息展示平台，主要还是以基金会的单项输出为主，与受众很难在线上产生交互性。微信、微博则有很强的互动性和传播性，也是其作为新媒体最突出的优势。在985大学教育基金会中，除中央民族大学、华南理工大学①外都拥有了微信公众号，其中吉林大学、华中科技大学尚未开展使用，中国科学技术大学、兰州大学、哈尔滨工业大学连续6个月以上未进行更新（见表3）。延展至对211高校的观察，未开设微信公众号的大学教育基金会数量在20家左右，其中既无独立官方网站也无微信公众号的有11家。其他正常运营微信账号的大学教育基金会主要选择了服务号功能，即每月有4次信息推送机会（订阅号每天则有1次信息推送机会），根据组织需要设置开发了相应的功能模块，启动微信支付，相当于形成了基金会的微网站，并将推送显示在用户的微信对话框中，下发消息可以及时提醒。可见大学教育基金会在微信公众号设置时，普遍选择了功能服务，而将第一时间的资讯传播放在了第二位。

微信是组织营销的常用工具，开设公众账号只是第一步，如何运营好才是关键，这是具有专业性的工作，对于大学教育基金会来说极具挑战。比如推出公众账号的时候，如何吸引第一批用户？创设的用户关注、用户需求是什么？如何让粉丝记住你、依赖你、宣传你，不轻易掉粉；如何利用好自定义回复与自定义菜单让用户自助查询各种信息；如何通过有限的文章推送发布更有吸引力的内容吸引用户、抓住用户；如何管理好用户及互动，让他们感到关怀；如何利用积累的数据指导在内容端的不断完善；等等。

表3　985高校教育基金会微信微博建设情况

名称	微信	更新状态	微博	更新状态
北京大学	有	正常	有	正常
中国人民大学	有	正常	无	/

---

① 华南理工大学基金会的微信公众号在2014年停止使用，转由学校校友会公众号发布信息。

续表

名称	微信	更新状态	微博	更新状态
清华大学	有	正常	有	无更新
北京航空航天大学	有	正常	无	/
北京理工大学	有	正常	有	正常
中国农业大学	有	正常	无	/
北京师范大学	有	正常	有	断更
中央民族大学	无	/	有	断更
天津大学	有	正常	有	断更
大连理工大学	有	正常	无	/
东北大学	有	正常	无	/
吉林大学	有	无消息	无	/
复旦大学	有	正常	有	正常
同济大学	有	正常	有	正常
上海交通大学	有	正常	有	无更新
华东师范大学	有	正常	无	/
东南大学	有	正常	有	正常
浙江大学	有	正常	有	断更
中国科学技术大学	有	断更	无	/
厦门大学	有	正常	有	正常
中国海洋大学	有	正常	无	/
武汉大学	有	正常	有	断更
华中科技大学	有	无消息	无	/
湖南大学	有	正常	无	/
中山大学	有	正常	有	断更
华南理工大学	有	停止使用	有	正常
四川大学	有	正常	有	断更
重庆大学	有	正常	无	/
西安交通大学	有	正常	有	断更
西北工业大学	有	正常	无	/
西北农林科技大学	有	正常	有	断更
兰州大学	有	断更	无	/
南开大学	有	正常	有	断更
哈尔滨工业大学	有	断更	无	/

名称	微信	更新状态	微博	更新状态
南京大学	有	正常	有	无更新
山东大学	有	正常	有	断更
中南大学	有	正常	有	断更
电子科技大学	有	正常	有	断更

相比而言，微博的情况普遍不太乐观，985 大学中只有 60% 开设了基金会微博账号，而在开设的 23 个微博账号里，只有北京大学、北京理工大学、复旦大学、同济大学、东南大学、厦门大学、华南理工大学等 7 所大学教育基金会在正常更新，比例仅为 18%，而且总体更新频率较低，月均 1~2 次。211 高校中则仅有 30% 开设了微博账号，除 7 所 985 大学外，还有北京交通大学、南京理工大学、中国政法大学、河北工业大学等 4 所大学教育基金会在维持低频率的更新。

整体看起来，大学教育基金会对于微博运营不太关注，僵尸账号的比例远超过微信账号，当然，这也与大学教育基金会的专职工作人员不足有关，微博是互动性极强的平台，需要有专人时时关注，及时回应，如果人手有限，运维的投入自然有限。但同时，也应当要看到微博的优势，与微信的公益服务功能不同，微博是了解社会热点的重要渠道，也是广泛讨论的阵地之一，当大学教育基金会普遍选择微信的功能服务时，微博的消息分发、话题运营、宣传推荐等特质还是具有很强的互补性。虽然信息推送可以通过官方网站得以实现，但微博是很重要的舆情检测场所，在一旦出现公关危机的情况下，是非常有效的自媒体交互平台，其快速传播和即时互动的特性，可以让大学教育基金会在第一时间有效地向社会公众就舆情事件表明态度、普及知识、公布进展、回应质疑。因此，作为目前仍广受关注的互联网平台，微博对大学教育基金会的品牌宣传还是具有不可替代的作用。

（三）有关开设在线捐赠通道的思考

在调研中发现，有 70% 以上的 985 大学、50% 以上的 211 高校教育基金会已经在一网两微的新媒体平台上开通了微信、支付宝、网上银行等在线支付通道，以方便校友进行小额捐赠。但随着 2016 年 9 月《慈善法》正式实施，大学教育基金会这一类别在筹款对象和互联网传播等方面遇到了新挑战。

2004 年之前，中国并没有对于基金会分类的法律规范。2004 年 6 月 1 日开始实施的《基金会管理条例》第3条规定，基金会分为面向公众募捐的基金会（简称为公募基金会）和不得面向公众募捐的基金会（简称为非公募基金会）。公募基金会可以面向社会募集资金、接受社会捐赠，非公募基金会可以接受社会捐赠，但不能主动通过广告、大型活动等面向社会募集资金。是否享有公募权成为划分基金会类型的主要标准，公募基金会的捐赠资金来源是可以做主动工作寻得的不特定的社会群体，非公募基金会的捐赠资金来源虽也可以是不特定的社会群体，但非公募基金会仅能做被动接受。《基金会管理条例》在中国基金会发展史上具有里程碑意义，标志着我国首次以公募权为分水岭，正式通过国务院的行政法规，将基金会分为公募基金会和非公募基金会两大类别，这种分类方法是极具中国特色的，也是现代公益事业在中国社会发展的阶段性产物。2004年立法之前，中国社会已经存在的基金会大量是由政府部门或与政府部门有着千丝万缕联系的个人、组织发起的，自身带有极强的行政化色彩，也就是通常所说的官办基金会，这时提出非公募基金会的类别，不得不说体现出政府部门在开放式尝试的同时谨慎前行的深思熟虑。

表4　公募基金会与非公募基金会的规则差异

	公募基金会	非公募基金会
募款行为	享有公募权	不享有公募权
原始资金	民政部登记的原始资金不低于800万元；地方登记的不低于400万元	不低于200万元
治理结构	近亲属不得同时在理事会任职；法定代表人只能由中国内地居民担任	用私人财产设立的，近亲属理事总数不超过理事总人数的三分之一；原始资金源于内地的只能由内地居民担任；来自境外，对法定代表人无硬性限制
公益支出比例	不得低于上一年总收入的70%	不低于上一年基金余额的8%
信息公开	募捐活动，应当公布募得资金后拟开展的公益活动和资金的详细使用计划。募捐活动持续期间内，应当及时公布活动所得收入和用于公益活动的成本支出情况。活动结束后，应当公布活动取得的总收入及使用情况	因不具有公开募捐的权利，不负担公募活动的信息披露义务；但与公募基金会同样具有公开年度报告和资助活动的义务
名称	不得使用自然人、法人或其他组织的名称或字号；全国性公募基金会可以使用"中国""中华""全国""国家"等字样	在符合相关条件的情况下，可使用自然人、法人或者其他组织名称；不得使用"中国""中华""全国""国家"等字样

由于2004年之前并无公募基金会与非公募基金会的划分，《基金会管理条例》生效后要求已经成立的基金会重新换证登记，借此将原先的基金会区

分，分类排队（见表4）。清华大学、北京大学等在20世纪90年代成立的大学基金会选择了非公募基金会类别，2004年以后特别是在国家出台了高校捐赠财政配比资金政策之后，大学教育基金会进入蓬勃发展期，目前除中国科学技术大学教育基金会（1996年成立）、西安交通大学教育基金会（2006年成立）、宁夏银川大学教育发展基金会（2005年成立）三所大学教育基金会采取了地方性公募基金会形式外①，其余400多家全部为非公募基金会。

参考国外经验来看，享有募集捐赠资金的权利是基金会得以发展的基础性权利，部分国家在接受私益目的的基金会类别前提下，会对捐赠资金的流向做出一定限制，通常并没有以是否享有公募权来做基金会的分类。除了基金会，其他非营利性的社会组织也会具有向不特定公众募捐的权利，但是否能够获得公募权，则主要依据募捐法案来予以规制。而随着中国公益事业的发展，2016年9月颁布实施的《慈善法》又创新性地提出了"慈善组织"概念（基金会、社会团体、社会服务机构等都是慈善组织的组织形式），进一步向社会放开了公募权利。作为上位法的《慈善法》通过第三章慈善募捐将慈善组织分为了两类，即享有公开募捐资格的慈善组织和定向募捐（不享有公开募捐资格）的慈善组织。"依法登记或者认定满二年的慈善组织，可以向原登记的民政部门申请公开募捐资格。慈善组织内部治理结构健全、运作规范的，民政部门应当自受理申请之日起二十日内发给公开募捐资格证书。"这一规定相比《基金会管理条例》扩大了公开募捐主体范围，意味着少数慈善组织（传统官办基金会）掌握公募权的局面将被打破。在公募权得以松绑的同时，"定向募集"却为大学基金会戴上了紧箍咒。

在《基金会管理条例》规范下，非公募基金会虽然不得面向不特定群体公开募集资金，但并不妨碍非公募基金会向特定的群体比如校友等开展劝募工作。但在《慈善法》中，类比于"非公募"的"定向募集"行为，则被严格限定了定向对象，即"慈善组织开展定向募捐，应当在发起人、理事会成员和会员等特定对象的范围内进行，并向募捐对象说明募捐目的、募得款物用途等事项"。对于企业型基金会和家族型基金会，定向募集的人员限定没有特别的问题，因此这两类非公募基金会的发起人或理事会成员均以初始捐赠人为主，基金会没有过多的筹款负担，而是重点立足于基金会的公益宗旨来

---

① 吉林大学教育基金会于1997年成立，2004年《基金会管理条例》生效后，选择了地方性公募基金会进行换证登记，但于近两年变更登记，改为非公募基金会。其余三所大学，经笔者初步调研了解到，因都属于地方性的公募基金会，且成立时间较早，当时并未对公募与非公募有明确的概念区分。

开展公益项目的选取与实施。对于大学教育基金会而言，发起人、理事会成员则是以大学领导、职能部处负责人为主，能吸纳到理事会成员中的捐赠人是少数，在这方面与其他非公募基金会具有显著差异，一旦只能在发起人和理事会成员中劝募，意味着大学教育基金会丧失了筹款基础来源，寸步难行，损失巨大。也有观点指出，大学教育基金会可以选择申请获得公募资格，这样就不存在筹款对象受限的问题了。这里，就需要讨论大学教育基金会有别于其他基金会的使命问题。大学教育基金会的存在是中国高等教育体制改革的产物，是鼓励大学自筹经费办学的手段。比照世界各国，大学教育基金会都是以为大学提供充沛的发展基金为核心使命，而能保证为大学提供源源不断的支持，就需要基金会不断囤积资金，形成资金池（Endowment）。新加坡政府为了让公立大学可以在未来有较充沛的自主发展资金，同样通过财政配比政策的杠杆来鼓励大学筹款，但明确配比资金只倾向于大学筹集的留本基金。目前非公募基金会年度的公益支出为上一年度基金余额的8%，可以让大学教育基金会逐步积累捐赠资金，并通过对基金的运作来保值增值，为大学提供持续动力。但公募基金会在公益支出上的要求则是必须支出上一年收入的70%，这样就无法让大学教育基金会形成不断扩大的净资产，并不符合未来一流大学教育基金会的发展方向。

有专家指出，其实《慈善法》中表述的"发起人、理事会成员和会员等特定对象"中的"等"字为立法解释留有了空间，"等内"就严格限定，"等外"就可以做适度延展。笔者也衷心希望国家立法机关在未来能够采取"等外"解释，从语义上，特定对象是相对于不特定对象而言的，通常是指有针对性的具体对象。比如校友群体，虽然人数众多，但对于大学而言，不仅认识还是具有感情基础的特定对象，"校友"一词具有明确的身份属性，自然将"非校友"排除在指向对象之外，理应纳入定向募集的对象范畴。此外，与潜在捐赠人进行沟通是基金会与特定对象就捐赠达成合意的过程，无论是按照民法理论归入赠与关系，还是从慈善法层面认定为募捐，对于未申请公开募捐资格的慈善组织来说，都应该是正当行为，否则将限制公民和组织的捐赠自由权：因为不是定向募集慈善组织的发起人、理事会成员或会员，就无法向其捐赠，这显然存在逻辑缺陷，也不符合立法本意。因此建议国家在对公募权有限开放的同时，充分考虑不同类型慈善组织，特别是大学教育基金会的需求，不要过于严苛地限缩定向募集的范围。

再一个问题，是公开募捐行为的界定。按照《慈善法》的规定，在公共场所设置募捐箱；举办面向社会公众的义演、义赛、义卖、义展、义拍、慈善晚会等；通过广播、电视、报刊、互联网等媒体发布募捐信息等都属于公开募捐行为。此处带来的困惑是，到底什么是通过互联网等媒体发布募捐信息？有传闻称，在互联网上公布基金会的财务账号就可视为公开募捐行为，更不要说在线支付功能。假如果真如此，那么就是将互联网带给中国公益行业的红利逐步消解。

从 2004 年到 2016 年正是国内互联网大发展的时期，作为新生事物的互联网有效刺激了中国公益事业的发展，使之焕发了新的生机与活力。以腾讯公益为代表的若干互联网公益平台让更多的人了解慈善、支持公益；支付宝、微信支付让更多人从小额捐赠开始，尝试成为捐赠人、体验捐赠人，进而成为坚定的捐赠人。正是因为如此，才能在 2008 年汶川地震时突破 60 年的抗震救灾模式，社会组织和志愿者大放其彩。对于大学教育基金会而言，充分利用互联网技术，加大宣传力度，增强互动沟通，一方面可以扩大大学教育基金会和大学的知名度，另一方面也可以影响捐赠者的选择行为，为大学教育基金会争取无形资产发挥积极作用。国内高校虽然不断获得大额捐赠，但是亟须扩大捐赠基础，增厚捐赠人金字塔的底部。国外高校如哈佛、牛津等，非常重视校友捐赠率，而我国校友捐赠基础相对十分有限，需要转变理念，不仅关注知名校友、企业慈善家，也要同样关注与学校利益密切相关的普通校友、学校之友乃至周边社区，既要发展定向、短期的大额捐赠，也要兼顾非定向、经常性的小额捐赠。互联网为这样的转变提供了技术助力，普通校友不用再跑到学校交现金，也不用跑到邮局去汇款，学校提供便捷的线上捐赠通道，在既节省了基金会人力投入，方便校友捐赠、监督的同时，也自然传递了人人助力、共同发展的理念。同时，线上数据也为基金会开展后续有针对性的线下活动提供了分析依据。

对于大学教育基金会来说，运用互联网平台以传播、建立并发展与潜在捐赠人的关系为首要目的，如果不详细介绍筹款项目，如何形成项目品牌？特别是面向校友群体提供的线上捐赠项目不过是验证传播是否有效的工具，用以激发校友的潜在捐赠动机。如前文所言，新形势下的公益发展，传播即筹款，筹款即传播。面向校友群体这一特定对象的推送传播，如果直击人心、获得认可，那么校友最直接的表达当然是引发自己的初次捐赠。一旦获得校友的初次捐赠，大学教育基金会便可以进一步密切与校友捐赠人的关系，通过线上线下的双向互动，来保障校友捐赠人的需求，提供有针对性的服务，共同开展深度活动，维持长期捐赠关系。同时，借助互联网的方式，也可以更好地进行捐赠方式创新，不仅捐钱、捐物，出力出智也值得鼓励，进而形成校友与大学建设发展的多元联结，让校友理解大学人才培养的新理念、新需求，产生回馈母校、推动高等教育发展的使命感与价值感。从目前情况来看，大学教育基金会普遍在应用互联网支付平台时，呈现的项目都定向为校友群体，其他非利益相关者并非项目的受众。当然，也有观点主张，为免生争议，大学教育基金会可以与有公募资格的基金会合作开展对外筹款项目，坦率地讲，这当然是在现有规范框架下的可行性方式，但在公共传播层面，筹款只是更好传播的手段，现阶段面向大学捐赠的社会认知还需一个普及过程，贸然开展面向公众的筹款未必是合适的时机，当然其中还有管理费提取等其他技术性问题。从这个角度上看，大学教育基金会并无面向不特定公众筹款的主观故意。因此，在界定公募行为的标准上，建议将慈善组织的主观意图和行为指向也作为认定要件予以考虑，而不是简单地以是否应用互联网技术作为判定公募行为的标准。

三 有效开展品牌传播的策略建议

（一）统一认识，建立规范制度予以保障

首先，要在大学教育基金会内部转变观念，认识到开展公益品牌传播对于组织发展的必要性。显然，目前国内大学教育基金会就一网两微建设情况来看品牌传播的工作并不是特别到位，不同高校之间发展也不均衡，首要应解决思想上的认识问题。大学教育基金会要从理事会、秘书处领导层对于为何要开展品牌传播、如何开展品牌传播、预期收效、风险防范、危机管理等方面达成基本共识，并通过制度建设予以规范、明确。

信息公开制度是基金会必须设立的制度规范，应按照法律规范的要求制定符合大学教育基金会自身特点的信息公开制度，规避伦理冲突，构建规范、透明、公信力强的大学教育基金会形象。同时，随着公众对于社会组织的知情、参与和监督意识不断增强，对于社会组织在新闻发布、及时答疑解惑和正确引导舆情方面的要求也日渐强烈，因此建议大学教育基金会也遵循《关于推动全国性和省级社会组织中建立新闻发言人制度的通知》中的倡导意见，建立大学教育基金会的新闻发言人制度，形成有效的危机预警机制。大学教育基金会普遍行事低调，但在互联网的大背景下，基于信息的不对称，谁也无法预料会出现什么话题事件。遇事不回应并不是解决问题的有效办法，甚至可能因此延误危机公关操作的最佳时机。应当以积极而不是回避的态度面对危机，与公众进行真诚全面的沟通，努力消除危机的不良影响，才能化危

为机，进一步提升组织的形象。

（二）定制名片，形成独特的 VI 识别系统

一旦大学教育基金会决定推行品牌战略，那么最好先设计生成大学基金会自己的 VI（Visual Identity）识别系统，以区别于大学。大学教育基金会的公益传播包含两方面的内容，一要宣传大学、提高大学的社会声望和美誉度，二是要宣传自身，建立自身的品牌知名度。虽然大学教育基金会与大学具有不可分割的紧密关系，但仍是对外承担法律责任的独立法人，有别于校内其他职能部门和院系机构。因此，要根据这一特质，定制属于大学教育基金会独有的专属"名片"。品牌是由基本的内容、名称、可视且易记的识别元素和系统所组成的，大学教育基金会的对外标识要融合大学元素以及基金会自身特色，易于产生与大学之间的联想，也要呈现出大学教育基金会作为社会组织的公益特性。

当建立了大学教育基金会的 VI 识别系统后，就可以依此设计、制作相关的系列衍生品，比如办公场地的统一布置、一网两微的标识色彩风格、对外的统一名片、信封纸张等办公用品、贺卡折页等宣传品等，依此对外界展示出大学教育基金会的标识形象，逐步形成品牌文化。

（三）明确受众，打造组织特有的朋友圈

大学教育基金会开展公益传播、发展关系要有明确的受众对象。可以以大学为边界，分为内部的公共关系与外部的公共关系，内求团结，外求发展。面向大学内部的公共关系是指内部横向和纵向公众关系的总和，包括了高校内部上下级之间的关系、各部处院系职能工作部门之间的关系以及教职员工之间、在校生之间的关系。配合大学共同形成内部良好的公共关系，可以从上至下，从教学一线、服务管理至普通学生树立一种以组织为中心的群体意识，认可、理解和接受高校的人才培养理念、大学精神和行为准则，形成共同的价值观，以大学章程为指引，规范言行，从而对大学产生强大的向心力和凝聚力，凝聚意志，培养形成端正、积极的捐赠态度，有与大学教育基金会共同宣传高校、提升影响力、最大限度争取社会资源的愿望，形成对外的协同合力。当然，在构建内部公共关系的同时，如果师生员工转化为捐赠人，那么同样需要依照对待捐赠人提供服务的方式维持发展相互关系。

外部公共关系主要包括了与校友及捐赠人的关系、与公益行业同行的关系、与政府相关管理部门的关系、与媒体的关系以及与社会公众的关系，大学教育基金会在面向不同的群体时要合理运用不同的策略与工具进行品牌传

播，主动积极建立良好互动关系，形成大学教育基金会的外部朋友圈，倡导积极的捐赠文化。培养校友及捐赠人参与大学发展建设的使命感、荣誉感，挖掘潜在捐赠人，建立捐赠人服务标准，保持与校友及捐赠人的黏性，提升复捐率；积极参与公益行业内相关活动，不仅要建立与其他大学教育基金会的交流互动，也要与其他类型基金会形成业务合作，共同进步；加强与基金会登记管理部门、业务主管部门的沟通，就工作中发现的问题及时汇报，配合政府部门参与相关管理规范的制定、修改，建言献策，发挥大学的智库作用；与外部媒体单位加强了解，互相支持，与大学共同在高等教育传媒领域建立良好的合作伙伴关系，与公益领域的媒体力量建立良好的合作伙伴关系；最后面向公众，主动普及现阶段大学发展的目标、大学治理的特点、大学筹款的需求，树立大学教育基金会的专业、规范、透明的社会形象，营造中国"大公益""大慈善"的捐赠文化氛围。

（四）畅通渠道，形成全媒体传播体系

开展品牌传播一方面必须构建自有媒体平台，另一方面必须借助外部专业力量建立与媒体的合作伙伴关系，形成线上与线下、传统媒体与新媒体相结合的全媒体传播体系。

传统的简报、宣传栏、白皮书、广播、座谈会、展览、活动等都是开展内部公共关系的常规途径，面向校内的不同群体以多种传播途径实现高校各部门之间、员工之间、师生之间的有效沟通，保证上下左右全方位信息交流的顺利通畅，使大学精神和理念得到有效灌输，并及时了解掌握内部公众的反馈信息，完善管理，培育独特的校园文化。

一网两微的互联网平台是形成大学教育基金会自有品牌的重要基础。目前大学教育基金会在一网两微的建设上还处于初级发展阶段，首先要强化基金会的品牌意识，不仅要完成网站搭建、账号开通，更关键的是内容建设、系统运营。在品牌传播上，内容为王，不能将网站、微信、微博仅仅当成大学教育基金会行使行政职能的平台，要思考如何使一网两微内容更为丰富，信息指向更为明确，品牌塑造更为具体。网站更像是大学教育基金会在互联网上的虚拟办公场所，微信可以视作微网站，微博可以视作网络新闻发言人，三平台素材可以共享，但使用时还是要针对不同平台的受众对象而进行内容展现方式上的调整。完备的信息是基金会网站品牌建设中不可缺少的根基，信息公开的所有内容应该集成在基金会的网站平台上，方便捐赠人以及社会公众的浏览、查询、监督；行文风格则要正式、严谨、专业，所有文字、图

片和视频要经得起推敲。微信、微博通常是面向师生、校友，更具有学校风格，特别是在面向90后、00后的在校大学生时，主题选取、表达方式、排版设计都应与官方网站有所区别，借助双微的双向互动特质，可以更容易地刻画出有血有肉有感有情的生动组织形象，不断扩大组织的影响力，进而达到"润物细无声"的效果。同时，要将线上与线下活动有效结合，抓住时机，在正确的时间通过正确的渠道做正确的事，将传播效果最大化。

也有一些公益组织开发设计了公益APP，就笔者的观察而言，有在品牌传播上的投入考虑当然是好事儿，技术从来不是问题，组织如何找到使用APP的刚需群体才是关键，必须能吸引潜在群体使用才有意义。

在建设自媒体的同时，大学教育基金会也不要忽略与传统媒体，比如报纸、电视、广播等媒体的合作，传统媒体曾是唯一的大众传播途径，特别是主流媒体的官方属性对于建立社会信任有重大作用，在新媒体时代依然不可或缺。特别是在高等教育领域发展的资源动员方面，需要社会各界力量的广泛参与，传统媒体在营造良好的高等教育捐赠文化方面无疑发挥着重要作用。大学教育基金会要与传统媒体形成合力，共同推进中国高等教育的建设发展。

（五）修炼内功，提升队伍的专业化能力

基金会的公益传播工作涉及公共关系学、营销学、新闻学、广告学、心理学、社会学、法律等多学科的知识领域，从事品牌传播的工作人员属于专业人才范畴，并非一般的行政人员可以轻易胜任。写一篇工作简讯、新闻通稿容易，制作一个H5页面技术也不复杂，但品牌传播是需要用好的创意、策划出好的脚本、运用全媒体手段、讲出吸引人的品牌故事，形成如"小朋友画廊"一般的传播效应。目前，中国公益行业整体都面临着专业人才短缺的问题，特别是品牌传播的专业人才，更是炙手可热。因此，大学教育基金会要么在组织内部培养，通过工作不断学习、提高，要么通过与合作伙伴联合，争取外援来增强团队的专业化能力。不论采取哪种方案，从事大学教育基金会品牌传播工作的人员至少应具备以下特质。

一是熟悉高校的运行体制，了解高等教育发展规律，以便快速掌握具体大学的基本情况并可以理解大学的发展诉求；二是对公益事业充满热情，以使命驱动，具有良好的社会责任感；三是具备相关的专业知识，比如传播学、设计学、广告学等，拥有良好的学习能力，求知欲望强烈；四是有较强的写作能力、语言交流能力、理解与善于沟通能力、危机公关处理能力等；五是具有营销经验与能力，可以在筹款项目初始设计时就参与进去，形成项目传播的闭环。

大学教育基金会财务与资金监管问题研究

王志成

伴随我国社会经济的进步和高等教育财政体制改革，自 1992 年国内第一家大学教育基金会成立以来，我国大学教育基金会逐渐兴起。2004 年《基金会管理条例》颁布实施后，在短短二十年间，大学教育基金会取得了迅速的发展，成为一支促进大学事业发展的重要力量，令人印象深刻。

大学教育基金会是由高等院校以推动和促进高等教育事业发展为目的、经国家批准依法成立的非营利性公益组织，其宗旨是通过加强学校与社会的联系，争取国内外各种公益组织、企事业单位、社会团体以及个人的捐赠与支持。通过资金筹集和资金的保值增值，服务于大学的教学、科研，提高教育质量和学术水平，推动教育事业改革与学校发展。高校教育基金会具有无限的发展创新空间，同时也面临着许多挑战。高校教育基金会的财务管理与资金监管机制就是诸多挑战之一。

高校教育基金会整体规模不断扩大，捐赠资金总量持续增长，财务管理与资金监管机制发挥着越来越重要的作用。而募集捐赠款项类别的纷繁复杂，支出用途的千差万别，对大学教育基金会财务管理尤其是资金监管机制提出了更高的要求。在这种形势下，大学教育基金会有必要进一步加强财务管理和会计监督，确保大学筹款工作的顺利进行。

一 大学教育基金会会计制度特点及与大学的异同

（一）非营利组织基金会的会计制度[①]

为了加强对民间非营利组织的监督管理，2004 年《基金会管理条例》颁布实

[①]　财政部:《民间非营利组织会计制度》,2004年8月。

施，为基金会的规范管理提供法律依据。同年 8 月，财政部发布了《民间非营利组织会计制度》，并自 2005 年 1 月 1 日起实行。《民间非营利组织会计制度》在制定过程中既充分考虑了民间非营利组织的组织特性和业务特点，又尽可能借鉴了国际通行的惯例，使得我国《民间非营利组织会计制度》既兼顾我国国情，又与国际接轨。制度引用了企业会计制度会计处理方法，如会计核算以权责发生制原则为基础，这就要求民间非营利组织计提固定资产折旧，进行成本核算，这样有助于民间非营利组织加强资产负债管理和成本管理，提高运营绩效，有效地弥补收付实现制会计的不足。净资产又引用了事业单位会计制度会计处理方法，但又有所不同，其更能满足民间非营利组织各类会计信息使用者的需求。

（二）大学教育基金会的会计制度的特点

1. 大学教育基金会按照《民间非营利组织会计制度》核算

大学教育基金会是依托于高校，由学校、校友或社会各界力量出资成立的非营利性社会组织，具有独立的法人资格，是区别于大学、企业、事业单位的一类社会组织。因当前我国大学教育基金会尚处于发展的起步阶段，还没有形成行业会计制度。在财务管理工作中，一直遵循国家已出台的《民间非营利组织会计制度》《民间非营利组织会计制度——会计科目和会计报表》进行会计核算，并遵循《慈善法》《基金会管理条例》以及各基金会自行制定的基金会章程进行财务管理。

2. 大学教育基金会会计制度的特点①

（1）会计目标

大学教育基金会的资金来源主要是校友、社会各界、广大师生员工的捐赠，同时接受国家教育部门、民政部门的监管，接受社会公众的监督。大学教育基金会的会计制度在采用《民间非营利组织会计制度》的同时，还需将满足捐赠人、大学、监管部门、社会各界等会计信息使用者的需要作为会计目标，设计其会计报表体系和财务会计报告公开财务信息。

（2）会计核算基础

按照权责发生制原则，计提固定资产折旧，进行成本核算等，加强大学教育基金会资产负债管理和成本管理，提高效率，有效弥补收付实现制会计的不足。

（3）会计要素

大学教育基金会设置资产、负债、净资产、收入和费用五个会计要素。

---

① 《民间非营利组织会计制度特点》，中华会计网校。

（4）会计计量基础

大学教育基金会在坚持以历史成本为计量基础的同时，对一些特殊的交易事项，如捐赠、政府补助等，引入了公允价值等其他计量基础。这主要是由大学基金会的业务特征所决定的，其许多资产的取得并没有实际成本，比如捐赠资产、政府补助资产等都是无偿取得的，如果严格按照实际成本原则将难以进行确认和计量，从而难以实现真实、完整反映的目的。

（5）净资产的核算和列报

大学教育基金会的净资产分为限定性净资产和非限定性净资产两类进行核算和列报，其中，限定性净资产是指其使用存在时间或（和）用途限制的净资产，除此之外的其他净资产即为非限定性净资产，从而可以更加如实地反映出净资产的构成和性质等情况。

（6）收入的确认

考虑到大学教育基金会收入来源的特殊性，按照《民间非营利组织会计制度》，将收入区分为交换交易形成的收入和非交换交易形成的收入，分别界定其确认标准。对于按照等价交换原则所进行的交易，按照交换交易收入的确认原则进行确认和计量，对于按照非等价交换原则进行的交易，如政府补助、捐赠等，按照非交换交易收入的确认原则进行确认和计量。

（7）费用的分类

大学教育基金会的会计核算基础为权责发生制，而且业务活动表的主要功能是评价经营绩效。所以，在对费用的会计核算中，严格区分业务活动成本和期间费用，其中，期间费用包括管理费用、筹资费用和其他费用。

（8）财务会计报告的内容及其组成

根据大学教育基金会的业务特点及其会计信息使用者的需求，财务会计报告包括资产负债表、业务活动表、现金流量表三张基本报表以及会计报表附注等内容。

（三）与企业会计及现行大学会计制度的异同[①]

1. 企事业单位会计为大学教育基金会类民间非营利组织会计制度的制定和发展提供基础，又按照各自的规则运行

目前《民间非营利组织会计制度》是财政部于2004年根据《中华人民共和国会计法》以及国家有关法律、行政法规制定，并于2005年颁布实施。

---

① 《民间非营利组织会计制度与事业单位会计制度的比较》，中华会计网校。

2005 年以前，高校教育基金会一直采用事业单位会计。《民间非营利组织会计制度》的实施，解决了基金会适用会计规范问题，使得广大民间非营利组织有了适合自己的会计核算和报告制度。同时也提高了我国大学教育基金会的财务管理和会计水平，为促进规范发展提供制度保障。但相对于企业事业会计规范，我国民间非营利组织会计的研究较晚，与企事业单位的会计制度在会计核算原则、科目的设置、资产、负债、收入、支出的核算方法、具体的会计事项处理、财务报告的会计要素方面存在较大的差异。

我国《事业单位会计制度》规定："事业单位会计核算一般采用收付实现制；但部分经济业务或者事项的核算应当按照制度的规定采用权责发生制核算。"在《民间非营利组织会计制度》中规定会计核算应当以权责发生制为基础，明确了完全不同于事业单位会计的核算原则。在五大会计要素中，两者在确认"支出"还是"费用"上区别也较大。非营利组织从事业务活动发生的各种耗费或损失，在《事业单位会计制度》中称为"支出"，而在《民间非营利组织会计制度》中称为"费用"。事业单位支出包括事业支出、经营支出、对附属单位补助、上缴上级支出和基本建设支出。民间非营利组织费用大部分为消耗性支出，除业务活动成本外，费用中有相当一部分得不到补偿。其按照功能可分为业务活动成本、管理费用、筹资费用和其他费用。

大学教育基金会采用的《民间非营利组织会计制度》虽然在会计核算原则上采用权责发生制，与《企业会计制度》是一致的，但在具体核算方法上却与《企业会计制度》仍存在诸多的差异。如对非现金资产类收入入账价值的确定，《民间非营利组织会计制度》在捐赠方提供了有关凭据的情况下，以相关凭据作为确认入账价值的依据，在捐赠方不能提供凭据的情况下，更重要的是以公允价值为准，并且都不考虑相关税费。而《企业会计制度》则不考虑公允价值，完全依照凭据上表明的金额，并且加上相关的税费；当同类或类似资产不存在活跃市场时，《民间非营利组织会计制度》规定可以采用现行重置成本、现值等方法确定资产的价值，《企业会计制度》规定只能以预计未来现金流量现值作为其价值。

又如按照《民间非营利组织会计制度》，考虑到大学教育基金会的捐赠者既不享有基金会的所有权，也不从基金会中取得回报，不存在核算"所有者权益"和"利润"问题，所以大学教育基金会的会计科目既没有设置企业会计中的所有者权益和利润会计要素，也没有设置预算会计中的支出会计要素。

为了适应财政改革和事业单位财务管理改革的需要，进一步规范事业单位的会计核算，财政部 2012 年底修订印发了 1998 年颁布的《事业单位会计制度》，并自 2013 年 1 月 1 日起全面施行。《事业单位会计制度》通过详细规定会计科目使用及财务报表编制，较为全面地规范了事业单位经济业务或者事项的确认、计量、记录和报告。修订后的制度与时俱进地既继承了原制度的合理内容，又体现了若干重大突破和创新。目前，民间非营利组织如雨后春笋般成长，而 2005 年颁布的《民间非营利组织会计制度》在日常工作应用中，碰到的一些问题，是目前政策法规、制度所未能涉及的，有必要对《民间非营利组织会计制度》进行重新修订。

2. 与大学的事业单位会计制度有着千丝万缕的联系

高校教育基金会适用的会计制度是《民间非营利组织会计制度》，不同于高校财务适用的《高校会计制度》，在会计核算方法上有很大区别。例如基金会以"权责发生制"作为核算基础，固定资产要求计提折旧，收入应当区分为非限定性收入和限定性收入，捐赠收入是基金会的主要收入，应分用途、分项目进行明细核算，接受捐赠资产是基金会需重点核算的资产，其入账价值的确定关系到后续成本的计量，相关一系列的核算方法都需深入研究，慎重确定。

但众所周知，高校属于事业单位法人，与高校教育基金会属于不同性质的法人。高校教育基金会的成立宗旨是支持学校的发展建设，筹措社会资金，以弥补教育事业经费的不足。从成立宗旨上，虽然高校教育基金会与高校分别属于不同的法人，在财务上遵循不同的会计制度，无法合署操作，在账务上更不能混为一谈。但高校教育基金会形似高校的衍生物，无论它以何种形式存在，必然与大学发生各种各样的业务联系，尤其是经济事项。

目前，国内大学教育基金会的存在形式大致分为，与高校的校友会、董事会成立对外联络部合署办公，作为高校一个独立的内设行政机构对外进行联系，成为学校办公室或财务处的一个组成部分进行统一管理、作为独立的法人，独立地开展业务四种运作方式。[①] 前三种运作方式完全是按照大学财务的财务管理模式，按照事业单位会计制度进行管理。而最后作为独立的法人，独立开展业务的运作方式，也由于大学教育基金会的宗旨为促进大学的发展建设，受益单位为学校各学院、部处等的特殊性，高校教育基金会作为独立法人，但实际是高校的一个附属行政单位，工作人员包括财务人员兼职的很多，所以使得基金会会计核算工作跟高校财务核算放在一起，高校财务处的工作人员兼任高校基金会会计。在这样的环境下，高校基金会仍然采取事业单位的管理模式，在业务和相关会计核算标准等方面也或多或少地参照大学

---

① 王丽丽：《关于高校教育基金会财务管理中存在问题的探讨》，《生产力研究》2013 年第 3 期。

财务管理方式进行核算和管理。当会计师事务审计所以及民政厅来评估的时候，就会发现问题很多。高校教育基金会应该清晰划分成本核算范围，划清与高校财务的核算界限，将属于基金会的人员经费、设备费、日常办公经费等纳入其成本核算范围，合理控制支出总额，真实反映成本信息。

二　大学教育基金会资金来源、财务管理目标及模式

相对于国外大学教育基金会上百年的发展历史，我国大学教育基金会的工作还处于起步阶段。如何有效地管理和使用捐赠资金，提高资金运筹能力，已成为我国大学教育基金会财务管理的重中之重。

（一）大学捐赠资金来源及表现形式

随着大学教育基金会的发展，大学捐赠资金类别多，形式多样，整体呈现出多元化的态势，对会计科目和项目分类的要求越来越精细化，要求财务管理工作越来越专业化。

大学教育基金会的资金按照资金的来源、用途、资金的性质主要分为以下几种形式。

（1）按捐赠款项的来源分，有社会捐赠、企业捐赠和校友捐赠资金。

（2）从受益主体看，可分为校级项目和学院项目。

（3）按照资金来源形式，捐赠资金包括货币、实物、基建、有价证券、无形资产等，其中以货币、实物和基建捐赠为主。货币捐赠主要指现金、支票、电汇、支付宝、微信等最通用的方式，主要涉及人民币、港元、美元；实物捐赠指图书、仪器设备等固定资产；基建捐赠主要是冠名的建筑大楼、会议室、道路、校园景观等；有价证券主要是指股票、股权捐赠，无形资产主要是指著作权、商标权、版权等知识产权类的捐赠。

（4）根据资金的用途是否限定，捐赠资金可分为限定用途基金和非限定用途基金。限定用途基金主要包括用于学生方向的奖学金、助学金、贷学金、学生活动类基金；用于教师方向的奖教金、奖励金，引进人才基金（国际教席、讲席教授）、改善教师待遇类基金；用于对会议、出版、交流、培训、社会实践、科研等教研活动资助的教学科研活动基金；用于对学院教学科研设备、图书、电子出版物、数据库购置资助的设备购置基金；对师生大病进行资助的关爱师生基金和老教师关爱基金；为校舍、道路、景观等的新建和维

修而设立的校园建设基金及其他类规定了具体使用部门及使用用途的基金。非限定用途基金主要指没有指定用途，可由学校及各院系部处根据发展规划自行安排使用的捐赠资金。

（5）从基金设立的性质分，捐赠可分为留本基金和非留本基金。留本基金本金保留不动，仅使用本金的利息或增值部分执行项目；非留本基金使用基金本金进行项目执行。

大学教育基金会的资金来源及表现形式要求财务管理从源头到受赠者进行全程跟踪管理，对每一笔捐赠款项从筹措开始，对捐赠款项是否符合捐赠资金的要求进行判断，对属于教师个人课题性质、附带捐赠条件的资金，知识产权归捐赠方所有性质的资金从源头上进行控制，避免非捐赠性质的资金进入基金会，违反相关法律法规的规定。

（二）大学教育基金会财务管理目标

1. 资金实现保值增值①

资金是大学教育基金会发展的血液。社会各界对大学教育基金会的捐赠是"输血"的过程，基金会对资金的运作更具创造性的"造血"作用。因此资金能够保值增值，是对基金会财务工作所提出的最基本的要求。这将关系到捐赠人、受赠人以及学校的利益，对基金会的发展至关重要。

2. 资金合理使用

目前，我国大学教育基金会资金相对于资金需求，资金供给存在巨大缺口。如何降低成本，将有限的资金高效率地分配到受赠群体中，提高资金的使用效率，是实现利益相关者权益以及社会效益最大化的关键。同时资金的使用也必须严格按照捐赠人的意愿执行，这不仅依赖于捐赠协议的签订和管理，更通过制定严格规范的资金使用范围，为资金高效使用和后续监督提供了依据。

3. 信息公开透明

大学教育基金会作为公益组织，掌握社会公益资源，社会责任大，公众关注程度高。基金会必须在自律的基础上，接受社会各方面的监督。信息公开透明是实现社会监督的基础，有利于其维护公信力和提升社会影响力，同时也是改善治理结构和控制风险的重要手段。

（三）大学教育基金会的财务管理模式

目前我国大学教育基金会探究实质，对外是独立法人，对内是附属于学

---

① 张永合：《大学教育基金会财务管理构架探析》，《山西经济管理干部学院学报》2014年第1期。

校的行政机构，在学校的领导下开展工作。2014 年 9 月教育部、财政部、民政部三部委颁布的《教育部　财政部　民政部关于加强中央部门所属高校教育基金会财务管理的若干意见》（教财〔2014〕3 号）中，对大学教育金会这类特殊社会团体组织的财务管理进行了进一步规范。其中"基金会财务工作在基金会理事会领导下开展，并接受业务主管单位和学校财务部门的业务指导和监督"条款明确了基金会财务管理与大学财务管理的关系。

2014 年上述文件出台后，部分大学教育基金会的财务管理模式进行了调整。目前财务管理模式在大学基金会中主要分为三种①：一种是学校统一管理模式，另外一种是基金会自主管理模式，还有一种是相结合的管理模式。学校统一管理模式是指基金会把所有日常的会计事项都归集到高校进行会计核算，学校财务部门专人负责基金会收入和日常开支的账务处理。基金会自主管理模式是指基金会所有日常的会计事项直接在基金会层面进行，即由基金会自行核算所有的收入和具体的开支。相结合的管理模式又分为三种方式，其一是学校承担基金会财务的部分功能，如奖助学金、奖教金、基建项目由学校核算，其余项目在基金会进行核算。其二是基金会只核算相应的总收入和总支出，日常的开支核算在学校层面进行，即学校财务处和基金会分别负责财务管理的不同阶段。其三是基金会核算相应的收入，并且也进行日常业务成本的支出，但支出是以捐赠的方式捐赠给学校，由学校作为学校资金的一类，和其他资金一起进行日常核算。这三种核算模式各有利弊，具体见表 1。各大学应结合自身的情况与基金会发展的需要，权衡各种财务管理模式的利弊，选择适合的财务管理模式。

表 1　大学教育基金会财务管理模式

模式分类	优点	缺点
学校统一管理	1. 由于大学财务处兼任基金会的会计机构，财务人员兼任金会的财务人员，所以便于学校指挥和安排统一的财务决策； 2. 管理成本和监督成本较低	1. 捐赠资金按照财政性资金口径统一管理，在报销时，个别标准（如差旅费、会议费、餐费）与捐赠人的意愿发生冲突； 2. 兼职会计人员不属于基金会人员，归属感较低，工作动力不强； 3. 学校财务人员不了解项目运行情况，不能按照项目用途进行捐赠资金核算，按照事业单位会计的业务费、人员费、劳务费进行项目控制和核算，不能准确反映项目的执行情况

① 罗伟峰：《高校筹建基金会的相关会计问题研究——以 G 高校基金会为例》，《会计之友》2014年第 9 期。

续表

模式分类	优点	缺点
基金会自主管理	1. 符合基金会作为独立法人，财务核算独立性的要求，有利于大学基金会向良性的轨道发展； 2. 财务工作人员归属感强，工作积极性高，财务决策快捷； 3. 基金会财务人员了解项目执行的过程，有利于提高捐赠项目的执行效率	1. 管理成本和监督成本较高； 2. 捐赠资金与财政性资金本质不同，与学校财务会计核算的标准不同，但学校接受审计并关联到捐赠资金时，会要求个别科目支出按照财政资金的标准执行，出现报销标准超出财政性资金标准的现象； 3. 与学校核算标准不同，执行单位在进行报销时，容易发生标准的混乱
学校和基金会相结合管理	1. 根据实际需要设置会计机构和会计人员，基金会和学校的财务管理权限明确； 2. 管理成本和监督成本较低，核算效率较高	1. 不符合基金会作为独立法人财务核算独立性的要求； 2. 学校与基金会财务进行衔接时，容易出现权责不明确的情况； 3. 不利于项目执行单位财务数据的统计和捐赠人的报告
1. 学校承担基金会部分财务管理职能		
2. 学校和基金会分别负责财务管理的不同阶段		
3. 基金会进行会计核算后，以捐赠方式捐给学校管理		

三　大学教育基金会的资金管理

目前，我国大学教育基金会接受的捐赠以资金捐赠为主，财务管理的核心内容为对捐赠资金的管理。大学教育基金会一方面希望能够有效降低运行成本，提高资金使用效率，另一方面希望能够在捐赠人心中树立良好形象，通过项目的有效执行和捐赠资金的严格管理，使人们信任基金会，保持捐赠的持续性。如何将有限的资金投入创造出显著的执行成效，如何科学合理地进行资金的保值增值是实现利益相关者以及社会效益最大化的关键，也是大学教育基金会财务管理的一个重要职责。

无论大学教育基金会采取何种财务管理模式，在资金管理的程序和流程上大致相同，各学校只有结合自身实际情况，做好、做足捐赠资金管理工作，才能为项目管理工作的顺利进行、提高基金会的形象和复捐率提供强有力的业务支持。

（一）捐赠协议的签订

1. 捐赠公益性的确认

捐赠资金的使用必须严格按照捐赠人的意愿执行，捐赠资金使用是否能实现利益相关者以及社会效益最大化，这依赖于捐赠协议的签订和管理。严格规范的协议通过制定资金使用范围，为资金高效使用和后续监督提供了依据。

基金会接受捐赠资金起草捐赠协议时，首要考虑所接受捐赠资金的公益性，在捐赠协议中明确捐赠资金的用途，附加对捐赠人构成利益回报条件的赠予和不符合公益性目的的赠予（如对于协议或合同中载明知识产权归属于捐赠人或除学校外第三方的研究类合同）不属于捐赠收入的范围，大学教育基金会可以考虑不与之签订捐赠协议。其次，各部处、学院及下设科研院所的捐赠，必须征得所在部门同意后，按照国家相关法律法规及基金会管理制度与捐赠方签订捐赠协议。已与捐赠人订立书面捐赠协议的，基金会应严格按捐赠协议规定用途使用捐赠资金，如需改变捐赠资金用途，也应当征得捐赠人书面同意且仍需用于公益事业。对于匿名捐赠无法签订书面捐赠协议的，要按照捐赠人的口头意愿表达或是按照大学教育基金会非限定性捐赠资金的使用程序，进行捐赠资金用途的确定，并进行资金使用的财务监管。

2. 捐赠收入价值的确定

接受捐赠资产是基金会需重点核算的资产，其入账价值的确定关系到后续成本的计量。大学教育基金会应根据捐赠类别不同，按照不同的规则进行捐赠收入价值的确认。现金类捐赠是最容易确定价值的一类捐赠，而接受非现金捐赠情况入账价值的确定比较复杂。教育部《关于加强中央部门所属高校教育基金会财务管理的若干意见》（教财〔2014〕3号）文件规定，对非现金类捐赠分为三类分别进行捐赠收入的确认。[①]

一、基金会在实际收到并确认公允价值后开具捐赠票据。受赠财产未经基金会验收确认，由捐赠人直接转移给受助人或者其他第三方的，不得作为基金会的捐赠收入，不得开具捐赠票据。二、在捐赠人提供了发票、报关单或其他凭据的情况下，应当以相关凭据作为确认入账价值的依据；在捐赠方不能提供凭据的情况下，应以其他确认捐赠财产的证明，作为确认入账价值的依据。三、基金会接受捐赠的固定资产、股权、无形资产、文物文化资产，没有发票、报关单或其他凭据作为入账依据的，应当以具有合法资质的第三方机构的评估作为确认入账价值的依据。无法评估或经评估无法确认价格的，基金会不得计入捐赠收入，不得开具捐赠票据，应当另外造册登记。规定中

---

① 《教育部财政部民政部关于加强中央部门所属高校教育基金会财务管理的若干意见》（教财〔2014〕3号）。

明确提到的以实际收到并确认公允价值开具捐赠票据。在实际工作中，如果基金会认为捐赠方提供的发票价格远高于公允价值的情况，建议以第三方机构的评估价格作为入账价值，确认捐赠收入。

大学教育基金会在签订捐赠协议前，首先要根据捐赠情况确定入账价值，并征得捐赠方同意后，双方再行签订捐赠协议。

（二）捐赠资金的到款及认领

目前，大学教育基金会捐赠资金到位方式主要有一次性到款、分期到款两种形式，对于大额的捐赠资金，除个别情况外，通常到款期限为 5~10 年。捐赠资金到款的认领是项目执行的开端，也是整个资金使用环节的基础，对捐赠项目的执行及资金的使用至关重要。

1. 设立专人负责到款通知和手续办理，责任到人

基金会财务部门及项目部门应专人负责资金的到账通知及入账手续的办理，做到责任到人。针对拟到位的捐赠资金，筹款工作人员要及时将捐赠协议中资金到账的条款告知财务人员，财务人员可充分利用网上银行和手机银行的实时到账提醒功能，及时查询捐赠资金的到款情况，并反馈给基金会项目执行人员，由项目执行人员通知大学各执行单位进行捐赠资金的认领。

2. 制作捐赠资金暂存表处理集中到款事项

针对捐赠款项的集中到账，财务管理人员可将捐赠资金列入暂存款进行管理，并于每月制作捐赠资金暂存表，请基金会项目管理人员催促项目执行单位认领到款并办理入账手续。汇款单上无法确定执行单位的捐赠资金，由项目管理人员在基金会网站或微信群进行公示，以便项目执行单位进行捐赠资金的认领，及时办理财务入账。对于连续性项目，基金会项目管理人员，要熟悉捐赠协议的内容，根据捐赠协议及时地通知捐赠方按照协议约定进行款项支付，从而保证资金使用的连续性。

3. 明确办理流程，确保项目及时入账执行

项目执行单位负责执行的捐赠资金，需在基金会办理捐赠资金认领手续。一般大学教育基金会项目的设置工作由项目部项目管理人员负责办理。项目管理人员在办理捐赠资金认领手续时，应当按照捐赠款项到账情况，以书面形式办理认领手续，制作捐赠登记表，严格按照捐赠协议规定的用途、到账金额办理捐赠登记。在捐赠登记表中明确项目执行单位的项目执行负责人、项目的财务负责人、捐赠方联系人及项目单位联系人，并请项目执行单位盖章及单位负责人签字，从而保证项目的顺利执行。对于连续性项目，要按照到账资金分笔进行到款的登记。对于捐赠方与大学教育基金会签订双方捐赠协议的情况，还需大学教育基金会与项目执行单位签订内部的执行协议，以更有效地明确双方的权利义务，确保捐赠项目的落地。

（三）捐赠资金的入账

捐赠收入是大学教育基金会的主要收入，基金会应当开设独立、合法的银行账户，捐赠资金需纳入基金会银行账户统一管理，分用途、分项目进行单独明细核算，确保专款专用。捐赠款的入账与使用必须遵守中国人民银行、国家外汇管理部门及民政部门的有关规定。

1. 严格区分收入的性质，进行分类入账

在资金入账时，基金会财务人员应当严格区分交换交易收入和捐赠收入。通过出售物资、提供服务、授权使用或转让资产包括无形资产等交换交易取得的收入，应当记入商品销售收入、提供服务收入等，不得计入捐赠收入，不得开具公益事业捐赠票据。同时基金会获得的各类收入应当及时足额地纳入账户核算，不能长期挂账，也不能"坐收坐支"，更不能形成"账外资金"和"小金库"。

2. 办理入账手续的资料

对于现金类捐赠，基金会财务人员应按照捐赠协议上的捐赠收入，并核对银行进账单的金额，无误后，以捐赠协议的原件、银行进账单（或暂存凭证）、捐赠登记表（项目立项表）、捐赠发票的留存联等办理入账手续。

对于非现金类固定资产类的设备、家具等捐赠，基金会财务人员在办理入账手续时，按照捐赠协议上确定的价值，并核对捐赠方提供的购买发票、购买合同或是其他能够确认价值的凭据后，以捐赠协议原件，经捐赠方盖章或签字确认的购买发票，合同，捐赠发票的留存联，基金会与项目执行单位、捐赠方或是设备家具供货方共同签字盖章的验收单等办理入账手续。如捐赠方已将购买发票或购货合同进行账务处理，建议以其提供的发票及购货合同的复印件并加盖公章或签字作为入账的资料。

对于无法确认价值的著作权、版权、知识产权、商标权等无形资产及文物资产，基金会财务人员需按照具有合法资质的第三方机构的评估作为确认入账价值的依据。无形资产类办理入账手续时，需捐赠方提供国家相关部门颁发的无形资产权利所属证书、办理相关的权利转让登记手续文件，并捐赠协议原件、第三方评估书、捐赠发票的留存联等方能办理财务入账手续，否则进行造册登记，不能办理财务入账手续。接受无形资产捐赠时，捐赠人向慈善组织捐赠实物、有价证券、股权和知识产权的，依法免征权利转让的相关行政事业性费用。但财务人员需要考虑后续维持无形资产有效的年费费用，并向资源拓展人员提出捐赠建议。

对于股权捐赠，建议基金会以捐赠方取得股权时的原始成本及发生的相关税费的凭据及办理相关转移手续时的文件、捐赠协议书原件等办理财务入账手续。

3. 账务处理时注意凭证摘要细节处理

捐赠收入的方式及价值确定后，记账凭证的摘要如何填写就变得尤为重要。在制作记账凭证时，摘要分类注明获得奖学金、助学金、贷学金、奖教金的人数及标准，为财务分析提供数据基础，使筹款项目能更切合学校学生资助的需要；摘要里详细地注明捐赠方名称、捐赠资金的用途，例如用于举办论坛的名称、资助楼宇建设的名字、国际交流的地点，有利于年度报告数据的分类统计，使捐赠人对资金使用一目了然，提高信息的透明度。

（四）捐赠资金的使用

大学教育基金会鼓励校内各单位和个人积极向社会各界开拓办学资源，募集办学资金的同时，也要进一步严格规范、合理管理和使用社会捐赠资金，提高社会捐赠资金的使用效益。

（1）设置合理的科目进行额度控制

在会计核算方面，大学教育基金会需按《民间非营利组织会计制度》中有关会计科目核算的范围要求科学设置会计科目，全面、准确地确认会计事项。具体来说，一方面，在会计科目设置方面，大学教育基金会的一级科目设置必须按《民间非营利组织会计制度》的有关规定执行。另一方面，大学教育基金会可结合自身的业务需要，设置专门的二级科目进行会计核算，二级科目的设置具有很大的灵活性，可以根据捐赠方的情况、捐赠资金的用途灵活处理，以方便会计核算和信息的查询。

因此大学教育基金会在捐赠资金入账时，就要完善财务系统的设置，确保能够根据捐赠协议，自动地控制捐赠资金的使用范围，限制支出科目和支出额度。如对不同捐赠人捐赠的同一个基金，按照捐赠人不同设置二级科目，设置使用额度；对同一捐赠人的不同捐赠协议，按捐赠协议分别设置不同的科目进行核算；对同一捐赠协议上的不同捐赠用途和额度，分别设置三级或四级明细科目进行核算。如捐赠人捐赠项目中既包含奖学金、助学金，又包含学科建设、国际交流的内容，为防止各项内容出现超支的情况，在财务设置科目时，就要设立四个相应的科目，并对每个支出科目设置对应的额度，以确保捐赠资金按照捐赠用途额度进行使用，保证在限额内进行支出。对科目设置简单，而以项目设置进行额度控制的财务系统，应按照捐赠协议中注明的项目额度分别设置总项目及子项目，对子项目进行项目超支提醒功能的设置。确保每个子项目能被系统限制其使用范围及额度，并在年底结账时核对科目总额与项目总额。

（2）明确报账制度，细化相关规定

由于大学教育基金会接受社会捐赠的形式不同，根据捐赠人对所捐赠款项是否规定用途，可分为限定性捐赠和非限定性捐赠。所以针对不同的捐赠用途，其资金的使用也要遵循不同的规则。非限定性资金，基金会可以根据学校和基金会发展的需要，由各资金需求部门向基金会提出申请，由基金会秘书处进行可行性审核及了解是否有学校资金拨付支持等情况后，提交基金会理事会或秘书长办公会审议，按照"三重一大"的决策程序决定非限定性捐赠资金的使用。对限定性捐赠，大学教育基金会可根据捐赠款项设立专项，收入与支出都从专项进行控制。会计核算时可针对每类不同捐赠项目制定不同的报账制度，将报账制度细化到不同类别的捐赠款项。如分别制定奖学金评比细则、助学金领取办法、学生活动费等的报账规定。

（3）按照捐赠用途使用捐赠资金

《基金会管理条例》第三十九条规定，捐赠人有权向基金会查询捐赠财产的使用、管理情况，并提出意见和建议。基金会违反捐赠协议使用捐赠财产的，捐赠人有权要求基金会遵守捐赠协议或者向人民法院申请撤销捐赠行为、解除捐赠协议。另《基金会年度检查办法》规定，不按照捐赠协议使用捐赠财产的，登记管理机关应当视情节轻重分别做出年检基本合格、年检不合格的结论。因此，按照捐赠款项、按照捐赠协议用款是会计核算工作的重中之重。

（4）完善捐赠资金使用程序

大学捐赠资金的使用按类别主要分为业务成本支出和管理费用、筹资费用支出三类。管理费用和筹资费用是维持基金会运行及筹款过程中发生的费用。基金会每年按照发生业务的情况制定管理费用和筹资费用预算，由基金会理事会审议决定后，按预算进行支出，其支出比例应符合国家相关法律法规的规定。

在大学教育基金会财务管理过程中，相对于管理费用和筹资费用的管理，捐赠项目业务成本支出比较复杂，大学教育基金会管理的捐赠项目少则上百个，多则几千个，捐赠资金的用途千差万别，涉及各学院部处基金项目、学院下设的各类科研机构基金项目、跨学科的基金项目等捐赠资金使用的管理，加大了会计核算的工作难度，基金会的会计核算工作要以此为着眼点，以此为服务点。

第一，规范各院系、部处的资金使用流程。

各项目执行单位捐赠资金使用前，须向大学教育基金会财务部门提交支出申请报告，经基金会领导审批通过后，按规定程序办理资金支取。项目执行单位支出申请报告需注明资金使用金额及用途，资金用途应与资金立项时《捐赠登记表》中的项目用途及《项目资金预算表》相关内容相符合。为提高资金的使用效率，避免资金的闲置，基金会对各项目的资金使用效率进行监督。特别是对于转入学校财务部门进行会计核算的项目，各项目执行单位申请专项资金支出时，对于捐赠资金超过 50 万元的基金项目，首次支出申请不得超过全年预算的 50%，再次支出时，需提供已申请资金在学校财务部门的收支明细使用情况。资金使用率达到已拨款资金总额的 80% 后，方可申请第二次拨款。

项目执行单位办理捐赠资金使用手续时必须由单位财务负责人、项目执行负责人和业务经办人亲笔签字。如财务负责人因出差等无法签字，需经财务负责人书面授权本单位其他负责人签字，书面授权书应注明授权时间、授权期限、授权范围。

第二，研究机构与挂靠单位共同作为项目执行单位进行管理。

随着大学科学研究工作的深入和发展，经学校正式批准，跨学科研究机构或挂靠在部处、院系下的研究中心、研究院等在大学的建设发展过程中发挥了积极的作用。

各研究机构接受捐赠，应与挂靠单位一起作为捐赠协议执行单位，不得作为独立执行单位。办理执行协议和捐赠登记表等手续时由挂靠单位负责人签字并加盖挂靠单位公章。研究机构的财务支出签批人，由所在挂靠单位财务负责人担任或由研究机构提出相关人选，经挂靠单位决策机构批准，挂靠单位负责人授权。日常的基金运行支出由批准的财务签批人签字并加盖挂靠单位公章。研究机构的捐赠项目在进行结项、续签和签订补充协议等时需由研究机构挂靠的单位负责人来进行签字并加盖其挂靠单位的公章。

第三，大额捐赠项目成立专项基金管委会进行管理。

对单笔捐赠资金或累计捐赠资金总额超过 100 万元人民币（含）用于设立某专项基金或设立跨学科的基金，根据捐赠资金管理需要，成立对专项基金进行管理的委员会（以下简称管委会），并发挥好管理委员会的作用，对促进财务核算体系的完善至关重要。

基金会或项目执行部门在捐赠资金到位后，组织成立管委会，制定专项基金管理办法并明确所在执行单位。管委会由 3~5 人组成，成员应包括执行单位领导班子中的相关成员。管委会每年至少召开一次管委会会议。负责审议决定专项基金的管理办法、重大业务活动计划、年度收支预算及决算，并报基金会秘书处核准。管委会对年度收支预算、决算等相关决议内容应记录在会议纪要里，会议纪要需经与会人员签字确认。

成立管委会的专项基金，由所在执行单位财务负责人担任基金财务负责人或由管委会提出基金财务负责人和执行负责人的人选，经执行单位决策机构批准，并执行单位负责人授权方能生效。办理捐赠资金的登记、使用及办理结项等业务时，由基金财务负责人、执行负责人、经办人签字、管委会所在执行单位盖章后方能生效。

四　大学教育基金会资金的监管

严格的内部控制是大学教育基金会提高运行效率的有效手段，传统的内部控制依赖管理人员的权威实现，易滋生官僚主义。现代内部控制依赖有效信息及信息系统，并通过机制和流程控制，促进组织目标的实现，增强基金会的公信力。大学教育基金会形成有效的激励和控制机制，有效控制各类风险，在高校教育基金会越来越壮大的情况下迫在眉睫。

大学教育基金会的内控体系一般包括管理机制、制度、流程。如基金会决策机制、项目管理机制、财务管理机制、境外资金捐赠管理机制、投资机制、审计机制、捐赠人报告机制、信息公开机制、绩效评估及岗位责任问责机制等及其相应的制度规定。流程类一般包括理事会会议议事流程、捐赠协议签订流程、项目登记流程、资金预算编制流程、资金支出流程、资金使用报告编制审批流程、项目结项流程、投资计划审核流程、投资项目可行性论证决策流程、投资协议签订流程、资产处置流程、重大事项报告流程、志愿者招聘流程、信息公开流程等。

从资金的监管角度，主要做到以下几方面。[1]

---

① 张永合：《大学教育基金会财务管理构架探析》，《山西经济管理干部学院学报》2014 年第 3 期。

（一）管理规范

管理规范，制度先行。财务管理制度在大学教育基金会财务控制中占有非常重要的地位，合法、规范的内部财务管理制度是基金会健康发展的制度保障。在资金监管中，注重基金会各部门与各职权、职责相互的协调、配合关系，以及命令服从、信息沟通等方面的制度建设，明确审批授权制度、绩效评估及岗位责任问责机制、岗位分析制度等。通过定岗定责，明确内部控制关键岗位，建立健全关键岗位人员的交流和定期轮岗以及岗位培训制度，通过过程绩效和责任绩效的评估制度等进行规范的管理。

1. 会计机构及人员设置

如在会计机构设置及人员配备及各部门的分工上，为了保证基金会按照合法、安全、高效的原则开展活动，按照不相容岗位分离的原则，基金会应当配备具有专业资格的专职财会人员。基金会财务部门开展正常的业务，至少需配备一名会计人员和一名出纳人员。对于开展投资业务的基金会，按照会计岗位、出纳岗位和投资岗位的人员不得相互兼任的要求，还需至少配备一名投资人员。

2. 权限管理

如在授权管理上，基金会要建立签订捐赠协议及资金支出的各级授权制度。一方面，对各项目执行单位，指定专门的财务执行联系人和项目执行联系人与基金会进行对接，基金会在进行捐赠资金洽谈、捐赠协议的签订及支出报告的受理过程中，与专人进行对接，避免因内控程序不严格而出现院系教师未经授权，直接到基金会联系捐赠事宜，但是院系主要负责人却不知晓此笔捐赠的问题。已入账资金的使用要财务一支笔，由院系财务负责人签署支出报告后，进行支出。另一方面，基金会内部，确定对外签订捐赠协议的人员权限，如只有秘书长、理事长对外签订协议，还是授权副秘书长、副董事长可以对外签订捐赠协议。严格财务支出审批权限，主管副秘书长、秘书长、副理事长、理事长按照理事会通过的授权额度进行支出审批。

（二）机制健全

大学教育基金会需建立健全一系列运行机制，如决策机制、财务管理机制、境外资金捐赠管理机制、投资机制、审计机制、信息公开机制等，保证各项工作按照大学教育基金会业务活动的内在要求及技术规范执行。

1. 有效运行预算管理机制

其一，大学教育基金会应健全预算编制及审批程序。

对于自身的运行预算及各项目执行单位预算的编制应当坚持科学精细、坚持收支平衡、量入为出，坚持公开、公平、公正。收入预算应考虑捐赠项目的实际到账情况，支出预算应按照捐赠协议规定的用途，合理安排、讲求绩效，在确保高质量的前提下，审慎安排项目资金。

大学教育基金会秘书处要根据学校发展规划及基金会年度开展活动情况，负责制定年度工作计划，筹资方案，年度财务收支预算、决算，并提交理事会审议。各捐赠项目执行单位根据捐赠协议要求及本单位事业发展规划和年度工作计划，编制本单位捐赠项目年度预算，按照"三重一大"相关规定，审批本单位捐赠项目预算，并报基金会核准后执行。项目预算应包含开展相关项目及活动的具体实施内容及相应的资金使用计划。经各项目执行单位决策机构批准的年度预算，需在相关的会议纪要里列明，会议纪要需经与会人员签字确认。

其二，大学教育基金会需跟踪预算执行，监控资金使用进度。

对支持各部处、院系及研究中心发展的基金项目，项目执行单位于每学期初提交经本单位决策机构审批的经费预算，基金会按学期拨付预算款项。明确限定用途的专项资金，各项目执行单位根据项目进展情况及立项后提交的项目资金预算的内容进行捐赠资金款项支出，做到专款专用。基金会按照项目进展情况监控资金的使用，进行拨款。

其三，大学教育基金会应谨慎地进行预算调整，做好预算分析工作。

大学教育基金会应对项目经费预算严格进行控制，一经确定，不得更改。各项目执行单位遇特殊情况，如经捐赠人同意改变捐赠用途或事业计划和任务有重大调整的，呈交项目执行单位决策机构审批后，报基金会核准，方可调整。且预算调整的用途必须在捐赠项目限定的使用范围内。年度结束后，大学教育基金会应要求各项目执行单位、专项基金管委会做好全年度的预算分析，总结经验，找出不足，不断提高核算和管理的水平，同时为下一年度预算的制定奠定基础。

2. 建立健全审计机制

在资金监管中，除建立健全预算机制外，还应健全审计机制，对资金拨付后的最终使用结果予以追踪检查，从实际效果实现资金使用的有效性管理。

基金会除每年聘请专业的会计师事务所按照登记管理机关、业务主管单位的要求进行年终审计，并自觉接受税务、会计等主管部门的监督外，还要对符合以下条件之一的重大项目开展项目专项审计[①]：

---

① 《关于加强和完善基金会注册会计师审计制度的通知》（财会〔2011〕23号）。

当年该项目的捐赠收入占基金会当年捐赠总收入的 1/5 以上且金额超过人民币 50 万元的；当年该项目的支出占基金会当年总支出的 1/5 以上且金额超过人民币 50 万元的；项目执行时间持续超过 3 年的；因参与处理自然灾害等突发事件需要开展的募捐活动。

民政部门要求进行专项审计的其他项目。

在健全审计机制过程中，明确审计的项目、审计的目标、审计公司的选择、审计事项的沟通、审计报告的审核、意见的反馈、审计报告问题的传达、问题的整改等，对于定期审计的结果应主动公开，接受社会监督，提高基金使用透明度。

健全的机制，对保证基金会资金监督的质量、提高基金会资金使用效率、满足基金会财务信息相关者的需求发挥着重要的作用。

（三）业务规范

业务规范主要针对基金会业务活动中大量存在并反复出现的业务处理规定，其程序性很强，是基金会处理常规化问题的有效手段。

1. 细化操作流程①

规范的业务操作是财务核算体系的基础。如图 1 所示，在日常核算中，细化业务流程，如预算编制流程，资金支出报告编制、提交及审批流程，捐

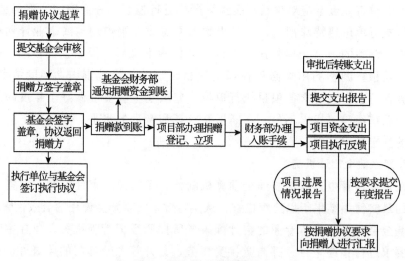

图 1　教育基金会管理流程

---

① 吕金平：《浅议高校教育基金会财务核算体系》，《财会学习》2016年第13期。

赠票据的开具流程，奖助学金评审颁发流程等，加强基金会工作流程在校内的宣传和推广，严格按照流程办事，及时地处理遇到的问题，完善流程，从而使财务核算体系发挥其真正的作用，达到财务管理的预期效果。

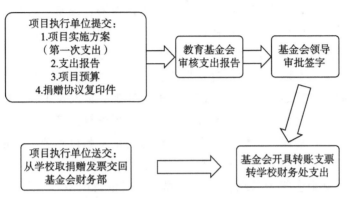

图 2　捐赠资金入账及使用——捐赠资金使用程序

2. 规范捐赠票据开具流程和标准

随着高校募集资金的工作不断发展，捐赠票据管理的重要性也日趋明显（见图 2）。为了加强票据管理，防止捐赠票据遗失及乱开现象的发生，大学教育基金会首先要指定专人开具捐赠票据，明确责任，规范捐赠票据的开具。

（1）坚决杜绝预开捐赠票据情况的发生

由于社会对高校基金会缺乏了解，捐赠方往往会要求"见票付款"，需经办人拿着捐赠票据到捐赠方，或将捐赠票据邮寄到对方后才能收到捐款。遇到这种情况，大学教育基金会要对捐赠人耐心解释，捐赠发票与其他发票的区别，争取得到捐赠方的理解。

（2）按照捐赠发票的规定内容及日期开具票据

捐赠发票的开具内容一般为捐赠款，对于捐赠方按照资助内容开具票据的要求，基金会可酌情考虑按照资助项目的名称开具相关票据内容。基金会要严格按照捐赠入账日期开具捐赠票据，整本捐赠票据要按照日期的先后依次开具，避免乱开。

（3）做好捐赠票据的登记工作

大学教育基金会对捐赠票据的开具应制作捐赠票据备查表，包括捐赠票据的票号、金额、抬头单位、开具人、发票领取人、领取人联系电话等信息，以备捐赠票据的查找和核对。对希望进一步邮寄相关资料、提高复捐率的大学教育基金会，也可以采取邮寄发票的方式，为以后邮寄基金会的年度感谢信、项目执行资料及基金会的一些宣传资料奠定良好的基础。

3. 加强固定资产的流转管理

高校教育基金会接受社会捐赠，会形成固定资产。形成固定资产的过程形式有三种：①根据捐赠协议，捐赠方将自有或自产的仪器、设备等固定资产捐赠到基金会，并指定使用部门；②按照捐赠协议约定，由捐赠方出资购买约定购置固定资产；③遵照协议规定，捐赠方捐赠资金，由学校的相关受益部门自行购置固定资产。因为固定资产的最终受益单位为大学的各部门，所以不管固定资产以什么样的过程形成，最终形成的资产都属于学校。而且资产形成后，以后还面临计提折旧、清查、清理、报废等工作，这一系列工作由大学教育基金会来担负是不合适的。所以高校教育基金会或是无须进行固定资产的核算管理，由学校的资产管理部门统一归口管理；或是在大学教育基金会当月办理固定资产的入账和转出到学校的手续。

根据《基金会管理条例》第五条规定，基金会依照章程从事公益活动，应当遵循公开、透明的原则。为了清晰反映捐赠资金的实际使用情况，详细记载资产的流向，防止资产流失，加强学校资产管理，大学教育基金会应与大学资产管理部门共同规范固定资产的转移流程和手续。如双方签订捐赠协议或资产转移协议，共同进行固定资产的验收，大学资产管理部门计入固定资产后，出具相应的凭证给基金会。基金会根据手续办理固定资产的账务处理等。同时大学教育基金会需将学校资产管理部门和财务部门等提供的在建工程、购置资产的相关支撑材料附后，以备日后的审计。

五　大学教育基金会的财务信息披露

《公益慈善捐助信息披露指引（征求意见稿）》和《关于规范基金会行为的若干规定（试行）》对慈善组织的信息公开义务做出了比较全面、细致的规定，要求强化基金会资金监管的信息披露义务。高校教育基金会除了要提高内部的会计核算水平和资金运筹能力，还要充分利用外部管理和监督，进行信息披露，接受社会公众的查询和监督，以促进自身的健康持续发展。在财务信息披露方面，大学教育基金会总体来说是比较好的，每年都按照要求请民间注册会计师事务所进行审计，后在民政部门网站上公布年度报告、审计报告接受社会公众的监督。大学教育基金会一般会通过学校主页和年鉴等渠道进行校内捐赠信息的公开，并及时地回复捐赠人对捐赠资金使用的查询。在网络比较发达的现代社会，大学教育基金会通过门户网站、执行单位网站、微信等方式为进行财务信息披露也已经成为常态。社会公众可以通过各种方式审阅基金会每年的总收支，信息相对而言具有对称性。

但从提高公信度的角度上，大学教育基金会的信息披露不仅仅是出于主管部门的要求，而更应该考虑报表使用人的需求，通过披露的效果和提供的信息，吸引捐赠人，增强捐赠人的捐赠意愿。目前大学教育基金会财务信息的披露还需在以下方面加强：提供关于具体各执行项目的来源、分配和使用的信息，用通俗易懂的方式表示使用效益；基金会的网站上披露准确、完整、真实的收入支出明细表；捐赠人可以随时随地了解项目资金使用情况及分析；提供基金会投资状况及其变动的信息；提供基金会在同行业中的情况、自身发展趋势分析等组织业绩的体系及评价；等等。

六　国外大学教育基金会的资金管理

基金会的组织机构源于 16 世纪的英国，然而真正把教育基金会的发展推上巅峰时代的是美国。高校教育基金会在国外已有上百年的历史，目前在世界各地非常普遍。在我国高校较早成立的社会捐赠管理机构是 1988 年创建的安徽大学校董会，而正式的高校教育基金会从 1994 年清华大学建立第一家开始，直到现在还处于探索阶段。美国大学教育基金会对教育捐赠的策划、劝募、管理和运作都非常专业，基本实现了高度的专业化、市场化和职业化的运作。

(一)美国大学教育基金会财务管理概况

在美国几乎所有的大学都有教育基金会，这些基金会运作着巨大的资金。美国大学的教育基金会一般是非独立法人，由大学自己管理，校董会或校基金委员会负责捐赠基金的决策，基金会负责运营和管理，也有些大学将全部基金委托给校外公司进行经营。如 "耶鲁大学基金会（The Yale Endowment Fund）" "哈佛经营管理公司（Harvard Management Company Inc）" "斯坦福经营管理公司（Stanford Management Company）" 等[①]，但它们都肩负一个共同的使命，那就是在投资过程中不断地对自身持有的资产进行科学的配置，以期达到最大的收益率，为大学的建设和发展提供源源不断的资金支持。

其资金的支出，一种形式是大学财务和基金财务由大学的财务部门统一进行资金支出的管理，如哈佛大学，另一种是成立如基金协调办公室这样的

---

① 赵青：《美国高校基金会发展的外部环境分析及对我国的启示》，《世界教育信息》2008 年第 2 期。

部门统一进行捐赠资金的管理，如哥伦比亚大学。与华尔街上的其他基金不同，大学的基金并不以营利为最大的目标，而是通过基金投资的回报支持奖学金、教授研究基金以及兴建教学基础设施等。

资金来源除了捐赠外，主要依靠在各个领域的投资收益来滚动积累。实现投资管理，着力于使投资产生最大的效益，是资金管理方面，美国大学教育基金会区别于中国大学教育基金会最为明显的一个特征。美国大学教育基金会在资金管理中，会派出一个投资委员会或是成立独立的投资管理公司来管理或负责基金投资决策。如耶鲁大学、牛津大学、芝加哥大学基金会成立投资委员会进行资金管理的；哈佛大学和斯坦福大学基金会则通过成立投资管理公司来管理资金。股票市场的投资是大学基金会取得回报的重要方式之一。如耶鲁大学基金会在股票市场的投资回报，在过去 10 年间高达 12.7%；早在 2005 年，哈佛大学就曾持有过中石油和中石化在国外上市的股票。其他领域如固定收益投资、房地产市场投资等也都是大学教育基金会投资的重点。2006 年 4 月，中国证监会批准了耶鲁大学基金会的合格境外机构投资者（Qualified Foreign Institutional Investors，QFII）资格。同年 8 月，证监会又批准了斯坦福大学教育基金会的 QFII 资格。可以预料，未来将有越来越多的国外大学教育基金到我国"寻租"。

（二）美国大学教育基金会资金来源及形式

美国大学教育基金会的捐赠资金来源类别同国内大学教育基金会的来源类别大致相同，主要是校友、学生及家长捐赠，企业及公司捐赠，其他个人、家庭和社团捐赠，其他基金会资助、投资及其他经营活动收益等。美国大学教育基金会在各种捐赠途径中以个人捐赠为主，大学募捐额中 80% 来自个人，另 20% 来自企业、其他基金会及其他途径。但资金来源与中国大学教育基金会最明显的区别在于，美国大学教育基金会更注重资金的投资管理，以专业的资金管理公司或团队进行投资运作，用投资的利润支持基金的发展。

捐赠的形式除国内大学教育基金会普遍接受的现金、有形资产捐赠外，还有有价证券、不动产、无形资产、人寿保险、遗产捐赠、慈善优先信托等多种多样的捐赠形式。

美国大学教育基金会接受的捐赠资金通常分为有指定用途和无指定用途两种类型。其大致使用用途与国内的大学比较类似，主要用于以下几个方面。[①] ①维持基金会日常运转及筹资成本支出。②奖励及资助学生。③资助科

---

① 田培源：《美国高校捐赠与基金会的运作及管理》，《北京城市学院学报》2008 年第 1 期。

学研究项目。此类资助通常是指定用途的捐赠。有两种类型：一是指定用于某项科学研究项目或者是在某个科研领域有突出贡献的教授或科研项目；二是对新的、年轻的科研工作者进行项目启动资助，激发并鼓励他们创新，进行深入研究。④大学建设。基金会开展专项筹资运动而筹集到的有指定用途的资金，主要用途有：一是教学、实验设施建设，即修建教学楼、工程实验楼、专业实验室等，或进行教学实验设备的更新；二是教学辅助设施建设，即修建图书馆、博物馆、艺术中心等；三是生活设施建设，即修建学生宿舍、学生食堂、体育场（馆）、学生活动中心、教师公寓、托儿所等。如 UC 伯克利大学用李嘉诚捐赠的 4000 万美元修建了生命科学研究院，与国家能源部合作出资5 亿美元修建了世界一流的劳伦斯核试验室。⑤其他用途。各大学教育基金会所筹集的资金除用于上述各方面外，还用于高薪聘请资深教授，补助困难学生购买图书，为社区想学习的青年及居民进行补习和传授文化技能，为教师购房提供补贴等。

（三）捐赠资金的管理

1. 资金管理体制

美国大学教育基金会资金管理方式各有差异，但都设立专门的捐赠基金管理机构，使基金运转制度化和规范化。如哈佛大学教育基金会资金的支出由大学的财务管理部门负责财务规划与财务控制、财务监督和审计等工作。在资产保值增值方面，哈佛基金会非常重视基金的保值增值，制定了一系列的投资和分配政策，以此来保证众多流动的基金能够持续、稳定和按期地为学校正常运转提供资金支持动力。所有基金由直属哈佛大学的哈佛管理公司负责管理和营运。而耶鲁大学教育基金会设投资管委会和投资办公室负责资金的管理，投资管委会相当于董事会，负责投资的决策，被誉为"世界上最赚钱的高校基金会"。斯坦福大学负责财务和不动产的斯坦福管理公司，接受由学校管理董事会委任的主管委员会监督，董事会负责审批资产配拨，监管外部资产项目经理以及评估公司投资情况和职员的工作表现。而哥伦比亚大学的基金协调办公室是基金会管理和协调的中心，负责基金的管理政策、程序及具体的财务信息。资金运作由哥伦比亚投资管理公司负责。

2. 财务透明

美国各大学的捐赠资金或基金都有详细预算，支出情况要详细报告给捐赠者和社会。因为财务透明，把钱花到有价值的地方，捐赠者更愿意继续捐赠。

对于捐赠资金的使用，捐赠者对资金有指定用途的按其要求使用与管理，无指定用途的捐赠资金由理事会（或董事会）依据相关法律和制度，根据基金会及大学的实际情况科学决策是用于大学发展或是用于投资进行增值保值。理事会（或董事会）均由校内外两部分人构成，校内有校长等人参加，校外聘请社会知名人士或捐赠人士参加。对于自主科研类用途的基金的分配，通常由理事会直接领导，各领域的专家组成的委员会对各类项目的可行性、必要性、有效性等进行评估、论证，将各项目依据其价值排序，确定资助范围及额度，各项目组在规定范围内进行研究和支出费用，实现预期效果。用于大学建设的非指定用途捐赠资金通常是由大学校董会确定其具体用途，而根据预算的目的，各个学院需要制订计划，确定其捐赠分配比例和捐赠分配数额将要达到的目标，并以此来决定学院来年的分配惯例和政策。[1]

目前我国大部分大学教育基金会比较重视资金的筹措，对资金的财务监管和投资运作重视力度不够，美国高校较为完备的资金管理和运作体系是经过长期探索和实践的产物。国内大学教育基金会财务管理应该在总结国内先进的管理经验和方法的同时，了解国外最新发展动态并且吸收先进的经验，去粗取精，取长补短，使我国大学教育基金会的财务和资金监督日趋成熟和完善。

---

① 周贤日、马聪：《美国高校捐赠制度的特点与启示——〈美国高校捐赠报告〉解读》，《高教探索》2012 年第 6 期。

校庆与大学筹款

林成华

　　校庆是学校教育管理中的一种特殊教育活动，是在指定时间内组织在校师生、校友、学生家长、企业家和社会知名人士等参加的庆祝活动，常选择建校周年纪念日，是学校的重大庆典日。校庆往往选取学校成立日或学校有重大意义事件的发生日为之。一般的校庆是指学校自创建或落成之日，一般的习惯是五年一小庆，十年一大庆。通过校庆，历届知名校友受邀返校，带来对母校和老师的崇敬与爱戴，也会带来办学社会效益的反馈信息，这一切都将使在校学生受到启迪，对教师和领导在办学、治校中的工作改进带来促进作用。校庆是弘扬大学传统、凝练大学精神、加强沟通交流、活跃学术氛围、推动文化建设、塑造学校公共形象、扩大社会影响的有效途径。同时，校庆也是大学开展大型筹款活动的重要契机。校庆大型筹款活动是向广大大学利益相关者宣传大学成就、讲好大学故事、打造大学形象、凝聚各方共识、推动大学未来发展的重要载体。校庆筹款活动越来越受到重视。

一　大学筹款事业渐入正轨

　　改革开放以来，我国慈善事业快速发展，社会捐赠总额逐年提升，年捐赠额已超千亿元，大学筹款事业开始逐步受到重视，一批实力较强的985院校率先对大学筹款进行了不少有意义的实践探索，大学筹款事业初具规模。

（一）校友关系得到重视，校友捐赠稳步增长

　　近年来，随着我国经济体量的不断增大、富裕阶层的不断扩大和民众教育慈善意识的不断觉醒，在政府和公益慈善界的共同推动下，我国高等教育捐赠事业呈"井喷"式发展，大学校庆筹款活动和校友捐赠工作越来越受到重视，很多大学先后成立了校友会组织，有些大学还在海外成立了校友会，

校友联系和校友服务得到了加强，初步建成了校友工作网络。校友捐赠母校意识不断普及，知名校友捐赠热情高涨，校友捐赠额度稳步增长，校友成为我国大学筹款活动中最主要的捐赠者。校友捐赠逐渐成为一所大学彰显其综合办学实力、教育教学质量、毕业生成就、校园文化建设、社会声誉和校长领导力评价的核心指标。中国校友会网发布的《2017 中国大学校友捐赠排行榜》数据显示，1980 年至 2016 年 12 月，全国高校累计接收校友大额捐赠总额突破 230 亿元。截至 2016 年 12 月，清华大学以 25.29 亿元的校友捐款位于榜首；北京大学以 21.44 亿元的捐款位于第二；武汉大学以 16.41 亿元的捐款位于第三；电子科技大学以 15.73 亿元捐款位于第四；复旦大学以 11.45 亿元捐款位于第五。上述五校校友累计捐赠均超 10 亿元，跻身中国大学校友捐赠"10 亿俱乐部"，堪称中国校友捐赠最慷慨的大学。另外，天津大学、中国人民大学、浙江大学、南京大学和上海交通大学等 39 所高校校友捐赠突破 1 亿元，跻身"亿元俱乐部"[1]（见表 1）。

表 1　2017 中国大学校友捐赠排行榜 100 强

名次	学校名称	所在地区	捐赠总额	2017 年排名情况		
				全国排名	星级排名	办学层次
1	清华大学	北京	25.29 亿元	2	8 星级	世界一流大学
2	北京大学	北京	21.44 亿元	1	8 星级	世界一流大学
3	武汉大学	湖北	16.41 亿元	3	6 星级	世界高水平、中国顶尖大学
4	电子科技大学	四川	15.73 亿元	29	5 星级	世界知名、中国一流大学
5	复旦大学	上海	11.45 亿元	4	7 星级	世界知名高水平、中国顶尖大学
6	天津大学	天津	8.05 亿元	14	5 星级	世界知名、中国一流大学
7	中国人民大学	北京	7.82 亿元	8	7 星级	世界知名高水平、中国顶尖大学
8	浙江大学	浙江	7.66 亿元	5	6 星级	世界高水平、中国顶尖大学

---

[1] 《2017 中国大学校友捐赠百强榜》，http://www.cuaa.net/paihang/news/news.jsp? information_id = 131208。

名次	学校名称	所在地区	捐赠总额	2017 年排名情况		
				全国排名	星级排名	办学层次
9	南京大学	江苏	6.03 亿元	7	7 星级	世界知名高水平、中国顶尖大学
10	上海交通大学	上海	5.91 亿元	6	6 星级	世界高水平、中国顶尖大学
11	河海大学	江苏	5.88 亿元	44	5 星级	世界知名、中国一流大学
12	四川大学	四川	5.82 亿元	11	5 星级	世界知名、中国一流大学
13	重庆大学	重庆	4.46 亿元	31	4 星级	世界知名、中国高水平大学
14	中南大学	湖南	4.27 亿元	17	5 星级	世界知名、中国一流大学
15	厦门大学	福建	4.08 亿元	21	5 星级	世界知名、中国一流大学
16	深圳大学	广东	4.02 亿元	76	4 星级	世界知名、中国高水平大学
17	华南理工大学	广东	3.02 亿元	27	4 星级	世界知名、中国高水平大学
18	中国农业大学	北京	2.87 亿元	33	5 星级	世界知名、中国一流大学
19	北京航空航天大学	北京	2.81 亿元	23	5 星级	世界知名、中国一流大学
20	西安交通大学	陕西	2.80 亿元	16	5 星级	世界知名、中国一流大学
21	同济大学	上海	2.76 亿元	24	5 星级	世界知名、中国一流大学
22	福州大学	福建	2.70 亿元	76	4 星级	世界知名、中国高水平大学
23	中山大学	广东	2.53 亿元	12	5 星级	世界知名、中国一流大学
24	长安大学	陕西	2.46 亿元	42	4 星级	世界知名、中国高水平大学
25	东北大学	辽宁	2.33 亿元	25	5 星级	世界知名、中国一流大学
26	南开大学	天津	2.21 亿元	13	5 星级	世界知名、中国一流大学

续表

名次	学校名称	所在地区	捐赠总额	2017 年排名情况		
				全国排名	星级排名	办学层次
27	暨南大学	广东	1.98 亿元	69	4 星级	世界知名、中国高水平大学
28	西北工业大学	陕西	1.88 亿元	32	4 星级	世界知名、中国高水平大学
29	华中科技大学	湖北	1.85 亿元	10	5 星级	世界知名、中国一流大学
30	东北电力大学	吉林	1.82 亿元	177	2 星级	区域高水平大学
31	昆明理工大学	云南	1.44 亿元	87	4 星级	世界知名、中国高水平大学
32	湖南大学	湖南	1.43 亿元	30	4 星级	世界知名、中国高水平大学
33	宁波大学	浙江	1.39 亿元	104	3 星级	中国知名大学
34	西南财经大学	四川	1.35 亿元	80	4 星级	中国高水平大学
35	吉林大学	吉林	1.17 亿元	9	6 星级	世界高水平、中国顶尖大学
36	杭州师范大学	浙江	1.11 亿元	151	2 星级	区域高水平大学
37	郑州大学	河南	1.09 亿元	47	4 星级	世界知名、中国高水平大学
38	东南大学	江苏	1.07 亿元	22	5 星级	世界知名、中国一流大学
39	新疆农业大学	新疆	1.00 亿元	219	2 星级	区域高水平大学
40	山东大学	山东	9465 万元	20	5 星级	世界知名、中国一流大学
41	苏州大学	江苏	8908 万元	52	4 星级	世界知名、中国高水平大学
42	武汉科技大学	湖北	7069 万元	136	3 星级	区域一流大学
43	上海理工大学	上海	6413 万元	96	3 星级	中国知名大学
44	中央财经大学	北京	6160 万元	109	4 星级	中国高水平大学
45	中国科学技术大学	安徽	5976 万元	15	7 星级	世界知名高水平、中国顶尖大学
46	北京师范大学	北京	5788 万元	19	5 星级	世界知名、中国一流大学
47	太原理工大学	山西	5767 万元	114	3 星级	中国知名大学
48	华南师范大学	广东	5180 万元	64	4 星级	世界知名、中国高水平大学

续表

名次	学校名称	所在地区	捐赠总额	2017 年排名情况		
				全国排名	星级排名	办学层次
49	中国药科大学	江苏	5050 万元	122	4 星级	世界知名、中国高水平大学
50	桂林医学院	广西	5000 万元	443	1 星级	区域知名大学
51	广西大学	广西	4560 万元	81	4 星级	中国高水平大学
52	哈尔滨工业大学	黑龙江	4504 万元	18	5 星级	世界知名、中国一流大学
53	杭州电子科技大学	浙江	4246 万元	98	3 星级	中国知名大学
54	湖北工业大学	湖北	4184 万元	233	2 星级	区域高水平大学
55	北京林业大学	北京	4135 万元	85	4 星级	世界知名、中国高水平大学
56	温州大学	浙江	4091 万元	206	2 星级	区域高水平大学
57	浙江工业大学	浙江	4039 万元	87	4 星级	世界知名、中国高水平大学
58	中国政法大学	北京	3915 万元	68	5 星级	中国一流大学
59	华侨大学	福建	3868 万元	141	3 星级	中国知名大学
60	江西财经大学	江西	3848 万元	141	3 星级	区域一流大学
61	华东师范大学	上海	3835 万元	28	4 星级	世界知名、中国高水平大学
62	河南财经政法大学	河南	3800 万元	302	2 星级	区域高水平大学
63	西北农林科技大学	陕西	3744 万元	60	4 星级	世界知名、中国高水平大学
64	南京航空航天大学	江苏	3730 万元	53	4 星级	世界知名、中国高水平大学
65	南京师范大学	江苏	3680 万元	46	4 星级	世界知名、中国高水平大学
66	对外经济贸易大学	北京	3479 万元	92	4 星级	中国高水平大学
67	北京交通大学	北京	3454 万元	40	4 星级	世界知名、中国高水平大学
68	北京理工大学	北京	3418 万元	35	4 星级	世界知名、中国高水平大学
69	西北大学	陕西	3365 万元	54	4 星级	世界知名、中国高水平大学
70	燕山大学	河北	3006 万元	87	4 星级	世界知名、中国高水平大学

名次	学校名称	所在地区	捐赠总额	2017 年排名情况		
				全国排名	星级排名	办学层次
71	合肥工业大学	安徽	2920 万元	72	4 星级	世界知名、中国高水平大学
72	山东理工大学	山东	2912 万元	203	2 星级	区域高水平大学
73	河南科技大学	河南	2760 万元	181	2 星级	区域高水平大学
74	沈阳农业大学	辽宁	2753 万元	182	2 星级	区域高水平大学
75	西安电子科技大学	陕西	2458 万元	49	4 星级	世界知名、中国高水平大学
76	北京科技大学	北京	2420 万元	55	4 星级	世界知名、中国高水平大学
77	浙江师范大学	浙江	2264 万元	92	3 星级	中国知名大学
78	河南大学	河南	2171 万元	85	3 星级	中国知名大学
79	齐鲁工业大学	山东	2169 万元	299	2 星级	区域高水平大学
80	浙江财经大学	浙江	2165 万元	244	2 星级	区域高水平大学
81	南昌大学	江西	2160 万元	59	4 星级	世界知名、中国高水平大学
82	惠州学院	广东	2144 万元	495	1 星级	区域知名大学
83	河南农业大学	河南	1945 万元	149	3 星级	中国知名大学
84	浙江工商大学	浙江	1830 万元	124	3 星级	区域一流大学
85	大连理工大学	辽宁	1800 万元	26	5 星级	世界知名、中国一流大学
86	大连海事大学	辽宁	1787 万元	112	3 星级	中国知名大学
87	中南财经政法大学	湖北	1690 万元	74	4 星级	中国高水平大学
88	西南政法大学	重庆	1642 万元	131	4 星级	中国高水平大学
89	西华大学	四川	1597 万元	296	2 星级	区域高水平大学
90	浙江理工大学	浙江	1545 万元	156	2 星级	区域高水平大学
91	南京邮电大学	江苏	1540 万元	129	3 星级	中国知名大学
92	中国地质大学（武汉）	湖北	1517 万元	76	5 星级	世界知名、中国一流大学
93	华中师范大学	湖北	1507 万元	36	4 星级	世界知名、中国高水平大学
94	华东交通大学	江西	1500 万元	250	2 星级	区域高水平大学
94	重庆交通大学	重庆	1500 万元	193	2 星级	区域高水平大学
96	南京中医药大学	江苏	1496 万元	191	3 星级	区域一流大学

名次	学校名称	所在地区	捐赠总额	2017 年排名情况		
				全国排名	星级排名	办学层次
97	上海财经大学	上海	1485 万元	66	5 星级	世界知名、中国一流大学
98	安徽师范大学	安徽	1475 万元	107	3 星级	中国知名大学
99	长春理工大学	吉林	1468 万元	171	2 星级	区域高水平大学
100	云南民族大学	云南	1446 万元	187	2 星级	区域高水平大学

数据来源：中国校友会网，http://www.nwpusz.com/。

近年来，在教育部、财政部和地方政府的鼓励倡导支持下，全国高校形成了你追我赶、捐资助学的良好态势。我国大学校友捐赠总额、单笔捐赠金额、校友个人捐赠金额等多项纪录屡创新高。2015 年 12 月 21 日，中国泛海控股集团的复旦校友卢志强通过泛海公益基金会向学校整体捐赠 7 亿元，创下了复旦大学校友单笔及累计捐赠金额的纪录。按照协议，5 亿元用于"复旦泛海中心"的基本建设项目，以支持复旦大学经济学院、复旦泛海国际金融学院（筹）、复旦大学创新创业学院、社科交叉研究中心以及若干其他教学科研机构的发展；5000 万元用于设立"复旦大学经济学院泛海发展基金"，支持经济学院的高级人才引进、学术研讨、奖学、奖教以及经济学院国际咨询委员会建设等教育事业的发展；5000 万元用于设立"复旦泛海国际金融学院发展基金"。此外，还有清华大学校友董均、中国农业大学校友邵根伙、杭州师范大学校友马云等跻身 2015 年校友大额捐赠排行榜"亿元俱乐部"（见表 2）。《2017 中国大学校友捐赠百强榜》统计发现，2016 年全国高校累计捐赠在 1 亿元以上的校友（含集体）有 50 多人，清华大学、北京大学人数最多；1000 万元以上的校友有 360 多人，清华大学、武汉大学人数最多；100 万元以上的捐赠校友高达 1300 人，武汉大学、清华大学人数最多。其中电子科技大学校友熊新翔在母校 60 周年校庆之际，豪捐 10.3 亿元，超过之前北京大学校友黄怒波捐赠的 10.24 亿元，创下 2016 年度大学校友大额捐赠之最，获"中国大学最慷慨校友"称号。

表 2　2015 年中国大学校友大额捐赠 TOP10

序号	捐赠校友	校友企业	学校名称	捐赠金额
1	卢志强	泛海建设	复旦大学	7 亿元
2	董钧	清控科创	清华大学	2 亿元
3	邵根伙	大北农	中国农业大学	2 亿元

续表

序号	捐赠校友	校友企业	学校名称	捐赠金额
4	吴刚	九鼎投资	西南财经大学	1.2 亿元
5	马云	阿里巴巴	杭州师范大学	1 亿元
6	汪潮涌	信中利国际	清华大学	1 亿元
7	李平	东土科技	四川大学	1 亿元
8	郭广昌等	复星集团	复旦大学	1 亿元
9	许开华	格林美	中南大学	8000 万元
10	刘毅	九安医疗	天津大学	6000 万元

数据来源：中国校友会网，2015 年中国大学校友捐赠 100 强榜。

2017 年，中国大学校友亿元以上的大额捐赠不断涌现，再创新高。3 月份，互联网医疗企业微医向浙江大学捐赠 1 亿元，用于成立睿医人工智能研究中心，构建中国首个开放式医学人工智能平台。5 月份，浙江大学校友企业上海遂真投资管理有限公司在母校浙江大学 120 周年校庆之际分十年捐赠 11 亿元，设立"浙江大学教育基金会遂真教育发展基金"，捐赠资金将用于成立"浙江大学遂真产业与金融研究中心"，支持浙江大学人才队伍建设、学术研究、人才培养和国际交流合作等。浙江通策控股集团有限公司董事长吕建明向母校浙江大学捐赠 2 亿元，用于支持浙江大学国际合作与交流，重点支持浙江大学与斯坦福大学的合作与交流；支持"浙江大学教育基金会沈善洪人文社科基金"，重点支持人文社科建设；支持浙江大学医学等学科建设和人才培养及 120 周年校庆活动。浙江大学校友吴艳王麒诚夫妇旗下浙江汉鼎宇佑教育科技发展有限公司捐赠 1 亿元，设立"浙江大学教育基金会汉鼎宇佑发展基金"，以此支持母校浙江大学的建设与发展。浙江大学校董、敦和控股有限公司董事长叶庆均向浙江大学捐赠 1 亿元，用于支持复性书院建设。

6 月份，大北农集团董事长邵根伙在母校 120 周年校庆之际向浙江大学教育基金会捐赠 4 亿元，专项支持浙江大学紫金港校区西区图书馆、档案馆大楼建设及"浙江大学农科大师汇聚计划"、"浙江大学竺可桢学院神农班"教育教学、"浙江大学全球农商研究院"的建设等。京东 CEO 刘强东在母校中国人民大学 80 周年校庆之际捐赠 3 亿元，设立中国人民大学京东基金。基金将主要用于支持中国人民大学的东校区（通州校区）建设，社会学学科发展以及中国人民大学在法学、新闻、互联网、人工智能、金融、经济等领域的相关学科建设，理论与技术研究，并通过大幅提升助学金、奖学金、奖教金的方式来支持中国人民大学激励、培养更多优秀的教师和青年学子。人大校友高瓴资本集团创始人兼首席执行官张磊捐赠 3 亿元，设立"中国人民大学高瓴高礼教育发展基金"。该基金主要用于支持中国人民大学教育事业发展，提升人大的国际影响力、竞争力，培养全球化和创新型拔尖人才，同时为学校新设创新型交叉学科提供长期资金支持。复旦大学校友卢志强再捐 3 亿元，用于创办复旦泛海国际金融学院，对接上海国际金融中心和全球科创中心建设，助力企业转型升级的主动担当和积极行动，推进政府、高校、企业共同探索合作办学新模式。

7 月份，华南城控股有限公司向西南大学捐赠 1 亿元，支持西南大学推进"双一流"建设。臻溪谷投资（深圳）股份有限公司向国科大教育基金会捐赠 1 亿元，设立臻溪生命科学基金，定向支持国科大生命与健康学科建设，定向资助和奖励国科大生命与健康领域的优秀教师和学生，以及开展该领域的学术交流活动等。9 月份，中国人民大学校友邹刚捐赠 1 亿元用于支持中国人民大学商学院新楼建设，为 80 寿辰的母校送上一份生日厚礼。荣盛控股股份有限公司董事长、中国人民大学校友耿建明捐赠 1 亿元，用于建设中国人民大学新校区"荣盛音乐堂"。深圳信立泰药业股份有限公司董事长叶澄海向母校中国人民大学捐赠 1 亿元，用于支持中国人民大学科研事业。11 月，嘉华集团主席吕志和向北京大学捐赠 1.2 亿元，用于北大生命科学科研大楼的建设和学科建设，鼓励持续开展更具深远意义和创新的研究。中国泛海控股集团向中南大学教育基金会捐赠人民币 1 亿元，用于支持中南大学湘雅护理学院大楼（泛海楼）和中南大学湘雅—泛海健康管理研究院建设。信中利资本集团董事长汪潮涌宣布向母校华中科技大学捐赠 1 亿元，成立信中利公益教育基金，同时将联合母校共建"十亿"科技成果转化与校友创业基金。

近几年来，随着校友文化的兴盛，校友捐赠彰显出了强劲的内在发展动力。艾瑞深研究院名誉院长、中国综合大学排行榜创始人、中南大学教授蔡言厚指出，大学接受校友捐赠的多少与其教书育人水平、校园文化、办学理念、人才培养定位、创新创业教育、校长领导能力和校友的商业成就及母校情结有直接关系。大学的"造富能力"与校友的"创富能力"、"慈善意识"及"捐赠意愿"是影响大学"校友捐赠额"的关键因素，造富能力强的大学才可能培养出更多创富能力强的校友，毕业生校友回馈母校的能力才越大。①《2017 年中国高校富豪校友排行榜》数据显示，在 1999～2016 年福布斯中国富豪排行榜、胡润百富榜和新财富 500 富人榜等上榜的 4100 多名富豪企业家

---

① 《2016 中国大学校友捐赠排行榜揭晓，北大清华武大蝉联三甲》，http://www.cuaa.net/cur/2016/1204。

中，清华大学最盛产亿万富豪，152 名校友榜上有名，雄居艾瑞深中国校友会网 2017 中国大学富豪校友排行榜榜首，首富为池宇峰，财富达 265 亿元。北京大学 143 人，屈居第 2，首富为李彦宏，财富达 980 亿元。最近 16 年来，清华、北大培养亿万富豪人数遥遥领先其他高校，是目前中国大学创新创业教育质量最高的两所大学，赢得"中国亿万富豪摇篮"的美誉。浙江大学 92 人，居第 3，首富为史玉柱，财富达 540 亿元；复旦大学 70 人，列第 4，首富为卢志强，财富达 850 亿元；上海交通大学 45 人，居第 5，首富为其实，财富达 235 亿元；中国人民大学 44 人，列第 6，首富为刘强东，财富达 455 亿元；中山大学 36 人，居第 7，首富为蔡东青，财富达 225 亿元；华南理工大学 35 人，列第 8，首富为姚振华，财富达 1150 亿元；武汉大学 29 人，居第 9，首富为雷军，财富达 650 亿元；四川大学 27 人，居第 10，首富为柯尊洪，财富达 220 亿元。其他大学富豪校友情况参见表 3。这些富豪校友中有很多人以自己独特的方式贡献力量、反哺社会、回报母校和馈赠中国教育，为 21 世纪的中国树立了新的教育慈善标杆。中国经济的持续快速发展和富豪校友的不断增加，为中国大学校友捐赠和大学筹款事业的发展，奠定了坚实的基础和巨大的发展潜力。

表 3　校友会 2017 中国高校富豪校友排行榜 100 强

名次	学校名称	所在地区	富豪人数	综合排名	星级	办学层次
1	清华大学	北京	152	2	8	世界一流大学
2	北京大学	北京	143	1	8	世界一流大学
3	浙江大学	浙江	92	5	6	世界高水平、中国顶尖大学
4	复旦大学	上海	70	4	7	世界知名高水平、中国顶尖大学
5	上海交通大学	上海	45	6	6	世界高水平、中国顶尖大学
6	中国人民大学	北京	44	8	7	世界知名高水平、中国顶尖大学
7	中山大学	广东	36	12	5	世界知名、中国一流大学
8	华南理工大学	广东	35	27	4	世界知名、中国高水平大学
9	武汉大学	湖北	29	3	6	世界高水平、中国顶尖大学

名次	学校名称	所在地区	富豪人数	综合排名	星级	办学层次
10	四川大学	四川	27	11	5	世界知名、中国一流大学
11	南京大学	江苏	26	7	7	世界知名高水平、中国顶尖大学
11	厦门大学	福建	26	21	5	世界知名、中国一流大学
13	中南大学	湖南	24	17	5	世界知名、中国一流大学
13	哈尔滨工业大学	黑龙江	24	18	5	世界知名、中国一流大学
15	华中科技大学	湖北	23	10	5	世界知名、中国一流大学
15	东南大学	江苏	23	22	5	世界知名、中国一流大学
17	西安交通大学	陕西	22	16	5	世界知名、中国一流大学
17	南开大学	天津	22	13	5	世界知名、中国一流大学
19	深圳大学	广东	20	76	4	世界知名、中国高水平大学
20	电子科技大学	四川	19	29	5	世界知名、中国一流大学
21	吉林大学	吉林	17	9	6	世界高水平、中国顶尖大学
21	山东大学	山东	17	20	5	世界知名、中国一流大学
21	浙江工业大学	浙江	17	87	4	世界知名、中国高水平大学
21	北京理工大学	北京	17	35	4	世界知名、中国高水平大学
25	中南财经政法大学	湖北	16	74	4	中国高水平大学
25	暨南大学	广东	16	69	4	世界知名、中国高水平大学
27	西南财经大学	四川	15	80	4	中国高水平大学
28	华东师范大学	上海	14	28	4	世界知名、中国高水平大学

续表

名次	学校名称	所在地区	富豪人数	综合排名	星级	办学层次
29	中国科学技术大学	安徽	12	15	7	世界知名高水平、中国顶尖大学
30	北京航空航天大学	北京	11	23	5	世界知名、中国一流大学
30	重庆大学	重庆	11	31	4	世界知名、中国高水平大学
30	北京科技大学	北京	11	55	4	世界知名、中国高水平大学
30	辽宁大学	辽宁	11	113	3	中国知名大学
34	天津大学	天津	10	14	5	世界知名、中国一流大学
34	大连理工大学	辽宁	10	26	5	世界知名、中国一流大学
34	郑州大学	河南	10	47	4	世界知名、中国高水平大学
34	湖南大学	湖南	10	30	4	世界知名、中国高水平大学
34	合肥工业大学	安徽	10	72	4	世界知名、中国高水平大学
34	江西财经大学	江西	10	141	3	区域一流大学
40	同济大学	上海	9	24	5	世界知名、中国一流大学
40	北京师范大学	北京	9	19	5	世界知名、中国一流大学
40	西安电子科技大学	陕西	9	49	4	世界知名、中国高水平大学
40	苏州大学	江苏	9	52	4	世界知名、中国高水平大学
40	东北财经大学	辽宁	9	117	4	中国高水平大学
40	首都经济贸易大学	北京	9	165	3	区域一流大学
46	华南师范大学	广东	8	64	4	世界知名、中国高水平大学
46	福州大学	福建	8	76	4	世界知名、中国高水平大学
46	澳门科技大学	澳门	8	—	3	中国知名大学

名次	学校名称	所在地区	富豪人数	综合排名	星级	办学层次
49	上海财经大学	上海	7	66	5	世界知名、中国一流大学
49	武汉理工大学	湖北	7	43	4	世界知名、中国高水平大学
49	上海大学	上海	7	58	4	世界知名、中国高水平大学
49	南京理工大学	江苏	7	48	4	世界知名、中国高水平大学
49	对外经济贸易大学	北京	7	92	4	中国高水平大学
49	东华大学	上海	7	64	4	世界知名、中国高水平大学
49	北京工业大学	北京	7	84	4	世界知名、中国高水平大学
49	香港理工大学	香港	7	—	4	世界知名、中国高水平大学
49	武汉科技大学	湖北	7	136	3	区域一流大学
58	中国传媒大学	北京	6	—	6	世界高水平、中国顶尖大学
58	江南大学	江苏	6	71	4	世界知名、中国高水平大学
58	华南农业大学	广东	6	83	4	世界知名、中国高水平大学
58	北京林业大学	北京	6	85	4	世界知名、中国高水平大学
58	北京交通大学	北京	6	40	4	世界知名、中国高水平大学
58	黑龙江大学	黑龙江	6	104	3	中国知名大学
58	西安理工大学	陕西	6	163	2	区域高水平大学
65	东北大学	辽宁	5	25	5	世界知名、中国一流大学
65	燕山大学	河北	5	87	4	世界知名、中国高水平大学
65	南京师范大学	江苏	5	46	4	世界知名、中国高水平大学

名次	学校名称	所在地区	富豪人数	综合排名	星级	办学层次
65	南京航空航天大学	江苏	5	53	4	世界知名、中国高水平大学
65	哈尔滨工程大学	黑龙江	5	63	4	世界知名、中国高水平大学
65	福建师范大学	福建	5	75	4	中国高水平大学
65	华东政法大学	上海	5	168	3	区域一流大学
65	河南大学	河南	5	85	3	中国知名大学
65	河北大学	河北	5	100	3	中国知名大学
65	天津财经大学	天津	5	227	2	区域高水平大学
65	沈阳工业大学	辽宁	5	220	2	区域高水平大学
65	北京工商大学	北京	5	211	2	区域高水平大学
77	香港大学	香港	4	—	8	世界一流大学
77	北京电影学院	北京	4	—	6	世界高水平、中国顶尖大学
77	中国海洋大学	山东	4	50	5	世界知名、中国一流大学
77	北京外国语大学	北京	4	—	5	世界知名、中国一流大学
77	西北工业大学	陕西	4	32	4	世界知名、中国高水平大学
77	华东理工大学	上海	4	51	4	世界知名、中国高水平大学
77	长安大学	陕西	4	42	4	世界知名、中国高水平大学
77	扬州大学	江苏	4	106	3	中国知名大学
77	南京中医药大学	江苏	4	191	3	区域一流大学
77	南京邮电大学	江苏	4	129	3	中国知名大学
77	江苏大学	江苏	4	110	3	中国知名大学
77	湖南农业大学	湖南	4	151	3	中国知名大学
77	杭州电子科技大学	浙江	4	98	3	中国知名大学
77	西华大学	四川	4	296	2	区域高水平大学
77	温州大学	浙江	4	206	2	区域高水平大学
77	兰州交通大学	甘肃	4	187	2	区域高水平大学

名次	学校名称	所在地区	富豪人数	综合排名	星级	办学层次
77	哈尔滨理工大学	黑龙江	4	183	2	区域高水平大学
77	安徽农业大学	安徽	4	214	2	区域高水平大学
95	香港中文大学	香港	3	—	7	世界知名高水平、中国顶尖大学
95	中国政法大学	北京	3	68	5	中国一流大学
95	外交学院	北京	3	—	5	世界知名、中国一流大学
95	中央财经大学	北京	3	109	4	中国高水平大学
95	云南大学	云南	3	62	4	中国高水平大学
95	西南政法大学	重庆	3	131	4	中国高水平大学
95	西南交通大学	四川	3	41	4	世界知名、中国高水平大学
95	山西大学	山西	3	79	4	世界知名、中国高水平大学
95	南昌大学	江西	3	59	4	世界知名、中国高水平大学
95	兰州大学	甘肃	3	34	4	世界知名、中国高水平大学
95	华中师范大学	湖北	3	36	4	世界知名、中国高水平大学
95	北京邮电大学	北京	3	70	4	世界知名、中国高水平大学
95	北京化工大学	北京	3	73	4	世界知名、中国高水平大学
95	浙江工商大学	浙江	3	124	3	区域一流大学
95	上海理工大学	上海	3	96	3	中国知名大学
95	华北电力大学	北京	3	115	3	中国知名大学
95	香港浸会大学	香港	3	—	3	中国知名大学
95	青岛科技大学	山东	3	175	2	区域高水平大学
95	内蒙古农业大学	内蒙古	3	208	2	区域高水平大学
95	济南大学	山东	3	174	2	区域高水平大学
95	河南财经政法大学	河南	3	302	2	区域高水平大学
95	河北师范大学	河北	3	161	2	区域高水平大学

名次	学校名称	所在地区	富豪人数	综合排名	星级	办学层次
95	河北科技大学	河北	3	260	2	区域高水平大学
95	广东工业大学	广东	3	161	2	区域高水平大学
95	太原科技大学	山西	3	313	1	区域知名大学
95	广东财经大学	广东	3	307	1	区域知名大学

（二）大学筹款专门机构开始建立，管理逐渐走向规范

1988 年，安徽大学首开先河，成立第一个大学董事会。此后，很多大学包括不少地方性大学纷纷成立大学筹款和对外联络的专门机构，这些机构在各个大学名字不尽相同，主要有校董会、校友会、教育基金会、大学发展委员会、对外联络办公室等。这些筹款和对外联络专门机构的运作大致有四种模式。

第一种是发展委员会模式，即由发展委员会来负责大学筹款管理工作。如南京大学发展委员会、南开大学发展委员会等。南京大学发展委员会成立于 1995 年，设有委员会主任、副主任各一名，下设办公室、国内部、海外部和基金部四个职能部门，分工负责南京大学的对外联络、筹款管理、基金管理等工作。为拓宽筹措办学资金渠道，争取海内外各界对南京大学发展的关心和支持，南京大学 2005 年又成立了教育发展基金会，作为南京大学接受和管理社会捐赠的工作机构，教育基金会与发展委员会合署办公，致力于广泛联系和吸纳海内外的资源和力量，构建社会各界参与南大建设、支持南大发展的平台，为南京大学创建世界一流大学的宏伟事业贡献力量。同时，依托南京大学雄厚的综合实力，服务社会，促进社会进步。2008 年，经南京大学授权，在美国特拉华州根据美国法律注册成立了南京大学教育基金会（美国），全面负责南京大学在美国的筹资工作。南京大学发展委员会还承担着校董会的联络和服务职能（见图 1）。南开大学发展委员会下设办公室、国内部、海外部、综合事务部，校友会和基金会也挂在发展委员会下面。发展委员会统筹南开大学的校友工作、筹款管理和基金会工作。

第二种是教育基金会模式，即由大学教育基金会来承担大学对外联络、筹款和基金会管理职能。如清华大学教育基金会、北京大学教育基金会等。清华大学教育基金会于 1994 年正式成立，是中华人民共和国民政部批准成立的全国性非公募基金会，是新中国成立后最早正式注册的大学教育基金会。

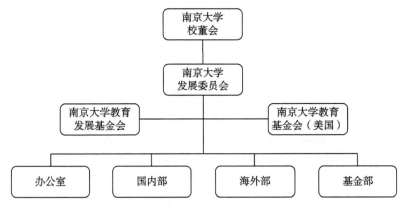

图 1　南京大学发展委员会组织架构

2013 年 6 月被中华人民共和国民政部评为"5A 级社会组织",这是国家对基金会给予的最高级别认证。清华大学教育基金会的宗旨是:为推动清华大学教育事业的发展,提高教育质量和学术水平,加强学校与社会的联系,争取国内外团体和个人的支持与捐助。该教育基金会接受国内外企业、社会团体和个人的自愿捐赠。教育基金会以为清华大学的发展提供强有力的支持为使命,积极筹措各种社会资源,基金主要用于支持清华大学人才培养、教学科研、师资建设、校园基础设施建设等各方面工作,并发挥清华大学科技与人才的综合优势开展面向全社会的公益服务。自 1994 年成立以来,经过 20 年的探索发展,清华大学教育基金会在资金筹集、项目管理、资产运营、团队建设等方面日趋完善,社会声誉与品牌形象不断提升,名列中国高校教育基金会前茅,先后倡导举办"中国高校基金会年会"、发起成立"中国高等教育学会教育基金工作研究分会"并成为理事长单位,为中国大学教育基金会的可持续发展、我国高等教育事业与公益慈善事业的改革发展发挥了积极作用。清华大学还在 1998 年发起成立了清华北美教育基金会;在 2003 年发起成立了清华大学(香港特别行政区)教育基金会有限公司。教育基金会在清华大学和基金会理事会的领导下开展工作,下设资源开发部、项目管理部、综合办公室、公共关系部、财务部、资金运作部等职能部门(见图 2)。

　　北京大学教育基金会成立于 1995 年,是在中国民政部正式登记注册的高教领域非营利性组织,是中国成立最早、运行最完善、发展最迅速的大学教育基金会之一。北京大学教育基金会在北京大学和基金会理事会的领导下,致力于加强北京大学与国内外各界的联系和合作,筹集并管理海内外各界朋友和校友捐赠的资金,凝聚各方兴学力量,支持北京大学在人才培养、科学

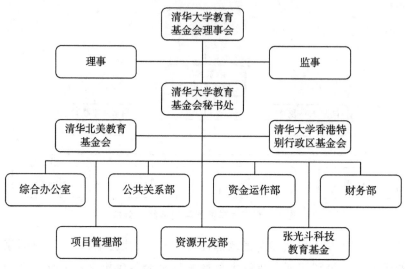

图2 清华大学教育基金会组织架构

研究和社会服务领域不断追求卓越、造福人类。近年来，北京大学教育基金会紧紧围绕"服务北大战略、坚持科学发展，加快推进创建世界一流大学步伐"的总体目标，锐意进取、团结协作，通过设立学生奖助学金、教师奖励基金、讲席教授基金、学术科研资助基金、基础设施建设基金等，为学校发展的各个领域提供有力的资金支持，成为北京大学发展进步的财政支柱之一和重要推动力量。北京大学教育基金会设有投资委员会，负责基金的投资管理，基金会秘书处下设亚洲部、欧美部、项目管理部、财务部、信息部、行政部等职能部门负责基金会的日常运作（见图3）。

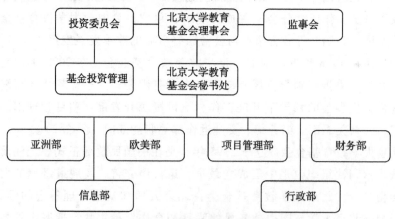

图3 北京大学教育基金会组织架构

第三种是发展联络办公室模式，即由发展联络办公室负责统筹大学筹款事务。如浙江大学、中南大学、同济大学等都属于这一模式。浙江大学发展联络办公室是负责学校发展联络工作、校友事务管理、社会办学资源拓展工作的直属机构，发展联络办设主任一名（校长助理兼任），副主任三名，分管筹资、项目管理和校友事务。下设综合信息部、校友事务部、基金会发展一部（国内）、基金会发展二部（港澳台）、基金会发展三部（东南亚）、基金会发展四部（欧美）、基金会项目管理部、基金会财务部、基金会北京联络办公室（见图4）。其主要行政职责有：按照国家有关法规和政策，制定学校开拓办学资源筹措渠道的规划和办法；广泛联络校友和海内外社会各界知名人士，积极开展调查研究和沟通联系工作；建立信息库和数据中心，为学校开拓办学资源提供政策建议和决策服务；统一协调和归口管理学校接受社会捐赠工作，并负责部分项目的实施；对学校利用社会捐赠项目的实施情况进行检查、评估，及时向捐赠者报告反馈；对基金会募集资金的运作进行管理，在保证安全性的前提下实现保值增值；承办校友总会秘书处工作，召集总会会议，出版《浙大校友》，指导各地校友会工作；通过各地校友会组织，加强学校各单位、各学院与地方的联系，为学校开展地方合作与服务活动牵线搭桥；指导和协助各学院、各单位开展校友分会和专项基金的管理工作；安排接待校友、捐赠人士和单位代表的来访；负责浙江大学校友总会网站和浙江

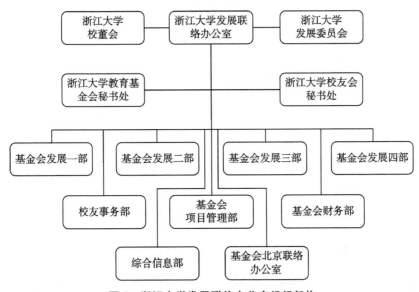

图4 浙江大学发展联络办公室组织架构

大学教育发展基金会网站的建设和维护；等等。同济大学发展与联络办公室与浙江大学相似，它吸纳了教育发展基金会秘书处、校友总会秘书处、校董会秘书处、发展委员会秘书处，下设校友工作科、资源拓展科、对外合作科和综合科，全面负责校友服务、公共关系、资源拓展及校地、校企合作等工作。此外，有些地方性院校由于校友会和基金会规模比较小，学校通过成立合作发展处来管理校友会和基金会事务，如上海对外经贸大学就是合作发展处模式，这一模式与发展联络办公室模式的管理架构大致相同。

第四种是校友联络办公室模式，即由校友联络办公室负责统筹大学筹款事务。特别是那些筹款工作刚刚起步的大学都属于这一模式。这些大学的校友联络办公室一般挂靠在校长办公室或党委办公室，由党校办副主任兼任校友联络办公室主任。浙江师范大学校友联络办公室、江西师范大学校友会办公室等地方院校目前都属于这一模式。浙江师范大学由一位副校长分管教育基金会和校友会工作，校友会有一常设机构校友联络办公室负责校友会的日常管理事务，由党校办一位副主任兼任校友联络办公室主任和教育基金会秘书长，校友联络办公室和教育基金会秘书处合署办公，下面配备若干工作专员，专门负责校友和基金会的具体工作（见图5）。随着大学专业筹款机构的建立、拓展，我国大学筹款管理工作正逐步走向规范。

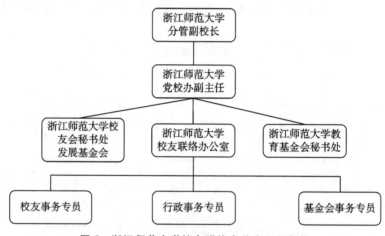

图5 浙江师范大学校友联络办公室组织架构

（三）大学教育基金会管理运作成效渐显

自1994年清华大学教育基金会成立以来，我国很多有条件的大学先后成立了教育基金会，专门负责接受、使用、管理和运作社会捐赠资金。高校教育基金会是由高校成立的非营利组织，大多数属于非公募性质的基金。其资金主要源于社会捐赠、政府拨款，用途主要为高等教育支出，包括学生奖学金、兴建实验室和教学大楼、科研经费等。2004年我国颁布了《基金会管理条例》，标志我国大学教育基金会工作进入一个新的发展阶段。同年，教育部下发了《关于禁止直属高校进行股票和风险性债券投资的紧急通知》，对直属高校的捐赠资金进入资本市场进行了一定的限制。2010年，国内35家知名基金会联合发起成立了基金会中心网，标志着我国基金会发展进入一个新的里程碑。基金会中心网在基金会行业信息披露、基金会能力建设服务、促进行业自律、培育良性透明的公益文化等方面发挥着重要作用。中国高等教育学会教育基金工作研究分会数据显示，目前全国高校基金会总数已经达到537家，其中"985"大学已经全部成立教育基金会，"211"大学大部分成立了教育基金会，一些地方性大学也逐渐开始成立教育基金会。截至2016年底，全国高校教育基金会净资产超过300亿元，超过全国非公募基金会净资产总量的50%。其中清华大学、北京大学、浙江大学的教育基金会净资产规模名列大陆前三位（见表4）。大学教育基金会数量的不断扩大，承担着大学筹款、项目资助与管理、基金保值增值三大主要职能，为化解大学经费困境做出了重要贡献。2016年，全国高校教育基金会捐赠收入超过70亿元，公益支出超过50亿元。高校教育基金会已经成为支持中国高等教育发展的一支重要力量。①

表4　2017年高校教育基金会净资产排名TOP50

序号	基金会名称	所在区域	净资产（万元）
1	清华大学教育基金会	北京	517273
2	北京大学教育基金会	北京	402478
3	浙江大学教育基金会	浙江	176010
4	上海交通大学教育发展基金会	上海	98468
5	南京大学教育发展基金会	江苏	94781
6	厦门大学教育发展基金会	福建	69770
7	中国人民大学教育基金会	北京	57465
8	北京师范大学教育基金会	北京	52798

① 《我国现有高校基金会537家，净资产超300亿元人民币》，新华网，http://news. xinhua-net. com/gongyi/2017 - 11/20/c_129745203. htm。

续表

序号	基金会名称	所在区域	净资产（万元）
9	北京航空航天大学教育基金会	北京	51646
10	复旦大学教育发展基金会	上海	48759
11	东南大学教育基金会	江苏	42453
12	西北工业大学教育基金会	陕西	31113
13	中南大学教育基金会	湖南	29421
14	中山大学教育发展基金会	广东	29341
15	南京航空航天大学教育发展基金会	江苏	28916
16	中国科学技术大学教育基金会	安徽	27851
17	苏州大学教育发展基金会	江苏	27150
18	吉林大学教育基金会	吉林	26548
19	同济大学教育发展基金会	上海	24324
20	天津大学北洋教育发展基金会	天津	22834
21	华东师范大学教育基金会	上海	22155
22	淮海工学院教育发展基金会	江苏	21976
23	华南理工大学教育基金会	广东	21624
24	南京师范大学教育发展基金会	江苏	20497
25	哈尔滨工业大学教育发展基金会	黑龙江	17883
26	武汉大学教育发展基金会	湖北	17821
27	中央财经大学教育基金会	北京	17679
28	中国传媒大学南广学院教育基金会	江苏	17012
29	北京交通大学教育基金会	北京	16942
30	江苏大学教育发展基金会	江苏	16931
31	南京理工大学教育发展基金会	江苏	16890
32	中国科学院大学教育基金会	北京	16487
33	华侨大学教育基金会	福建	16129
34	华中科技大学教育发展基金会	湖北	15667
35	南京林业大学教育发展基金会	江苏	15490
36	西交利物浦大学教育发展基金会	江苏	15387
37	汕头大学教育基金会	广东	15041
38	北京理工大学教育基金会	北京	14814
39	宁波大学教育发展基金会	浙江	14705
40	四川大学教育基金会	四川	14316

续表

序号	基金会名称	所在区域	净资产（万元）
41	西安交通大学教育基金会	陕西	13769
42	南京工程学院教育发展基金会	江苏	13726
43	上海中欧国际工商学院教育基金会	上海	13062
44	重庆大学教育发展基金会	重庆	12804
45	山东大学教育基金会	山东	12463
46	集美大学教育发展基金会	福建	12011
47	复旦管理学奖励基金会	上海	11316
48	江苏南航金城教育发展基金会	江苏	11178
49	南开大学教育基金会	天津	11087
50	华中师范大学教育发展基金会	湖北	10858

资料来源：基金会中心网，CFC，http://www.foundationcenter.org.cn。

　　当前，中国社会正迎来前所未有的社会创新活跃期，慈善事业越来越受到政府的重视，并被定位为 2020 年全面实现小康社会的重要力量。作为捐赠方的慈善资源供给越来越多，释放潜力依旧巨大。随着中国经济的发展，中国亿万富豪的数量名列全球第二，仅次于美国，众多知名富豪已经在过去几年间成立了基金会或亲自参与慈善事业。同时，伴随移动互联网和移动支付的快速普及，公众得以更容易了解慈善和参与慈善。2016 年 9 月 1 日，《中华人民共和国慈善法》正式生效，将中国基金会行业带入新的发展阶段。《慈善法》对高校教育基金会的发展也必将带来深刻的影响。经过 20 多年的发展，我国大学教育基金会结合大学自身实际，在实践中形成了各具特色的基金会管理模式。如以浙江大学竺可桢教育基金会为典型的行政管理型、以北京大学和清华大学教育基金会为典型的市场运作型、以南京大学发展委员会为典型的委员会型、以上海交通大学教育基金会为典型的海外拓展型、以中国矿业大学为典型的行业依靠型等多种发展模式，在资金募集和资助项目管理等方面发挥着越来越重要的作用。2017 年 6 月 22 日，艾瑞深中国校友会网发布了 2017 中国大学社会捐赠排行榜。报告显示，1980～2016 年，全国高校累计接受国内外社会各类捐赠总额高达 676 亿元，其中校友捐赠 230 多亿元，约占总额的 34%。全国高校社会捐赠总额在 50 亿元以上的有 2 所，20 亿元以上的有 9 所，10 亿元以上的有 13 所，5 亿元以上的有 28 所，1 亿元以上的有 72 所，5000 万元以上的有 95 所，累计在

1000 万元以上的大学有 192 所。① 其中，清华大学最受全球慈善家青睐，获捐 93.57 亿元，问鼎 2017 中国大学社会捐赠排行榜榜首；北京大学 68.56 亿元，居第 2；汕头大学 49.61 亿元，位居第 3；浙江大学 29.74 亿元，居第 4；武汉大学 26.41 亿元，列第 5；上海交通大学 25.48 亿元，列第 6；南京大学 23.46 亿元，居第 7；复旦大学 22.26 亿元，居第 8；武汉学院 21.60 亿元，列第 9；厦门大学 17.79 亿元，居第 10。浙江大学、中国人民大学等 13 所高校跻身社会捐赠"10 亿俱乐部"（见表 5）。

表 5　2017 中国大学社会捐赠排行榜 100 强

名次	学校名称	所在地区	社会捐赠总额	综合排名	星级排名	办学层次
1	清华大学	北京	93.57 亿元	2	8 星级	世界一流大学
2	北京大学	北京	68.56 亿元	1	8 星级	世界一流大学
3	汕头大学	广东	49.61 亿元	141	3 星级	区域一流大学
4	浙江大学	浙江	29.74 亿元	5	6 星级	世界高水平、中国顶尖大学
5	武汉大学	湖北	26.41 亿元	3	6 星级	世界高水平、中国顶尖大学
6	上海交通大学	上海	25.48 亿元	6	6 星级	世界高水平、中国顶尖大学
7	南京大学	江苏	23.46 亿元	7	7 星级	世界知名高水平、中国顶尖大学
8	复旦大学	上海	22.26 亿元	4	7 星级	世界知名高水平、中国顶尖大学
9	武汉学院	湖北	21.60 亿元	24	4 星级	中国高水平民办大学
10	厦门大学	福建	17.79 亿元	21	5 星级	世界知名、中国一流大学
11	电子科技大学	四川	17.65 亿元	29	5 星级	世界知名、中国一流大学
12	中山大学	广东	11.64 亿元	12	5 星级	世界知名、中国一流大学
13	中国人民大学	北京	10.59 亿元	8	7 星级	世界知名高水平、中国顶尖大学
14	四川大学	四川	9.13 亿元	11	5 星级	世界知名、中国一流大学

① 《校友会 2017 中国大学社会捐赠排行榜，清华大学创最高纪录排名第一》，人民网，http://edu.people.com.cn/n1/2017/0622/c9320-29356410.html。

续表

名次	学校名称	所在地区	社会捐赠总额	综合排名	星级排名	办学层次
15	中南大学	湖南	8.12 亿元	17	5 星级	世界知名、中国一流大学
16	东北大学	辽宁	7.92 亿元	25	5 星级	世界知名、中国一流大学
17	宁波大学	浙江	7.90 亿元	104	3 星级	中国知名大学
18	广东以色列理工学院	广东	7.89 亿元	—	3 星级	中国知名中外合作办学大学
19	河海大学	江苏	7.35 亿元	44	5 星级	世界知名、中国一流大学
20	深圳大学	广东	7.30 亿元	76	4 星级	世界知名、中国高水平大学
21	同济大学	上海	6.93 亿元	24	5 星级	世界知名、中国一流大学
22	暨南大学	广东	6.07 亿元	69	4 星级	世界知名、中国高水平大学
23	北京师范大学	北京	5.68 亿元	19	5 星级	世界知名、中国一流大学
24	大连大学	辽宁	5.49 亿元	193	2 星级	区域高水平大学
25	重庆大学	重庆	5.46 亿元	31	4 星级	世界知名、中国高水平大学
26	天津大学	天津	5.44 亿元	14	5 星级	世界知名、中国一流大学
27	华侨大学	福建	5.36 亿元	141	3 星级	中国知名大学
28	大连理工大学	辽宁	5.31 亿元	26	5 星级	世界知名、中国一流大学
29	南开大学	天津	4.70 亿元	13	5 星级	世界知名、中国一流大学
30	西安交通大学	陕西	4.68 亿元	16	5 星级	世界知名、中国一流大学
31	吉林大学	吉林	4.65 亿元	9	6 星级	世界高水平、中国顶尖大学
32	长安大学	陕西	4.57 亿元	42	4 星级	世界知名、中国高水平大学
33	福州大学	福建	4.37 亿元	76	4 星级	世界知名、中国高水平大学
34	昆明理工大学	云南	4.37 亿元	87	4 星级	世界知名、中国高水平大学

续表

名次	学校名称	所在地区	社会捐赠总额	综合排名	星级排名	办学层次
35	东北电力大学	吉林	3.90 亿元	177	2 星级	区域高水平大学
36	南方科技大学	广东	3.69 亿元	—	4 星级	中国高水平大学
37	华南理工大学	广东	3.44 亿元	27	4 星级	世界知名、中国高水平大学
38	山东大学	山东	3.27 亿元	20	5 星级	世界知名、中国一流大学
39	北京航空航天大学	北京	3.25 亿元	23	5 星级	世界知名、中国一流大学
40	中国农业大学	北京	3.12 亿元	33	5 星级	世界知名、中国一流大学
41	华中科技大学	湖北	2.96 亿元	10	5 星级	世界知名、中国一流大学
42	苏州大学	江苏	2.65 亿元	52	4 星级	世界知名、中国高水平大学
43	东莞理工学院	广东	2.50 亿元	276	2 星级	区域高水平大学
44	北京交通大学	北京	2.45 亿元	40	4 星级	世界知名、中国高水平大学
45	西北工业大学	陕西	2.40 亿元	32	4 星级	世界知名、中国高水平大学
46	南京工业大学	江苏	2.18 亿元	96	3 星级	中国知名大学
47	中国科学技术大学	安徽	1.99 亿元	15	7 星级	世界知名高水平、中国顶尖大学
48	东南大学	江苏	1.99 亿元	22	5 星级	世界知名、中国一流大学
49	哈尔滨工业大学	黑龙江	1.83 亿元	18	5 星级	世界知名、中国一流大学
50	西南财经大学	四川	1.76 亿元	80	4 星级	中国高水平大学
51	太原理工大学	山西	1.71 亿元	114	3 星级	中国知名大学
52	湖南大学	湖南	1.68 亿元	30	4 星级	世界知名、中国高水平大学
53	北京外国语大学	北京	1.61 亿元	—	5 星级	世界知名、中国一流大学
54	河南大学	河南	1.59 亿元	85	3 星级	中国知名大学
55	安徽大学	安徽	1.52 亿元	95	3 星级	中国知名大学
56	云南农业大学	云南	1.43 亿元	193	2 星级	区域高水平大学

名次	学校名称	所在地区	社会捐赠总额	综合排名	星级排名	办学层次
57	江南大学	江苏	1.38 亿元	71	4 星级	世界知名、中国高水平大学
58	南京中医药大学	江苏	1.37 亿元	191	3 星级	区域一流大学
59	对外经济贸易大学	北京	1.25 亿元	92	4 星级	中国高水平大学
60	郑州大学	河南	1.13 亿元	47	4 星级	世界知名、中国高水平大学
61	广西大学	广西	1.13 亿元	81	4 星级	中国高水平大学
62	杭州师范大学	浙江	1.11 亿元	151	2 星级	区域高水平大学
63	中国政法大学	北京	1.10 亿元	68	5 星级	中国一流大学
64	集美大学	福建	1.10 亿元	250	2 星级	区域高水平大学
65	中国传媒大学	北京	1.09 亿元	—	6 星级	世界高水平、中国顶尖大学
66	武汉科技大学	湖北	1.07 亿元	136	3 星级	区域一流大学
67	华中师范大学	湖北	1.04 亿元	36	4 星级	世界知名、中国高水平大学
68	内蒙古师范大学	内蒙古	1.02 亿元	224	2 星级	区域高水平大学
69	新疆农业大学	新疆	1.02 亿元	219	2 星级	区域高水平大学
70	南京邮电大学	江苏	1.01 亿元	129	3 星级	中国知名大学
71	上海理工大学	上海	1.01 亿元	96	3 星级	中国知名大学
72	海南热带海洋学院	海南	1.00 亿元	480	1 星级	区域知名大学
73	中央财经大学	北京	9760 万元	109	4 星级	中国高水平大学
74	武汉理工大学	湖北	9648 万元	43	4 星级	世界知名、中国高水平大学
75	福建农林大学	福建	9350 万元	124	3 星级	中国知名大学
76	南京理工大学	江苏	9322 万元	48	4 星级	世界知名、中国高水平大学
77	华东师范大学	上海	9160 万元	28	4 星级	世界知名、中国高水平大学
78	新疆大学	新疆	9020 万元	102	3 星级	中国知名大学
79	中国药科大学	江苏	8843 万元	122	4 星级	世界知名、中国高水平大学

名次	学校名称	所在地区	社会捐赠总额	综合排名	星级排名	办学层次
80	三峡大学	湖北	8728 万元	211	2 星级	区域高水平大学
81	北京科技大学	北京	8520 万元	55	4 星级	世界知名、中国高水平大学
82	莆田学院	福建	8500 万元	519	1 星级	区域知名大学
83	重庆邮电大学	重庆	7871 万元	180	2 星级	区域高水平大学
84	华北电力大学	北京	7420 万元	115	3 星级	中国知名大学
85	南京医科大学	江苏	7399 万元	130	3 星级	中国知名大学
86	齐鲁工业大学	山东	6966 万元	299	2 星级	区域高水平大学
87	中央美术学院	北京	6600 万元	—	6 星级	世界高水平、中国顶尖大学
88	西北农林科技大学	陕西	6171 万元	60	4 星级	世界知名、中国高水平大学
89	合肥工业大学	安徽	6044 万元	72	4 星级	世界知名、中国高水平大学
90	华南师范大学	广东	5830 万元	64	4 星级	世界知名、中国高水平大学
91	湖北工业大学	湖北	5476 万元	233	2 星级	区域高水平大学
92	云南大学	云南	5430 万元	62	4 星级	中国高水平大学
93	南京师范大学	江苏	5362 万元	46	4 星级	世界知名、中国高水平大学
94	海南大学	海南	5310 万元	135	3 星级	中国知名大学
95	桂林医学院	广西	5000 万元	443	1 星级	区域知名大学
96	贵州大学	贵州	4930 万元	139	3 星级	中国知名大学
97	杭州电子科技大学	浙江	4789 万元	98	3 星级	中国知名大学
98	江西财经大学	江西	4718 万元	141	3 星级	区域一流大学
99	广东外语外贸大学	广东	4546 万元	151	3 星级	中国知名大学
100	北京林业大学	北京	4485 万元	85	4 星级	世界知名、中国高水平大学

数据来源：中国校友会网，http://www.cuaa.net/paihang/news/news.jsp? information = 133445，2017 - 6 - 22。

二 "双一流" 建设背景下大学筹款的战略定位

大学筹款是哈佛大学和耶鲁大学等世界一流大学彰显其教育教学质量和

国际影响力的核心指标，已成为评价世界一流大学的核心指标之一。建设世界一流大学和一流学科，是党中央、国务院做出的重大战略决策，《统筹推进世界一流大学和一流学科建设总体方案》指出："高校要不断拓宽筹资渠道，积极吸引社会捐赠，扩大社会合作，健全社会支持长效机制，多渠道汇聚资源，增强自我发展能力。"如何充分调动社会资源增加大学投入，不断增强大学的"自我造血"功能，是我国双一流建设过程中的一项重要议题。可以说，大学筹款是"十三五"期间中国高校"双一流"建设的重要考核指标之一。一所大学能够获得多少社会捐赠是对一所大学的立德树人教育、教育教学质量、创新创业教育、校友会工作、基金会运作、科学研究、社会服务、文化传承、国际合作与交流、校企合作、校长领导能力和办学经费筹措能力等的重要检验。传统上，校庆筹款运动被视为大学吸纳社会捐赠的最主要方式。校庆筹款运动不仅是筹钱的问题，更是大学宣传办学成就、讲好大学故事、凝聚发展共识、增强"自我造血"功能和保持竞争优势的重要途径。因此，大学校庆筹款需要纳入大学中长期发展战略框架中，进行精准的战略定位和顶层设计。

（一）大学筹款战略目标定位的基本原则

筹款战略定位主要解决"为什么筹"问题，它是大学对未来发展需求的前瞻性思考、战略选择和整体设计，是大学集体发展意志的重要体现，是筹款项目设计的指南，是做好校庆筹款的战略基础。需要坚持四项基本原则：一是要与大学创建世界一流大学总战略系统对接；二是要动员所有二级机构共同参与并体现二级机构的战略需求；三是要吸收地方政府、校友、企业、家长、学生等利益相关者代表共同参与并体现他们的利益诉求；四是要基于对大学国内外竞争对手的深度分析并实现战略超越。

（二）筹款战略目标领域设定

根据大学使命和"双一流"建设的核心任务，筹款运动从战略上要服务于"五个一流建设"目标。①服务一流人才培养。致力于改善学生就读体验，为国际化、高素质创新人才和未来领袖培养提供全方位支持。②服务一流师资队伍建设。致力于吸引和培育世界一流水平的名师高人与创新团队，为建设世界一流大学提供一流的人才储备和智力支持。③服务一流学术发展。致力于世界一流学科及学术平台建设，探寻人类重大难题的解决方案，为提升大学的全球学术影响力提供持续支持。④服务一流社会服务能力建设。致力于深化产教融和科技成果转化，增强大学创新资源对经济社会发展的驱动力，提高贡献率。⑤服务一流基础设施建设。致力于打造与大学使命和中长期发展战略相适应的一流环境和一流文化。筹款战略目标设定的同时，还要对每个目标的资金需求做摸底调查，形成筹款需求报告。为了便于战略实施，可制定二级战略目标体系，具体参见表6。

表6 筹款战略目标体系

序号	一级目标	二级目标
1	服务一流人才培养	1. 扩大学生奖助学金规模，为吸引世界最优秀的学生到校就读提供资助 2. 促进教学与学习技术革新，优化教学实践和学生的学习 3. 提供一体化的综合知识学习解决方案，促进学生实践性知识的获取 4. 鼓励学生科研及创新创业活动，促进学生学术创新能力提升 5. 支持学生社团活动和职业能力培养，培养学生应对复杂世界的能力 6. 丰富学生国际交流经验，开拓学生国际视野，增强学生国际竞争力
2	服务一流师资队伍建设	1. 提供有竞争力的岗位薪酬，提高师资福利水平 2. 引进一批世界一流的名师高人和创新团队，优化人才结构 3. 培育一批优秀中青年骨干和跨学科创新团队，加强人才战略储备 4. 优化人才制度环境，支持全体教师专业能力提升和职业发展
3	服务一流学术发展	1. 支持重点学科、优势学科和特色学科建设 2. 支持重大科研平台、研究基地和高端智库建设 3. 支持科研组织模式创新，鼓励跨学科研究与合作 4. 支持重大理论创新、科技攻关和前沿问题研究，提升原始创新能力 5. 支持广泛开展国际交流合作与国际协同创新
4	服务一流社会服务能力建设	1. 支持教师优秀科研成果宣传推广，促进产教融合 2. 支持大学与所在区域的互动与合作，增进区校理解、联系与合作 3. 支持大学与企业及相关社会组织的协同创新 4. 支持大学参与全球事务、拓展全球合作，打造全球影响力
5	服务一流基础设施建设	1. 支持校园扩建与场馆建设，满足大学发展的基本硬件需要 2. 支持设备设施更新和校园美化，改善师生的学习、科研及生活条件 3. 服务广大校友和大学支持者，促进大学更紧密的外部联系 4. 营造一种鼓励创新、追求卓越的大学文化

三　潜力评估：捐赠池评估与筹款目标分解

　　捐赠池评估主要解决"向谁筹"问题，是对大学现有潜在捐赠人群体结构及其捐赠潜力进行科学评估，它是正确设定筹款目标和筹款策略、科学分解筹款目标的重要依据。

　　一是捐赠池捐赠潜力评估。要对过去 10 年间大学的捐赠总量、捐赠人群体结构、资助领域分布、大额捐赠水平等做分析；对捐赠池的规模、可能的捐赠率及捐赠潜力做出预测。捐赠人捐赠潜力评估可参照 4 个核心指标（如图 6 所示）：①捐赠能力，即捐赠人的可捐赠资产；②社会影响力，即捐赠人的社会地位和社会声望，社会影响力越大，越容易做出捐赠且正面影响其他捐赠人；③慈善担当，即捐赠人的捐赠意愿、捐赠偏好、捐赠历史及捐赠水平；④与大学的关系，即捐赠人与大学关系的强弱，与大学关系越紧密则越倾向于捐赠。重点要对校友企业家、大学所在地龙头企业负责人、有联系的港澳台及国外知名华人企业家的捐赠潜力做评估，形成捐赠池评估报告和一份潜在大额捐赠人名单。为了增强捐赠池评估报告的客观性，可由大学发展联络办公室或教育基金会秘书处和第三方机构共同完成。

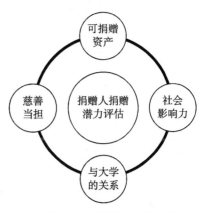

图 6　捐赠人捐赠潜力评估模型

　　二是潜在大额捐赠人访谈。潜在大额捐赠人访谈对筹款目标及行动计划的确认或调整具有重要意义。通过访谈倾听潜在大额捐赠人对大学发展愿景、战略目标及筹款运动的意见；了解他们是否愿意为大学提供引领性捐赠或大额捐赠；了解他们是否愿意担任筹款委员会的领导者或志愿者。一般而言，需访谈和培养的潜在大额捐赠人人数是实际大额捐赠人的 3 倍以上。访谈结束后，形成访谈报告，对捐赠池评估报告做必要的修正，对筹款目标、筹款策略、项目设计及行动计划的可行性做出研判和必要调整。其中，筹款目标设定得太低，不利于鼓舞人心和未来发展；太高，则会使筹款面临失败的风险。

　　三是筹款目标双轨分解。通过"校内机构"和"潜在大额捐赠人"两条线对筹款目标进行"双轨分解"。一是根据二级院系的筹款需求和筹款能力进行筹款目标分解，责任到人。二是根据潜在大额捐赠人的捐赠潜力，对筹款目标进行分解。一般而言，前10名大额捐赠人将完成50%的筹款目标，需要培养至少30名潜在大额捐赠人；后续50名大额捐赠人将使筹款目标达成90%，至少需要培养150名潜在捐赠人；接下来的100名大额捐赠人将使筹款目标达到100%，至少需要培养300名潜在捐赠人。具体分解办法参见表7。

表7　筹款目标（10亿元）分解

捐赠者序号	捐赠人数	潜在捐赠人数	捐赠数量	同水平捐赠总量	累计捐赠总量	目标达成率
1	1	3	￥200000000	￥200000000	￥200000000	20.00%
2	1	3	￥100000000	￥100000000	￥300000000	30.00%
3	1	3	￥75000000	￥75000000	￥375000000	37.50%
4～6	3	9	￥50000000	￥150000000	￥525000000	52.50%
7～10	4	12	￥25000000	￥100000000	￥625000000	62.50%
前10名大额捐赠者完成了超过50%的筹款目标，需要培养至少30名潜在捐赠人						
11～18	8	24	￥10000000	￥80000000	￥705000000	70.50%
19～30	12	36	￥7500000	￥90000000	￥795000000	79.50%
31～45	15	45	￥5000000	￥75000000	￥870000000	87.00%
46～60	15	45	￥2500000	￥37500000	￥907500000	90.07%
后续50名捐赠者将使筹款数量达到目标的90%，需要培养至少150名潜在捐赠人						
61～85	25	75	￥1500000	￥37500000	￥945000000	94.50%
86～120	35	105	￥1000000	￥35000000	￥980000000	98.00%
121～160	40	120	￥500000	￥20000000	￥1000000000	100.00%
一般情况下，前160名捐赠者就可以完成筹款目标，需要至少培养480名潜在捐赠人						

四　组织动员：筹款组织体系建设与利益相关者总动员

组织动员主要解决"谁去筹"问题。筹款运动单靠教育发展基金会、发展联络办公室或校友会的工作人员是远远不够的，需要建立一个可以覆盖大学所有利益相关者的筹款组织体系（见图7），校筹款委员会负责筹款工作的统筹，还可根据工作需要和大学捐赠人群体结构特征下设若干二级筹款委员会，如院系筹款委员会、区域筹款委员会、行业筹款委员会、捐赠群体筹款委员会等，形成强大的筹款互动网络，其中院系筹款委员会和区域筹款委员是筹款运动的二级核心组织。通过筹款委员会体系把那些热心大学事业、具有引领性捐赠和大额捐赠能力的校友、企业家和社会贤达吸纳到筹款运动中来，充分发挥他们的社会影响力，自己带头捐赠，同时通过他们的"熟人圈"动员更多的人参与捐赠。

一是组建校院两级筹款委员会。筹款委员会是组织筹款动员和劝募工作、研究解决筹款重大问题的组织保障。校院两级筹款委员会可设主席、副主席和委员若干名，校筹款委员会办公室可设在发展联络办公室或教育基金会秘书处。筹款委员会可按工作需要设置公共关系、筹款策划、大额捐赠管理、志愿者管理等工作小组。院系筹款委员会办公室可设在院系对外联络办公室或院办。同时还要加强各部门沟通协调，校院两级联动，形成工作合力。二是组建区域筹款委员会。区域筹款委员会是筹款运动组织体系的重要网络节点，是广泛开展筹款动员的重要抓手。大学可在校友会组织网络的基础上，在校友和潜在捐赠人比较集中的地区设立区域筹款委员会，如港澳地区筹款委员会、北美地区筹款委员会、华东地区筹款委员会等，实现筹款委员会在区域上对潜在捐赠人的最大覆盖。三是组建筹款志愿者团队。建议大学向社会各界特别是广大校友发起"筹款志愿者"招募令，动员具有一定社会影响力的校友及社会热心人士加入筹款志愿者团队，鼓励他们率先做出捐赠并充分利用其社会影响力动员更多人捐赠。四是开展筹款人员培训。建议编印筹款工作手册，邀请筹款专家，对校内筹款管理人员和广大筹款志愿者开展培

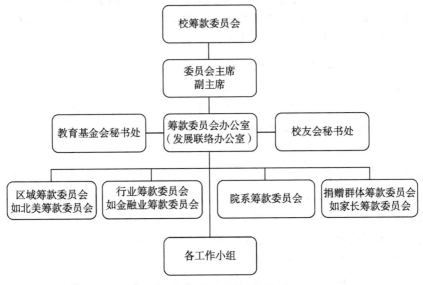

图7 校筹款委员会组织体系

训，使他们熟知大学的发展愿景、筹款战略目标、任务分解、筹款项目、捐赠答谢政策、筹款流程等相关信息并掌握一定的劝募技巧。五是激发院系筹款潜力。建议设立院系捐赠配比基金或鼓励引领性捐赠人设立捐赠配比基金，对院系筹款给予配比激励；设立"发展勋章"，奖励个体在筹款工作中的突出贡献；建立院系筹款考核机制，把筹款与对外联络工作纳入院系工作及院系负责人的考核指标体系。六是做好筹款宣传动员。在全球范围内选择校友较多的区域举行筹款巡讲活动，学校主要领导亲自参与巡讲，宣传大学成就，凝聚发展共识并进行筹款动员；强化公众号、网站等筹款宣传平台建设，深化与海内外新闻媒体的合作，传播大学声音，讲好大学故事。

五　项目设计：捐赠需求匹配与一体化设计

筹款项目设计主要解决"筹什么"问题。筹款项目是实现大学与捐赠人之间需求对接和价值创造的最重要载体。筹款项目设计，尤其是大型筹款项目设计得好不好关系到筹款运动的成败。

一是大学与潜在捐赠人之间的需求匹配。要开展潜在大额捐赠人捐赠需求与动机研究，只有寻找到大学与潜在捐赠人双方都感兴趣的捐赠领域，唤起捐赠人情感共鸣，才可能最终促成捐赠。甚至，还需要在大学"双一流"建设战略目标框架下引导和开发捐赠人的潜在需求。二是一体化筹款项目设计。大学需要在建设世界一流大学的战略框架下，在汇集二级院系筹款需求的基础上，从学校层面对筹款项目进行一体化包装设计，形成筹款项目菜单。筹款项目可包括以下六大类。①一流人才培养基金。在学生的经济资助、学业发展、科学研究、社会实践、创新创业、职业素质培养与就业辅导、社团活动、国际交流等方面提供全方位支持。②一流师资队伍建设基金。在增加捐赠教席、教师教学科研成果奖励、青年师资专业发展、国际交流与合作、关爱教职工等方面提供支持。③一流学术发展基金。在高峰学科、特色学科和交叉学科培育、高端实验室与学术创新平台建设，开展国际联合研究等方面提供支持。④一流社会服务能力建设基金。在科技孵化中心建设、科技专家奖励、区校联动发展、校企合作、知识普及与技术推广、社会公益等方面提供支持。⑤一流基础建设基金。在新校区建设、校园老建筑保护、场馆建设、大型仪器及教学设备更新、图书及电子资源建设、校友服务、校园文化建设、师生重大疾病保障等方面提供支持。⑥校庆专项活动基金。支持校庆期间开展的具有全球视野、中国特色和本校情怀的系列专项活动。三是具体项目的模块设计。一份完整的筹款项目方案一般由以下几个模块构成。①项目使命。阐明项目的设计理念、战略目标与重要意义。②项目内容。包括项目资金的使用领域、资助额度及实施等。③捐赠方式。包括捐赠形式和捐赠额度等。④答谢方案。包括基金冠名、俱乐部会员资格、活动参与机会、特殊荣誉等。⑤项目预期。包括将会有多少人受益、实现哪些具体目标等。⑥联系方式。总的来说，好的筹款项目设计需要把一所大学的发展理念、战略目标、历史文化元素和捐赠人价值追求、情感寄托等融入具体项目设计中，唤起捐赠人的使命感和情感共鸣，以增强筹款项目的可信度和吸引力。

六　筹款策略：综合运用多种筹款方法和策略

筹款策略解决"怎么筹"问题。采用适当的筹款策略与方法可以使筹款运动取得事半功倍的效果。筹款运动中可综合运用多种筹款策略来提高捐赠积极性，增强筹款成效。

一是设立配比基金。学校出资设立或鼓励捐赠人出资设立"捐赠配比基金"，对筹款项目按一定比例进行资金配比支持，吸引更多捐赠。二是开展校友众筹。通过开发校友在线众筹平台，充分发挥互联网的优势，开展在线项目众筹，培养校友捐赠习惯，汇聚校友资源。三是设立挑战基金。鼓励有实力的企业或个人就筹款数额较大的筹款项目率先设立挑战基金，树立榜样，鼓励更多捐赠人投入，直到完成该项目的筹款目标。四是开展冠名捐赠。把建筑设施冠名、组织机构冠名和捐赠基金冠名作为重要手段，通过采取冠以捐赠者相关名称和大学历史上标志性人物姓名等相结合的方式，丰富冠名建筑设施和组织机构的文化内涵，增强捐赠者的荣誉感。五是组织小额捐赠。推行"聚沙成塔·共创一流"小额捐赠计划，鼓励广大校友、师生等在校庆日捐赠校庆周年数的整数倍，或以入校年份及其他有意义的数字为基数进行捐赠。六是支持捐赠方式多样化、个性化。支持现金、股票、不动产、股权、慈善信托、实物等多种捐赠形式，使捐赠人可以选择比较便利的方式捐赠。七是鼓励合作捐赠。筹款运动要突破非公募基金的限制，鼓励企业通过共建基地、联合研究、联合培养等产学研合作的方式捐赠大学。同时，也鼓励多家企业或基金会联合起来共同捐赠大学的大型筹款项目。八是争取政府配套支持。筹款运动可考虑"社会筹款"与"政府化缘"相结合，充分利用国家部委和地方政府的配套资金与支持政策。

七　筹款管理：全面优化筹款
管理，改善捐赠体验

筹款管理主要解决"筹款管理优化"问题。筹款的过程是筹款人代表学校与捐赠人持续互动的过程，筹款管理直接影响捐赠人的捐赠体验和捐赠人的保持率。筹款管理优化旨在降低大学筹款成本和捐赠人捐赠成本，不断提升捐赠的附加值，改善捐赠人捐赠体验，提升捐赠人的满意度和忠诚度。

一是加强捐赠答谢资源规划与管理。捐赠答谢是筹款管理的重要环节，答谢是否恰当直接影响捐赠人的二次捐赠。因此，我们有必要对大学的捐赠答谢资源进行统一规划、设计和管理，并在此基础上制定捐赠答谢政策，根据捐赠人的捐赠水平、捐赠影响力以及同类标杆院校的答谢水平进行恰当的答谢。重点对包括校园内大楼、路桥、场馆、大型仪器设备、室内外桌椅、树木、景观、组织机构及各种捐赠基金的冠名机会、校园文化活动参与机会、捐赠人俱乐部会员资格、特殊荣誉等答谢资源进行规划和管理。由于冠名机会的高度稀缺性，大学要确保在众多捐赠人之间保持公平以及大学不会将有限的校园冠名资源用于认可影响力并不大的捐赠。

二是推进"俱乐部"式捐赠人管理。捐赠人是大学发展的重要资源，捐赠人俱乐部可为不同捐赠水平的捐赠人提供一个相应层次的人脉圈。吸收不同层次的捐赠人进入相应的捐赠人俱乐部既是一种答谢方式，也是大学对捐赠人进行分类管理、激励捐赠人向更高层次发展、培养大学与捐赠人更紧密的长期关系的重要抓手。从捐赠项目层次上看，可主要分为初次捐赠、连续捐赠、大额捐赠和引领性捐赠四类，大学可结合自身历史文化特点来设置具有独特文化内涵的捐赠人俱乐部。

三是推进"数据驱动"的筹款管理平台建设。互联网时代，数据就是组织资产，网络信息技术、新媒体、大数据和互联网金融的发展，彻底颠覆了传统的大学筹款管理模式，为大学筹款提供了一种及时有效、成本低廉的互动传播工具，提供了一种更加精确的捐赠人需求调查和绩效评估的新技术手段，提供了一个更加便捷的在线支付、在线捐赠平台，提供了一个基于数据挖掘和数据分析的筹款信息管理与决策系统。因此，筹款运动要积极推动"大数据驱动"的筹款管理模式变革，对传统的筹款管理平台进行升级改造，打通多个数据库接口，实现捐赠人管理、项目管理、在线捐赠平台、校友众筹平台、捐赠统计报告自动生成平台和筹款信息推送平台一体化，使筹款大数据为大学筹款决策提供科学依据。

四是推进"需求导向"的捐赠流程管理优化。传统上捐赠管理流程以大学行政管理为主导，存在多头管理、程序烦琐、效率较低等问题，常常忽视捐赠人的需求，导致捐赠人捐赠体验不佳。面对激烈的捐赠市场竞争和捐赠人主体意识的觉醒，大学的捐赠管理要重视"捐赠人需求导向"，重视筹款沟通和捐赠人需求调查，重视对捐赠管理过程存在问题的研究，在准确洞察捐赠人需求基础上，通过简化捐赠手续、加强信息反馈、协助捐赠人做好免税申报甚至协助捐赠人做好合理的财务规划等方式来降低捐赠人的非物质捐赠成本；通过个性化的捐赠项目与活动设计、激励性的答谢政策和后续服务等环节不断提升捐赠附加值，持续改善捐赠人的捐赠体验。

五是推进"基于社群网络"的捐赠项目可视化管理。飞速发展的多媒体网络信息技术带来了社群网络的繁荣，也为捐赠项目管理的可视化提供了技术支撑。在欧美世界一流大学的捐赠项目管理中，"捐赠故事地图"是捐赠项目可视化管理的主要形式和成功经验，可以为我们所借鉴。捐赠故事地图是一种基于网络社群的项目管理形式，它以"透明""开放""联动"为导向，以院系机构、项目、时间、人物和事件等项目要素为地图节点，通过文字、图片、视频、报表等多媒体方式呈现捐赠项目的相关活动、人物关联和项目进展，声情并茂地展示捐赠人和受益人对项目使命的理解、情感维系、价值追求以及项目影响力。

六是加强"结果导向"的捐赠项目绩效评估。随着我国慈善捐赠市场的不断成熟，加强捐赠项目绩效评估已成为推进捐赠管理规范化、专业化的重要途径。一方面，捐赠人特别是企业捐赠人、基金会捐赠人更加注重对捐赠项目执行过程的参与和捐赠预期效益的充分实现，捐赠人普遍追求捐赠需求的高匹配度，项目运作的高透明度、高效率和高效益。另一方面，对大学而言，项目绩效评估是加强筹款问责、提升项目质量、推进内部治理结构不断优化的重要手段。"结果导向"的项目绩效评估以指标的达成、价值的实现为根本目标，秉承"以终为始"的理念，倒推捐赠管理过程的不断优化，实现大学筹款的健康可持续发展。

总而言之，"学校经费如同教育的脊椎"，充裕的财政经费是推进"双一流"建设、履行大学使命的根本保障。筹款运动是发达国家世界一流大学建设的成功经验，也是我国大学在"双一流"建设过程中实现办学经费来源多元化的重要突破口。在"双一流"建设过程中，筹款运动不仅仅是钱的问题，我们还要充分认识到筹款运动对促进人才培养和学术卓越的重要意义，认识到它对大学文化传承、治理结构优化和自主发展能力建设的重要作用，并从战略高度对筹款运动进行顶层设计、全局谋划和系统推进。

理论篇

大学教育基金会的信息公开

罗志敏

信息公开（Information Disclosure），也称信息披露、信息公示或信息公布，是指通过一定的媒介或手段向社会大众发布他人尚未知道的信息。信息公开也是大学教育基金会治理的重要组成部分。近年来，随着高校获取社会捐赠数额的不断增加，同样作为公益组织的大学教育基金会，也需要加强信息公开，以获取包括捐赠者在内的社会公众的信任，从而维系稳定的资金来源。以下将在介绍基金会信息公开现状与趋势的基础上，分析大学教育基金会信息公开的维度、方法、实施及支持体系。

一 大学教育基金会信息公开的必要性

大学教育基金会只有通过信息公开，才能向外界宣传自己，使公众相信自己，也才能吸引更多来自社会各界的捐赠。但很遗憾的是，我国大学教育基金会在这方面做得并不够好，一方面一些有意捐赠者不知道大学哪些方面需要捐赠，把钱捐给谁，通过什么途径捐赠；另一方面大学教育基金会的相关信息不透明，公众的知情权得不到满足，使基金会受到公众质疑。为此，大学教育基金会在已有的工作成效的基础上，建立有效可行的信息公开机制，获得公众的信任，提高凑资、投资水平，就成了今后生存和发展的必由之路。

（一）基金会自身组织特性的必然要求

与其他基金会一样，大学教育基金会所获捐赠财物的受益权与控制权分离，由此形成多重的委托代理关系。例如，与营利性的企业比较，大学教育基金会所获捐赠财物来源具有较强的外部依赖性，其管理与使用的是捐赠者的财物，理所应当向捐赠者这一重要且关键的利益相关者负责。但是，大学教育基金会的非营利特征，使得捐赠者以及基金会理事会都往往处于"虚拟"的代理人地位，从而难以融入利益相关者角色，从而导致所有者的缺位（如监督的缺位）。处在此种状况下，大学教育基金会要体现自己的使命，需要通过反映社会和公众需求来获得社会公众的广泛认同。而要做到这一点，大学教育基金会的信息公开就是其进行组织治理的核心命题之一。再者，信息公开尤其是财务信息公开同样也具有财富吸附和分配效应，是引导潜在捐赠者做出捐赠决策的主要依据。

与过去相比，目前我国的大学教育基金会组织正处于成长发展期，其信息公开程度虽然有所改善，但由于缺乏简洁、有效、多样的信息公开途径和方式，捐赠方以及其他利益相关者难以了解那些捐助的财物是否按照其捐赠意愿使用，也无法清晰地了解实际受益对象的甄别与核定过程（如奖助学金的使用），社会公众也无从评价这一捐赠资金所产生的社会效应，同时政府也不能有效监控非公募基金会的项目运作。为此，作为承担了崇高社会使命的大学教育基金会，必须进行尽可能的信息公开，这不仅是对捐赠者等相关方负责，也是其自身组织特性的必然要求。

（二）基金会组织可持续发展的需要

伴随着我国经济发展过程中社会财富的增加和公众尤其是富豪、企业家社会责任意识的增强，包括大学教育基金会在内的非公募基金会呈发展壮大之态势。"高校凑资联盟"发布的数据显示，截至 2017 年 9 月，我国共有大学教育基金会 412 家（不包括奖助学金等专项基金会）。与其他基金会一样，大学教育基金会的快速发展也产生了对其资金来源、支出情况以及捐赠资财流向等一系列问题的思考，并引发社会公众（如捐赠校友）对其信息公开的强烈诉求。众所周知，与其他基金会一样，大学教育基金会能否运作下去，取决于捐赠者的持续资金注入，于是，捐赠者与大学教育基金会之间就会出现一种相对企业而言更为直接的受托责任关系。在这种境况下，信息尤其是财务信息的充分公开就是这种受托责任完成情况的基本手段。如此，基金会的项目运作就承担了捐赠者的全部信任。如果这种信任缺失，大学教育基金会自然就将面临资金萎缩乃至消亡的风险。

而大学教育基金会通过及时、全面、真实、有效、多样的信息公开，则会有利于承担受托责任的理事会对基金会经营状况进行客观的考核与评价，督促基金会管理层不断完善其财物经营（合理地管理、分配、使用捐赠财物）。与此同时，公开透明的信息公开对资财供给企业来说，能产生一系列的社会效应和经济效应。基金会财务信息的公开，有助于社会公众了解资财供给企业的企业文化，提升企业形象，促使资财供给企业更好地履行社会责任，体现企业的社会价值。而建立基金会信息的分级公开制度，则可以使基金会信息披露途径和方式更加科学、简洁和有效，有效克服上文所提及的问题。

（三）提升信息公开监管制度可操作性的需要

与其他公益类基金会一样，大学教育基金会生存及发展所依赖的也是来自外界的各种形式的捐赠：志愿者的时间和技能捐赠、校友的资金捐赠，社会公众或某一组织的物资捐赠等。在某一捐赠行为发生时，捐赠者通过委托大学教育基金会将自己所捐赠的财物用于特定的公益目的，如用于建造某一教学或实验大楼，用于某一人才引进基金等。而当捐赠行为发生以后，捐赠者已不再拥有其所捐赠财物的所有权、处置权等；另一方面，捐赠者在进行财物捐赠以后，大学教育基金会作为受托人拥有对捐赠财物的占有、处置、受益（捐赠财物的增值部分）等权利，直到将捐赠财物转移给受益者。与此同时，受益者是捐赠者的捐赠行为和大学教育基金会资助活动的受益者，受益者有权利享受捐赠合约中所规定的权利，但在大学教育基金会的资助活动正式施行以前，受益者往往以虚拟的受益权人形式存在，他们在法律上不能以受益者的身份要求权利。

这也就是说，任何一种捐赠行为的发生，都形成了捐赠者、受托人、授予者这三种不同当事人之间的委托代理关系。为了保证大学教育基金会能够忠实地履行捐赠合约，捐赠者、受益者及其他利益相关者的监督就显得尤为重要，以预防大学教育基金会（受托人）对捐赠财物的使用有背离捐赠合约的现象发生。为了使大学教育基金会得到有效的监督，捐赠者等利益相关者需要充分的信息，但是现实的情况却是，大学教育基金会及其管理者往往拥有大量的组织内部信息，而捐赠方、受益者等利益相关者对于大学教育基金会来说完全是外部人士，往往会由于缺乏获取组织内部信息的渠道而难以获得充分的信息。这也就是说，一方面，利益相关者与大学之间往往存在信息不对称的问题；另一方面，尽管大学教育基金会出于社会声誉的考虑，也会自主公开其组织经营活动方面的信息，但是这种信息公开往往呈现出明显的"自我服务"的动机。基于以上两个方面的考虑，为增加大学教育基金会的信息供给，保证信息公开的真实性、及时性、有效性，尽量缓解信息需求与信息供给之间的矛盾，就有必要以更细化的也就是信息分级公开的形式，以增强信息公开监管制度的可操作性。

（四）有效回应财物捐赠者问责的需要

信息公开为什么对大学教育基金会很重要？因为，信息公开是为了回应捐赠人的问责，这是一种必需的行为，而不仅仅是一种为了提升自身社会公信力而实施的自主自愿的行为。那么，大学教育基金会又为什么要通过信息公开来接受捐赠者的问责呢？这是由大学教育基金会的受托人的身份所决定的。

捐赠的款物主要用于第三人（受益者），使第三人受益。委托人将财物捐给大学教育基金会既不是为了自己的利益，也不是为了大学教育基金会的利益，而是为了不确定的第三人（受益者）的利益；同样，大学教育基金会接受财物捐赠也不是为了自己的利益，而是为了不确定的第三人（受益者）的利益。在这种关系下，委托人与受益人并不直接联系，而是将财物捐赠交付给受托人（大学教育基金会），由受托人与受益者联系。于是，问题就产生了：受托人是否按照委托人的要求帮助了受益者？受托人是否使委托人的意愿最大可能地得以实现？面对这一问题，委托人必须对受托人以回答的方式进行问责。如果委托人只有一个，受益者也只有一个，那么受托人就可以随时当面向委托人汇报。但现实的情况却是，大学教育基金会的财物大都来自众多的捐赠者，作为受托人的大学教育基金会也不可能一一向众多的委托人当面汇报，而只能采取信息公开的方式，使委托人了解自己确实按照要求帮助受益者。

二　大学教育基金会信息公开的发展趋势

目前，我国基金会在发展过程中出现的一系列事件，已引起了社会的广泛关注，同时，也引起了社会大众对基金会诚信的质疑。因此，社会大众也就越来越强烈地呼吁类似基金会这种非营利组织提升透明度，向社会公开自身相关的业务信息，以接受社会监督。这种形式变化，自然也要求大学教育基金会在信息公开的方式、形式等方面，改变以往传统的做法。

（一）从被动公开到主动公开

1. 基金会信息的被动公开

所谓信息的被动公开，就是政府通过立法、会计准则制定等手段强制包括大学教育基金会在内的基金会公开信息，以避免基金会违反诚信的事件发生。信息被动公开的效用如下。

第一，节约信息供给成本。在基金会信息市场上，基金会作为组织信息的独家提供者，往往垄断着自我信息的供给。如果其外部没有强制性的管制，那么基金会就很有可能基于自身的利益需要压缩、减少或扭曲信息的供给，从而造成基金会的腐败。在此状况下，如果仅仅让捐赠者通过与基金会签订个别合同或契约的方式，以获得所需的信息，这无疑大大增加了信息获取成本。与之相比较，通过政府对信息公开进行管制，强制地要求基金会向社会大众公开业务信息，即以"公共契约"代替"私人契约"，必将降低信息获取成本，节约社会资源。

第二，实现信息供求均衡。一般来讲，信息的供给总是由需求决定的。但与私人产品不同，信息的供应方往往不能将信息生产成本转嫁给需求方（即消费者无须支付任何成本便可享用），这就意味着信息具有公共产品的属性。这种特殊性，意味着信息的提供方缺乏信息生产的积极性，或根本就不考虑信息受众的需求，即市场机制就发挥不了作用，从而导致信息的供给不足。要解决这一问题，一个替代性的办法就是通过政府干预，强制性地要求基金会向社会大众输送信息，才能实现信息供求的大致均衡。

第三，减少信息不对称。众所周知，信息是分配财富和配置资源的主要依据，信息在市场参与者间的分布状态往往会影响公平与效率，这对基金会以及大学教育基金会来讲也不例外。但是，基金会信息的分布往往是不均衡的，不仅表现在基金会与捐赠利益相关者间信息的不对称，而且表现在利益相关者信息拥有量上的不平衡。而强制性信息公开，则可以造就一种均等受益的环境，确保所有（包括潜在的）利益相关者，特别是捐赠者拥有获取信息的同等机会，减少信息分布的不均衡状态，从而使捐赠（募捐）的公平性和效率性得以维护。

第四，优化资源配置。信息是基金会发展不可缺少的要素，规范的信息公开能够提高捐赠者对基金会公正性的信心，节省捐赠成本，减少捐赠活动风险，引导良好的捐赠决策和资源分配，而不规范的信息公开则会产生相反的效果，如捐赠者若根据不可靠的信息，就很可能采取不当或不利的捐赠决策行为。在现实中，基金会的管理层往往存在机会主义的倾向，即存在借助欺诈、隐瞒等不正当手段谋取自身利益最大化的倾向，如发布存在虚假数据的基金会财务报告。为此，通过对基金会信息公开的强制性要求，可在一定程度上减少基金会机会主义所造成的信息误导，实现基金会资源的优化配置。

但是，被动信息公开这一制度在实际运行过程中，也会产生一些难以回避的问题。强制性信息公开的效果往往不如人们想象的那么好。比如，被动信息公开除了可能影响受众对重要信息的把握之外，还往往增加基金会信息公开过程中的工作量。倘若基金会因政府管束而被强制性要求公开大量的信息，造成其不堪承受的筹资成本负担，则基金会必然会放弃凑资行动，从而出现凑资规模萎缩的情况。再如，强制性信息公开过多、过严，也会抑制或影响到自愿性的信息公开，即基金会自愿公开信息的动力不足，不再愿意公开额外附加的信息。

基于以上所述，对包括大学教育基金会在内的基金会来讲，强制性信息公开即信息的被动公开至关重要，但是，从我国基金会信息公开的现状来讲，中心问题并不是信息强制性公开度的问题，而是如何实现信息的被动公开，自2005年《基金会信息公开办法》（以下简称《办法》）颁布以来，至今只有部分基金会以年度工作报告的形式进行了部分信息公开，也有一些规模比较大的基金会公开了各自的审计报告，其他大部分基金会都没有主动公开相关信息。因此，如何严格执行这一《办法》，才是目前我国包括大学教育基金会在内的基金会信息被动公开进程中的核心工作。

2. 基金会信息的主动公开

基金会信息主动公开，是指国家法律法规和公认会计原则未做要求，包括大学教育基金会在内的基金会基于自身组织形象、与捐赠者之间的关系、回避法律及道德风险等动机，主动进行信息公开的行为。尽管对基金会信息公开进行管制已是国际通行做法，但近年来欧美国家也开始越来越重视基金会信息主动公开。不可否认的是，在目前社会背景下，大学教育基金会若能从被动公开走向主动公开，将具有非常正面的意义。

第一，有利于提高信息的透明性和完整性。有研究表明，一个组织或机构的透明度与其资本成本之间存在直接关系，透明度越高，其资本成本越低。大学教育基金会也具有类似的性质，因为如果大学教育基金会主动公开信息，就会与被动公开的信息一起相互映衬，使利益既充分又更加透明，就可以减少其自身担负的不确定因素，同时也减少利益相关者的风险；同时，大学教育基金会选择主动公开自己的经营状况信息，可以有效弥补动信息公开的不足，增加信息含量，保证信息的完整性，有助于捐赠人等信息使用者做出最佳的决策。

第二，能降低基金会的代理成本和筹资成本。在大学教育基金会中，最主要的代理关系存在于基金会管理人员（基金会代理人）与捐赠者之间。为了使管理人员有足够的动力去自动选择有利于捐赠者（委托人）的行为，监督与激励机制就非常重要。但是，无论是监督还是激励都需要充分的信息作为支撑。如果大学教育基金会能积极主动地向捐赠者公开可靠信息，那么基金会管理人员除了自然就会获得良好的声誉之外，其代理监督成本就必然会降低，代理人以及受资助方同时也会从大学教育基金会价值的提升过程中获得更多收益；另外，与其他基金会一样，大学教育基金会在发展过程中会不断面临筹资问题。在资金（资源）稀缺的既定条件下，若某一大学教育基金会能主动向捐赠者以及其他利益相关者公开包括营利预测在内的信息，就会消除基金市场上信息受到阻隔而带来的负面外部效应，在基金会市场上占据一个比较好的地位，从而有助于基金会降低在凑资过程中的成本。

第三，有助于基金会树立良好的社会形象。有研究表明，自愿公开营利预测的公司往往有较佳的绩效表现，而获利能力较差、投资报酬率较低的公司往往不会主动给外界提供营利预测。这一道理同样也适用于基金会这种公益性组织。大学教育基金会作为对大学的生存与发展有着重要影响的组织，也承担着一定的社会责任。大学教育基金会若通过主动公开包括经营状况等方面的信息，可以树立良好的社会形象，提升自身在社会尤其是基金会同行中的知名度，赢得社会声誉。

目前，我国现有基金会选择主动信息公开还只是极少数，大学教育基金会选择主动公开的更是少见。注重社会形象、追求卓越发展的大学教育基金会都应该采取主动信息公开的方式，采取的公开途径包括校园网站发布、报刊发布、年度报告发布、新媒体渠道发布等。

（二）从单一公开到综合公开

1. 政府监管机关公开基金会信息

基金会信息是否公开以及公开的程度，直接影响政府机构、社会公众以及捐赠者、受资助方的判断和决策。2005 年国家民政部制定了《基金会年度检查办法》（以下简称《办法》），除了规定业务主管单位和登记管理机关共同负责对基金会的监管之外，要求基金会每年接受独立的审计机构的审计，报送年度工作报告，同时通过官方媒介向社会公开年检结果，并接受社会公众的查询和监督。政府监管机关除对基金会年检的总体情况或宏观数据进行公开外，还会对每个基金会的年检结果进行公示。根据《条例》和《办法》的规定，国家民政部指定《中国社会报》和《公益时报》为基金会公开年度工作报告的主要媒体。基金会应当于年检结果公告后 30 日内，将年度工作报告摘要在《中国社会报》或《公益时报》上公开，同时基金会年度工作报告全文在中国民间组织网上公开。如果基金会不按规定或违反规定，登记管理机关应当视情节轻重分别做出年检基本合格、年检不合格的结论，并责令该基金会限期整改，并视情况给予相应行政处罚。

该《办法》的出台，在一定程度上有利于规范包括大学教育基金会在内的各类基金会的经营活动，对于加大基金会的透明度以及降低外部监督成本有很大的促进作用。但是，在具体的操作过程中还存在一定的问题，比如对基金会公开信息的类型只是做了比较粗略的规定，对基金会公开信息程度的评估在很大程度上只是基于一种比较主观的方式，还缺乏具体的评测指标，等等。

2. 多种信息公开途径综合使用

目前，我国基金会在信息公开方面，除了在政府监管机构的督促下公开相关信息之外，为提升自身的社会美誉度和发展能力，已越来越倾向于使用多种信息公开手段相结合的方式，尽可能全面、及时地公开信息。除政府监管机关公开基金会信息之外，包括大学教育基金会在内的基金会已使用或可使用以下信息公开方式。

基金会一是通过行业组织公开信息。基金会的行业组织可以通过建立行业标准等手段，推动行业内各基金会的相互监督和行业自律，可以以发布年度报告、行业网站公示等多种形式对行业内部的基金会的经营状况进行公开，如是否遵守行业标准、是否在规定的范围从事经营活动等。二是通过社会媒体公开信息。媒体对基金会的信息进行公开，可以说是一种很好的舆论监督，比如媒体可以通过"揭露""曝光"对基金会造成压力，为政府提供监管依据，同时影响公众的态度和行为。三是通过基金会自主公开信息。基金会自主公开信息属于自愿性信息公开的范围，这方面已在上文有所阐述。四是通过捐赠者公开信息。这里所指的捐赠者，可以是个人，也可以是某一机构。如果捐赠者基于对自己的捐赠是否得到合理有效使用的担心，选择亲自出马搜集与自己捐赠相关的信息进行公开和评估，也不失为一个好办法。在此情况下，基金会应该为捐赠者提供信息或创造条件让捐赠者能顺利搜集到想要的信息，如资金的使用、管理等具体记录等，否则，捐赠者要么会降低他们参与捐赠的热情，要么干脆放弃捐赠。

（三）从静态公开到动态公开

对大学教育基金会来讲，做到公开透明，就是为了更大程度地获取包括捐赠者在内的公众信任，而要做到这一点，其必然要求是通过尽可能多的途径和方式来公开基金会的业务信息。《条例》规定，基金会需要将年度工作报告在登记管理机关指定的媒体上公开，接受公众的查询、监督。在指定媒体公开信息是基金会的一个底线要求，是管理机关的强制方式。我们在实际调研中发现，大学教育基金会一般是在其网站上及时更新内容，更新的频率也比较高。但是，信息的内容却非常简单，只有诸如组织简介、捐赠项目名称以及活动信息等方面的新闻，而具体的、实质性的公开内容很少，甚至一些大学教育基金会还没有自己独立的网站，这使得校内人员及社会公众无法比较便捷地获取其信息。

大学教育基金会的这种做法，除了公开的信息的途径和方式很不尽如人意之外，还是一种静态的信息公开方式。理想的做法就是，能从静态走向动态，即能主动地接受校内外人员的质询并与其互动，对他们提出的问题及时进行有效的反馈。但我们在调查中发现，有些大学教育基金会只是公开其民政部（厅、局）注册编号、注册时间、注册资金、法人代码、地址、电话、联系人、项目名称，只接受公众的登门查询，并没有真正形成与公众的互动。为此，目前大学教育基金会需要做的是：其一，除了公布基金项目信息之外，还要对项目信息进行解读，详细地向公众表述各个项目运转资金是多少、项目类型是什么、受益地区在哪里、受益人或群体是谁、受益人或群体的纳入标准是什么、在哪些方面受益等；其二，在其基金会官网上广泛征集公众建议，欢迎各类媒体对基金会的项目进行报道，并及时在线上或线下回答公众提出的问题；其三，要本着为捐赠人和大学及公众服务的理念，除了要清晰地将资金往来的流程及时地、完整地呈现出来，还应该在最短的时间内向捐赠人做出反馈，尽快地将捐赠人的意愿落实。

三　大学教育基金会信息公开的分类与分级

基金会信息分类分级公开是顺应现代慈善发展的必然趋势。所谓基金会信息公开的分类与分级，就是大学教育基金会在已有信息公开的基础上，在具体信息公开标准方面的细化。在欧美发达国家，特别是教育慈善事业发展成熟的美国，随着社会捐赠数额的不断增加，大学教育基金会需要加强信息公开以获取公众的信任。目前，我国经济社会的高速发展所带来的教育慈善事业的快速发展，社会公众慈善意识觉醒以及网络信息技术的日渐成熟，为大学教育基金会在已有的工作基础上推行信息的分类分级提供了主客观条件。目前，我国针对基金会信息分级公开的专项法规还没出台，但是2011年正式公开的《公益慈善捐助信息公开指引》，成为我国第一个关于公益慈善机构信息公开的详细的指导性文件，虽然它还不具有法定的强制力和约束性，但为大学教育基金会信息公开的分类分级提供了思路、规范和标准。大学教育基金会只有通过更为细化、标准的信息公开方式，主动接受公众监督，才能实现公益事业的真正强大。

（一）信息分级公开的分类

大学教育基金会信息公开方法的科学化和具体化第一步体现在维度的分类上，以下是几种具体分类方法。

1. 按基金会属性分类

根据《基金会管理条例》，可将基金会划分为公募基金会和非公募基金会。公募基金会主要依靠向社会募集的资金来从事公益性的社会活动，而非公募基金会则主要依靠自有资金的运作增值以及发起人自身或者其亲友的捐助资金而获得从事公益性活动的资金。公募基金会和非公募基金会在属性上存在差异，自然在其信息公开上也有差异。除了有法规规定需要公开的信息之外，公募基金会需向社会公众进行信息公开，为弥补互动和问责机会不足，应主动公开更多的信息，包括项目细节与受益者等信息；非公募基金会需对其特定的捐赠者，而非全体社会公众进行信息公开。大学教育基金会一般属于非公募基金会，自然按照非非公募基金会的属性进行信息公开。如北京大学教育基金会《基金会章程》总则第二条、第三条专门提出："本基金会属于非公募基金会。本基金会是对国内外捐资给北京大学的资金进行管理的民间非经营性组织。"

2. 按信息性质分类

与其他基金会一样，大学教育基金会的信息可初步分类为基础信息和专业信息。基础信息一方面包括基金会的名称、宗旨和业务范围、登记和年检情况、组织架构、理事会和负责人情况、办公地址和联系方式、章程等内部制度等，是基金会自身产生的信息。另一方面包括一些概况信息，如财务中的捐赠收入、支出，项目中的总人次、总数等，是较为粗略的信息。这类信息是基金会信息公开的基础，是综合性报告的基本内容。

专业信息包括具体明细的财务信息、具体项目信息、重大活动信息等，是基金会与各方互动过程中产生的所有信息。其中较能引起关注的是基金会公益成本的信息，包括选定受益人的费用，捐赠款物保存、运输、分发等费用，项目考察、评估等费用，基金会工作人员的工资和行政办公经费，还包括信息公开的成本。这类信息是基金会信息的再具体化，是专项性报告或专门性报告的内容。

大学教育基金会，既要公开基础类信息，也要公开专业类信息。如印第安纳大学基金会是美国最优秀的大学基金会之一，在其官方网站上，详列了该基金会的各类信息，以向外界传递出运作透明、治理完善的信息。具体如表 1 所示。

表 1 印第安纳大学基金会公开的信息

	类别	具体公开信息
一	理事会信息	基金会的理事会由捐赠人、校方代表、专业人士和地方事务官员等构成，理事会主席由印第安纳大学校长兼任。理事会每年召开三次会议，会议往返费用由各位理事自己承担。理事会进一步分为理事委员会和受托理事委员会，前者包括建筑委员会、教师和学生服务委员会、道德委员会、国际事务委员会、提名委员会、战略委员会、转移支付委员会；后者包括审计委员会、理事与治理委员会、执行委员会、财务委员会、投资委员会、法律事务委员会、不动产委员会。受托理事委员会是基金会的执行机构，对基金会的经营活动承担法定责任
二	机构设置信息	基金会设置了九个分部，详细披露了每个分部的负责人、基金会在分部中的各个教学单位的联系人和联系方式
三	治理信息	内部审计组织及制度规范，外部会计师审计制度，限制性捐赠和非限制性捐赠的使用制度，大学教育基金会与大学之间的关系规范，基金会应持有的道德规范、利益冲突的界定与披露政策、投诉政策等
四	雇员信息	基金会雇员的简历，雇员福利（基金会招募的员工可以享受到较好的薪酬，此外还享有医疗保险、定期休假、学费减免和使用学校图书馆等公共设施等福利），组织文化（基金会提倡奉献、团队精神、正直、追求卓越、勇于担当的组织文化）
五 财务信息	1. 财务全貌	募捐人数的变化、大额募捐的比重、捐赠人的忠诚度、取得的新成绩、资金使用的可靠性、未来发展趋势等
	2. 资产使用情况	详细的年度报告、季度投资效益报告、年度审计报告、年度经营预算等
	3. 其他重要财务信息	基金会获得的税收减免信息，公益慈善组织的身份及提供的服务，捐赠人列表（捐赠金额、方式），财务信息的附注，美国以外的活动报告，为提高捐赠举办的活动信息，福利信息，与利益相关者的交易，非货币性捐赠及其他补充资料等

资料来源：吕杰、宗文龙：《美国大学基金会的信息披露制度及其启示》，《比较教育研究》2013年第 6 期，第 94~96 页。

3. 按基金会信息流动方向分类

根据信息的流动方向，大学教育基金会的信息公开可分为对内信息公开和对外信息公开。对内信息公开包括对理事会的信息公开，通过理事会议、项目汇报会、项目汇报手册、内部刊物等较为正式的形式进行，还包括执行层的信息公开，通过办公室例会、口头交流等频率更高、更为直接的形式进行。一些处于起步发展阶段的基金会人力较少，但内部信息流通十分充分，互通有无；一些已成熟资助或运作各类公益项目的基金会由于人员分工不同，各有深入，对于相互之间的项目情况并不熟悉；一些基金会已经意识到这一点，并十分重视各部门之间的信息匹配；还有基金会考虑到尊重受助人等伦理问题，受助人的私人信息仅在因该项目而组建的管理委员会中进行公开，而信息也止步于此。内部基金会对内的信息公开在更大程度上有着基金会信息收集和管理的意味，是对外信息公开的基础。

对外信息公开是传统意义上所认为的信息公开，是基金会内部信息管理的一个出口。这其中最重要的部分是对捐赠人的信息公开，公募基金会和部分非公募基金会均以社会公众为信息公开对象，也存在公募基金会或非公募基金会仅对定向捐赠人进行信息公开。根本原因是捐赠人可对基金会进行问责，而基金会亦希望通过对捐赠人的信息公开取得捐赠人的信任，并不断提升自己的公信力和组织形象，博取潜在捐赠人的好感，以获得更多捐赠，实现组织价值和使命。公开的内容有很多，包括基金会的内部治理情况、捐赠款物的去向和使用效率、受助对象的选择与项目设计、项目开展过程与成果等。

这其中已知的捐赠者由于对这一笔款物更为关注，且与基金会已建立起联系，因而有更强的意识和更多的机会对基金会进行问责，基金会被动提供其所需信息；或基金会意识到这一点，主动提供项目信息，且根据捐赠者需求，从捐赠者体验的角度设计不同的信息表现形式，将各项信息转化成适当的符号，但信息公开并没有就此终止，捐赠者在基金会主动提的信息基础上可再次进行问责，周而复始的循环，在基金会和捐赠者的互动中提升基金会的组织能力和公信力。除去已知的捐赠者，社会公众中存在许多潜在的捐赠者，其在获取信息的过程中会对多家基金会进行判断，潜在捐赠者更有倾向选择自己了解更多、更全面、更有好感度的基金会进行捐赠。但在一般情况下，已知捐赠者比潜在捐赠人与基金会信息的关系更近，符合以捐赠者为本原则。

受益者不仅是基金会信息来源，也是信息公开的对象之一，包括在基金会对外信息公开的体系之中。受益者作为利益相关方，对其的信息公开一方面是考虑其安全感，对身处的项目和服务提供者有全局的了解，有助于项目改进和基金会的进步；另一方面有利于培养其感恩意识，由受益者转变为捐赠者或参与方。对受益者进行信息公开的形式多样，如设立有形的项目标志性物品、邀请参与项目汇报会并获得发言机会等。在有的情况下受益者不可统计，默认为社会公众，对受益者的信息公开转变为对社会公众的信息公开；有的情况下捐赠者不愿公开信息，这时以捐赠者的意愿为主。

（二）信息公开的分级

1. 按基金会信息公开层次分级

基金会的信息公开根据公开层次可分为强制性公开、行业性公开和自主性公开。强制性公开指的是法律所要求的信息公开，这是最基础的要求，是所有基金会必须做到的，也是基金会信息公开的底线；行业性公开是在法律基础上出于行业自律，基金会行业基于共同认可而在同一平台上进行信息公开，这并不具有法律强制性，但具有行业压力，需要维护行业名声；自主性公开不同于强制性公开和行业性公开，是基金会体现个性、追求卓越的过程。一般情况下相比前两者，基金会的自主性公开应更为及时、详尽。根据多元选择原则，基金会可结合实际情况进行信息公开。但现实中有的基金会心有余而力不足，无法按设想的理想情况进行操作。也有的基金会风格不同，坚持信息公开底线而不愿过于张扬。大学教育基金会的信息公开应在强制性公开和行业性公开的基础上，走向自主性公开。

2. 按基金会发展阶段分级

根据现实经验，基金会的信息公开存在多项维度，包括：①信息公开的对象，包括对内的理事会成员、基金会工作人员和对外的捐赠人、受助人、公众等；②信息公开的内容，包括基础信息和专业信息等；③信息公开的途径，如基金会官方网站、官方微博、行业组织、权威媒体等；④信息公开的频率等。而如何将各项维度进行优化组合，使信息相互交接和匹配正是关键所在。

它受到各类因素的影响，有外因，如公众对基金会的认知度、信息公开软件技术等；也有内因，如基金会的价值观、人力资源组合等。其中一项重要因素是基金会的发展阶段，基金会在起步阶段、成长阶段、快速发展阶段、卓越阶段的信息公开机制各不相同。总的来说，随着基金会的发展，信息公开的对象会增加，内容会增多，途径会多样，频率会增高，逐渐出现专职人员，动力由外部压力转为内部使命感。但这并不是一个无限上升的趋势，信息公开的成本和效率、技巧和能力会使得各项组合达到一个基金会的最佳水平，如果再提高频率，或增加专职人员则反而是基金会信息公开资源的浪费。

按发展阶段分级也可专指按基金会信息公开的发展阶段而言，因为许多资格较老的基金会在政府选择的机制下，并不一定很早就认识到信息公开的重要性，因而当面临社会选择机制时，信息公开机制的建立起步较晚，人员年龄结构失调，对信息公开新技术的掌握较慢。

3. 按基金会评估等级分级

可以按照对基金会评估的等级将信息公开，从低到高可分为三级公开、二级公开、一级公开三个等级。大学教育基金会可适用三级公开。以下将参照和结合上市公司的信息披露办法以及基金会的信息公开规定，对这三个等级的信息公开做一简要介绍。

★★三级公开

三级公开主要针对非公募基金会。具体要求如下。

其一，基金会应当披露的报告为年度报告。凡是对捐赠人做出捐赠决策有重大影响的信息，均应当披露。

其二，年度报告应当在每个会计年度结束之日起 4 个月内。年度报告应当公开以下内容：基金会基本情况；主要会计数据和财务指标；理事会、高级管理人员的任职情况、年度报酬情况；理事会报告；管理层讨论与分析；报告期内重大事件及对基金会的影响；财务会计报告和审计报告全文；基金会管理处规定的其他事项。

其三，基金会董事、高级管理人员应当对定期报告签署书面确认意见，理事会应当提出书面审核意见，说明理事会的编制和审核程序是否符合法律、行政法规和基金会管理处的规定，报告的内容是否能够真实、准确、完整地反映基金会的实际情况。理事、高级管理人员对定期报告内容的真实性、准确性、完整性无法保证或者存在异议的，应当陈述理由和发表意见，并予以公开。

其四，基金会应当制定信息公开事务管理制度。信息公开事务管理制度应当包括：明确基金会应当公开的信息，确定公开标准；未公开信息的传递、审核、公开流程；信息公开事务管理部门及其负责人在信息公开中的职责；理事会、高级管理人员等的报告、审议和公开的职责；理事、高级管理人员履行职责的记录和保管制度；公开信息的保密措施，内幕信息知情人的范围和保密责任；财务管理和会计核算的内部控制及监督机制；对外发布信息的申请、审核、发布流程；与捐赠人、媒体等的信息沟通与制度；信息公开相关文件、资料的档案管理；未按规定公开信息的责任追究机制，对违反规定人员的处理措施。基金会信息公开事务管理制度应当经基金会理事会审议通过，报注册地基金会管理机构备案。

其五，基金会理事、高级管理人员应当勤勉尽责，关注信息公开文件的编制情况，保证定期报告、临时报告在规定期限内公开，配合基金会及其他信息披露义务人履行信息披露义务。与此同时，基金会管理机构可以要求基金会及其他信息公开义务人或者其理事、高级管理人员对有关信息公开问题做出解释，并要求基金会提供相关专业意见。基金会管理机构对基金会出具的文件的真实性、准确性、完整性有异议的，可以要求基金会做出解释、补充，并调阅其工作底稿。

★★二级公开

二级公开主要针对公募基金会。具体要求如下。

其一，基金会应当披露的定期报告包括年度报告、中期报告。凡是对捐赠者做出捐赠决策有重大影响的信息，均应当公开。中期报告应当在每个会计年度的上半年结束之日起 2 个月内，年度报告应当在每个会计年度结束之日起 4 个月内。其中，中期报告应当公开以下内容：基金会基本情况，主要会计数据和财务指标，管理层讨论与分析，报告期内重大诉讼、仲裁等重大事件及对基金会的影响，基金会管理处规定的其他事项；年度报告应当公开以下内容：基金会基本情况，主要会计数据和财务指标，理事会、高级管理人员的任职情况、年度报酬情况，理事会报告，管理层讨论与分析，报告期内重大事件及对基金会的影响，财务会计报告和审计报告全文，基金会管理处规定的其他事项。

其二，基金会董事、高级管理人员应当对定期报告签署书面确认意见，理事会应当提出书面审核意见，说明理事会的编制和审核程序是否符合法律、行政法规和基金会管理处的规定，报告的内容是否能够真实、准确、完整地反映基金会的实际情况。理事、高级管理人员对定期报告内容的真实性、准确性、完整性无法保证或者存在异议的，应当陈述理由和发表意见，并予以公开。

其三，基金会应当制定信息公开事务管理制度。信息公开事务管理制度应当包括：明确基金会应当披露的信息，确定披露标准；未公开信息的传递、审核、披露流程；信息公开事务管理部门及其负责人在信息公开中的职责；理事会、高级管理人员等的报告、审议和披露的职责；理事、高级管理人员履行职责的记录和保管制度；公开信息的保密措施，内幕信息知情人的范围和保密责任；财务管理和会计核算的内部控制及监督机制；对外发布信息的申请、审核、发布流程；与捐赠人、媒体等的信息沟通与制度；信息公开相关文件、资料的档案管理；未按规定公开信息的责任追究机制，对违反规定人员的处理措施。基金会信息公开事务管理制度应当经基金会理事会审议通过，报注册地基金会管理处备案。

其四，基金会理事、高级管理人员应当勤勉尽责，关注信息披露文件的编制情况，保证定期报告、临时报告在规定期限内公开，配合基金会履行信息公开义务。

其五，基金会应当制定定期报告的编制、审议、公开程序。经理、财务负责人、理事会秘书等高级管理人员应当及时编制定期报告草案，提请理事会审议；理事会秘书负责送达董事审阅；董事负责召集和主持理事会会议审议定期报告；理事会负责审核理事会编制的定期报告；理事会秘书负责组织定期报告的公开工作。

其六，基金会管理机构可以要求基金会及其他信息公开义务人或者其理事、高级管理人员对有关信息公开问题做出解释，并要求基金会提供相关专业意见。基金会管理机构对基金会出具的文件的真实性、准确性、完整性有异议的，可以要求基金会做出解释、补充，并调阅其工作底稿。

★★一级公开

一级公开主要针对行业基金会，要求该基金会能按照上市公司的标准，公开财务信息和管理数据。具体要求如下。

其一，基金会应当公开的定期报告包括季度报告、中期报告和年度报告。凡是对捐赠人的捐赠决策有重大影响的信息，均应当公开。季度报告应当在每个会计年度第 3 个月、第 9 个月结束后的 1 个月内编制完成并公开，中期报告应当在每个会计年度的上半年结束之日起 2 个月内，年度报告应当在每个会计年度结束之日起 4 个月内。①季度报告应当公开：基金会基本情况，主要会计数据和财务指标，基金会管理处规定的其他事项；②中期报告应当公开以下内容：基金会基本情况，主要会计数据和财务指标，管理层讨论与分析，报告期内重大诉讼、仲裁等重大事件及对基金会的影响，财务会计报告；基金会管理处规定的其他事项；③年度报告应当公开以下内容：基金会基本情况，主要会计数据和财务指标，理事会、高级管理人员的任职情况、年度报酬情况，理事会报告，管理层讨论与分析，报告期内重大事件及对基金会的影响，财务会计报告和审计报告全文，基金会管理处规定的其他事项。

其二，基金会董事、高级管理人员应当对定期报告签署书面确认意见理事会应当提出书面审核意见，说明理事会的编制和审核程序是否符合法律、行政法规和基金会管理处的规定，报告的内容是否能够真实、准确、完整地反映基金会的实际情况。理事、高级管理人员对定期报告内容的真实性、准确性、完整性无法保证或者存在异议的，应当陈述理由和发表意见，并予以披露。

其三，基金会应当制定信息公开事务管理制度。信息公开事务管理制度应当包括：明确基金会应当公开的信息，确定公开标准；未公开信息的传递、审核、披露流程；信息公开事务管理部门及其负责人在信息披露中的职责；理事会、高级管理人员等的报告、审议和披露的职责；理事、高级管理人员履行职责的记录和保管制度；未公开信息的保密措施，内幕信息知情人的范围和保密责任；财务管理和会计核算的内部控制及监督机制；对外发布信息的申请、审核、发布流程；与捐赠人、媒体等的信息沟通与制度；信息公开相关文件、资料的档案管理；涉及子基金会的信息公开事务管理和报告制度。

其四，基金会理事、高级管理人员应当勤勉尽责，关注信息公开文件的编制情况，保证定期报告、临时报告在规定期限内公开，配合基金会履行信息公开义务。

其五，基金会应当制定定期报告的编制、审议、公开程序。经理、财务负责人、理事会秘书等高级管理人员应当及时编制定期报告草案，提请理事会审议；理事会秘书负责送达董事审阅；董事负责召集和主持理事会会议审议定期报告；理事会负责审核理事会编制的定期报告；理事会秘书负责组织定期报告的公开工作。

其六，基金会应当制定重大事件的报告、传递、审核、公开程序。理事、高级管理人员知悉重大事件发生时，应当按照基金会规定立即履行报告义务；理事在接到报告后，应当立即向理事会报告，并敦促理事会秘书组织临时报告的公开工作。

其七，基金会管理机构可以要求基金会及其他信息公开义务人或者其理事、高级管理人员对有关信息公开问题做出解释、说明或者提供相关资料，并要求基金会提供相关专业意见。基金会管理机构对基金会出具的文件的真实性、准确性、完整性有异议的，可以要求基金会做出解释、补充，并调阅其工作底稿。

四　大学教育基金会信息公开的实施

大学教育基金会的信息公开不仅有助于维护其社会公信力，提升其社会影响力，也是提高治理水平、降低自身风险的重要手段。在信息公开的实施过程中，大学教育基金会需要秉持一定的理念，遵循相关的原则规范，同时还需要一些相应的配套支持体系。

（一）信息公开应秉持的理念

1. 可持续发展理念

与其他基金会一样，大学教育基金会的信息公开也是一项复杂、系统、科学、专业的工程，需要秉持可持续发展这一基本理念。一方面，从基金会的整体行业情况来看，基金会的公开透明已成为行业共识，业界普遍意识到公开透明是对基金会的基本要求，也是其不断追求卓越发展的需要；另一方面，从社会大众的要求和需求来看，基金会通过信息公开以获得社会公信力成为一个与之相对应的必然选择。可持续发展这一理念，要求大学教育基金会在信息公开的过程中应有长远规划，即根据所处环境的实际情况，按照基金会起步阶段、成长阶段、快速发展阶段、卓越阶段等几个阶段，分步骤地建立起信息公开机制，并逐步建立起本基金会内部的、同类型基金会内部的、基金会行业内部的信息公开模式。与此同时，探索降低信息公开成本、提高信息公开效率的方法。

可持续发展这一理念，也需要社会大众逐渐加深对大学教育基金会宗旨和使命的认识和参与。大学教育基金会的信息公开应是公众所喜闻乐见的，但并不是一味地迎合，而是通过互动来消除公众"基金会零成本""捐赠就是牺牲"等不恰当观念，正视公益中的"自我私利考虑"。这就需要大学教育基金会自身也应时刻审视信息公开的初衷，寻求提高信息公开的技巧和能力，增加提升信息公开效果的方法，从而达到一个良性循环。此外，大学教育基金会信息公开在于日常工作运行中的积累，使其成为一种工作习惯，以维持基金会信息生态的可持续发展。

2. 捐赠者为本理念

与其他基金会一样，大学教育基金会运营的公开透明的最根本原因就是捐赠者的问责，这是大学教育基金会作为受托人的角色决定的。捐赠者与基金会直接产生接触和联系，反馈捐赠者意愿是否实现、实现程度如何等信息，是基金会对捐赠者的应尽责任，同时捐赠者也有权就此问责。基于此，就需要在信息公开过程中坚持以捐赠者为本，这也是大学教育基金会信息公开需要秉持的基本理念。

当捐赠者为单一捐赠人，即捐赠来自一名捐赠人，或者一个捐赠企业或组织时，大学教育基金会的信息公开就要更为集中，信息量更大，内容要更为详细丰富。若捐款者希望基金会提供某一信息时，基金会就要及时甚至当面给予反馈；当捐赠者为多个捐赠人，即捐赠来自公众时，大学教育基金会必须选择一个更为恰当的信息公开方式，尤其是面对一些细节或"隐私"信息时更要注意，如要考虑到信息公开中的伦理问题，如受助人不愿公开家庭经济状况甚至姓名等。

3. 多元选择性理念

信息的多样性以及信息受众需求的多元性，决定着大学教育基金会信息公开的多元选择性。除了被动公开的信息之外，大学教育基金会对如何排列和整合信息、如何公开信息都有很大的主动权和弹性，而这个过程也体现着大学教育基金会对组织使命与发展价值的审视和把握。这也就是说，大学教育基金会在其信息公开方面拥有不同的资源，存在不一样的障碍，在信息公开时应发挥其主观能动性，形成自身有创意的信息公开方式和内容，这是形成自身个性和特色所必需的。

大学教育基金会的信息公开机制应与其定位、发展水平、使命和组织价值相适应。如全国性的或具有境外业务的大学教育基金会应建立起更大范围、多语言的信息公开网络；再如，一个刚刚成立、规模尚未发展起来的基金会，可选择成本相对较低的信息公开机制。

（二）信息公开的实施原则

1. 遵循法律规范和社会规范

在法律法规方面，有关基金会信息公开的内容是由《基金会信息公开办法》规定的。《基金会信息公开办法》第四条规定，基金会有义务向社会公开的信息包括：①基金会、境外基金会代表机构的年度工作报告；②公募基金会组织募捐活动的信息；③基金会开展公益资助项目的信息。基金会、境外基金会代表机构在遵守本办法规定的基础上可以自行决定公开更多的信息。这些法规上的规定是基金会公开自身信息的最基本的要求，也是基金会必须公开的基本信息。社会公众了解基金会的基本信息，如办公地址、办公电话、项目内容、运作方式等，不仅可以加深社会公众对基金会的正确认识，树立慈善捐助的信心，也为基金会营造一个公开透明的良好氛围。如美国基金会行业管理机构"基金会中心"要求基金会公开的基础信息包括七大类23个指标。其中包括基金会联系方式和使命、基金会章程、规章制度、行为准则、利益冲突应对政策、理事会成员名单，包括举报程序、管理者薪酬、多元化业务、主要雇员名单、主要雇员简历、经过审计的财务报告、投资政策、募集捐赠程序、募集捐赠的政策、可查询的捐赠数据和捐赠类别、现行经济环境是否影响募集捐赠的说明等。所有上述信息均有具体内容的链接，公众可以据此了解基金会基本情况。[①] 这种信息公开不仅做到了该国法律规定的内容，而且做到了将公开的内容扩大化、详细化。如此透明化的信息公开，基金会才赢得了未来发展的主动权。我国的大学教育基金会，其透明化可以有一个循序渐进的过程。像北京大学教育基金会、清华大学教育基金会等这些在行业内有较大影响力的大型基金会，它们的举动在业界有风向标作用，能够引导整个行业的发展方向。如果它们既能做到法律规定的基础信息的公开，也能够及时准确地报告财务情况，就能真正成为整个行业的领军者。

另一方面，公众对于大学教育基金会，更加关注的是：所得的财物从哪里来？流向何处？是如何利用的？有没有在实施的过程中出现违法乱纪的现象？……对于以上这些公众关注的问题，大学教育基金会有必要将自己的财务信息公开，否则很可能导致公众丧失对大学教育基金会的基本信任。公众信任的丧失，就会直接导致大学教育基金会资金的减少，甚至引发大学教育基金会的衰落或倒闭。以2011年中国红十字会商会的"郭美美事件"为例，2011年6月，全国社会捐款为10.2亿元，而在6月下旬发生了"郭美美事件"以后，7月的捐款额只有5亿元，减少了5.2亿元，降幅接近51%。民政部的数据统计显示，2011年6～8月，慈善组织接收的捐赠数额降幅更是达到86.6%。事件发生一个月，尽管相关人士不断地利用各种渠道进行澄清，但捐款的下降幅度之大，超乎所有人的想象。因此，大学教育基金会在公开信息之时，必须谨记社会规范，对于公众特别关注的财务信息要做到小心谨慎。基金有没有得到完整、安全的使用，所使用的资金是否按国家的有关规定将基金用于社会公益事业或教育发展事业，在资金运行时，是否实行收支两条线管理，是否专款专用。这些公众特别关注的信息一定要通过官方网站、年报等渠道重点、详细公开，并反馈给公众。此外，大学教育基金会的年度决算和有关的会计账簿、凭证等，在提交上级主管部门审核、检验过真实性以后，再向公众公示。

2. 遵循行业规范和职业道德

公众除了对基金会的年报、理事会、组织架构、项目进展等比较关心之外，最关心的莫过于其财务状况。大学教育基金会应该根据行业规范，检查

---

① 吕杰、宗文龙：《美国大学基金会的信息披露制度及其启示》，《比较教育研究》2013年第6期，第94页。

资金筹集、管理、使用环节的内控制度设计是否科学合理、是否完善有效；使用的财务制度、专员管理制度是否规范；能否保证在筹集资金、项目管理、资金使用过程中合规、合法运作，使得资金效益最大化。与此同时，大学教育基金会还要评价各项制度、政策执行是否到位，对于项目的发展是否起到了促进作用，各项控制措施是否真实地运作于业务活动当中。此外，对于年度计划、项目流程、项目运作、项目成果以及一年以来的资金募捐情况、项目内容、收支明细、未来发展计划等公众比较重视的内容，大学教育基金会也要按照行业规范一一公开。为了促进大学教育基金会行业的规范化，可以考虑将主动公开信息与基金会评级联系起来，这样可以促进那些希望以高标准赢得社会认同、在业界有所作为的大学教育基金会，主动公开尽可能多的信息。

另一方面，大学教育基金会大都希望通过多渠道筹集资金，提高高等教育质量和学术水平。大学教育基金会的这一宗旨本质可以说是高尚且纯洁的，这也注定了公众对其德道标准的高标准、严要求。这实际上也要求大学教育基金会的从业人员对于这一宗旨怀有认同感，不能打着诸如"促进高等教育事业发展"的旗号获取私人利益。如北京市教育基金会原秘书长任某侵吞业务单位返还给基金会的钱款，并截留优秀教师交给基金会的休养费用，涉案金额共计17万余元。2008年，宣武法院一审以贪污罪判处其有期徒刑10年。[1] 这是一个典型的基金会负责人盗取资金挪作他用的例子。如果基金会的从业人员都是本着自身利益的最大化，希望通过在基金会工作，接触捐赠这样的方式来获取个人利益，基金会的发展就会岌岌可危。事实上，大学教育基金会从业人员也应该有自身的职业道德标准。对于接受的捐赠，要专款专用，不谋私利，奉献教育事业，这些要求对于大学教育基金会来说，是最基本也是最必要的。

3. 遵循安全和隐私原则

大学教育基金会若一味地强调信息公开的详细、具体，就有可能会过多地透露出捐赠者和受益者的私人信息，如地址、电话、家庭背景等，这些信息很可能会对受助人和捐助人造成困扰，甚至会被某些别有用心的人或不法分子利用。基于此，大学教育基金会在公开信息的同时，也要遵循安全原则，注意所公开的信息中涉及人身财产安全的部分，要有选择地进行信息公开，

---

[1] 裴晓兰：《北京市教育基金会原秘书长贪污17万获刑10年》，《京华时报》2008年12月2日。

在保障公众普遍性知情权的同时，减少泄露一些需要保密的信息的可能性。譬如在公开受资助学生名单时，仅仅公开他们的姓名或者化名、受助人的所在学校等粗线条的信息。

另一方面，大学教育基金会在信息的公开中，有可能会涉及一些隐私。如帮扶项目就很敏感，受助人希望不对外公开自己的信息，这些要求都是合理且必需的。公开信息的宗旨是希望用透明的环境激发公众对本基金会的承认，以便于吸纳更多的资金收入，而不是简单的公开。出于保护受助人隐私的考虑而放弃一些信息的公示，也是会得到捐助人的认同，这样顾及个人情感的做法也能够为大学教育基金会赢得更多的支持。为此，大学教育基金会在信息公开时，应本着善意、尊重的原则，向这些相关人征求意见，看其是否同意将相关的一些基本受助信息公开出来。如果不愿意的话，可以在公开信息的时候将这些情况隐去。对此，大学教育基金会可以借鉴联合国儿童新闻报道伦理原则①，建立自己的信息公开隐私原则。其一，在任何情况下必须尊重每个受助人的尊严和权利。其二，每个受助人的最大利益高于一切。在宣传受助人所在项目的成果时，捐助人的利益放在首位。其三，相关的宣传可能对受助人带来政治、社会和文化影响，应咨询对受助人处境最为了解并最有能力对其情况进行评估的人士。其四，不发表任何可能置受助人于不利情况的报道或者图片。即便该报道或图片已对受助人的身份进行修改、模糊处理或者匿名，也不能予以发表。

4. 遵循效率原则

在大学教育基金会的实践运营过程中，我们常常会遇见信息公开存在滞后或延迟的情况。基金会本周举行的活动，新闻稿常常要到下周才能出来，涉及其中的财务信息，下个月也不一定会公示。这种现象的存在，意味着基金会信息传递不及时，对于公众的关注或质疑也没有及时地回应或反馈，这往往会将事情放大化，严重损害基金会的公信力。

真爱梦想基金会作为行业内的一家五星级基金会，在信息公开的效率上，值得整个行业学习。如在上海真爱梦想基金会的官方网站（如图1所示）上，它将自己的每个月的工作内容制成报表，内容包括财务信息、业务内容、项目推广、基金会内部建设、基金会大事记等众多关键信息。每个月公示一次，每一个季度还有一个总汇报，这样专业负责的精神，使得业内业外都对其赞

---

① 联合国儿童基金会：《联合国儿童新闻报道伦理原则》，http://www.unicef.cn/cn/index.php?m = content&c = index&a = lists&catid = 152，2017 – 11 –24。

赏有加。此外，该基金会还聘请了以中国科学院农业政策研究中心、北京大学中国农业政策研究中心、陕西师范大学教育实验经济研究所，以及以斯坦福大学为主的农村教育行动计划（REAP）团队来对该项目的实施效果开展第三方独立评估。这样专业的操作报告，为其赢得了很高的社会声誉和更多的发展机会。

图1 上海真爱梦想基金会官网"公开透明"截图（部分）

（三）信息公开的支持体系

1. 完善基金会理事会的组织建设

与其他基金会一样，大学教育基金会提供的产品具有公共属性，背负着公众的道德期待，为此，要提高基金会运营效率，提高基金会社会公信力和品牌知名度，一个合格的理事会在引导上起到了必不可少的作用。要加强理事会的监督审核职能，使之扮演好一个监督、管理的角色。在信息公开方面，大学教育基金会的理事会必须自纠自查，审核本基金会内的信息发布内容，看是否符合规范，对不符合规范的内容提出整改意见，并勒令限期整改。

2. 设立基金会信息公开成本的专项预算

信息公开的成本也是制约信息公开的一个因素。可以在年度预算内规定信息公开的最低预算。当前，大学教育基金会受人手不足、资金缺少等硬性条件的制约，往往不能做到及时、准确公开各类信息。对于支出公开信息的预算，可以安排专人负责此项目，达到及时准确公开信息的目标。大型的项目涉及的信息很多，这时可以考虑根据项目的规模、项目的预算等指标，按比例从项目经费中获得公开本项目信息的预算，加派人手，促进信息及时有效公开。目前，在大学教育基金会的专项预算中，并没有将信息公开的成本详细地列出，更多的是放在行政支出中。随着未来大学教育基金会越来越需要公开透明，信息公开的专项支出相信很快也会成为公示的一个组成部分。

3. 强化对基金会的全程跟踪审计

大学教育基金会每年的财务报表，都要请第三方的会计事务所对其进行全程跟踪审计。根据拟定的参照体系对有关基金会进行审计，能够及时发现风险，提前发出警报，起到预警作用，将问题扼杀在摇篮里；它可以披露捐赠者、受益者等利益相关群体的违规违法行为，保证社会经济的正常运转；它可以对审计出的违规违法行为进行由表及里、由浅入深、由个性到共性、由微观到宏观的深层次分析，从而抵御大学教育基金会在运作过程中可能存在的破坏社会道德伦理和降低行业公信力的行为。

当然，以目前大学教育基金会行业的发展情况来说，苛责每一个基金会都要达到可以接受全面审核的水平，太强人所难，可以采取分级分步骤进行的办法。如针对资产过亿的大学教育基金会，它们的发展领先行业水平，可以接受较为严格的考验，在它们中间先行开展全面审计，5~10年之后，当整个行业都已经接受这样的审计制度之后，再推广到其他大学教育基金会。

4. 建立基金会信息的预警机制

仅告知大学教育基金会应该要公开哪些信息是不够的，若大学教育基金会没有完成法律的要求，必须接受一定的处理，这样才能够保证大学教育基金会将信息披露做到常态化、公开化和透明化。这也就要求国内就此建立起完善的预警机制，未达到要求的大学教育基金会，必须在规定的时间内进行整改，如此，才能保障基金会的良性发展。

事实上，如果大学教育基金会没有尽职向社会公众公开自身的项目信息，公众是没有很好的突破口来寻找到这些信息的。为了保障公民的知情权，提高基金会的透明度，建立预警机制是一个有效的方法。目前，中国还没有建立起一个完善的基金会预警机制。面对基金会的"不公开"，民间也是议论纷纷，使基金会的社会公信力屡遭挑战。如在2012年，中华少年儿童慈善救助基金会被爆出其13个专项基金自成立以来支出一直空白，其中一名为"少儿健康专项基金"的项目没有任何直接用于受助人的款物，最大项目支出60万元竟是用于宣传推广。面对这样的情况，无论中华少年儿童慈善救助基金会给出怎样的解释，都不能掩盖专项资金没有支出的事实。如果基金会行业中有一个明细的预警机制，一旦信息公开不合格或者缺失，就会责令其改正；

基金会也能够很好地进行预警，应该很早就能发现自己的一个专项基金没有支出，就不会犯下这么大的失误；至于公众，若能从中获得翔实的数据，也不至于胡乱猜疑。

5. 设立基金会信息分级公开的参照系

可以从信息公开的内容、质量、途径、模式、监督机制和技术要求等维度，对大学教育基金会的信息公开进行审核，并形成一个参照体系。这不仅能够检测各个大学教育基金会信息公开的质量，激励它们向高水平的行业领袖看齐，也能提高公众的满意度。对于在信息审核中有突出表现的大学教育基金会，可以在星级评定中给予更高的等级评价。以下是在信息系统审计过程中使用的一些技术和方法，可供大学教育基金会参照使用。

①问卷调查。了解对方基本情况和管理制度，确定风险和控制措施。②访谈。与主要管理人员和相关业务人员面谈，了解和讨论与被审计领相关的政策制定和执行情况。③检查文档。检查是否存在相关文档以及文档的完备性、合理性和及时更新、实施情况。检查控制制度的执行情况。④实地观察。查看设备和工作现场，检查数据中心，获取物理环境和实际业务执行情况的有关信息。⑤抽样分析。利用业务的抽样数据，检查和验证重要业务控制的实际执行情况，确定业务数据的真实性和完整性。

6. 信息分类分级公开的公共平台建设

目前，国内虽然有一些基金会信息交流的平台，但还没有建立一个正式的、有公信力的公共平台，这个平台应该坚持公益性、免费性、自主性。让每一个基金会，不论年资多少、资产大小、项目多寡都能够平等地对话、交流，这才能促进整个行业的良性运转。对大学教育基金会来讲，可以尝试选择一个较为发达的网站平台，作为基金会的公共信息的免费共享平台，一方面，方便行业内的相互交流，促进彼此的合作和发展，另一方面，也可以激励基金会自身做大做强。这样一个沟通平台的建立，一方面使大学教育基金会行业内部可以相互交流借鉴，另一方面使公众有一个了解、关注大学教育基金会的渠道。

在基金会信息交流的平台建设方面，基金会中心网（http：//www. foundationcenter. org. cn/）是截至目前基金会行业内部较为成熟和发达的一个网站。几乎全国所有的基金会都会选择在这样的一个网站上发布和自己有关的信息。圈外的公众会选择这个网站来增加自己对基金会的了解，业内的人士会在此观察同行的动态。2012 年末由基金会中心网发布的"中国基金会透明指数2012 排行榜"，中国红十字基金会名列第一。2013 年初，由中民慈善信息捐助中心发布的"2012 年度中国慈善透明报告"显示，以公募基金会为例，组织的年度捐赠收入量与其透明度有明显的正相关关系，越是规模大的组织，越重视信息公开工作，透明度越高。从以上例子可见，一个良好的能让双方交流的平台有多么重要，不仅提供了行业内的沟通渠道，也让公众得到了有说服力的客观认证。

参考文献

［1］陈岳堂：《非营利基金会信息披露质量评价及其治理研究》，湖南大学博士学位论文，2007。

［2］杨平波：《产权视角下非公募慈善基金会信息披露探讨》，《财会月刊》2010 年第 15 期。

［3］王名主编《中国非营利评论》第二卷，社会科学文献出版社，2008。

［4］颜克高：《基金会信息公开监管制度的适应性——一个制度经济学视角的分析》，《财经理论与实践》2010 年第 31 期。

［5］马伊里：《关于我国基金会能力评估指标体系的研究报告》，民政部政策研究中心，2012。

［6］刘忠祥：《基金会的公开透明——社会选择的必然要求》，《社团管理研究》2011 年第 5 期。

［7］陶进传、刘忠祥：《基金会概论》，中国社会出版社，2011。

［8］张立民、李晗：《非营利组织信息披露与审计——基于汶川地震中 16 家全国性基金会的案例研究》，《审计与经济研究》2011 年第 3 期。

［9］康晓光、冯利、程刚：《中国基金会发展独立研究报告（2011）》，社会科学文献出版社，2012。

［10］杨维东：《我国大学基金会治理的现状与对策》，《中国高等教育》2014 年第 21 期。

大学教育基金会捐赠收入的影响要素分析

莫蕾钰

　　随着大学功能日趋复杂、高等教育成本上升、世界高水平大学竞争加剧，大学对发展资金的需求不断增强，而全球公共财政对高教系统整体支持力度走弱，大学对社会资源依赖程度显著增加。大学教育基金会，作为大学募集与管理其社会捐赠的非营利组织应运而生。利用大学教育基金会运作来筹集发展资金已成为西方发达国家发展高等教育的共识，如美国大学基金会2014年、2015年和2016年获得社会捐赠分别达到375亿美元、403亿美元及410亿美元，占大学总收入的25%左右，对其大学发展起到举足轻重的作用，并为其他国家大学的经费筹集提供了思路与启示。近年来，得益于政府政策与社会支持，我国大学教育基金会的数量与规模迅速扩展。截至2016年底，我国注册的大学教育基金会已达457家，净资产约合为290.5亿元，吸收社会捐赠累积达810亿元，展示出巨大潜力，正成长为我国大学逐渐重视的长期经费筹集渠道，也为我国推行"双一流"大学建设拓展了经济来源。

　　但对比美国大学基金会经验，我国大学教育基金会社会捐赠总规模有限、校友捐赠率低下，有较大提升空间；同时，与我国具传统优势的医疗、扶贫慈善组织比，大学教育基金会虽然近年来发展较快，但起步晚——最早设立的清华大学教育基金会至今也仅有20余年运营经验；且由于多是非公募基金会而筹资渠道受限，出现了危及其存续的筹资问题。一方面，大学教育基金会整体发展水平不均衡，除依托实力强及知名度极高的大学，其筹资规模较大（不足当前已设立大学教育基金会的10%）以外，绝大部分大学教育基金会筹资规模有限，还有占据国内接近3/4的院校甚至未设立基金会；另一方面，当前我国大学教育基金会的筹资工作过度倚重校庆等大型活动，缺乏长期筹资战略及计划，导致筹资效率低下，甚至难以为继。

　　如能准确辨识潜在需求、充分利用大学及基金会独特资源优势、把握好经济政策时机、建立长期筹资战略、灵活借鉴国内外基金会的筹资技巧，则可帮助我国大学教育基金会突破筹资困境，提升效率，不但解决其存续问题，还能为所属大学提供切实的财政支持。本文旨在探讨影响我国大学社会捐赠的因素、探索有效提升大学教育基金会筹资效率的渠道，为大学教育基金会的可持续发展提供参考与建议。

基本框架

如图1所示，本文拟从个人、组织、环境三个层面挖掘影响我国大学教育基金会筹资规模的因素，以期为我国大学提升筹资效率提供参考，并运用我国大学教育基金会的基础数据进行分析与建模，以期为大学教育基金会的筹资策略优化提供精准建议，最终实现校友捐赠收入的持续增长与大学教育基金会的稳定发展。

本文将分五部分共同完成该项任务，其中本部分为基本框架，论述基本研究内容及各部分主要研究内容。

本文第二部分将从个人层面进行深入分析，将通过对人口统计变量、在校经历、校友经历的分析来展示我国大学教育基金会社会捐赠的个人层面的可能影响要素，根据已有研究及数据可获得性的限制，以我国大额捐赠校友为研究样本。

本文第三部分将从组织层面进行深度剖析，将通过大学及大学教育基金会两类组织来共同解析影响我国大学教育基金会筹资规模的组织层面的要素。由于我国大学及基金会是大学教育基金会可依托的根本组织资源，希望通过对大学及其所属基金会的职能及运营的分析较为全面地展示大学教育基金会社会捐赠的组织影响要素；同时，也将论述筹资策略、观念等可能对大学教

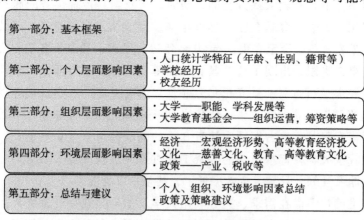

图1 本文分析基本框架

育基金会筹资规模产生影响的要素。

本文第四部分将从环境层面进行阐述与分析，将从经济、文化、政策等方面来展示目前我国大学教育基金会的整体发展环境。

本文第五部分将总结三个层面的影响要素，并依据调研结果给予一定的政策、策略建议，以期能更准确地为我国大学教育基金会筹资效率的提高提供参考。

个人层面影响因素

近两年，中国人民大学 80 年校庆及浙江大学 120 年校庆又赢得了校友多笔过亿元捐赠，其中遂真投资 11 亿元的捐赠再次刷新校友捐赠纪录，再次引发社会关注。依此推断，我国大学累计接收校友捐赠总额已突破 230 亿元，其中清华大学、北京大学、武汉大学、电子科技大学、复旦大学、浙江大学、中国人民大学七所大学校友捐赠突破 10 亿元，至少 39 所大学校友捐赠突破 1 亿元，其中大额校友捐赠占据比例高于 50%。截至 2016 年底，全国大学累计捐赠在 1 亿元以上的校友（含集体）有 50 余人、捐赠 1000 万元以上的校友有 360 余人、捐赠 100 万元以上的校友高达 1300 人。[①] 大学校友捐赠已成为 2014 年以来我国百强慈善家最为青睐的慈善方式，其捐赠额度的 30% 以上流向大学。[②]

一 文献综述

已有研究对捐赠个人影响因素的研究，尤其是大学教育基金会筹资研究，主要集中于捐赠校友的人口统计变量、校友在校及毕业后的校友经历的探讨。

自 20 世纪 70 年代中后期起，探索人口统计变量对捐赠决策影响的研究便广受推崇。一系列研究成果表明人口统计变量（如年龄、性别、宗教信仰、收入水平、受教育水平、婚姻状态、孩子个数、家庭生命周期等）、生活方式（过往捐赠史）及地理统计变量（如离大学属地距离）等因素都会对校友个人捐赠决策产生影响。[③] 但也有部分学者、部分时段和不同院校的实证调研没

---

① 《2017 中国大学校友捐赠排行 清华大学 25 亿雄居第一》，人民网，http://edu. people. com. cn/ GB/n1/2016/1229/c409161 - 28987018. html。

② 根据胡润研究院《2017 胡润慈善榜》数据整理。

③ Sargeant, A. & Woodliffe, L. , "Gift Giving: An Interdisciplinary Review," *International Journal of Nonprofit and Voluntary Sector Marketing*, 12 (2007): 273 - 290.

有发现显著相关关系。这类研究多为英、美、加等校友捐赠较发达国家的数据分析，国内虽有研究机构就校友捐赠及大额校友捐赠进行过排名，但多为简单排序或有限个案的呈现，并未就具体统计变量进行分析。

还有研究揭示了校友在校活动经历与校友活动经历对其捐赠的影响。总的说来，校友对大学的看法以及对校友经历的满意度与参与度都会影响其捐赠行为，校友长期、紧密的母校链接会让他们的捐赠更加慷慨。[1] 一方面，校友对在校期间教学实践及科研参与度[2]、社会实践参与度[3]，以及与教职工、同学的互动及频率[4]会影响校友对大学的归属感，从而影响校友捐赠决策及捐赠额度。其中，有研究探讨了助学贷款、奖学金、助学金对未来校友捐赠的影响。[5] 另一方面，校友毕业后参与校友活动的频率、校友联络模式、与教职工的互动程度等也对校友捐赠行为有影响。[6] 研究发现校友活动的项目经费与校友捐赠及志愿行为有正相关关系。[7] 我国也有学者通过250人的网络问卷分析，构建了社会捐赠决策的逻辑回归模型，分析指出了可能对我国捐赠决策有显著性影响的9项因素：捐赠者收入、年龄、受教育程度、捐赠者社会地位、捐赠意识、捐赠者对制度环境的满意度、公众捐赠意识、大学捐赠工作地位和大学财政状况。[8] 此外，国外还有许多校友家庭与大学有深厚渊源，即家族中有两个或以上成员继续就读于该校的，就读人数越多越有捐赠意愿。该类研究建议一般涉及校友情结的培育及捐赠意识的培养。此类实证研究在国外为校友人群的调研，质疑存在已毕业校友对在校经历的记忆可能模糊，

① Korvas, R. J. (1984), "The Relationship of Selected Alumni Characteristics and Attitudes to Financialsupport at a Private College," Doctor Aldissertation, University of Toledo.

② Amber, L. &David, B., "Optimizing Engagement Brand Identification and Alumni Donation Behaviors," *International Journal of Educational Management*, 6 (2014): 765 –778.

③ Monks, J., "Patterns of Giving to one's Alma Mater among Young Graduates from Selective Institutions," *Economics of Education Review*, 22 (2003): 121 –130.

④ Robert, E., Kenneth, I. &Grace, M., "Exploring Student Giving and Its Link to Young Alumni Donations After Graduation," *Nonprofit and Voluntary Sector Quarterly*, 4 (2015): 755 –774.

⑤ Dugan, K., Mullin, C. H. and Siegfried, J. J., "Undergraduate Financial Aid and Subsequent Alumni Giving Behavior," Williams Project on the Economics of Higher Education Discussion Papers, 2000, DP –57.

⑥ Weerts, D. &Ronca, J., "Characteristics of Alumni Donors Who Volunteer at Their Alma Mater," *Research in Higher Education*, 3 (2008): 79 –121.

⑦ Okunade, A. A., "Graduate School Alumnidonations to Academic Funds—micro Dataevidence," *American Journal of Economics and Sociology*, 55 (1996): 213 –229.

⑧ 罗公利、刘惠明：《我国高校社会捐赠影响捐赠者捐赠的因素研究》，《哈尔滨工业大学学报》（社会科学版）2005年第5期，第80～85页。

且样本多集中于某个院校的问题。而在国内是对在校本科生的捐赠意愿调研，也常受到诟病：一方面，捐赠意愿与实际捐赠行为存在较大差距，且本科生大多未实现财务自由，当前捐赠能力不足、未来发展尚不明晰；另一方面，由于受到攀比等心态影响，很可能出现捐赠意愿偏高的现象。目前没有见到对校友的追踪调研，这也许与我国校友工作不完善、数据隐私性过强、实证研究不足有一定关系。

二 我国现状研究与分析

1. 研究的取样及方法

本研究选取 2000~2017 年我国累计捐赠 1000 万元以上的校友，其中选取的大学为大陆地区院校，不包括港澳台地区院校，选取的校友包括在该院校具有就读经历（包括本、硕、博各阶段，包括专业硕士等非全职学习经历）或在该校具有实际工作职务的（含在校编制内工作的教师、行政人员）中国国籍大额捐赠人员①，不包括仅捐赠但未就读过该校的企业家（也不包括未就读的名誉学位获得者）。本研究不区分以校友个人或以校友集团名义的捐赠，不区分实际到账捐赠与承诺捐赠，仅分析单笔名义捐赠校友不超过 3 人的实名个人或群体，对于校友群体数量不明及缺失信息过多的样本也进行删除处理②，共得到最终样本 167 个。本研究通过网络搜索校友捐赠排行榜及人工筛选各类相关信息（含校友的新闻、网络贴吧信息等）进行分析，就大额捐赠校友特征进行分类整理，以期获取这部分人群的基本人口统计特征及捐赠倾向等数据。

2. 研究结果分析

从基础数据来分析，我们发现：筛选的 42 名绝大额捐赠校友（此处为捐赠 1 亿元及以上）总捐赠额度达到了 82.08 亿元，占到校友捐赠总额的约 39%③，人均捐赠额达到 1.95 亿元；得到绝大额捐赠的大学总数为 19 所，其中 14 所为我国当前一流大学建设大学，除杭州师范大学、深圳大学外，其余 17 所均属我国一流学科建设大学。最高捐赠校友是来自电子科技大学的熊新

---

① 如黄志源虽祖籍为福建泉州，但已入印尼籍，则不计入分析样本内。

② 如遂真资本前不久对浙大捐赠 11 亿元，但该校友企业持股者过多，故不在本研究的样本内，以家族名义捐赠的如杨国强家族亦不统计在内；而如匿名捐赠的校友亦不在本研究对象当中，包括 2017 年 9 月 28 日电子科大某神秘校友的 3 亿元捐赠亦没有纳入本研究的分析样本内。

③ 此处校友捐赠总额按 210 亿元计算（= 目前校友捐赠总额约 230 亿元 - 遂真投资为浙大校友捐赠的 11 亿元 - 电子科大校友匿名 3 亿元 - 黄志源捐赠 5 亿元 - 其他约 1 亿元）。

翔和刘强，其捐赠额为 10.3 亿元；单人捐赠最高额，则是来自北京大学的黄怒波校友，其累计捐赠额已达 10.14 亿元；收到绝大额捐赠数额最大的为北京大学，其校友黄怒波、刘水、陈发树三位校友累计捐赠额达到 12.06 亿元；而从大额捐赠校友人数上看：中国人民大学收到 6 名校友、清华大学收到 5 名校友、浙江大学收到 5 名校友 4 笔（其中 1 笔以两名校友名义捐赠）超过 1 亿元的捐赠。

从人口基本信息分析发现，最年长的慈善家为朱敏 69 岁，最年轻的捐赠者为 80 后王麒诚、吴艳夫妇，人均年龄为 51.8 岁，比我国百强慈善家平均年轻 3.2 岁[①]；而大部分的捐赠人是农村背景，仅 4 名校友有明确的信息显示来自城市，没有信息显示这部分捐赠者具备"富二代"背景，这也许也是他们捐赠的重要原因——"他们仍然相信知识改变命运"。[②] 而其中仅有徐郁清、侯莹、吴艳三人为女性，且均为丈夫的共同捐赠人，这与女性商业领袖有限不无联系，而慈善女富豪何巧女虽 2015 年慈善捐赠额已达 29.27 亿元，但由于捐赠面过于广泛没有进入绝大额校友捐赠榜。而绝大额校友的教育水平大都达到研究生（含后期进修），其中从事投资行业或是学习经济学专业的一般具有博士学位，且就其从业情况看，绝大额校友属于私营企业家，开创的企业基本在高科技、投资、生科环保行业，且公司总部绝大部分位于北京，均为行业知名的大规模企业。仅邹刚一人以专家形象——美洲投资银行首席经济学家出现。

相比过亿元捐赠的校友，千万级捐赠校友的身价及知名度略低，网络搜索得到的信息相对模糊，但经过统计仍能得出以下结论。

大额捐赠的主要校友为企业校友，其捐赠比例较西方慈善家低。

一方面，我们会发现：几乎毫无悬念的是，大额捐赠校友几乎均为企业家，即便是大学教师或院士校友，也同时拥有自己的企业。如被誉为"院士首富"的中国工程院院士、南中医校友吴以岭，名下同时拥有研究院、民营医院和药企（仅药企价值就在 200 亿元以上），在 2014 年向母校捐赠 1000 万元；再如游志胜和杨红雨作为四川大学计算机学院教授，同时也是川大智胜软件股份有限公司的董事长、董事，两位教授 2016 年分别为川大捐赠 5000 万元（共计 1 亿元）；华中科技大学武昌分校董事长金国华以华中科技大学 EMBA 校友身份捐赠给母校 1670 万元；而没有明确企业背景的大额捐赠校友

---

① 胡润慈善榜的百强慈善家 2012~2017 年数据显示，其平均年龄为 55 岁，且多年几乎没有变化。

② 《大学是从中国百名慈善家那里得到好处的最大赢家》，《时代报》2017 年 6 月 8 日。

仅有 2011 年王选院士及陈堃銶教授 1000 万元的捐赠，以及 2012 年经济学家华生偕夫人作家铁凝为母校东南大学捐赠 1100 万元。

另一方面，就公布的有限的几位捐赠企业家校友捐赠额度看，大额捐赠校友的平均捐赠比例（捐赠额/身价）远低于国外水平，而资产扩张速度超过其捐赠增加的速度[①]；但不乏几位校友的承诺捐赠额度甚至超过其身价的 70%。

目前大额捐赠校友多为 50~60 年代生人，通常具有研究生学历，出生于农村。

大部分慈善校友为出生于 50~60 年代的高净值企业家——这与胡润慈善榜得出的富翁人群较为相似：大额捐赠最积极的人群平均年龄为 55 岁，且多年变化不大；而 2016~2017 年也有高科技企业——如互联网行业相关的 70 后及 80 后代表刘强东、姜逸磊（Papi 酱）等青年一代的出现，体现出年轻慈善家的崛起及其对大学的支持。[②] 而大额捐赠校友多在 70~80 年代入学，即便我国大学当时录取率低下[③]，但许多大额捐赠校友还能一次性取得学术性研究生及以上学位，明显高于同期普通民众和其他富豪的平均教育水平，堪称时代精英。

而可查询到籍贯数据的大额捐赠校友中，出生于农村地区的超过八成，在一定程度上反映了当时我国高等教育的公平性，也正是因为大学经历完全改变了这批富豪后期的发展轨迹，如胡润在公布其富豪排行榜时评论"中国的亿万富豪层次来自平凡背景，所以他们认为可以通过教育来改变社会"。而女性大额捐赠者屈指可数，且多数也是与丈夫以两人的名义共同捐赠某院校，这是由女性达到亿万元及以上身价的富豪相对比例较低决定的，并不能说明女性的捐赠意愿更低下。

就目前我国大陆地区的大学看来，培养的境外大规模企业掌门人及高管中有大额捐赠的校友还相对较少，且其公司总部多位于香港（见表 1）。

表 1　境外校友单笔捐赠前 10 名

单位：元

捐赠人	公司	公司总部	受捐学校	捐赠金额
徐增平	创律集团	中国香港	清华大学	2 亿
黄志源	印尼金光集团	印尼	北京大学	9000 万

---

① 据参考消息网报道，外媒称，中国资产上十亿美元的富豪人数每年增长 30%~40%，但与欧美相比，他们的慈善捐款仍然只是九牛一毛。联合国开发计划署（UNDP）的一份新报告发现，目前中国富豪的捐赠额只有美国或欧洲的大约 4%。

② 《2016 中国捐赠百杰榜发布马化腾成新首善》，新华网，2017 年 1 月 13 日。

③ 在中国，1990 年高等教育毛入学率增长后仅为 3.1%，而知名高校录取率更低。

续表

捐赠人	公司	公司总部	受捐学校	捐赠金额
荣智健	中信泰富	中国香港	天津大学	5306 万
王晨	汉福生物	荷兰	山东大学	3000 万
张曦	俊华控股	中国香港	厦门大学	3000 万
邱季端	华星投资	中国香港	北京师范大学	2500 万
梁亮胜	丝宝集团	中国香港	武汉大学	2000 万
邹锡昌	昌盛集团	中国香港	中山大学	2000 万
彭磷基	祈福	中国香港	暨南大学	2000 万
黄朝阳	中骏集团	中国香港	厦门大学	2000 万

大额捐赠校友同时也倾向于捐赠其他公益事业，如中小学教育、救灾。

捐赠是一种习惯，对母校捐赠的企业家往往还有其他捐赠经历，包括其他大学、中小学，以及教育领域外的慈善救灾等活动捐赠。但我们会发现，一般学术界校友或是高新技术企业校友，在资金更为有限的情况下，会优先捐赠大学。而同时，这部分捐赠者不只爱捐赠自己的母校，也会考虑到可能有技术合作的院校，在企业财力允许的情况下，一般还会捐赠声誉较高、在企业业务开展地、未来合作可能性较高的大学。

大额捐赠校友爱好声誉更佳的学校，而这类学校往往是自己就读的最高层次的院校。

大额捐赠校友捐赠的几乎都是国内"211"以上大学，绝大部分是"985"大学，仅有个别特例（共 8 例非"211"大学），这从一个侧面也反映出我国名牌大学的培养质量有绝对的优势。大部分校友在本科就能就读于"211"及以上大学，而即便一部分校友在本科阶段就读的院校低于此类，也在后期研究生阶段读取了更优的院校。总体看来，大额捐赠校友会优先捐赠更为知名的院校——而这往往可能是他们的研究生就读院校，而非其本科就读院校，如两所（或三所）院校同样知名，则可能均有捐赠。

校友更喜欢在校庆大型周年庆典时捐赠，最常捐赠的时期为校庆 100 年、110 年和 60 年。

大额捐赠校友往往在大型校庆期间捐赠，这与校友"衣锦还乡"的宣传效果及大学教育基金会的设计不无联系；而我国的知名大学也相对历史悠久，近几年不少重点大学已开始陆续过百年。但需要注意的是，作为筹资大户的特例，中国人民大学 2017 年刚满 80 周年。而近两年，企业家捐赠大学的积极性走强；同时大学校友会及基金会，尤其是名校的相关组织对校友资源逐步重视，工作专业化程度增强，不少大学教育基金会设有校庆筹款策划，引导大额捐赠屡创新高，过亿级捐赠频现，让传统慈善机构自叹弗如。

精英校友最多的专业为工商管理专业；而部分大额捐赠校友从事的行业与捐赠大学的相关专业联系较为紧密。

我国最盛产亿万富豪的学科专业为工商管理专业，在 40% 以上，而亿万富豪校友越多则可能大额捐赠的校友也相对越多。但同时我们发现，学习农、医、建筑、金融类的校友，后期创业也多在农林、医药或医疗器械、建设、金融保险类的行业，最终成为行业佼佼者并进行捐赠的比例也相对很高。但也不排除学习人文类专业的校友最终创业大成而后进行捐赠的，如我们亦发现历史、文学类校友也有后期创业成功而返校捐赠的，如北师大校友邱季端。大额捐赠校友一般企业规模较大，均属业内的佼佼者，到后期几乎都会一定程度地涉及房地产行业，符合当时经济形势与热点的选择，都完成了资本的进一步增值。

捐赠校友中鲜有谈及受到学校明确资助的，有勤工俭学、实习经历的较多；大额捐赠校友大都是校董或某区校友会高级干部。

大额捐赠校友很少在接受各类访谈中论及接受过母校各类资助，这与我国 90 年代前大学录取率低、不收学费、经济生活平均水平相对较低有关，许多在校大学生常常通过兼职能够实现自立。大额捐赠校友很少有论及自身具有学生干部身份。而相反，部分大额捐赠校友会谈及他们在学校期间的勤工俭学的经历。没有确切的数据支持大额捐赠校友的学习成绩较好，但可以肯定他们非常珍惜在校期间的学习与成长机会，这在多份相关校友的新闻采访稿中均有体现。

大额捐赠校友大都会成为名誉校董，或所在区域的校友会会长、副会长或至少为理事，由于很难查明这部分校友是在捐赠前或是捐赠后才接任校友会职务的，就我们推断：部分校友由于具备该类身份而在情面上必须捐赠，而亦不排除部分校友是由于捐赠后树立了一定威望，而后走上相关校友会职务的。

大额捐赠校友多有长江商学院的 EMBA 学位，相当比例的大额捐赠校友都会担任学校经管类专业名誉教授。

我们的分析发现，大额捐赠校友中明确显示已具有或正在研读长江商学院 EMBA 学位的至少有三成。这部分校友大多已拥有其他专业的研究生学位，研读长江商学院的 EMBA 一方面是为增进在经济管理方面的知识与经验——该校有国际化知名教授团队，另一方面则更为重要——走入精英的交流新平台。长江商学院实际上已成为知名企业家身份象征的一部分，可以结识国内顶尖的企业家群体。而长江商学院以社会责任感和人文关怀为重要考量。① 这样的环境也促进了长江校友的不断捐赠。而我们会发现大约三成大额捐赠校友会在后期成为该校经管类专业的名誉教授，这与企业家以自身经验回报母校、追求社会声誉的需求分不开，对学校、企业家自身及其企业都有正面的宣传和促进作用。

三　小结

当前大学教育基金会研究中有关个人层面的筹资影响因素主要讨论的是校友捐赠的影响因素，包括人口统计学因素、校友在校经验及校友经验。本节以我国捐赠 1000 万元以上的大陆地区大学校友 167 名为研究样本，以期展示当前我国大学捐赠校友的个人层面影响要素，发现：大额捐赠校友主要来自企业，多出生于 50～60 年代的农村，具备研究生学历，有捐赠习惯；一般捐赠声誉更佳的母校，并多在校庆期间捐赠，且从事行业多与大学所学学科相关；捐赠校友一般在校期间有勤工俭学与实习的经验，成为校友后多在当地校友会任职；多位校友有 MBA 或 EMBA 经历，尤其有长江商学院的 EMBA 学位，且常常以自己卓越的从商经历与校友身份最终成为学校商科的兼职或名誉教授。

组织层面影响因素

大学及其所属基金会的各类资源是大学基金会可以依赖的核心资源，大学希望获得社会持续、稳定的捐助，而采用提升大学影响力的方式来获取更多资源基本是社会普遍认可、而大学已然在不断实践的方式。但具体看来，大学的影响力在多大程度上影响到校友捐赠？大学教育基金会又能如何影响潜在捐赠者？提升社会捐赠最有效的方式是什么？虽然海外研究已积累了大量经验，但要切实改善我国大学捐赠的效率效果，仅靠模仿还远远不够，还需要结合本地的实践数据来进行归因分析，为大学找出促进校友捐赠的中国道路。本节希望通过建立结构模型，以实证数据展示大学高校影响力及大学教育基金会运营能力对校友捐赠的作用路径，从而对大学及其基金会相关工作提出策略建议，为未来提升大学的存续能力，将捐赠发展为大学持续、稳

① 《长江商学院院长寄语》，http://www.ckgsb.edu.cn/about。

妥的收入来源提供参考。

一 文献综述

（一）大学影响力对社会捐赠的影响

研究支持大学教育质量、管理运营、名望声誉等对大学捐赠收入有影响。罗志敏认为，大学以知识技术与社会形象为优势资源，增加校友捐赠需要依靠大学的服务及声誉的改善。[①] Marr 研究显示大学教师水平、软硬件设施条件、学生规模、师生比等与教育质量相关，对大学教育基金会筹资规模产生重要影响。[②] 包海芹发现美国私立大学筹资能力较强，大学可授予学位水平越高，办学声誉越好，其筹资能力越强。[③]

（二）基金会运营对社会捐赠的影响

国内外研究肯定了慈善组织运营对捐赠行为的影响作用。学者普遍认同捐赠是精英分子为实现社会效益最大化的行为，高效的筹资与公益服务才能吸引捐赠者"购买"捐赠产品。慈善组织的效率、稳定性、信息公开完整及声誉是影响捐赠者捐赠行为的四大因素。[④] 而慈善捐赠程度和慈善组织当期的网络财务与绩效信息有一定的正相关关系。[⑤]

现有文献中涉及慈善组织捐赠收入的组织经营管理影响因素有：信息披露程度、资产规模（注册资产及净资产）、公益支出、登记机构（民政部或地方民政局）、政府资助水平、投资资产、投资收益、成立年限、收支控制能力、组织运营活性（收支与资产规模比例）、管理支出比、慈善价格等。调查发现：捐赠者认为绩效财务报告的揭露及其完成质量对捐赠决策来说非常重要。[⑥] 对我国 2008～2010 年捐赠收入前 100 名的 406 家基金会分析发现：基

---

① 罗志敏：《大学校友问题研究：当代挑战与范式转换》，《教育研究》2014 年第 6 期，第 53～57 页。

② Marr, K., Mullin, C. &Siegfried, J., "Undergraduate Financial Aid and Subsequent Alumni Giving Behavior," *The Quarterly Review of Economics and Finance*, 45 (2005): 123 – 143.

③ 包海芹：《美国高等教育机构社会捐赠状况分析——以教育资助委员会的调查数据为例》，《高等教育研究》2015 年第 8 期，第 100～109 页。

④ Parsons, L. M., "Financial Reporting Factors Affecting Donations to Charitable Organizations," *Advances in Accounting*, 23 (2008): 263 – 285.

⑤ Saxton, G. D., et al., "Web Disclosure and the Market for Charitable Contributions," *Journal of Accounting and Public Policy*, 2 (2014): 127 – 144.

⑥ Hyndman, N., Jones, R., "Good Governance in Charities," *Public Money and Management*, 3 (2011): 151 – 155.

金会管理效率、成立年限对捐赠收入有显著影响。[①] 而非营利组织营业毛利越高，表明组织在重大不可预期的财务困难中越有能力获得较大的潜在盈余，越可能获得捐赠，成立时间较长、组织总资产较高、财务稳定性越大的慈善组织捐赠收入更高。Gordon 和 Khumawala（1999）以及后期 Parsons（2008）建立并修正的回归模型验证了募捐价格（效率）、筹款费用（成本）、组织年限对组织募捐额度的正向影响；慈善组织应通过其经营效率、可靠度、经营成果的信息披露来释放能力信号，吸引捐赠者投入。亦有研究证明学校对捐赠资金的合理使用非常重要。[②] 慈善组织的服务范围、组织信誉、筹款宣传、组织信誉都会影响捐赠者的捐赠决策。[③] 国内实证数据分析证明信息透明度较高、服务价格较低、筹资费用较高、资产总额较高且教育助学类的公益基金会，捐赠收入更高。[④] 尽管目前亦有文献针对国内外的大学教育基金会运作进行分析，但用实证建模手段、从组织运营角度及我国国情及实际数据出发，提供增加捐赠收入的有效策略的文章还很少见。

二 我国现状研究与分析

依据以上的文献综述，我们发现已有研究主要分析的大学教育基金会的组织层面影响因素主要来自大学的影响力以及大学教育基金会的运营。根据可获得的我国大学基金会数据，我们将分析以上两种组织可能对最终大学基金会筹资规模的影响。而其中对大学影响力的分析，我们将分为综合影响力以及学科及其他影响两个部分，对大学基金会的运营我们采纳年报可获得的财务数据进行分析，以期较全面地揭示影响大学基金会社会捐赠的组织层面因素。

（一）大学因素

1. 综合影响力

（1）大学影响力的解读与假设

学者们对高校（或大学）影响力有过各种解读。于永达等认为高校的影

---

① 刘亚莉、王新、魏倩：《慈善组织财务信息披露质量的影响因素与后果研究》，《会计研究》2013 年第 1 期。

② Utter, D. B., Noble, C. H. & Brady, M., "Investing in the Future: Transforming Current Students into Generous Alumni," *Fund Raising Management*, 9（1999）：31-36.

③ Robin L. Snipes, Sharon L., "Charitable Giving to Not-For-Profit Organizations: Factors Affecting Donations to Non-Profit Organizations," *Innovative Marketing*, 1（2010）：73-80.

④ 赵秋爽：《公益基金会信息透明度对其捐赠收入的影响研究》，东北财经大学硕士学位论文，2013。

响力分为名义影响力和实质影响力，前者指高校的名气或声誉，具体体现为高校各项指标的得分以学术成就为主，后者指对国际事务及国家和社会生活的影响力，通过杰出毕业生的职业和职务得到体现。[①] 党波涛认为一所高校的影响力既取决于硬实力，也取决于软实力，都通过对外宣传得以转变为影响力。[②] 张新民认为高校的影响力通过高校产品，即学生与科研成果来实现。[③] 贵州大学校长陈叔平认为高校通过毕业生就业、社会活动参与及社会宣传来影响社会。[④] 金诚等人认为一所现代大学的影响力是以培养出著名的高级人才以及学术地位决定的，大学影响力的构建应通过人才培养和媒体营建，学术期刊是最重要的载体之一。[⑤] 而高校的影响力中被最经常强调的是高校的学术影响力，最典型的有上海交通大学主持研究的基于学术影响力的"世界大学学术排名"，其指标计算值为：诺贝尔奖得主和菲尔兹奖得主的毕业生/学生数（10%）+诺贝尔奖得主和菲尔兹奖得主的教师数（20%）+各学科领域论文被引用次数最高的学者人数 + Nature，Science 发表的论文数（20%）+科学引文索引（SCIE）和社会科学引文索引（SSCI）收录论文数（20%）+全职教师人均学术表现（10%）。[⑥] 国内关于高校学术影响力的研究主要分为两类：一类为高校科技论文影响力评估——主要分析对象为科研水平较高的院校或专业，所用指标多为国际科研评估指标，普遍接受的有如 SCI、SSCI、ESI 论文发文量及引用数，也有增加 EI、ISTP 等指标的案例；另一类为针对学术或高校校报期刊的学术影响力分析。[⑦] 亦有学者将国际学科排名、办国际学术会议数、国际合作研究项目数、参加国际学术会议数等指标列入，用于国际学术影响力评估[⑧]，但局限于个别有学术影响力的高校分析。还有西南交通大学高等教育研究所提出的中国大学国际化水平排名来体现高校的国际影

---

① 于永达、陈源：《高校实质影响力及其构成》，《高等教育研究》2013 年第 2 期，第 28～34 页。

② 党波涛：《对外宣传与高校影响力》，《新闻前哨》2009 年第 3 期，第 21～22 页。

③ 石丹：《大学的竞争力和影响力——专访对外经济贸易大学副校长、国际商学院院长张新民》，《商学院》2010 年第 1 期，第 82～83 页。

④ 宋黔云：《产学研与大学影响力》，《贵州日报》2009 年 3 月 12 日。

⑤ 金诚、何耀东：《大学学术期刊（群）与大学影响力》，《江汉大学学报》（自然科学版）2012 年第 4 期，第 69～70 页。

⑥ 上海交通大学世界一流大学研究中心：《2014 年"世界大学学术排名"》，http://www. shanghairanking. cn/Academic - Ranking - of - World - Universities -2014 - Press - Release. html。

⑦ 李振宇：《高校学术影响力文献信息研究》，《教书育人》2012 年第 2 期，第 50～51 页。

⑧ 杜学亮、韩冰：《高校国际学术影响力指标浅析》，《北京信息科技大学学报》2010 年第 10 期，第 25～28 页。

响力，武汉大学邱均平等提出的中国高校网络排行榜来展示中国高校的网络影响力，但这些社会评价型的排行榜通常只讨论入榜的前 200 所左右的高校，样本相对集中于优势高校。而若将科研绩效评估类的文献与学术影响力的评估相联系，我们发现国内外有大量文献进行了更为深入的讨论，这里不再赘述。

本部分在此基础上，选取毕业生影响、学术影响、技术转化、社会声誉四个维度展示高校的综合影响力，建立其对校友捐赠影响的路径模型，结合数据分析来验证基本假设，从而揭示有效作用于校友捐赠的要素。

在研究高校影响力对校友捐赠的影响问题上，我们可以做出以下四个维度的基本假设：

H1：高校学术影响（A）对校友捐赠（D）有显著正向作用

H2：高校毕业生影响（G）对校友捐赠（D）有显著正向作用

H3：高校社会声誉（M）对校友捐赠（D）有显著正向作用

H4：高校技术转化（T）对校友捐赠（D）有显著正向作用

（2）研究的取样与方法

在确定基本假设之后，本研究各项指标选取也尽量从数据可得性、口径一致性、权威性、科学性的角度设立。

首先，考虑的是数据的可得性。如校友捐赠数据源于中国校友会网提供的唯一全国性公开数据，本文选取的是累积校友捐赠达 500 万元的 96 所高校；而本研究未选用国际高校评估指标的重要原因是我国高校的发展有限，绝大部分高校难以使用国际高校排行指标进行评价，如 2014 年我国能列入 QS 世界排名前 700 名的高校仅有 25 所（不含港澳台）。舍弃这部分学术指标的原因在于避免部分院校在某些指标上缺失值过多。

其次，为了保证数据口径的一致性，且体现社会评价性，本研究在指标选取方面尽量选取了 2014 年中国校友会网的其他数据，来展示这 96 所高校在 2013 年的表现。

再次，为保证数据的权威性，本研究也选取国家教育部科学技术司公布的《2013 全国高校科技统计资料汇编》的原始数据，能较为全面地显示 2013 年这部分院校的科技活动产出情况。

最后，为保证数据的科学性，对一些指标进行了整合处理。如为了体现高校间科研质量上的差异，除了选取无水平差异的专著及论文数外，还引入 ESI 论文数作为调节；而在社会声誉上，对高校获奖水平也由国家级奖项数据进行调节，用以提升指标的科学性。且研究还引入学校规模作为控制变量，以消解因高校教研人员数量多寡引起的数据差异。另指标的最终归属确定还经过了数据模型的调试，以确保各指标之间以及指标对各维度有较科学的解释力。具体指标设计如表2所示。

表2 高校影响力对高校校友捐赠的作用指标

维度	指标		数据来源
高校校友捐赠	各高校校友捐赠累计额（前96名）		中国校友会网2014数据
毕业生影响	毕业生质量		中国校友会网2014数据
	杰出校友数	公益慈善人物	
		两院院士	
		社会科学家	
		杰出政要	
		亿万富豪	
学术影响	ESI论文数		中国校友会网2014数据
	出版专著数		2013全国高校科技统计资料汇编
	学术论文数		
科技转化	技术转让收入		2013全国高校科技统计资料汇编
	技术转让合同数		
社会声誉	高校新闻报道条数		中国校友会网2014数据
	科技成果奖		2013全国高校科技统计资料汇编
	国家级奖项		
学校规模（控制变量）	高校教学与科研人员数		2013全国高校科技统计资料汇编

（3）研究结果分析

Smart PLS 2.0的运行结果如表3所示。

表3 模型检验结果

维度	平均提取方差（AVE）	组合信度（CR）	R^2	Cronbachs'α	公因子方差	冗余度
毕业生影响	0.976964	0.988348		0.976425	0.976964	
社会声誉	0.723030	0.886496		0.817833	0.723030	
校友捐赠	1.000000	1.000000	0.784291	1.000000	1.000000	0.620223
学术影响	0.754954	0.902211		0.839658	0.754954	
技术转化	0.913839	0.954961		0.910723	0.913839	

根据 Smart PLS 2.0 的运行得出：校友捐赠（D）回归方程的 R^2 高达 0.784，大于 0.7，表明毕业生影响（G）、学术影响（A）与社会声誉（M）、技术转化（T）对校友捐赠（D）解释度较好，表明了该模型具有较好的合理性。

H1：大学学术影响（A）对校友捐赠（D）并无显著作用。这与研究预期不同，揭示出在我国论文、专著的提高并不能吸引更多的校友捐赠，而甚至会轻微地显示负效应。这也许与过分的科研导向导致学校对学生教学、学生体验的关注度减小从而引起学生和校友不满有一定关系。

H2：大学毕业生影响（G）对校友捐赠（D）有显著正向作用，成立，即高质量的毕业生和杰出的校友会吸引更多的校友捐赠，说明大学为学生和校友提供的服务越优质，越有良好的回报。

H3：大学社会声誉（M）对校友捐赠（D）有显著正向作用，成立，即大学的媒体关注度越高，获得的科技奖项、国家奖励越多，越可能带来更多的校友捐赠，这一点与预期相符。

H4：大学技术转化（T）对校友捐赠（D）有显著正向作用，不成立，即大学即便签署的技术转化合同和技术转化收入更多，也不能明显地吸引到更多的校友捐赠。这也许是大学与校友联系不紧密，同时对自己技术转化方面的成绩宣传力度不够造成的。

2. 学科及其他因素

大学的核心功能是学科建设与人才培养，那么大学教育基金会筹资的资本也应与此两项功能息息相关，本部分将着重从这两方面出发，调研国内大学学科建设与人才培养对所属基金会筹资规模的影响。

（1）研究取样与方法

为保持数据口径、来源的一致性，本文选用的是中国校友会网 2011 ~ 2014 年的相关数据，主要使用指标包括中国大学排行榜、大学造富榜（大学亿万富翁培养人数）、大学校友捐赠榜、大学专业排行榜。通过使用 SPSS 19.0 进行描述性与相关性的统计分析，希望呈现出中国大学发展、捐赠与精英企业家培养的基本情况和相关关系。由于大部分数据属于序数型数据，本研究主要使用 Spearman 和 Kendall 相关分析，限于篇幅，大部分数据仅显示 Spearman 相关结果。

大学排行榜：本研究采纳了中国校友会网的大学研究团队于 2013 年 12 月 30 日发布的《2014 中国大学评价研究报告》中国大学排行榜，选取了榜单中前 700 名的大学进行分析。该排名融合了第三方权威机构、政府部门和新闻媒体公布和认定的客观数据，侧重综合评价，其基本衡量指标如表4所示。

表4　中国校友会网大学排行榜评价指标及权重

一级指标	二级指标	三级指标	指标权重
人才培养	杰出校友	杰出人才	21.83%
	师资队伍	杰出师资	13.10%
	培养基地	学科水平	10.92%
科学研究	科研成果	高端科研成果	21.83%
	科研基地	科学创新基地	9.61%
	科研项目	基础科研项目	12.01%
综合声誉	办学定位	办学层次	2.18%
	社会声誉	校友捐赠	3.06%
		生源竞争力	1.09%
		媒体影响力	4.37%

资料来源：中国校友会网，http://www.cuaa.net/cur/2014/xj02.shtml。

中国校友会网大学研究团队连续第12年发布中国大学排行榜。报告显示，2014年北京大学连续7年蝉联中国第一；清华大学位居第二，上海交通大学、复旦大学、武汉大学分列第三、第四、第五名。

大学造富（精英企业家培养）榜：本研究选取了中国校友会网2014年的造富榜数据，展示我国大学精英企业家培养的情况。该榜单就各校培养亿万富豪的数量进行排行，本研究选取的是前87名（144所）大学，也是培养亿万富豪数量在两人及以上的大学。

上榜精英企业家中，北京大学亿万富豪校友最多，有98人，高居中国校友会网2014中国精英企业家培养大学排行榜首位；清华大学95名，名列第二，两校校友财富合计高达4000亿元，堪称"中国亿万富豪摇篮"；浙江大学有74人，列第三；复旦大学有49人，居第四；中国人民大学有34人，列第五。

大学校友捐赠榜：本研究选取了中国校友会网2011~2014年的大学校友捐赠榜单数据，选取榜单中2014年获得校友捐赠前100名（102所），也是获得校友捐款金额500万元及以上的大学。① 1990年以来，中国大学累计接受校

---

① 附：仅统计单笔10万元以上捐赠；2011年上榜大学第100名大学捐赠额度为20万元。

友捐赠金额高达91.59亿元，2013年新增校友捐赠近13.66亿元，其中单笔1000万元以上36笔，上亿捐赠有2笔。①

从各校累计接收的校友捐赠总额来看，全国有16所大学跻身中国大学校友捐赠"亿元俱乐部"，其中，10亿元以上的有2所，分别为清华大学和北京大学，5亿元以上有6所；2亿元以上的捐赠有11所；捐赠总额在5000万元以上的大学有28所，累计在1000万元以上的大学有81所，500万元及以上的有102所。

大学专业排行榜：按照2011年国务院学位委员会、教育部颁布的新的《学位授予和人才培养学科目录（2011年）》，我国共有13个学科门类，分别是哲学、经济学、法学、教育学、文学、历史学、理学、工学、农学、医学、军事学、管理学和艺术学。本文选取了中国校友会网2014年对13个学科门类的大学排名数据。

本研究通过校友捐赠2011～2014年的描述性统计分析、精英企业家培养、校友捐赠与大学排名（含综合与专业排名）间的相关分析，希望较为系统、完整地展示出目前我国大学的捐赠与精英企业家培养的情况，以及其中的规律和问题。

（2）大学校友捐赠的基本趋势

本研究选取的大学为2014年捐赠排名在前100名的大学，对应查找其在2011年、2012年、2013年所获得的校友捐赠数据整理得出（见表5）。

表5　中国大学2011～2014年大学捐赠排名数据分析

年份	校友捐款均值（万元）	差异系数	较前年增长均值（万元）	较前年增长比例（%）	差异系数
2011	4024.2	2.234457	—	—	
2012	6488.2	2.956891	2464.0	116.8	2.63613
2013	7678.9	2.558491	2226.1	92.3	2.482124
2014	8869.3	2.407078	1650.1	33.9	2.964602
2011～2014	4841.5		6199.7	86.1	

通过统计描述发现，中国校友捐款榜前102所大学（获得校友捐赠累计额度不低于500万元的大学）捐赠平均值2014年可达8869万元，捐赠额度与速度在2012～2014年增长逐渐趋缓，这些大学所得到的校友捐款数额差异

① 中国校友会网，http://www.cuaa.net/cur/2014/16.shtml。

在 2012 年最大，其余年份亦有不小差异，即排名靠前的大学获取的校友捐赠额度明显高于其他大学。而 2014 年各院校获校友捐赠的增长率差异度最大，即该年各院校在该年获取的校友捐赠额比前几年差异更大。

（3）研究结果及解读

①精英企业家培养与大学发展排名的关系

本研究选取的是培养亿万富翁数量在全国大学中排名前 87 名的 144 所大学，这些大学都至少培养了两名亿万富翁，本研究所涉及的大学发展排名包括大学的综合排名与专业排名（见表 6）。

表 6　中国大学精英企业家培养排名与综合排名相关分析

			造富排名	综合排名
肯德尔相关	造富排名	相关系数	1.000	.515 **
		P 值	.	.000
		样本量	143	140
	综合排名	相关系数	.515 **	1.000
		P 值	.000	.
		样本量	140	140
斯皮尔曼相关	造富排名	相关系数	1.000	.660 **
		P 值	.	.000
		样本量	143	140
	综合排名	相关系数	.660 **	1.000
		P 值	.000	.
		样本量	140	140

** 表示在置信空间为 99%（0.01 水平）的情况下双侧近似 P 值显示显著相关。

从表 6 相关关系结果来看，大学的综合排名与精英企业家培养排名有显著正相关关系，即综合实力越强的大学精英企业家培养能力亦越高，而大学精英企业家培养能力越高，其综合排名也可能越靠前。

②精英企业家培养与专业排名的相关性

1999～2013 年胡润、福布斯和新财富等中国富豪榜上榜亿万富豪就读专业明显呈现出集中于管理学、经济学、工学和理学等学科门类下的热门专业的特点，其中，工商管理专业"一枝独秀"，经济学专业毕业的亿万富豪名列第二，理工科的计算机专业"异军突起"，毕业的亿万富豪位列第三。化学、机械工程和控制科学与工程等较为热门的学科专业也相对热门（见表 7）。

表7　中国大学2014年最盛产亿万富豪学科专业排行榜（前20强）

名次	学科门类	学科专业名称	亿万富豪人数	所占比例	亿万富豪代表
1	管理学	工商管理	587	43.13%	宗庆后、李书福、沈南鹏
2	经济学	经济学	111	8.16%	卢志强、裴国根、杜夏
3	工学	计算机科学与技术	77	5.66%	马化腾、李彦宏、周鸿祎
4	理学	化学	41	3.01%	李坦、池宇峰、蓝伟光
5	工学	机械工程	40	2.94%	向文波、何清华、陈一舟
6	工学	控制科学与工程	36	2.65%	卢增祥、鲁楚平、吴坚忠
7	医学	医学	35	2.57%	陈光标、胡季强、车宏莉
8	工学	电子科学与技术	34	2.50%	丁磊、刘炽平、王志东
9	文学	文学	30	2.20%	张近东、俞敏洪、杨澜
10	工学	建筑学	29	2.13%	任正非、陈劲松、张桂平
11	法学	法学	27	1.98%	李宁、江黎明、杨东杰
11	理学	物理学	27	1.98%	张朝阳、李西廷、赵令欢
13	工学	材料科学与工程	22	1.62%	梁稳根、许家印、唐修国
14	农学	农学	21	1.54%	邵根伙、王玲玲、刘锦兰
15	理学	数学	20	1.47%	沈南鹏、刘建柱、史玉柱
16	理学	生物学	19	1.40%	梁信军、张邦鑫、万玉华
17	工学	信息与通信工程	18	1.32%	段永平、黄宏生、齐向东
18	工学	电气工程	15	1.10%	周云帆、陈邦栋、李刚进
18	工学	化学工程与技术	15	1.10%	林金汉、袁志敏、李寅
20	哲学	哲学	11	0.81%	郭广昌、薛光林、邹锡昌

　　其中工商管理专业的亿万富翁占比超过4成，前3名专业所培养的富豪数已占培养的所有富豪的半数有余（56.95%），前20名专业所培养的富豪数占所有专业的近九成（89.27%）。在这些专业当中，工学门类占有9个，理学门类占有4个。不少人认为工商管理专业的成功并非由于专业本身的技术含量，而是在工商管理深造的企业家本身已有较高的财富积累，后期学习只是锦上添花；而工科富豪的成功与中国当前工业阶段的实体经济发展息息相关。

　　为了进一步论证这些专业是否与精英企业家培养有显著的关系，我们在下文将分析专业门类的排行与精英企业家培养排行之间的相关关系（见表8、9、10），尤其是与精英企业家培养前三名专业门类间的相关关系（见表8）。

表 8　中国大学 2014 年精英企业家培养排名与管理学、
经济学、工学排名的相关分析

			造富排名	管理学排名	经济学排名	工学排名
肯德尔相关	造富排名	相关系数	1.000	.550 **	.518 **	.329 **
		P 值	.	.000	.000	.000
		样本量	143	97	62	101
	管理学排名	相关系数	.550 **	1.000	.565 **	.302 **
		P 值	.000	.	.000	.000
		样本量	97	97	53	84
	经济学排名	相关系数	.518 **	.565 **	1.000	.126
		P 值	.000	.000	.	.238
		样本量	62	53	62	50
	工学排名	相关系数	.329 **	.302 **	.126	1.000
		P 值	.000	.000	.238	.
		样本量	101	84	50	101
斯皮尔曼相关	造富排名	相关系数	1.000	.686 **	.647 **	.450 **
		P 值	.	.000	.000	.000
		样本量	143	97	62	101
	管理学排名	相关系数	.686 **	1.000	.724 **	.419 **
		P 值	.000	.	.000	.000
		样本量	97	97	53	84
	经济学排名	相关系数	.647 **	.724 **	1.000	.155
		P 值	.000	.000	.	.283
		样本量	62	53	62	50
	工学排名	相关系数	.450 **	.419 **	.155	1.000
		P 值	.000	.000	.283	.
		样本量	101	84	50	101

** 表示在置信空间为 99%（0.01 水平）的情况下双侧近似 P 值显示显著相关。

表 9　中国大学 2014 年精英企业家培养排名与哲学、法学、
文学、理学、教育学排名的相关分析

			造富排名	哲学排名	法学排名	文学排名	理学排名	教育学排名
斯皮尔曼相关	造富排名	相关系数	1.000	.596 **	.492 **	.458 **	.448 **	.217
		P 值	.	.000	.000	.000	.000	.256
		样本量	143	33	83	67	84	29

续表

			造富排名	哲学排名	法学排名	文学排名	理学排名	教育学排名
斯皮尔曼相关	哲学排名	相关系数	.596**	1.000	.527**	.725**	.756**	.179
		P 值	.000	.	.002	.000	.000	.507
		样本量	33	33	32	30	30	16
	法学排名	相关系数	.492**	.527**	1.000	.667**	.709**	.407**
		P 值	.000	.002	.	.000	.000	.035
		样本量	83	32	83	64	67	27
	文学排名	相关系数	.458**	.725**	.667**	1.000	.507**	.586**
		P 值	.000	.000	.000	.	.000	.003
		样本量	67	30	64	67	60	24
	理学排名	相关系数	.448**	.756**	.709**	.507**	1.000	.470*
		P 值	.000	.000	.000	.000	.	.013
		样本量	84	30	67	60	84	27
	教育学排名	相关系数	.217	.179	.407*	.586**	.407*	1.000
		P 值	.258	.507	.035	.003	.013	.
		样本量	29	16	27	24	27	29

** 表示在置信空间为99%（0.01 水平）的情况下双侧近似 P 值显示显著相关。

* 表示在置信空间为95%（0.05 水平）的情况下双侧近似 P 值显示显著相关。

表 10 中国大学 2014 年精英企业家培养排名与史学、农学、
艺术学、医学排名的相关分析

			造富排名	史学排名	农学排名	艺术学排名	医学排名
斯皮尔曼相关	造富排名	相关系数	1.000	.571**	-.125	.409**	.589**
		P 值	.	.000	.684	.008	.000
		样本量	143	37	13	41	32
	史学排名	相关系数	.571**	1.000	-.200	.290	.270
		P 值	.000	.	.747	.202	.278
		样本量	37	37	5	21	18
	农学排名	相关系数	-.125	-.200	1.000	1.000**	-.143
		P 值	.684	.747	.	.	.787
		样本量	13	5	13	3	6
	艺术学排名	相关系数	.409**	.290	1.000**	1.000	.534*
		P 值	.008	.202	.	.	.040
		样本量	41	21	3	41	15

			造富排名	史学排名	农学排名	艺术学排名	医学排名
斯皮尔曼相关	医学排名	相关系数	.589**	.270	-.143	.534*	1.000
		P 值	.000	.278	.787	.040	.
		样本量	32	18	6	15	32

** 表示在置信空间为 99%（0.01 水平）的情况下双侧近似 P 值显示显著相关。
* 表示在置信空间为 95%（0.05 水平）的情况下双侧近似 P 值显示显著相关。

通过以上相关分析可以发现，大学精英企业家培养能力排名与管理学排名的相关关系最强，即优越的管理学造就了大学的精英企业家培养能力，而与经济学与工学排名的相关在 0.01 的显著水平下也十分显著。而有趣的是，精英企业家培养大学的排名与大学的哲学排名关系是最为显著的，其次是医学排名和史学排名，但这里我们需要注意的是大学的哲学、医学、史学排名差异度不大，2014 年的专业排行榜单只排到前 30 多名，而未能纳入排名的大学只能剔除掉，相关性计量时可能存在样本量较小的情况，而教育学专业也并不普及，导致样本量小，得出的结论存在一定的问题。而我们可以发现工学、管理学、理学、法学、文学和经济学相对来说样本量较为丰富，排名差异度也更高，说明这些专业的设置更为普及；而这些专业排名与大学精英企业家培养排名有显著正相关关系，说明这些专业的设置与美誉度都会积极地影响大学毕业生的创富能力。

③校友捐赠与大学综合排名的相关性

表 11　中国大学 2014 年捐赠排名与综合排名的相关分析

			捐赠排名	综合排名
肯德尔相关	捐赠排名	相关系数	1.000	.450**
		P 值	.	.000
		样本量	101	101
	综合排名	相关系数	.450**	1.000
		P 值	.000	.
		样本量	101	101
斯皮尔曼相关	捐赠排名	相关系数	1.000	.641**
		P 值	.	.000
		样本量	101	101

续表

			捐赠排名	综合排名
综合排名	相关系数		.641**	1.000
	P 值		.000	.
	样本量		101	101

** 表示在置信空间为 99%（0.01 水平）的情况下双侧近似 P 值显示显著相关。

以上两种秩相关分析在 0.01 的显著水平下都显示出正相关关系，即捐赠排名越高的大学往往综合排名也越高，而综合排名越高的大学校友捐赠的热情也越高，越倾向于向大学捐赠（见表 11）。这与 Marr2005 年研究结果相符：他在对大学的教育质量与校友捐赠的关系的研究中发现在校期间接受的教育质量越高，毕业后向母校捐赠的可能性越大，捐赠数额越高。[1] 同时我们发现，虽然捐赠排名和精英企业家培养排名都与综合排名显示出显著性正相关关系，但精英企业家培养排名与综合排名的相关程度更高，说明我国大学的捐赠能力还可进一步挖掘。

④校友捐赠与大学专业排名的相关分析

通过对 2014 年中国校友捐赠额度最高的 102 所大学（均在 500 万元以上）进行各专业门类排名，捐赠与专业门类相关分析显示（见表 12、13、14）：捐赠排名与管理学、经济学、工学、哲学、法学、文学、理学、史学、医学排名均显著同向相关（除去艺术学、农学、教育学外所有专业排名相关）。但哲学、文学、教育学、史学、医学、艺术学、农学样本量较小，而理学、管理学和工学样本量较为充裕。而任何专业排名前三的大学都能列入校友捐赠排行榜的前 100 名（102 所）之内。

表 12　中国大学 2014 年捐赠排名与管理学、经济学、
工学、法学排名的相关分析

			捐赠排名	管理学排名	经济学排名	工学排名	法学排名
斯皮尔曼相关	捐赠排名	相关系数	1.000	.580**	.488**	.324**	.360**
		P 值	.	.000	.000	.005	.002
		样本量	101	73	50	73	69
	管理学排名	相关系数	.580**	1.000	.695**	.402**	.555**
		P 值	.000	.	.000	.001	.000
		样本量	73	73	44	64	61

① Marr, K. A., Mullin, C. H., Siegfried, J. J., "Undergraduate Financial Aid and Subsequent Alumni Giving Behavior," *The Quarterly Review of Economics and Finance*, 45 (2005): 123 - 143.

续表

		捐赠排名	管理学排名	经济学排名	工学排名	法学排名
经济学排名	相关系数	.488**	.695**	1.000	.179	.614**
	P值	.000	.000	.	.256	.000
	样本量	50	44	50	42	49
工学排名	相关系数	.324**	.402**	.179	1.000	.059
	P值	.005	.001	.256	.	.663
	样本量	73	64	42	73	56
法学排名	相关系数	.360**	.555**	.614**	.059	1.000
	P值	.002	.000	.000	.663	.
	样本量	69	61	49	56	69

** 表示在置信空间为99% （0.01 水平）的情况下双侧近似 P 值显示显著相关。

表 13　中国大学 2014 年捐赠排名与哲学、文学、
理学、教育学排名的相关分析

			捐赠排名	哲学排名	文学排名	理学排名	教育学排名
斯皮尔曼相关	捐赠排名	相关系数	1.000	.611**	.355**	.406**	.096**
		P值	.	.000	.006	.000	.647
		样本量	101	29	59	70	25
	哲学排名	相关系数	.611**	1.000	.832**	.820**	.180
		P值	.000	.	.000	.000	.522
		样本量	29	29	27	26	15
	文学排名	相关系数	.355**	.832**	1.000	.490**	.540**
		P值	.006	.000	.	.000	.009
		样本量	59	27	59	53	22
	理学排名	相关系数	.406**	.820**	.490**	1.000	.407*
		P值	.000	.000	.000	.	.043
		样本量	70	26	53	70	25
	教育学排名	相关系数	.096	.180	.540**	.407*	1.000
		P值	.647	.522	.009	.043	.
		样本量	25	15	22	25	25

** 表示在置信空间为99% （0.01 水平）的情况下双侧近似 P 值显示显著相关。

* 表示在置信空间为95% （0.05 水平）的情况下双侧近似 P 值显示显著相关。

表14 中国大学2014年捐赠排名与史学、医学、工学、艺术学、农学排名的相关分析

			捐赠排名	史学排名	医学排名	艺术学排名	农学排名
斯皮尔曼相关	捐赠排名	相关系数	1.000	.541 **	.543 **	.250	.189
		P值	.	.001	.003	.183	.535
		样本量	101	33	28	30	13
	史学排名	相关系数	.541 **	1.000	.319	.412	.132
		P值	.001	.	.183	.113	.803
		样本量	33	33	19	16	6
	医学排名	相关系数	.543 **	.319	1.000	.411	.146
		P值	.003	.183	.	.184	.729
		样本量	28	19	28	12	8
	艺术学排名	相关系数	.250	.412	.411	1.000	1.000 **
		P值	.183	.113	.184	.	.
		样本量	30	16	12	30	3
	农学排名	相关系数	.189	.132	.146	1.000 **	1.000
		P值	.535	.803	.729	.	.
		样本量	13	6	8	3	13

** 表示在置信空间为99%（0.01水平）的情况下双侧近似P值显示显著相关。

⑤精英企业家培养与校友捐赠的相关分析

该部分主要展示和分析三个问题：考察培养亿万富翁最多的大学在富翁捐款方面的表现如何；看捐赠额度最高的校友表现如何；精英企业家培养能力与捐赠排名是否有较强的联系（见表15）。

表15 中国大学2014年精英企业家培养排名前20强富翁捐赠情况

造富榜排名	大学	富豪数	校友捐赠（元）	富豪捐赠（元）	最高富豪捐赠（元）	富豪占捐款数额比例（%）	最高富豪捐款占比（%）
1	北京大学	98	12.93亿	12.35亿	黄怒波（10.14亿）	95.5	78.4
2	清华大学	95	13.23亿	3.66亿	邓锋（4000万）	27.6	3.0
3	浙江大学	74	5.86亿	4.10亿	段永平（2.47亿）	70.0	42.1
4	复旦大学	49	5854万	4193万	卢志强（1100万）	71.6	18.8
5	中国人民大学	34	7.07亿	5.03亿	裘国根（2.01亿）	71.1	28.4
6	中山大学	28	1.14亿	3060万		26.8	

造富榜排名	大学	富豪数	校友捐赠（元）	富豪捐赠（元）	最高富豪捐赠（元）	富豪占捐款数额比例（%）	最高富豪捐款占比（%）
7	上海交通大学	27	6711万	3350万	赵建军（3200万）	49.9	47.7
8	武汉大学	25	5.43亿	2.19亿	陈东升（1.04亿）	40.3	19.2
9	华南理工大学	24	2.98亿	9327万	黄宏生（3000万）	31.3	10.0
10	南京大学	23	5.24亿	4.86亿	杨休（4.12亿）	92.7	78.6
11	华中科技大学	16	1.70亿	1400万		8.2	
12	中南大学	15	2.26亿	6520万	梁稳根（3400万）	28.8	15
12	哈尔滨工业大学	15	2835万	2040万		72.0	
12	北京理工大学	15	2918万	140万		4.8	
12	浙江工业大学	15	3719万	2350万		63.2	
16	四川大学	14	6606万	200万		3.0	
16	深圳大学	14	2.99亿	2.13亿	梁光伟（1.50亿）	71.2	50.2
18	南开大学	13	4114万	2720万		66.1	
18	西安交通大学	13	2910万	110万		3.8	
18	暨南大学	13	6602万	5055万	叶惠全（2755万）	76.6	41.7
	平均	31	3.25亿	1.73亿	1.92亿	45.6	

中国培养亿万富豪最多的前20名大学均为知名大学，除浙江工业大学、深圳大学、暨南大学外，其余17所大学均为"985"工程大学。这些院校平均培养出31名亿万级富豪，最少亦培育出13名亿万富豪，而这些院校的校友捐赠均值也达到了3.25亿元，富豪捐赠均值达到1.73亿元，平均占到总校友捐赠的45.6%。在这些院校中，富豪捐赠比例不足总校友捐赠额度10%的仅有4所大学，而其中3所为理工类院校。结合精英企业家培养前20名的大学排行也可以看出，毕业于以理工见长的大学的富豪校友一般比文科或综合类见长的院校捐赠额度低，但校友总捐赠额度却不低。

在中国校友会网调查到的亿万富豪校友中，捐赠母校最多的是北京大学富豪校友、中坤集团黄怒波，累计捐赠北京大学10.14亿元，雄居中国校友会网2014中国大学最慷慨十大富豪校友之首。步步高集团段永平分别向母校中国人民大学和浙江大学捐赠2.01亿元和2.47亿元，合计4.48亿元，名列第二；南京大学校友、天地集团杨休捐赠4.12亿元，位居第三；中国人民大学校友重阳投资裘国根，捐赠2.01亿元，名列第四；深圳华强集团梁光伟分别向母校深圳大学和武汉大学捐赠1.5亿元和2000万元，合计1.7亿元，位居第五；中华纸业黄志源向北京大学捐赠 1.19 亿元，位列第六；泰康人寿陈东升向武汉大学捐赠 1.04 亿元，居第七；龙湖集团吴亚军向西北工业大学捐赠 1 亿元，列第八；中信泰富荣智健向天津大学捐赠 8306 万元，位居第九；浙江大学校友、赛伯乐朱敏捐赠母校 7414 万元，名列第十。中国大学 2014 年捐赠额最高 20 强富豪校友捐赠情况见表 16。

表 16 中国大学 2014 年捐赠额最高 20 强富豪校友捐赠情况

学校	造富排行	校友捐款总额（元）	富豪捐赠总额（元）	Top20 捐款人（元）	最高捐款富豪占富豪捐款比（%）
北京大学	1	12.93 亿	12.35 亿	黄怒波（10.14 亿）	82.1
南京大学	10	5.24 亿	4.86 亿	杨休（4.12 亿）	84.8
浙江大学	3	5.86 亿	4.10 亿	段永平（2.47 亿）	60.2
中国人民大学	5	7.07 亿	5.03 亿	裘国根（2.01 亿）	40.0
深圳大学	16	2.99 亿	2.13 亿	梁光伟（1.50 亿）	70.4
武汉大学	8	5.43 亿	2.19 亿	陈东升（1.04 亿）	47.4
西北工业大学		1.04 亿	1.02 亿	吴亚军（1.00 亿）	98.0
天津大学	31	1.02 亿	8306 万	荣智健（8306 万）	100
东北大学		1.08 亿	7500 万	刘载望（5000 万）	66.7
中国农业大学		5620	5110 万	邵根伙（5000 万）	97.8
北京林业大学		4135	4000 万	何巧女（4000 万）	100
清华大学	2	13.23 亿	3.66 亿	邓锋（4000 万）	10.9
中央财经大学		4805 万	3484 万	魏东（3484 万）	100
中南大学	12	2.26 亿	6520 万	梁稳根（3400 万）	52.1
上海交通大学	7	6711 万	3350 万	赵建军（3200 万）	95.5
华南理工大学	9	2.98 亿	9327 万	黄宏生（3000 万）	32.2
北京航空航天大学	31	7930 万	7200 万	高云峰（3000 万）	41.7
暨南大学	18	6602 万	5055 万	叶惠全（2755 万）	54.5
复旦大学	4	5854 万	4193 万	卢志强（1100 万）	26.2
厦门大学	21	2.1 亿	3914 万	林中（1000 万）	25.5
总额		67.396 亿	42.1359 亿	27.0045 亿	
平均		3.37 亿	2.11 亿	1.35 亿	64.3

这 20 位捐款最高的富豪校友为大学捐赠的贡献巨大，最低捐赠额度已超过 1000 万元，平均捐赠额度达到 1.35 亿元，这些院校的富豪捐赠总额已接

近中国所有大学校友捐赠的一半①，而最高富豪捐赠尤其在富豪捐款中占有极大比例，平均达到 64.3%。而受捐大学也几乎都是"985"院校，或是行业最优院校——说明大学的品牌效应对校友的捐款魅力巨大。

⑥精英企业家培养能力与捐赠排名相关分析

本研究通过查找中国 2014 捐赠排名前 100 名（101 所大学）的同年精英企业家培养排名，对二者进行 Kendall 和 Spearman 相关分析（见表 17）。

表 17　中国大学 2014 年精英企业家培养排名与捐赠排名的相关分析

			捐赠排名	造富排名
肯德尔相关	捐赠排名	相关系数	1.000	.459 **
		P 值	.	.000
		样本量	101	72
	造富排名	相关系数	.459 **	1.000
		P 值	.000	.
		样本量	72	72
斯皮尔曼相关	捐赠排名	相关系数	1.000	.627 **
		P 值	.	.000
		样本量	101	72
	造富排名	相关系数	.627 **	1.000
		P 值	.000	.
		样本量	72	72

** 表示在置信空间为 99%（0.01 水平）的情况下双侧近似 P 值显示显著相关。

结果显示，2014 年大学精英企业家培养排名与捐赠排名在 0.01 的显著水平上均显示出显著的相关关系，即精英企业家培养排名越高可能获得更多的校友捐赠。那么大学在希望获得更多的校友捐赠之时，必须先强化自身的"精英企业家培养"能力。

总的说来，我国大学校友捐赠数额一直在上涨但上涨速度趋缓，且各院校获得校友捐赠的数量差异还较大；而大学精英企业家培养能力与综合实力有着显著的相关关系，管理学、经济学与工学专业的精英企业家培养能力显著；大学捐赠与综合排名亦呈现显著正相关关系，与管理学、经济学、工学等专业门

---

① 中国校友会网报告显示，1990 年以来，中国大学累计接受校友捐赠金额高达 91.59 亿元，这 20 所大学所获得的富豪捐赠占比在 46% 以上。

类排名同向变化；培养亿万富豪最多的前20所大学几乎均为"985"工程大学，富豪捐赠额度占比高；捐赠额度最高的前20名亿万富豪所在的大学获取的校友额几乎占全国校友捐赠的一半，而其中捐赠额度最高的富豪贡献超过六成；大学的精英企业家培养排名与捐赠排名也呈现出强正相关关系。

（4）其他因素探讨

海外研究还发现大学类型差异可能导致大学捐赠收入的差异。一方面，大学类型可能决定校友的规模、收入、行业等，从而调整其捐赠水平。而从另一方面看，大学类型不同，捐赠规模与结构也有差异，如表18所示。

表18 2014年美国高等教育机构社会捐赠规模及来源情况

学校类型	当年校均捐赠规模（万美元）	校友（%）	非校友个人（%）	公司（%）	基金会（%）	宗教组织（%）	募款协会（%）	其他组织（%）	总计
多校园大学	公立：17026	24.80	14.00	22.80	24.10	0	0.40	13.90	100
博士/研究型大学	私立：16107	26.00	16.0	17.00	28.80	0.05	0.40	10.90	100
	公立：6706								
硕士学位大学	私立：896	30.10	25.50	16.00	21.75	0.84	0.25	5.60	100
	公立：642								
学士学位大学	私立：1357	47.70	22.00	8.90	17.45	0.50	0.25	3.20	100
	公立：493								
专门学院	私立：984	7.30	34.2	9.30	39.20	2.60	0.60	6.85	100
	公立：7728								
副学士学院	私立：216	27.95	23.55	17.80	16.40	8.05	0.15	6.05	100
	公立：126								

数据来源：根据美国教育资助委员会（CEA）2014年调查数据整理。

此外，国外校友捐赠研究已进入院校研究阶段，基本在研究范围上直接界定学校类型（如黑人私立教会院校），而在对我国大学捐赠影响因素分析中，有学者将是不是"985"院校以及院校的规模作为因变量进行分析，得出一定相关关系[1]，但遭受部分学者质疑。

---

[1] 郭垌、王欣、洪成文：《我国高校基金发展态势——基于我国高校基金会财务数据分析》，《中国高教研究》2016年第7期，第56～58页。

（二）大学教育基金会因素

自 1992 年浙江树人大学王宽诚教育基金会注册开始，我国内地大学教育基金会如雨后春笋般纷纷成立，进入 21 世纪后，增长迅猛，从 2001 年的 13 家增加到 2014 年的 411 家，增长率为 3062%。在基金会中心网数据记录的 411 所高校基金会中，有 54 家净资产超过 1 亿元，79 家净资产超过 5000 万元。其中清华、北大净资产位居我国非公募基金会前两名，在非公募基金会净资产前 10 名及前 100 名中，大学教育基金会均占据 50%。大学非公募基金会数量虽仅占我国非公募基金会的 13%，其资产却占据非公募基金的 43.6%，相对规模较大，在非公募基金会中具有非常重要的地位。

大学教育基金会相对较高的透明度亦为基金会的规范化发展起着引领作用——基金会中心网"中基透明指数"（FTI）[①] 显示，当前非公募大学教育基金会的透明指数明显高于国内基金会和非公募基金会的平均水平（FTI 指数分别为：55.57、47.43、46.55）。

大学教育基金会的持续成长主要依靠捐赠收入来支撑，促进我国大学教育基金会捐赠收入的健康增长对其持续发展至关重要。本研究拟采用基金会中心网公布的大学教育基金会数据，分析大学教育基金会经营管理因素对增进捐赠收入的影响程度，以期改进管理策略，提升其未来运营效率。

1. 研究取样与方法

我们的研究选取在基金会中心网上进行数据披露的 407 所非公募大学教育基金会信息，首先对其 2014 年捐赠收入、净资产、公益支出、投资额、投资收益、成立年限进行描述性统计。在此基础上，进行模型建构与回归分析，系统揭示影响我国 2014 年大学教育基金会捐赠收入的因素。由于非公募大学教育基金会中在国家民政部注册的仅有 18 家，而其他大学教育基金会均在地方民政局登记，故不在此进行区域分析。在数据处理方面，为确保数据的真实有效，本研究对具有缺失值的样本进行配对消除，最终用于回归建模的为 346 组大学教育基金会相关数据。

2. 基本假设

根据文献分析以及可获得数据，本研究提出 7 个研究假设。

假设 1：捐赠收入与透明指数正相关

---

① 中基透明指数（FTI）是由基金会中心提出，经清华大学廉政与治理研究中心、中国 NPO 自律行动委员会、中国非公募论坛等共同参与完善，一套综合指标、权重、信息披露渠道、完整度等参数，以排行榜单为呈现形式的基金会透明标准评价系统。该指数是百分制评分系统，在行业内获得一致认可。

虽然非公募基金会在信息披露的要求上低于公募基金会，但如果基金会的披露信息不对称、信息渠道不通畅，对"潜在捐赠者"构成信息屏蔽，则可能影响其资源获取、缺乏竞争力。

假设2：捐赠收入与公益支出正相关

大部分文献证实慈善组织的公益支出能力关乎其组织项目开展的积极性及绩效水平，更高的公益支出往往代表组织活跃，能吸引更多的捐赠者。本研究假设大学教育基金会的公益支出也能为其捐赠收入的增长产生正向影响。

假设3：捐赠收入与投资比例正相关

几乎所有美国高校都进行基金投资，一般而言，美国高校教育基金会将基金的60%投入股市，30%投资证券，10%存入银行，知名高校的投资回报率通常在两位数以上。而美国绝大多数高等学校具有完善的投资基金运作机制，基金投资收益占高等学校总收入相当大的比例。本研究假设我国大学教育基金会的主动投资是为保障捐赠收入的保值与增值，该动机应受到捐赠者的认同，从而吸引更多的捐赠。

假设4：捐赠收入与投资收益正相关

已有研究发现慈善组织的投资收益与捐赠决策间既可能有正向也可能有负向相关关系，如研究发现包括投资收益在内的其他收入对捐赠收入的影响是正向的。但以台湾公益团体自律联盟成员为样本探讨影响非营利组织捐赠收入的因素，结果却显示：组织的业务与补助收入、财务操纵程度、组织设立年数与捐赠收入显著负相关。① 本研究假设如果大学基金会进行投资并获利，将会对捐赠收入产生一定的"挤入"效应。

假设5：捐赠收入与成立年限正相关

国内外研究对慈善组织的运营年限的相关性研究也产生了不相同的结果，但大部分国外慈善组织的经验显示慈善组织的运营年限会对其捐赠收入产生正向影响。本研究假设大学教育基金会的成立年限越长越可能形成良好的声誉累积，从而吸引更多的捐赠者。

假设6：捐赠收入与收支比正相关

已有研究往往强调公益支出对捐赠人的吸引力，一般说来公益支出的额度和相对比例反映出捐赠组织的活性和绩效。但我国的基金会尚在发展初期，缺乏足够的经验应对，我国相关规定尤其对非公募基金会提供了更宽松的公

---

① 林江亮、游筑钧：《影响非营利组织捐赠收入因素之探讨——以台湾公益团体为例》，中国商业会计学会学术年会暨现代会计理论与实务研讨会会议论文，2010。

益支出要求①，并希望能降低其他支出（包括行政支出等），以期其能有足够的持续发展资金，实现成长与壮大，也符合我国相对谨慎保守的行为模式。本研究亦假设捐赠人对更懂得量入为出的大学教育基金会更为青睐，更愿捐赠。

假设7：捐赠收入与组织运营活性正相关

基金会发展研究报告认为，不受制于资产规模而更积极投入活动（公益支出高）的慈善组织更具有活性与潜力。②本研究假设更积极运营的大学教育基金会能吸引更多的捐赠。

基于以上假设，并根据已有的文献与我国数据基本情况，建立了如下我国非公募大学教育基金会的捐赠收入计量模型：

$$\ln(\text{Donation}) = \beta_0 + \beta_1 \ln(\text{FTI}) + \beta_2 \ln(\text{publicexp}) + \beta_3 \text{Investmentr} +$$
$$\beta_4 \text{Investmente} + \beta_5 \text{Age} + \text{Revear}$$

3. 研究结果及分析

我国非公募大学基本运营状态数据如表19所示。

一方面，从均值情况上来看：大学教育基金会的均净资产6890万元，透明度均值达到55.6，公益支出达到1075万元，捐赠收入均值1708万元，可推断出公益支出达到捐赠收入的62.9%，明显优于相关管理机构对非公募基金会要求，甚至接近于公募基金会要求。③而投资资产均值高达3479万元，平均收益220万元，均收益利率0.04%，甚至远低于一年期定期存款利率，成立年限均值为6年，收支比均值8.27%、收支资产比均值54.4%，属于较为保守型的运作机构。但我们需要注意的是数据显示该类指标的标准差较大，说明校间差异大，在用于分析时应均采纳取自然对数的方式缩小误差。

表19 大学基金会变量基本描述

	N	极小值	极大值	均值	标准差
净资产（万元）	365	135.0000	438917.0000	6889.684932	31159.2173980
透明度	346	.8000	100.0000	55.568584	19.2180580
公益支出（万元）	365	.0000	57196.0000	1074.358904	3871.2517107

① 根据《基金会管理条例》，公募基金会每年用于从事章程规定的公益事业支出，不得低于上一年总收入的70%；非公募基金会每年用于从事章程规定的公益事业支出，不得低于上一年基金余额的8%。

② 刘忠祥：《中国基金会发展报告（2014）》，社会科学文献出版社，2015，第50~58页。

③ 根据《基金会管理条例》，全国性公募基金会的原始基金不低于800万元人民币，地方性公募基金会的原始基金不低于400万元人民币，非公募基金会的原始基金不低于200万元人民币。

续表

	N	极小值	极大值	均值	标准差
捐赠收入（万元）	365	.0000	148997.0000	1708.306849	8686.1939441
投资收益（万元）	407	.0000	29221.0000	220.896806	1888.2426250
投资资产（万元）	407	.0000	376265.0000	3479.385749	25650.8925647
成立年数（年）	407	1	23	6.03	3.771
收支比（%）	366	-20.0000	1965.0000	8.270588	102.9388465
收支资产比（%）	366	-.4612	5.5568	.544391	.6257205
投资收益率（%）	407	0.000	8.556	.03637	.429197
投资率（%）	407	0.0000	1.4870	.142117	.2928710

另一方面，我国大学教育基金会大多数未有投资，需要进一步对数据进行统计处理。曹夕多对国内部分大学教育基金会的访谈和调研显示，基金会未投资的原因主要包括："投资风险太大""没有先例和领导支持""没有合适的投资项目"等。且大学教育基金会接受的大多数捐赠是限制性资金，这也是大学难以进行市场投资的重要原因。数据显示，2014年有295家（72.1%）大学教育基金会没有投资或数据缺失；有72家有投资且有投资收益，平均收益率（投资收益/投资资产）达到3.6%，超越银行存款利率的收益，虽然有26%的大学收益率低于2.5%，甚至无法达到抗通胀的水平，但其中亦有30%的大学投资的收益率在5%~10%，20%的大学投资能达到10%的收益率，超过了我国GDP的基本增速，获得了即便以资产管理公司的投资风险收益目标（除去投资费用和通货膨胀之后4%）来评估，都属于非常优质的投资收益率，这似乎超出普遍预期。基本统计数据见表20。

表20 2014年72家非公募大学教育基金会投资收益情况

收益率	2.5%及以下	2.5%~5%	5%~10%	10%~12%	12%~30%	30%~100%	100%以上
基金会数量	19（26%）	17（24%）	22（30%）	5（7%）	5（7%）	2（3%）	2（3%）

根据回归模型分析，可以得出以下结论。

（1）捐赠收入与透明指数显著正相关

即非公募大学教育基金会的信息披露的程度和质量越高，越可能改善该基金会的捐赠收入。该结果与已有研究结果一致，也符合捐赠人对慈善组织的期望。

（2）捐赠收入与公益支出显著正相关

即公益支出的增加能明显改善非公募大学基金会的捐赠收入。这与绝大部分的已有研究结果相符合——对于捐赠者来说，公益支出的水平体现了非公募大学教育基金会的组织活性与绩效水平，能正向影响其捐赠决策。

（3）捐赠收入与投资行为无相关关系

该项验证的失败说明我国非公募大学教育基金会是否对其捐赠收入进行再度投资对捐赠意愿的影响并不明显。这既与国外大学基金会的研究结果不一致，也与我国大学基金会部分一线工作者所忌惮的"多做多错"现象不符。

（4）捐赠收入与投资效益显示负相关关系

即非公募大学教育基金会投资获得的效益越多，而该基金会可能获得的捐赠收入反而越少——投资效益对捐赠人显示出明显的"挤出效应"。这一方面可能是捐赠者认为投资收益可以部分"替代"捐赠收入，而另一方面，捐赠者可能为掌握对基金会的控制权而维持与之的金融关系，而基金会其他投资获益的结果无形中让捐赠者感觉到控制水平的降低，从而削弱其捐赠动机。

（5）捐赠收入与成立年限呈负相关

即非公募大学教育基金会捐赠收入与成立年限成反比。我国大学教育基金会的发展还处于幼儿期，许多大学教育基金会都是赶在大型校庆前建立的，虽然有着良好的出发点，但一方面筹资工作由于部分优惠政策的取消受到影响（如点招政策），没有受到相关领导、捐赠者的持续关注，另一方面在组织成熟度、筹款队伍专业化程度上来说与国外大学有较大差距，未能实现可持续健康发展。

（6）捐赠收入与收支比正相关显著

即在我国，收支比较大的非公募大学教育基金会赢得更高的捐赠收入，说明更懂得"量入为出"的基金会更能赢得捐赠人的青睐，符合我国政策引导与保守的运营模式。

（7）捐赠收入与组织运营活性无显著相关

该项验证的失败说明我国非公募大学教育基金会与我国总品类的基金会特点存在一定差异，组织运营活性并不直接影响到组织的捐赠收入。综合分析，可看出：公益支出高的非公募大学教育基金会虽然更能吸引捐赠者，但也需与其已有的捐赠收入相匹配，与其资产规模并无直接关系。

三　小结

经过对我国大学教育基金会的数据分析，我们发现：大学教育基金会的筹资规模与大学综合影响力及大学教育基金会的运营都有着紧密的联系。其中，大学毕业生影响以及社会声誉对大学的校友捐赠有显著的影响；而大学精英企业家培养能力与综合实力有着显著的相关关系，管理学、经济学与工学专业的精英企业家培养能力显著。大学捐赠与综合排名亦呈现显著正相关关系，与管理学、经济学、工学等专业门类排名同向变化，大学的精英企业家培养排名与捐赠排名也呈现出强正相关关系。而非公募大学教育基金会的捐赠收入与其透明指数、公益支出、收支比成正比，与其设立年限、投资收益成反比。

环境层面影响因素

宏观经济形势、政策环境以及慈善文化亦会对大学教育基金会的筹资效率效果产生影响，但由于我国大学教育基金会成立年限较短，且披露数据有所限制，本节仅就已有研究进行分析。

一　宏观经济因素

已有研究发现：宏观经济背景可能间接影响大学捐赠水平。经济大环境直接影响到教育捐赠，如 1998~1999 年，以及 2008~2009 年的经济周期波动都传导至大学，这是由于反映经济周期波动的标志性股指（道琼、标普等）与个人可支配收入的强相关，而直接影响到个人捐赠能力。[1] 且宏观经济的转变会影响捐赠者对大学资金需求的判断，有研究表示明确、迫切、体现捐赠价值（无法被政府补助取代）的捐赠需求更能吸引社会捐赠。[2] 亦有多项研究认为大学所在地区的经济发展水平，涉及大学服务的质量[3]、范围、声誉及吸引力，从而影响大学的筹资能力。[4]

---

[1] Noah, D., "Recessions and Tax - Cuts Economic Cycles' Impact on Individual Giving, Philanthropy, and Higher Education," *International Journal of Educational Advancement*, 4 (2006): 289 - 305.

[2] Rhiannon, M. & Katherine, W., "How Construals of Money Versus Time Impact Consumer Charitable Giving," *Journal of Consumer Research*, 8 (2015): 171 - 194.

[3] Christen, L. & Daniel, J., "The Anatomy of A Likely Donor: Econometric Evidence on Philanthropy to Higher Education," *Education Economics*, 3 (2014): 293 - 304.

[4] 张曾莲：《高校收入管理与筹资能力的分析与评价》，《高等财经教育研究》2012 年第 3 期，第 71~79 页。

二 政策环境因素

亦有研究发现：政策环境会影响校友捐赠。主要有税收政策、基金会管理政策、相关激励政策三种类型的规则会影响校友捐赠决策。第一类论述税收对校友捐赠影响的文献最为充分，如 David 指出税收因素通过两种途径影响个人捐赠，一是通过"税收激励"降低了捐赠者的捐赠成本，二是通过降低税率提高税后可支配资金从而增加捐赠[1]，遗产税、赠与税、个税减免都会促进校友捐赠的增长。第二类研究多探讨我国《民间非营利组织会计制度》《基金会管理办法》《基金会管理条例》等修订所带来的变化，对比海外经验及国内数据，预测未来捐赠水平的提升。[2] 第三类研究主要为大学挖掘及利用校友捐赠提供合法性政策背书及资源支持，如澳洲设立"教育投资基金"助力大学发展，而我国民办教育促进法的修法、发展规划纲要、国家"双一流"战略等政策法规等也都鼓励社会对大学捐赠[3]，同时，《中央级普通大学捐赠收入财政配比资金管理暂行办法》及地方类似政策更是直接进行补贴，激励捐赠。不论何种研究，都在探讨与验证政策对最终个人捐赠的促进作用。

三 慈善环境及其他因素

还有研究强调慈善文化及环境对校友捐赠水平有影响。部分研究探讨了西方国家的捐赠传统及宗教等对个人捐赠的影响[4]，也对我国当前的捐赠环境进行定性定量评估。

具体筹资策略也会影响筹资效率效果。学者们认可大学募捐是专业活动，涉及公共关系学、营销学、新闻学、广告学、心理学、社会学、法律等多学科的知识领域，而探讨筹资策略的研究主要为以下三类。

第一类为具体的劝募技巧探究，国外研究调研不同劝募渠道（如面见、

① David, G., "Tax treatment of charitable contributions in Canada: Theory, Practice and Reform," *Osgoode Hall Law Journal*, 1 (2004): 1-51.

② 罗昆：《我国基金会立法的理论辩正与制度完善——兼评〈基金会管理条例〉及其〈修订征求意见稿〉》，《法学评论》2016年第5期，第95~104页。

③ 郭力：《中国大学基金会运作取向——借鉴澳大利亚"教育投资基金"的设置与运作》，《北京理工大学学报》（社会科学版）2014年第2期，第155~160页。

④ Andreoni, J., Payne, A., Smith, J. et al., "Diversity and Donations: The Effect of Religious And Ethnic Diversity on Charitable Giving," *Journal of Economic Behavior and Organization*, 128 (2016): 47-58.

电话或邮件)①、劝募工具（如画册、小礼品等)②、劝募话术（如情感融入型、理性呈现型)③、劝募模式（据对象权变)④ 等具体模式的社会反应；而国内研究多关注海外成功案例，如卡迪夫大学⑤、昆士兰科技大学⑥，尤其偏重美国研究型大学筹资案例的分析，既包括私立大学如斯坦福、哈佛、南加州等院校⑦，也包括公立大学如伯克利、印第安纳大学等筹资案例⑧，该类研究主要聚焦其独特的筹资目的与策略，从前期呼吁对筹资工作重要性的认识，到参考海外大学的筹资机构设置，到后期提出专业化运作、畅通化渠道、阳光化信息、特色化项目、严格化监管等运营原则⑨，为大学教育基金会的筹资吸引力提升奠定基础。第二类为筹资理论与理念溯源，从经济效用、市场营销、商业运作与管理视角关注大学的筹资策略改进，将筹资活动视为特殊商品进行推介与优化⑩；亦有研究将捐赠与现代大学制度建设、多元治理结构分析相结合，建议将捐赠者纳入学校治理当中。⑪ 第三类针对民办、高职、西部等经济相对弱势地区的地方院校的社会资源挖掘。该类院校更易遭受资源增长困境，研究提出捐赠作为多元筹资渠道的可能性，及相应可行性建议。⑫ 此

---

① Bekkers, R. & Wiepking, P., Generosity and Philanthropy: A Literature Review. Available at SSRN: http://dx. doi. org/10. 2139/ssrn. 1015507.
② Sarah, S., Frank, W. &Edmund, W., "Peer Effects in Charitable Giving: Evidence from the (Running) Field," *The Economic Journal*, 585 (2015): 1053 – 1071.
③ João, G., Paulo, R. &Duarte, T. "Attention, Emotions and Cause – Related Marketing Effectiveness," *European Journal of Marketing*, 11 (2015): 1728 – 1750.
④ Elizabeth, J., Durango, C. & Siva, K., "Effective Segmentation of University Alumni: Mining Contribution Data with Finite – Mixture Models," *Research in Higher Education*, 1 (2015): 78 – 104.
⑤ 洪成文、胡咏梅：《英国卡迪夫大学筹资策略及启示》，《比较教育研究》2012 年第 7 期，第 25 ~ 29 页。
⑥ 莫蕾钰、洪成文：《澳洲昆士兰科技大学筹资策略研究》，《国家教育行政学院学报》2011 年第 2 期，第 85 ~ 90 页。
⑦ 邓娅：《校友工作体制与大学筹资能力——国际比较的视野》，《北京大学教育评论》2012 年第 1 期，第 139 ~ 150 页。
⑧ 林天伦、洪成文：《美国公立大学发展新理念与筹资战略有效性研究》，《比较教育研究》2010 年第 5 期，第 63 ~ 67 页。
⑨ 吕斌、李忠云：《回眸与展望：高校多元筹资的历史沿革与发展趋势》，《高等理科教育》2011 年第 5 期，第 61 ~ 65 页。
⑩ 佟婧：《美国社区学院筹资理念的三大转变》，《比较教育研究》2016 年第 8 期，第 65 ~ 71 页。
⑪ 张海滨、郗永勤：《大学治理现代化的价值逻辑、现实困境和路径选择》，《中国行政管理》2016 年第 2 期，第 83 ~ 87 页。
⑫ 梁祖晨、潘奇：《企业捐赠与高教发展的互动关系研究》，《中国高教研究》2008 年第 2 期，第 80 ~ 81 页。

外，有研究认为大学基金会不但应关注筹资，还应与投资融合起来，确保获赠资金的保值升值，对应提出了资本市场投资需要注意的风险控制与预警。①

总结与建议

一　总结

我国大学教育基金会近年来发展迅速、潜力巨大，但经验缺乏、持续发展力不足，本文从个人、组织及环境层面探讨了影响我国大学教育基金会社会捐赠的要素，根据我国的现实情况，希望能为提升我国大学教育基金会筹资的效率提供参考。

（一）个人层面影响因素

当前大学教育基金会研究中有关个人层面的筹资影响因素主要讨论的是校友捐赠的影响因素，包括人口统计学因素、校友在校经验及校友经验。我国大学捐赠校友的个人层面影响要素研究发现：大额捐赠校友主要来自企业，多出生于 50～60 年代的农村，具备研究生学历，有捐赠习惯；一般捐赠声誉更佳的母校，并多在校庆期间捐赠，且从事行业多与大学所学学科相关；捐赠校友在校期间大都有勤工俭学与实习的经验，成为校友后多在当地校友会任职；多位校友有 MBA 或 EMBA 经历，尤其有长江商学院的 EMBA 学位，且常常以自己卓越的从商经历与校友身份最终成为学校商科的兼职或名誉教授。

（二）组织层面影响因素

结合以往研究及我国大学教育基金会数据分析，我们发现：大学教育基金会的筹资规模与大学综合影响力及大学教育基金会的运营都有紧密的联系。其中，大学毕业生影响以及社会声誉对大学的校友捐赠有显著的影响；而大学精英企业家培养能力与综合实力有着显著的相关关系，管理学、经济学与工学专业的精英企业家培养能力显著。大学捐赠与综合排名亦呈现显著正相关关系，与管理学、经济学、工学等专业门类排名同向变化，大学的精英企业家培养排名与捐赠排名也呈现出强正相关关系。而非公募大学基金会的捐赠收入与其透明指数、公益支出、收支比成正比，与其设立年限、投资收益成反比。

---

① 陈爱民：《美国高校捐赠基金管理研究》，《清华大学教育研究》2015 年第 2 期，第 22～32 页。

（三）环境层面影响因素

以往研究显示，宏观经济形势、政策环境以及慈善文化会对大学教育基金会的筹资规模产生影响，而我国稳健的经济发展、逐步优化的税收法令、日渐规范的基金会管理制度、高等教育的鼓励及扶持办法都为未来我国大学教育基金会的筹资提供了不断向好的发展环境，大学筹资也成为多学科、理论与实践并重的研究重点。

二　政策与策略建议

我国当前经济的积淀与机会、民间的主动性与创新性都为未来大学的民间筹资提供了基础，校友捐赠还有较大的提升空间。在未来的筹资道路上，大学还应修炼自身，在提升教学与科研能力的同时，营造慈善和捐赠文化，孕育并持续关注社会发展所需要的人才，专业化运营，为自身的经济保障和社会发展再建新功。

（一）对大学

1. 引进和培育优质的师资不容忽视

从以上的数据分析我们发现，对我国高校来说，高校教师质量才是高校发展的核心。能否培养出高质量的毕业生更多取决于是否有优质的师资，这甚至胜于是否有优质的学生。而优秀的教师亦是取得较好社会声誉的基础，只有优质的师资才能获得更多的科技奖项，也能换来更大的媒体关注度。引进和培育优质的师资才是高校未来获得更多社会资源的关键。

2. 大学需要潜心修炼内功

校友捐赠与大学的综合排名及大部分学科排名都有较大关系。这说明，一方面只有大学提高自身的综合实力才能吸引校友进行捐赠。良好的教学质量、研究成果和社会声望不但能持续吸引优秀的人才来发展大学自身，也更能赢得校友的认可，让他们敢于捐赠、乐于捐赠，从而走向良性循环。另一方面专业实力强的大学不但能获得市场的认可，也更易得到校友的信任与捐赠，在整体资源有限的情况下，打造自己的特色专业，也不失为吸引校友捐赠的途径。

3. 善于经营社会声誉才可获得更多资源

社会声誉对高校的校友捐赠影响程度最高，说明我国高校如果希望获得更多的资源，在做好自己的本职工作以外，尤其应注意社会声誉的经营，良好的媒体关注度才能引发校友及社会各界的关注，才能赢得更多获取资源的机会。而就学校本身来看，获取各类科技奖项是引发媒体关注，塑造良好社会形象的重要途径，高校还需加强自身建设，以实力赢得社会关注，以正能量鼓舞和引领社会。

4. 科研学术核心并非获取资源的唯一途径

数据分析显示，高校的学术成果及技术转化的提升并不会显著地吸引校友捐赠。不少高校认为要吸引资源必须提升大学排名，而大学排名只能依靠学术和研究来提升，于是将论文发表数、课题项目数等学术科研指标作为教师考核体系的唯一核心，这是不科学也是不必要的。而由此导致高校忽视教学，未能培养出高质量的毕业生更是得不偿失。本研究的模型再次说明了人才培养才是高校吸引资源的核心——不论是科研型的高校还是教学型的高校，只有教授出的人才能适应社会需要，才是未来高校与社会共赢协同发展的正道。

5. 大学应注重校友的成长

校友个人发展与大学发展有互利共赢的关系，校友未来的增值才是大学增值的保证。大学需要关心和支持校友的事业发展，提升大学校友对母校的认同度和归属感——当校友事业如日中天之时，才有积极回报母校和回报社会之日。大学的精英企业家培养实力决定校友的创富能力，校友的创富能力和慈善意识影响其对母校的捐赠魄力。大学自身与管理学专业的品牌效应说明大学精英企业家培养与校友人脉的建立与维护、大学的品牌相关——在企业家创富的道路上，社会资本非常重要。而理工科的富豪人数优势说明高科技实业的发展造就财富，把握当前的经济增长产业的灵敏度对大学企业家校友的培养有重大意义。

6. 培养捐赠微习惯

一方面，培养在校生的捐赠意识。如对在校生捐赠用具、书籍甚至极小额的现金的行为予以积极鼓励，报以诚挚感谢，并表达对其未来捐赠的期许。另一方面，重视校友捐赠率提升，而非仅重视大额捐赠。可以利用微信、QQ等多种平台功能进行小额募资，如打赏功能；又如某高校与银行开发的信用卡，将校友每次消费的零头自动转为高校捐赠基金，都有利于当前校友逐步形成捐赠习惯。

（二）对大学教育基金会

1. 加强信息披露

一方面，应加强信息披露。高校捐赠事业是道德性的公益事业，建立健全外部监督与内部监督相结合的综合监督机制，是其健康发展的重要前提，也是逐步增强社会公信力的基础。我国大学教育基金会应学习海外经验，充分、系统、真实、及时地进行信息披露，可采取自愿性信息披露和强制性信息披露相结合、第三方评估机构和利益相关者之间信息共享的方式。

另一方面，应加强与社会公众的沟通与舆论引导。应通过政府相关管理机构、基金会、社会公众的良性互动，缓解、规避投资效益对捐赠收入的"挤出效应"，拓展基金会的成长空间。主动邀请第三方评估机构就组织的非营利性进行审核与公示，消解公众误解，引导舆论理解大学教育基金会保值升值的投资行为；用公开透明、审慎严谨的投资决策制度来规范高校投资行为，降低投资环节可能出现的利益交换及寻租行为。

2. 促进筹、投资工作的专业化

由消费型管理转变到筹资理财的经营型管理，是大学提升自身价值的必然要求。当前我国部分大学已经建立了教育基金会，我们更应充分地利用这个平台和契机，提高运营效率，拓展专业化道路。一方面，我们要实现筹资专业化。我们不但要制定切实可行的筹款目标与计划，而且要促进工作人员职能专业化，从而保障捐赠资金的安全和资金捐赠信息公开化。另一方面，高校要实现运营专业化，掌握基金的运作规律，加强基金的财务运作，保证大学资产的不断增值。[1]

3. 拓展沟通及宣传渠道

捐赠收入与公益支出正相关，应积极开展并宣传公益项目。一方面，积极开展公益活动，展现基金会活力和信心，增强社会公众的慈善意识，推动整个慈善事业发展；另一方面，加强公益活动宣传，为捐赠者打造良好社会形象，用互利式活动模式激励双方持续开展合作。

4. 维护均衡增长收支模式

捐赠收入与收支比正相关，基金会应维护均衡增长的收支管理模式。大学教育基金会应在自己的能力范围之内设计、开展合理的活动，量入为出。在此基础上，积极表达基金会的需求，在获得收入更多的基础上开展更多的活动。

5. 引导募资永续性规划

捐赠收入与成立年限负相关，说明当前大学教育基金会缺乏长期规划——应鼓励基金会设立专业可持续募资规划。大学教育基金会的运营应逐步走向规范化，重视长期发展。形成合理、专业的机构、人员、制度，研究成功筹资案例，建立可持续性的募捐活动规划。在组织内开展动员说明工作，

① 江山、薛晗：《美国高校筹资多元化与中国高校之筹资创新》，载中国软件科学研究会《第九届中国软科学学术年会论文集（下册）》，2013，第14～19页。

形成统一的意识、注意绩效目标的测评与调整。

6. 注重提升捐赠率

在捐赠吸纳方面，我们不可嫌贫爱富，要注重每个人的捐赠。美国高教界特别重视校友捐赠率指标，将其视为"校友对学校的忠诚、热爱和感激，校友对母校教育成功认可的标志"，知名大学如普林斯顿大学、哈佛大学甚至在这一指标上超过50%，校友捐赠成为大学运营的长期稳定经济来源之一。但这个指标在我国并未得到充分重视，我国2011年被中国校友网所提及的校友捐赠榜缺乏清晰描述，并未能持续记录。有网友在解读中国校友会网的捐赠排行榜时，发现该排行榜单列富翁捐款，且对10万元以下的校友捐赠并未统计，调侃该排行榜既有"嫌贫爱富"的韵味，又有对富豪"逼捐"的意味，颇有浮躁气。虽然这应不是排行榜的本意，但也需防微杜渐，避免伤害到其他校友。既重视富豪校友捐赠的示范意义，也关注校友的长期成长，维持较高的校友捐赠率才是切实提升大学校友捐赠额与持久度的核心所在。

（三）对相关管理部门

我国非公募大学教育基金会还十分缺乏实践运营经验，亦是由我国现阶段的慈善发展阶段决定的。要想发展，不但要依靠大学教育基金会的自身努力，还需要我国管理机构改变思维，营造更优环境。

1. 创新治理方式

促进行业自律与社会监督多方合作。相关管理部门应从根本观念上突破将大学教育基金会视作普通事业单位来管理的思路，不但应尊重慈善市场有序的竞争环境，给予大学教育基金会充分的自主权和透明专业的运营自觉性；还应充分利用及激发行业协会及社会监督作用，实现对基金会乃至慈善市场的共同治理，如此有利于我国慈善事业的健康前行和未来在更广泛的世界市场上的有效竞争。

2. 落实相关政策保障

我国目前在大框架的法律、制度壁垒上有原则性突破，但细化到实际操作中仍有很大空间，亟须在实践中不断完善和落实。例如，对中央高校在捐赠配比政策审查程序上不够严谨，对西部及地方高校帮助有限，甚至存在舞弊现象。捐赠基金的保值增值、责任确定，高校基金会人力成本计量等，都应在未来业务量不断上升前制定更明确的规定。

三 反思与讨论

当前我国高校捐赠的发展还处在努力扩大捐赠资金规模的战略期。在劝捐、募捐的同时，我们应建立严格的准入原则，保证捐赠来源的善意与捐赠目标的正义公平性。能在利益前坚守高校的价值与原则，才更能体现高校的信仰与精神，赢得社会的尊重。

（一）资金来源应具备善意

首先，高校筹资机构要考虑捐赠方的财产是否合法，是不是经过捐赠方的合法经营获得的。对捐赠者的财产是否合法进行考量至少可以减少法律纠纷。[①] 有些人将自己所获取的"不义之财"、非法所得捐赠给学校，通过洗黑钱的方式来支持教育事业，如某地黑社会老大也捐资助学，不但违法，而且扭曲了捐赠本身的善意。又如贪污或挪用公款来资助教育，更是变相行贿，辱没高校名誉。

其次，应考虑捐赠组织或个人的道德品质及价值取向能否起示范作用。如伦敦政治经济学院接受来自卡扎菲次子的国际慈善与发展基金会（Gaddafi International Charity and Development Foundation）的捐赠导致校长辞职，甚至引发英国对慈善立法和伦理的呼吁。同时应考虑捐赠组织的价值取向与高校是否相符。如美国野猫煤炭集团（Wildcat Coal）赞助建立肯塔基大学篮球队豪华公寓，并将其冠名为"野猫煤炭宿舍"，恰恰讽刺了该校提倡的企业社会责任与环保理念，引发争论[②]；而烟草、军火贩售等企业与高校所提倡的正向社会价值亦不符，高校不应接受。此外，与恐怖分子相关、敌对（反华）势力的捐赠更不应列入考虑之列。

再次，还应考虑企业的诚信度与持久合作性。国内的"诈捐门"频频曝光，"诺而不捐"现象不断，影响恶劣，应予以防范。除因经济状况显著恶化，严重影响其生产经营或家庭生活的捐赠人外，对待沽名钓誉、影响高校正常筹资运作及规划安排的组织及个人不但应予以道德谴责，也应进行法律层面的追责，降低此类事件的发生率。

此外，强行摊派不可为。我国的社会捐赠文化尚未形成，捐赠率不高，但打着"社会责任"的旗号向企事业单位要赞助，甚至变相摊派来实现慈善捐赠，没有尊重捐赠者的意志自由，属于"道德绑架"，不符合正义原则。

---

① 朱小梅：《教育捐赠面临的道德困惑机器规范对策》，《江苏高教》2004 年第 2 期，第 13～15 页。

② Mead Andy, Basketball: Men Coming from Coal Money, New Wildcat Lodge OK'd . University of Kentucky SportsNews. ［2015 - 02 - 04］. http://www.kentucky.com/2009/10/28/994234_new - wildcat - lodge - okd. html? rh = 1.

（二）捐赠目标必须正义公平

一方面，作为一个从事高深学问研究的学术组织，学术自由是高校的伦理底线和基本价值规范。高校必须"坚持着一个最重要的立足点，那就是：拒绝任何可能明确限制他们做出重大学术决定自由的捐赠"[1]。学术自由赋予高校教师自由追寻真知和自主决定工作事务的权力，是保证其不受错综的利益所烦扰的核心价值。[2] 而这种自由包括有权在研究和教学中传播可能使赞助人不满或不适的观念与事实，而不遭解雇、骚扰和压制。然而在现实中却往往难以实现，如加州大学伯克利分校的微生物学教授查普尔（Ignation Chapela）因对外发表不利其生物技术合作公司的言论而于 2003 年被取消终身教职，有幸经过多方支持于 2005 年重获教职。又如宝马公司 2002 年在对克莱门森大学提供一千万美金资助的同时，要求每月按其需求派遣经理就该校自动化课程设置进行讨论与干预，并列出希望该校聘请的教授与工程师名单，虽终未聘请，但成丑闻。[3]

另一方面，高校代表了社会的良心和正义，必须捍卫公平的价值观。由于企业捐赠的自利性目标常常通过获取社会声誉和关注，有重视捐赠新闻效益而忽略社会效益的倾向，而这与捐赠促进机会平等的公平观不匹配。如2013 年校友捐赠额名列全美第三的美国南加州大学，在其捐赠条例中就明确提出："大学不可接受所带的捐赠限制性条件，但凡要求受益人或奖学金获得者要处于民族、国籍、祖籍、宗教信仰、性别、性取向、年龄、生理心理障碍或其他有悖于大学明确规定的平等与反歧视政策内容的要求，这类捐赠必须拒绝。"[4]

（三）捐赠管理工作者应充分尊重大学精神

我国的捐赠文化和环境并不优越，个人及组织的捐赠意愿虽近年有所改善但仍不强烈，而目前国内外高校都显示出对社会捐赠的倚重，高校筹资机构人员及校领导的责任越来越重，募捐难度也越来越大。高校筹资机构及校

---

[1] 德里克·博克：《走出象牙塔：现代大学的社会责任》，徐小洲等译，浙江教育出版社，2001。

[2] Lieberwitz, R. L., "Confronting the Pricatization and Commercialization of Academic Research: An Analysis of SocialImplication at the Local, National, and Global Levels," *Indiana Journal of Global Legal Studies*, 1 (2005): 109 – 152.

[3] Steven Mintz, Airline Savage, and Richard Carter, "Commercialism and Universities: An Ethical Analysis," *Journal of Academic Ethics* 8 (2010): 1 – 19.

[4] University of Southern California – Gift Acceptance and Campaign Counting. https://policy. usc. edu/ gifts/, 2015 – 06 – 07.

领导一方面应激发潜在捐赠人的兴趣和热情，尊重捐赠人的志趣、喜好和实力，尽力做好营销与劝捐工作，为高校的发展吸引资源。若能发展出平等互利、协同发展的良性模式是上优之选。但也可能面临有违大学精神的附加条件与大额捐赠的抉择。失去大额捐赠，可能会影响高校的发展与运作，但失掉大学精神，则影响到的不只是高校的声誉，而且是组织存在的意义，同时也毁掉了社会对高校的起码尊重。

（四）高校师生应心怀感恩且坚守对学术自由的追求

一方面，高校师生应心怀感激，并尽可能地对捐赠人进行合理回报。感恩教育是高校教育的重要一环，会对高校师生带来积极的道德影响，亦为社会引导了积极的价值取向。而高校师生也应为捐赠人提供合理回报，如为捐赠人提供正向的社会道德评价、为其提供技术及人员支持、努力学习或研究以给予捐赠人精神回报等。

另一方面，学术自由乃是高校师生应坚持的核心价值，不能动摇。如耶鲁大学宁愿奉还校友贝斯（Lee Bass）的两千万元捐赠，也不满足其开设带有种族歧视色彩的西方文明课程的要求；梅瑞狄斯学院因不愿使用捐赠方指定的家财而拒绝 BB&T 公司 42 万美元的捐赠。这些案例中，高校可能暂时失去了一笔赞助，但它们赢得了尊重和美誉，得到了高教界和社会的普遍认可。

（五）高校应将伦理教育深入人心

高校在当前强化捐赠文化建设，培养学生捐赠意识的环境下，还应注意提高相关领导的伦理意识，增强师生的伦理教育。一所高校的领导如在捐赠伦理方面处理不慎，则不但摧毁了高校长期以来建立的对内对外形象，丧失了师生与社会对高校的尊重，无法获得持续资助，也背弃了自身的信念与精神，得不偿失，需防微杜渐。而高校更应加强师生的伦理教育，把高校的风骨与性格注入师生心中，使其成为社会的标杆与脊梁，提升未来公民的整体素质。

制度环境篇

大学教育基金会的法制环境

黎颖露　韩　佼

引　言

《基金会管理条例》（以下简称《条例》）第 2 条规定，基金会是指
"利用自然人、法人或者其他组织捐赠的财产，以从事公益事业为目的，按
照本条例的规定成立的非营利性法人"。大学教育基金会作为现代社会基金
会的重要组成部分，其独特的使命就在于为一国高等教育事业的发展最大
限度地挖掘社会资源、寻求社会赞助与支持，增加大学发展的动力与物质
基础，填补官方资金支持的不足与缺陷，通过大学主动参与资源再分配的
过程，为大学和整个高等教育发展注入活力。[①] 因此，大学教育基金会可以
界定为由大学、学院等高等院校依法设立的，以本校的教育事业发展为宗
旨和目的的非营利性法人。

自 1994 年我国第一家高校基金会——清华大学教育基金会成立，大学教
育基金会便开始在我国逐渐发展起来。1995 年以来，国内已先后有上百所大
学成立了教育基金会，专门负责接受、管理和使用社会捐赠资金。进入 21 世
纪以后，我国高校教育基金会成立数量迅速增长，1999 年，高校教育基金会
数量不足 20 家；到 2017 年 10 月，全国高校教育基金会总数已经达到 537 家。
截至 2016 年底，全国高校教育基金会净资产超过 300 亿元，超过全国非公募
基金会净资产总量的 50%。2016 年，全国高校教育基金会捐赠收入超过 70
亿元，公益支出超过 50 亿元。大学教育基金会已经成为支持中国高等教育发
展的一支重要力量。[②] 大学教育基金会数量的不断扩大，为突破教育经费不足

[①] 李晓新、刘晔、张宏莲：《规范化与专业化：大学基金会资金管理的法律问题研究》，《复旦
学报》（社会科学版）2008 年第 6 期。

[②] 皮磊：《我国高校基金会总数达 537 家，净资产超 300 亿元》，公益时报微信公众号，2017 年
11 月 17 日。

这一制约高校发展的瓶颈做出了重要贡献。

大学教育基金会发展运作形式多样化，目前初步形成行政管理型（以浙江大学竺可桢教育基金会为典型）、市场运作型（以北大和清华教育基金会为典型）、委员会型（以南京大学发展委员会为典型）、海外拓展型（以上海交通大学教育发展基金会为典型）、行业依靠型（以中国矿业大学为典型）等多种发展模式，在资金募集和使用等方面发挥着越来越重要的作用。[①]

从大学教育基金会的产生与发展来看，它具有明显不同于其他类型基金会的特点。

第一，设立主体为单一的大学或其他高等院校。大学教育基金会一般是由一国的综合性大学、专业型院校等高等教育机构设立的，设立主体单一，而且一般是以所设立院校的名称命名。而且，从大学教育基金会的管理与组织机构来看，往往是由设立院校的高级负责人或与该院校有深厚渊源的资深人士担任主要负责人，而其管理和运转也是要接受所设立院校的监督和指导，与设立院校具有密不可分的关系。

第二，大学教育基金会的资金来源中校友捐赠占有较大的比例。大学教育基金会是依托高等院校成立的，这使其具有了不同于其他类型基金会的特殊筹资群体，即校友资源，来自校友的捐赠占有非常重要的比例。以麻省理工学院为例：1950年，校友捐赠只占学校年度总开支的21%，到了2000年，达到42%。校友捐赠已经成为学校收入的最重要的支柱。我国目前校友捐赠比例大概占到了18%。

第三，大学教育基金会的资金流向以支持设立院校的教育事业发展为主。大学教育基金会虽然也是教育型基金会的一种，但由于它的成立宗旨是支持大学教育的发展，为大学发展筹集更多的资金和物质支持，因此，这就决定了其资金流向必然是以设立院校的学科发展为主的教育性投入，主要用于所设立院校的教育、科研、物资设备，以及校园建设等内容。

第四，大学教育基金会对于所设立高校而言是相对独立的法人组织。虽然大学教育基金会是由大学所设立的，但它是享有独立法律地位的法人组织，能够以自己的名义独立开展募捐、筹款以及对外捐赠等活动，而且能够以自己的名义独立承担民事责任，因此，它具有相对独立性，不能完全将其与设

[①] 《2015-2020年中国高校基金会发展现状分析》，中国产业信息网，http://www.chyxx.com/industry/201509/344503.html。

立院校相对等或直接联系起来。①

　　大学教育基金会目前发展迅猛，逐渐成为"双一流"高校乃至普通高校的标配，主要有两方面原因。第一，随着我国三十多年的高速经济增长，各个高校都涌现出一批拥有巨额财富的校友。这些校友在事业进入稳定发展期之后，希望回馈社会，母校无疑是这一群体极为看中的捐赠对象。第二，教育部门的推动。2009 年，财政部和教育部出台《中央级普通高校捐赠收入财政配比资金管理暂行办法》。2015 年，国务院印发《统筹推进世界一流大学和一流学科建设总体方案》，鼓励高校要不断拓宽筹资渠道，积极吸引社会捐赠。目前，各个高校的财政拨款很难再有大的突破。从教育部门到各个高校，都认识到高校未来的办学资金增加只能来自社会捐赠。校友这个群体无疑成为各个高校教育基金会优先筹资的对象。②

一　当前我国大学教育基金会监管体系

（一）我国大学教育基金会立法演变过程

　　我国基金会立法的起步阶段为 1988 年和 1989 年，国务院相继发布了《基金会管理办法》和《社会团体登记管理条例》，这两个法律规定的出台，使社会公益氛围日渐浓厚，基金会事业迎来了蓬勃的发展，大学教育基金会事业在这一阶段也逐渐起步。

　　随后，在 1993 年 2 月，中共中央、国务院印发了《中国教育改革和发展纲要》，其中包含了"必须充分发挥各级政府、社会各方面和人民群众的办学积极性，坚持以财政拨款为主、多渠道筹措教育经费""国家欢迎港、澳、台同胞、海外侨胞和外国友好人士捐资助学"等规定，这些规定一方面使得高校开始拓展教育经费来源，另一方面在社会上营造了捐资助学的气氛。在此政策的鼓励下，大学教育基金会的发展进入了一个新的时期。

　　2004 年《基金会管理条例》的出台，奠定了基金会的法律规制基础，"虽然不是最好，但显然就是答案"的条例为大学教育基金会的发展扫清了法律的障碍。一是提出了公募基金会和非公募基金会的基本分类，使大学教育基金会能够顺利注册登记；二是明确了基金会非营利性质及其法人地位，对

---

①　李晓新、刘晔、张宏莲：《规范化与专业化：大学基金会资金管理的法律问题研究》，《复旦学报》（社会科学版）2008 年第 6 期。

②　董强：《高校基金会，与中国公益无关？》，公益慈善周刊微信公众号，2016 年 11 月 19 日。

基金会的组织机构、管理办法、审计和监管等做出了相应说明，明确了大学教育基金会的法律身份。从此，大学教育基金会在我国进入了快速发展期，各大学纷纷成立教育基金会，开始拓宽教育投资渠道，注重面向社会筹集办学资金，以基金会为平台获取更多的教育资源以满足教育发展的需要。

2009年，财政部、教育部制定了《中央级普通高等学校捐赠收入财政配比资金管理暂行办法》，中央财政设立配比资金，对中央级普通高校接受的捐赠收入实行奖励补助，用以引导和鼓励社会各界向高等学校捐赠，拓宽高等学校筹资渠道，进一步促进高等教育事业发展。这一办法进一步加快了大学建立教育基金会的步伐，鼓舞了大学设立教育基金会的热情，大学教育基金会迎来了新的发展。①

（二）当前我国大学教育基金会监管体系

经过长时间的发展，大学教育基金会的监管体系已经初步形成，主要包括法律、法规、部门规章、地方法规及规章等若干层面。

在法律层面，2016年3月通过的《中华人民共和国慈善法》作为慈善领域的基础性、综合性法律，明确了慈善活动的范围与定义，规范了慈善组织的资格与行为，回应了社会普遍关注的慈善募捐和慈善捐赠的重大问题，进一步明确了慈善信托制度，提出了政府促进慈善事业的促使，确立了政府监管、社会监督和行业自律三位一体的综合监管体系。此外，由全国人大常委会制定并于1999年颁布实行的《公益事业捐赠法》对公益捐赠进行了原则性规范。

在法规层面，国务院2004年颁布的《基金会管理条例》是约束当前大学教育基金会的核心法规，它的出台曾引发一轮大学教育基金会成立的热潮。2016年，民政部对条例进行了修订，形成《基金会管理条例（修订草案征求意见稿）》，并向社会各界征求意见。

在部门规章层面，民政部作为基金会的主管单位，在立法方面发挥了专业核心的作用：一是独立发布了一系列关于基金会的办法，包括《关于规范基金会行为的若干规定（试行）》《基金会年度检查办法》《基金会名称管理规定》《基金会信息公布办法》等；二是与其他部委联合下发了系列规制文件，如与教育部、财政部联合下发《关于加强中央部门所属高校教育基金会财务管理的若干意见》，与财政部联合下发《关于规范全国性社会组织年度财

---

① 杨维东：《中国大学基金会治理问题研究》，中国政法大学出版社，2015，第60～63页。

务审计工作的通知》等，都对大学教育基金会的发展起到了规范作用；三是慈善法出台后，民政部还相继出台了《慈善组织认定办法》《慈善组织公开募捐管理办法》，其中的相关条款都对大学教育基金会的后续治理提出了新的要求。此外，财政部、教育部于2009年联合下发的《中央级普通高校捐赠收入财政配比资金管理暂行办法》，规定了对特定捐赠收入实行奖励补助，掀起了大学教育基金会设立的新热潮。

在地方法规及规章层面，社会捐赠基础较好、经济较发达的省市出台了一些扶持性政策，鼓励省属高校做大做强教育基金，如浙江省出台了《省属高校捐赠收入财政配比资金管理暂行办法》，深圳市出台了《深圳市普通高校捐赠收入财政配比资金管理暂行办法》，对地方财政配比捐赠收入若干问题进行了明确规定。

二 基金会治理方面

（一）基金会的主体性质——由社团法人到非营利法人

1988年9月9日，国务院颁布的《基金会管理办法》中规定："本办法所称的基金会，是指对国内外社会团体和其他组织以及个人自愿捐赠资金进行管理的民间非营利性组织，是社会团体法人。"即基金会的法律属性为社会团体法人，但是，基金会是"物的集合"，而社团法人是"人的集合"，两者具有本质区别，这就使得基金会在适用社团制度的诸多规则时会出现种种不适。

从2000年开始，民政部着手对《基金会管理办法》进行全面修订。2004年3月8日国务院正式颁布了《基金会管理条例》，该条例从2004年6月1日起正式施行。条例第2条对基金会的概念有明确的界定："本条例所称基金会，是指利用自然人、法人或其它组织捐赠的财产，以从事公益事业为目的，按照本条例的规定成立的非营利法人。"该条例第一次在我国的立法文本中使用了"非营利法人"字样，正式确认了基金会作为非营利法人的民事主体地位。

而非营利法人的性质直接决定了基金会内部治理问题，远比公司治理复杂得多。与公司治理不同，非营利法人存在所有权、控制权和受益权三权分离的产权结构特征，由此产生了比公司治理更为复杂的委托代理问题。因此，非营利法人治理问题研究的前提，就是要明确其治理结构。与其他非会员制非营利组织一样，大学教育基金会没有会员大会，其组织机构基本上由理事会、监事会、秘书处组成。其中，理事会属于基金会的决策机构，是基金会内部治理的核心部分；监事会属于监督机构，对大学教育基金会的运行和管理实行监督；秘书处是具体执行机构，负责大学教育基金会日常工作，根据理事会的授权，具体负责资金募集、项目管理、监督检查、信息整理、人事档案、对外宣传等工作。就大学教育基金会内部治理而言，有效的组织架构形成了大学教育基金会的重要支撑，是其有效治理的前提条件。[①]

（二）基金会内部治理的问题

一般而言，商业公司如果治理不善，所导致的最坏结果就是公司倒闭或破产，但对于基金会等慈善组织而言，治理不善将最终损害公众的信任，危及社会的健康成长。[②]

从上述监管体制而言，《基金会管理条例》仍然是我国基金会治理的主要法律规则，该条例系统规定了基金会的登记、组织机构、财产使用和管理、监督管理等内容。客观而言，条例的实施效果是显著的，其颁布以后，基金会的数量和筹款额度均有明显增长。但是，条例是一部低效力位阶的行政法规，基金会的内部治理仍存在不少问题。

1. 理事会行政化，自主决策难以保证

在基金会治理过程中，理事会是最高决策机构，处于权力的中枢地位，承担着核心的决策职能，对大学教育基金会享有控制权。大学教育基金会理事会的使命包括制定政策、战略计划，整理财务与筹款，项目监控和评价，人力资源管理，协调与环境关系等各方面。除对内的决策作用，大学教育基金会理事会对外还承担着重要的任务，如获取外界资源，关注外界环境变化，顺利完成环境的资金、信息交换等，因此，理事会能否有效履行职责，直接关系到大学教育基金会治理状况，最终影响基金会使命的完成。

一般而言，规模较大的理事会常设立各种委员会以应对决策的复杂性，在理事会之下一般设有执行委员会、审计委员会等专门委员会。各委员会分别负责理事会部分事务，充分发挥自身专业优势，彼此分工协调，提高了基金会的整体治理水平。

---

① 杨维东：《中国大学基金会治理问题研究》，中国政法大学出版社，2015，第100页。
② 税兵：《基金会治理的法律道路——〈条例〉为何遭遇"零适用"》，《法律科学》（西北政法大学学报）2010年第6期。

关于理事会的相关规定，以《基金会管理条例》为例，其中规定了理事会的人数、任期、职权、决策表决方式等，并且对领取报酬的理事人数、具有近亲属关系的理事做了限制性规定。其他的规定如《关于加强中央部门所属高校教育基金会财务管理的若干意见》《慈善组织公开募捐管理办法》等也对理事会的职权、人员限制等做出了部分规定。

(1) 理事注意义务难以落实

我国《基金会管理条例》对基金会的理事长任职资格进行了限制规定：一是不得由现职国家工作人员兼任；二是因犯罪被判处管制、拘役或者有期徒刑，刑期执行完毕之日起未逾5年的，因犯罪被判处剥夺政治权利正在执行期间或者曾经被判处剥夺政治权利的，以及曾在因违法被撤销登记的基金会担任理事长、副理事长或者秘书长，且对该基金会的违法行为负有个人责任，自该基金会被撤销之日起未逾5年的，不得担任基金会的理事长。

但是《基金会管理条例》并未规定理事的任职资格限制或构成比例。这就造成了理事会构成中大学管理层在基金会理事会中所占比例过大、来源单一、构成比例不均衡。部分大学教育基金会理事基本上是学校领导，有少数大学教育基金会也邀请了部分对学校有重大贡献或在某一领域取得特别成就的校友或专业人士，但学校领导占绝大多数。而如果学校领导垄断了大学教育基金会理事会，则会形成理事会构成的单一化，会产生大学与其基金会管理高度重合的格局。这种理事会构成特点在不少国内大学教育基金会中均有体现，且通过这种安排将基金会事务纳入大学管理整体框架中，体现大学对其基金会的深度控制。同时这样的理事会组成还会导致决策权转移至大学管理层，使得理事会难以真正发挥内部决策作用。理事在学校的职务身份决定了，部分理事遵循的行事理念是大学的行政规则而不是章程，追求的是大学利益而不是基金会的利益，影响因素往往是领导意志而不是公益责任，最终往往导致理事职责让位于大学行政职务职责，理事注意义务难以落实。

《慈善法》颁布之后，《慈善组织公开募捐管理办法》随之颁布，其中第5条规定了对于慈善组织申请公开募捐资格的，其理事会成员来自同一组织以及相互间存在关联关系组织的不超过三分之一，相互间具有近亲属关系的不能同时在理事会任职。因大学教育基金会目前多不具备非公募资格，其募资以校友为主，申请公开募捐资格较少，因此，此规定难以对其产生影响和制约。

(2) 理事会赔偿义务法律救济不足

《基金会管理条例》第43条规定："基金会理事会违反本条例和章程规定

决策不当，致使基金会遭受财产损失的，参与决策的理事应当承担相应的赔偿义务。"该条款规定理事的损害赔偿责任，意在赋予基金会以法律救济机会。然而，理事会过错的判断标准在于"决策不当"。"决策不当"此处是指程序不合法，还是指造成结果损失，尚存在争议，并且"不当"的表述并不严谨，对于理事会损害赔偿责任的界定增加了难度。

进一步思考，由谁向理事会成员主张损害赔偿请求权？基金会虽然是侵害对象，可以为适格的原告，但谁代表理事会呢？理事会就是基金会的意思表示机关，岂能自己诉自己？理事会提起诉讼，只有一种可能性，即理事会成员若个人怠于行使决策职责，理事会追偿其损害责任。但是，理事会成员的决策行为不是个人行为，而是理事会的集体行为，"决策不当"的理事会向参与决策的理事会成员追偿责任，显然在逻辑上讲不通。且大学教育基金会中理事多由大学管理层兼任，相互之间均有一定的牵制关系存在。因此理事的损害赔偿更难以落实。

与此同时，该条款没有赋予基金会理事必要的抗辩权。享受高薪的商业公司的董事会成员，尚可采用"一般注意义务"及"交易风险原则"等理由进行抗辩，基金会理事会成员多为纯奉献的志愿者，不赋予他们充分的抗辩权，有悖于权责一致的基本法理。有救济，才有权利。在缺乏法律救济途径的情形下，条例规定的对理事会成员损害赔偿请求权，难以产生实际意义。

2. 监事会形同虚设，制衡作用落空

监事会在现代公司治理中起着防火墙的重要作用，是公司内部控制体系的重要组成部分。大学教育基金会作为特殊的非营利组织，没有营利组织的竞争机制、业绩评价机制，资源利用缺乏导向性，缺少必要的监管，组织易于偏离正常发展轨道，影响大学教育基金会声誉。因此，构建运作高效、监督有力的监督机制是完善大学教育基金会组织运行机制的基本前提，也是大学教育基金会有序发展的必要制度保障。

目前监事会的相关规定仍以《基金会管理条例》为主，条例中规定，"基金会设监事"，"监事列席理事会会议，有权向理事会提出质询和建议，并应当向登记管理机关、业务主管单位以及税务、会计主管部门反映情况"。此外，《关于加强中央部门所属高校大学基金会财务管理的若干意见》（教财〔2014〕3号）第一条第8款也规定了，基金会应当支持监事依照章程规定的程序检查财务和会计资料，列席理事会会议，向理事会提出质询和建议，并向登记管理机关、业务主管单位以及税务、会计主管部门反映情况。《慈善组织公开募捐管理办法》第5条规定，依法登记或者认定为慈善组织满二年的社会组织，申请公开募捐资格，如在省级以上人民政府民政部门登记的慈善组织，应有三名以上监事组成的监事会。

但上述规定仅仅是原则性的，没有规定监事会成员的任职资格、任免程序以及相关责任机制，这一制度漏洞直接影响了大学教育基金会监事会作用的有效发挥，本应是组织内部重要监督主体的监事会本质上属于大学相关监督机构在大学教育基金会的延伸，正如大学内部监督乏力一样，基金会监事会也难以有效发挥监督作用，甚至形同虚设。

（1）监事产生机制不合理，监事被理事会制约

我国基金会监事的产生途径在《基金会管理条例》中并无明确规定，而是由基金会章程规定，实践中一般有以下几种：一是由主要捐赠人选派；二是由业务主管单位选派；三是由登记管理机关选派；四是由理事会聘任。其中，由理事会产生监事的思路不仅被我国部分基金会实践，而且被学者积极倡导。从实践效果来看，"中国很多公益基金会的监事会成员与董事会或者秘书长有着千丝万缕的联系……董事会或秘书长间接地控制着监事会，使监事会无法发挥其监督作用"。[①]

就大学教育基金会而言，监事大多产生于大学管理干部，《基金会管理条例》规定了监事不得从基金会获取报酬，因此在实践中，虽然大学教育基金会都设立了互相独立的理事会和监事会，但在人员组成上，监事和理事大多由高校党政干部兼任，许多基金会理事、监事在高校内部具有行政上的直接隶属关系，在物质保障上，许多基金会监事还没有自己的常设办公机构，也没有固定的经费来源，无法深入了解和掌握真实的、第一手的信息资料。这使得监事的制度作用没能很好发挥出来。

（2）监事履职能动性不足，能力欠缺

首先，大学教育基金会监事往往由大学纪检、监审部门负责人担任，大多把监事职责作为学校本职工作的附加内容之一，属于职务行为的延伸，而不是使命感指引下的自发监督行为，监督意愿不强。

其次，依据《基金会管理条例》的规定，监事的工作是集财务会计资料检查、理事会决策合规性监督等业务于一体的综合性工作，对监事在财务、会计、法律、商务等专业知识上的要求比较高。在实际工作中，大部分基金会监事等都由高校党政干部兼任，其本职工作于监事涉及的领域关联性不强，

---

① 李莉：《中国公益基金会治理研究——基于国家与社会关系的视角》，中国社会科学出版社，2010，第131页。

也没有经过专门培训，难以胜任监事职权范围内要求的专业性工作。①

3. 秘书处规定层级较低，执行决策难度较大

《基金会管理条例》仅对理事会、监事会的设立进行了原则规定，没有对秘书处设置进行明确要求。与其他基金会、非公募基金会设立相应的执行机构类似，为了完成自己的使命与任务，更好地推动和促进大学教育事业的发展，大学教育基金会除了设立理事会作为权力机构、成立监事会作为监督机构以外，还必须有专门管理机构负责基金会日常工作，在理事会授权下贯彻落实理事会决策，这一机构即是秘书处。秘书处是在理事会领导下执行既定方案与政策、开展具体业务的实际操作部门，是大学教育基金会的日常办事机构，是联系基金会与社会、校友之间的重要纽带。

但是《基金会管理条例》中仅仅对理事会、监事会的设立进行了原则规定，没有对秘书处设置、人员组成、任职资格等进行任何要求。《慈善组织公开募捐管理办法》规定，依法登记或者认定为慈善组织满二年的社会组织，申请公开募捐资格，秘书长应为专职，理事长（会长）、秘书长不得由同一人兼任，有与本慈善组织开展活动相适应的专职工作人员。

理事会自主决策困难、监事会监督流于形式、秘书处执行不力等问题，均源于大学对其基金会的深度控制，但是这一问题目前并无改进迹象，大学教育基金会虽是非营利法人，但其对所属高校的依赖性日益增长，独立性无法保证，只有去行政化，去大学化，才能实现大学教育基金会真正的独立。

从目前情况来看，高校教育基金会资金来自社会上的捐赠（校友最为常见），其使用原则来自理事会的决策，使用途径取决于捐赠方的意愿或他们与基金会、受助方之间观点互动的结果；社会效果的监管权来自捐款方、基金会的理事会等，效果的评价更多来自专业化的第三方团队的评估，这一切大都遵循着横向关系模式，而不再是自上而下或高高在上的方式。一些高校教育基金会已经切入改革的脉络之中，只要解决了独立性的问题，很快就能走上这个轨道。比如说中国人民大学重阳金融研究院，一个智库型的组织，上百名人员是聘任的，没有人大的编制，但非常有活力，研究成果很显著，出了一些非常重要的政策、建议报告。②

---

① 戴志敏、石毅铭、蒋邵忠等：《大学教育基金会管理研究》，浙江大学出版社，2010，第124页。

② 陶传进：《中国基金会的发展值得乐观》，《中国慈善家》2017年9月刊。

但是因为大学教育基金会对大学的种种依存关系，去大学化难度很大。例如，在中央巡视组对北大等中管高校提出基金会管理问题后，北大的整改报告中明确提出："第六，强化学校和理事会对基金会的双重领导，将学校党委常委会听取教育基金会工作汇报的做法制度化，加强学校党委对基金会工作的领导，党委常委会每学期至少听取一次基金会工作汇报并做出决策；加强学校财务对基金会财务的业务指导和监督；建立学校审计室年度审计教育基金会的机制；加强党的建设，建立廉洁风险防控机制。"[1] 其中，将学校和理事会摆在了同样的层面，显然大学对基金会的控制日益深入。大学教育基金会真正的法律独立还有很长的路要走。

三 资金募集方面

中国慈善联合会 2016 年 11 月发布的《2015 年度中国慈善捐助报告》显示，2015 年获得捐赠最主要的领域中，教育超过医疗、健康，跃居第一位，而教育领域捐赠额猛增主要是因为高校接收的捐赠，2015 年国内有 12 所高校接收过单笔超过 5000 万元的捐赠。与之相比，2016 年校友捐赠和企业捐赠规模也屡创新高。

资金募集是大学教育基金会的造血来源，目前资金募集的主要来源仍是校友，且校友捐赠金额屡创纪录，一些捐赠由于数额巨大，且很多捐赠涉及社会知名人士、知名企业及国内著名高校，引发了社会各界广泛关注。

事实上，目前除了北大、清华、暨大、厦大、浙大、人大等少数高校教育基金会能够募集到亿元以上的资金，大多数高校教育基金会的资金规模仍然很小，但是整体规模在不断扩大。据中国高等教育学会教育基金工作研究分会理事长黄健华介绍，截至 2016 年底，全国高校教育基金会净资产超过 300 亿元人民币，超过全国非公募基金会净资产总量的 50%。2016 年，全国大学教育基金会捐赠收入超过 70 亿元，公益支出超过 50 亿元。[2] 与美国大学基金会全职人员人数众多相比，我国大学教育基金会多与校友会、发展联络办公室等合署办公，专职人员很少。不过经过十余年的发展，我国大学教育基金会迅速成长，社会影响也不断扩大，募资的渠道和手段也在不断丰富。

---

① 《重磅来袭！中央巡视组给北大等中管高校提出了哪些基金会管理问题？》，高校筹资联盟微信公众号，2017 年 9 月 1 日。

② 皮磊：《我国现有高校基金会 537 家 净资产超 300 亿元人民币》，公益时报网，2017 年 11 月 17 日。

关于募资活动的法律规制，以《慈善法》《慈善组织公开募捐管理办法》《关于加强中央部门所属高校教育基金会财务管理的若干意见》等规定为主，其中《慈善法》是基本大法，针对募捐活动做出了整体的规定，而《慈善组织公开募捐管理办法》只对慈善组织公开募捐行为进行规制，对非公募的大学教育基金会适用性较弱。《关于加强中央部门所属高校教育基金会财务管理的若干意见》仅是对中央部门所属高校教育基金会做出的规定，地方所属高校教育基金会原则上只是参照执行，但是目前虽然多所大学均已成立了大学教育基金会，但影响力较大的大型基金会还是以中央部门所属高校教育基金会为主，因此该意见适用性较强，其对筹资的总体要求为：基金会应当加强对筹资过程的管理和监督，推动筹资活动的专业化。

（一）关于募资资产

当前，中国一流大学主要依靠学费和政府拨款，校友捐赠在大学运营资金中仅占很小的份额。2009 年，财政部和教育部联合下文印发的《中央级普通高校捐赠收入财政配比资金管理暂行办法》对大学教育基金会事业是重大利好。根据该办法的精神，中央财政专门对各高校通过在民政部门登记设立的基金会接受的捐赠收入进行配比。

其中该办法认定的捐赠收入，仅指高校上年度通过基金会接受的实际到账货币资金。从 2011 年起，中央财政采取分档超额累退比例的分配方式安排配比资金，5000 万元以内的 100% 配比，5000 万元以上的 50% 配比。同时，该办法要求高校将配比资金纳入预算，严格管理，统筹使用，优先用于资助家庭经济困难学生、支持毕业生就业、开展教学科研活动等支出，不得用于偿还债务、发放职工工资和津补贴、日常办公经费等。每年中央财政安排一笔资金对高校捐款进行配比的初衷，即是对高校募捐到的数额按照比例再进行奖励，主要目的是给教育募捐创造一个好的环境，鼓励社会方方面面更愿意为高校捐款。

该文件出台后即发挥了重要的指导作用，极大地鼓励了大学的筹款积极性。在争取新增财政资金越来越困难的情况下，财政配比政策激发了高校注册教育基金会的热情。之前没成立基金会的纷纷成立了相应的组织机构，我国大学教育基金会基本实现了在"985 工程"和"211 工程"院校的全覆盖。目前资金的配比仍然主要在部属高校进行，地方高校尚在准备阶段，一部分有实力的地方高校未雨绸缪，也相继成立了教育基金会。2011 年配比资金达到 20 亿元的规模，各大学教育基金会纷纷建章立制，在广泛吸引社会捐赠的同时争取国家配比资金。

世界各国和地区的实践经验表明，设立政府配比基金能够发挥政府资金的杠杆作用，引发全社会对高等教育的关注，让更多人了解高等教育经费来源多元化的发展趋势，了解私人捐赠对高等教育发展的作用，特别是在大学筹款文化比较薄弱、大学筹款刚刚起步的国家，配比基金的设立可以大大提升捐赠文化和社会大众对捐赠教育的认同，有利于捐资助学良好风尚的形成。

不仅如此，政府配比资金的设立可以督促大学教育基金会从立、管、筹、用等方面进行基金会的规范化建设。由于资源的有限性，事实上配比资金是一种竞争性资源，各大高校在对其争取过程中，也会按照要求提高大学教育基金会的规范管理程度。因此，配比资金可以形成一种全方位的评估、激励机制，促使基金会在成立、管理、筹资、使用等诸多方面规范化运作，提高内部管理水平和资金使用效率，推动基金会提高透明度和公信力。在当前基金会尚未有具体标准与规则的情况下，政府配比资金可以起到一定的指导作用，成为无形的指挥棒。[①]

1. 资金来源

对于资金来源的相关规定可以概括为合法和真实。例如，根据《公益事业捐赠法》第 9 条：捐赠的财产应当是其有权处分的合法财产。此外，《中央级普通高校捐赠收入财政配比资金管理暂行办法》第 8 条规定："高校申请配比资金还须同时符合以下条件：（一）捐赠收入来源必须合法，必须有利于高校的长远发展且不附带任何政治目的及其他意识形态倾向；（二）申请配比资金的项目必须具有真实的捐赠资金来源、数额及用途，具有明确的项目名称。"

目前，大学教育基金会的募资来源主要是校友，甚至有"校庆日，捐款时"的说法。且捐赠数额从千万元到 1 亿元、10 亿元，纪录一再被刷新。2017 年 5 月初，上海遂真投资管理有限公司与浙江大学签约，正式宣布向浙大教育基金会捐赠 11 亿元人民币。这打破了去年 9 月由电子科技大学校友熊新翔创造的向母校捐款 10.3 亿元的最高纪录，成为国内高校获赠的最大单笔捐款。

校友作为一类特殊群体，一直是高校办学资金的重要供给方，也是高校最为倚重的募捐对象。近年来，国内经济的快速发展以及有关政策的鼓励和

---

① 杨维东：《中国大学基金会治理问题研究》，中国政法大学出版社，2015，第 60 页。

支持，使一些高校在校友捐赠方面颇有收获。校友单笔捐款数额越来越大，受关注度越来越高，有多所学校跻身中国大学校友捐赠"10 亿俱乐部""亿元俱乐部"。

巨额捐赠被世人津津乐道，还在于它能让一所大学的社会声誉和排名得到提升。在"985"工程大学三期评价指标体系中，也新增了"学校获得的捐款在学校经费中所占的比例"这一指标。

但是国内高校一般只在逢十的校庆年能获得比较大范围的校友捐赠，平时捐赠来源仅限于少数富豪校友。而美国许多高校的年平均捐赠率一般在 20% 以上，一些高校甚至高达 60%。与欧美发达国家相比，我国校友捐赠率很低，高校在校友捐赠方面仍有很大的距离和发展空间。[1]

2. 资产类别

对于所募资产的类别，现行法规基本没有限制，货币捐赠、实物捐赠和权利捐赠等不同类型均可。《关于加强中央部门所属高校教育基金会财务管理的若干意见》提到了现金捐赠、非现金捐赠、固定资产、股权、无形资产、文物文化资产等，《中央级普通高校捐赠收入财政配比资金管理暂行办法》提到了货币资金、仪器设备、建筑物、书画等实物捐赠，未变现股票、股权等。因此，货币、实物和权利均可以为捐赠对象。

目前大学教育基金会所接受的捐赠仍以资金为主。南开大学发展委员会办公室主任、南开大学教育基金会秘书长丁峰认为，一流的大学要有一流的校友资源，大学的建设与发展离不开校友的支持，而校友除了通过向母校捐赠财产这种比较熟悉的经济支持形式之外，还可提供高校发展所需的诸如智力、信息、舆论等方面的支持。"校友可以从以下几方面支持学校建设双一流大学，比如捐资助学，不管是学科建设还是人才引进，都需要投入大量资金，校友可以根据自己的实力，对母校做公益捐赠，促进教育事业的发展；此外，校友可以帮助挖掘、引荐人才，提升师资水平，加快学科建设。同时，校友还可以为高校进行品牌宣传，凝聚社会资源，加强学校与社会联系，促进科技成果转化。"[2]

（二）关于募资资格

关于基金会的募资资格，最初《基金会管理条例》对基金会进行了分类，

---

[1] 《高校校友捐赠渐成趋势，但开展投资的大学基金会不到 1/3》，《光明日报》2017 年 6 月 14 日。

[2] 皮磊：《2017 中国慈善榜来了，那些捐给大学的钱到账了吗?》，微信公众号，2017 年 4 月 10 日。

分为面向公众募捐的基金会（公募基金会）和不得面向公众募捐的基金会（非公募基金会），并且对于公募基金会按照募捐的地域范围，分为全国性公募基金会和地方性公募基金会，基金会的活动区域在其成立之时就被严格地圈定。按照这一划分标准，大学教育基金会基本被认定为非公募基金会。

《慈善法》取消了公募基金会和非公募基金会的分类，修订为是否具有公开募捐资格。在《慈善组织认定办法》中，专门规定了基金会申请认定为慈善组织应提交的材料，实现了基金会和慈善组织的衔接。

《慈善法》出台之后，大学教育基金会也可以依照相关规定申请公募资格。但是，因具有公募资格较非公募资格的法律规制更加严格，且大学教育基金会主要资金募集源于校友，因此，多数大学教育基金会可能不会去申请公募资格。但是《慈善法》关于向校友募捐是属于公开募集还是定向募集没有直接的规定，目前存在争议，笔者对此持肯定态度。

《慈善法》第28条规定，慈善组织自登记之日起可以开展定向募捐慈善。组织开展定向募捐，应当在发起人、理事会成员和会员等特定对象的范围内进行，并向募捐对象说明募捐目的、募得款物用途等事项。此处向募捐对象虽仅列举了"发起人、理事会成员和会员"，并未能包括校友，但笔者认为校友应属于特定对象的范围。

第一，规定定向募捐的对象范围为列举式，并未穷尽所有定向募捐的对象。这些对象包括慈善组织的发起人、理事会成员和会员，其共同点在于，这些特定对象与慈善组织之间都具有组织或者身份上的特定关系。因此定向募捐的范围不限于上述列举的对象范围，还可能包括其他对象，例如与慈善组织有特定利害关系的单位或者个人，如慈善组织的个人发起人所在的单位，与慈善组织经常发生交易关系的单位，等等。而校友显然属于与大学教育基金会有特定利害关系的群体。

定向募捐的特点在于募捐对象是特定的，其与公开募捐的区别不能简单地以募捐对象的数量多少来划分。公开募捐由于面向社会公众，一般来说数量众多；定向募捐由于面向特定对象，一般来说数量有限。但是在某些情况下，一些表面上看起来对象有限的定向募捐实际上是公开募捐。例如，某一慈善组织专门针对富豪们上门开展募捐，而这些富豪与该慈善组织之间没有特定的关系，既不是该慈善组织的发起人、理事会成员或者会员，也没有其他特定的利害关系。这种所谓的"定向募捐"即使其所针对的富豪人数十分有限，仍然有可能构成公开募捐。而校友募捐恰恰相反，表面上看是大量的不特定人群，实际上均具有同样的身份，因此，可以视为定向募捐。

第二，定向募捐在慈善募捐的方式中具有重要地位，在慈善募捐中被广泛运用。从目前我国基金会运行的实际情况看，采取定向募捐（非公开募捐）的基金会属于多数，占基金会总数的70%以上。而基本上大多数大学教育基金会此前均为非公募基金会，并没有公开募捐的资格。如将校友募捐视为非定向募捐，则需要所有大学教育基金会都去申请公开募捐资格，对其运行、信息披露等都将产生较大的改变。因此将校友募捐视为定向募捐也符合大学教育基金会的惯例，有利于大学教育基金会的持续发展。①

（三）关于募资活动

1. 募资活动应履行的程序

一是募资活动应当经理事会讨论决定。

《关于加强中央部门所属高校教育基金会财务管理的若干意见》（教财〔2014〕3号）第一条第三款明确规定，基金会资金的募集应当经理事会讨论决定。对于理事会讨论决定如何理解，笔者认为应召开理事会会议，以理事会决议的形式做出。而根据《基金会管理条例》的规定，理事会每年至少召开2次会议。理事会会议须有2/3以上理事出席方能召开，理事会决议须经出席理事过半数通过方为有效。重要事项的决议，须经出席理事表决，2/3以上通过方为有效。其中，章程规定的重大募捐活动属于重要事项的决议，需要经出席会议的2/3以上理事表决同意。如果章程对于重大募捐活动无规定，或者并非章程规定的重大募捐活动，则仅需出席理事过半数同意即可。因此，资金募集的表决程序还应结合章程的规定以及募集活动性质进行判断。

二是募资活动应说明募捐目的及募得款物用途。

大学教育基金会的募捐活动多为定向募捐，《慈善法》对慈善组织开展定向募捐做了一些基本要求：①慈善组织开展定向募捐应当向募捐对象说明募捐目的。所谓"募捐目的"，是指慈善组织开展该定向募捐活动所要达到的目标，如为了促进教育事业发展。募捐目的可以是多种多样，其指向只要符合《慈善法》规定的慈善活动的范围即可。②慈善组织开展定向募捐应当向募捐对象说明募得款物用途。所谓"募得款物用途"，是指慈善组织通过定向募捐获得的款物将具体用于哪些方面的活动。例如为了发展某一特定学科，建设某个场馆，等等。"募得款物用途"与"募捐目的"二者既有联系又有区别。一般来说募捐目的较为宏观、宽泛，募得款物用途更为具体，指向性更加

① 《慈善法》释义。

明确。

除了向募捐对象说明募捐目的和募得款物用途之外，慈善组织在开展定向募捐的过程中，还应当尽可能多地向募捐对象说明有关情况，例如，可以向募捐对象详细说明募得款物的管理情况，以及慈善组织如何采取有效措施确保募得款物使用情况公开透明，捐赠人可以通过哪些途径对慈善组织的慈善项目实施情况进行监督。这既是确保慈善组织规范运作的需要，也是慈善组织吸引和鼓励更多的募捐对象向其捐赠的有效方法。此外，《慈善法》第74条还对慈善组织开展定向募捐应当及时向捐赠人告知募捐情况、募得款物的管理使用情况做了规定。

三是接受境外捐赠要履行特定程序。

对于境外捐赠，根据《公益事业捐赠法》第15条：境外捐赠人捐赠的财产，由受赠人按照国家有关规定办理入境手续；捐赠实行许可证管理的物品，由受赠人按照国家有关规定办理许可证申领手续，海关凭许可证验放、监管。华侨向境内捐赠的，县级以上人民政府侨务部门可以协助办理有关入境手续，为捐赠人实施捐赠项目提供帮助。

此外，2016年4月颁布的《中华人民共和国境外非政府组织境内活动管理法》第9条规定：境外非政府组织在中国境内开展活动，应当依法登记设立代表机构；未登记设立代表机构需要在中国境内开展临时活动的，应当依法备案。境外非政府组织未登记设立代表机构、开展临时活动未经备案的，不得在中国境内开展或者变相开展活动，不得委托、资助或者变相委托、资助中国境内任何单位和个人在中国境内开展活动。这就表明如果境外非政府组织要向大学教育基金会捐赠，必须符合两个条件，要么依法登记设立代表机构，要么进行临时活动备案。

而根据第17条：境外非政府组织开展临时活动，中方合作单位应当按照国家规定办理审批手续，并在开展临时活动十五日前向其所在地的登记管理机关备案。如果大学教育基金会要接受未设立代表机构的境外非政府组织捐赠的，应该按照规定去大学所在地的省级人民政府公安机关办理审批手续。

第32条规定，中国境内任何单位和个人不得接受未登记代表机构、开展临时活动未经备案的境外非政府组织的委托、资助，代理或者变相代理境外非政府组织在中国境内开展活动。因此，如果大学教育基金会违反上述规定，接受了未登记代表机构、开展临时活动未经备案的境外非政府组织的捐赠，将要承担相应法律责任，甚至承担刑事责任。

2. 募资活动应确保公益性

根据《条例》第25条，基金会组织募捐、接受捐赠，应当符合章程规定的宗旨和公益活动的业务范围。境外基金会代表机构不得在中国境内组织募捐、接受捐赠。根据《关于加强中央部门所属高校教育基金会财务管理的若干意见》（教财〔2014〕3号），基金会接受捐赠应确保公益性。附加对捐赠人构成利益回报条件的赠与和不符合公益性质的赠与，不应确认为公益捐赠，不得开具捐赠票据；基金会不得将本组织的名称、公益项目品牌等用于非公益目的；基金会不得直接宣传、促销、销售企业的产品和品牌；不得收取与入学挂钩的赞助费、捐赠款，不得以接受捐赠的名义乱收费。

3. 捐赠活动的回报形式

就目前而言，高校能给予捐赠者的"回报"形式并不多，常见的有捐赠人冠名建筑、讲席教授席位、奖学金，或者授予校董等荣誉职位。以清华大学为例，根据公开报道，清华大学教育基金会接受任何来自社会的自愿捐赠。基金会将对捐赠者颁发证书，当捐赠数额较大者或当捐赠资金累积一定数额时，清华大学将在校园内为其设立纪念物或碑纪念；对热心教育事业、捐赠数额较大者，可聘为基金会理事单位或理事。这也是高校教育基金会对于捐赠者提供的回馈，而这种荣誉也是吸引高校捐赠的方法之一。对于企业来说，与高校的合作、对高校进行捐赠，尤其是像清华、北大等知名高校，能够为企业人才以及自身业务的发展带来积极影响。①

北京师范大学高等教育研究所博士研究生陈会民介绍，世界一流高校普遍采用捐赠讲席制度，吸引顶尖学者的加盟。我国大学在吸收社会捐赠方面，起步较晚，捐赠讲席制度并未全面铺开，还处于探索阶段。捐赠讲席制度是为精英学者、顶尖教授设计的，获得捐赠讲席与奥运选手取得金牌一样无限光荣。这一荣誉由讲席教授、大学和捐赠者共同拥有，对潜在捐赠者的捐赠意愿有着积极的影响，非校友往往更看重这种荣誉而进行捐赠。

上述捐赠的回报方式既能表达对捐赠者的感谢，又能体现学校的特点和定位，但如果处理不好也容易产生问题、引发争议。2011年，某一流大学教育基金会接受捐赠以捐赠公司的名号冠名校园设施引发了舆论争议和社会批判，当时教育部发言人回应称，对于大学教育建筑物冠名一事，教育部确实没有审批权，但建议学校充分利用民主渠道，广泛征求广大师生的意见，一定可以找到既能够表达对捐赠方的感谢或者进行纪念，同时又能体现学校特点和定位的好办法。因此，2014年出台的《关于加强中央部门所属高校教育

---

① 皮磊：《2017 中国慈善榜来了，那些捐给大学的钱到账了吗？》，微信公众号，2017 年 4 月 10 日。

基金会财务管理的若干意见》规定，基金会接受捐赠过程中，如果涉及学校建筑、设施、场所的冠名事项以及学校内部机构冠名事项，应当征得学校同意。实际上，给场馆捐赠的冠名权，决策权确实应该属于学校，但是对于冠名而言，学校也应考虑其社会影响，以及是否会对学校的声誉产生不良影响。

四　关于募集资产的保值增值

随着我国基金会的发展，基金会对其独立性及可持续发展的要求也越来越高，尤其是非公募基金会，其捐赠收入来源单一，有的非公募基金会的捐赠只源于一家企业，基金会对捐赠方的依赖性强，生存风险较高。那么资产的保值增值就成为基金会的发展需要。通过投资活动，基金会增加收入，拓展收入来源，加强自身造血功能，提高独立性，支持基金会的持续发展。就捐赠者的意愿而言，随着我国资本市场的发展，越来越多的个人和企业参与投资活动，有的捐赠者也会愿意基金会用自己的捐款进行投资，以产生更多的收益用于慈善事业，同时使自己支持的慈善项目可以维持较长时间，不会在短时间内捐款用完后就结束。就基金会内部而言，无论是公募基金会还是非公募基金会，经过几年的发展，都会有较多的资金沉淀下来，如果只放在银行，客观上造成资源的浪费。

目前我国大学捐赠基金主要依赖于筹资捐赠，对投资运作重视不足。调查显示，我国开展投资的大学教育基金会比例不足1/3。投资金额分布从几十万元到上亿元不等，在通货膨胀和管理成本的压力下，保值增值的目标面临较大挑战。国外一流大学通常有完备的校友捐赠基金管理制度。校友所捐款项大多以留本基金的形式流入"基金池"，学校聘请专业的金融家负责资本运营。学校通常将基金红利用于学生奖学金资助、优质师资招聘、硬件设施改造等方面，很少动用本金，这就确保了校友捐赠基金的可持续增长。

实际上大学捐赠基金开展投资运作不仅是基金会的责任更是其义务，只有通过投资才能使基金保值，而消极管理只能导致基金随时间贬值，影响基金代际公平的长远目标。也只有通过投资，才能使基金增值，为大学发展及代际公平做出应有的贡献。大学教育基金会实现基金的保值和增值是基金会持续发展的基础条件，我国大学教育基金会可以考虑借鉴国外一流大学教育基金会的运作经验，通过建立专业团队，优化操作流程，做好全面风险管理，以实现基金运作效益的最大化。通过基金会的有效投资，使基金增值，形成

"投资—增值—再投资"的良性循环模式。①

部分大学教育基金会保值增值活动运行成熟，给基金会带来了巨额的收益。2016年103家在民政部登记的非公募基金会公布的年报显示，有38家2016年投资收入为0元，友成企业家扶贫基金会虽然有投资理财，但是亏损300万元；除此之外，66家非公募基金会均有投资收入，占比达到62.8%，其中清华大学教育基金会、北京大学教育基金会、河仁慈善基金会3家投资收入过亿元，分别达到2.48亿元、1.05亿元和2.17亿元，包括浙江大学教育基金会、北京航空航天大学教育基金会在内的8家投资收入超过千万，另有29家全年投资收入超过百万元。② 从这些数据可以看出，保值增值所带来的收益已成为大学教育基金会资金的重要组成部分，清华大学和北京大学的投资收益甚至超出了一大批大学教育基金会的所有资产。

目前基金会资产的保值增值已成为业界通识，但是相关法律规制文件尚未完善，我国对基金会投资方面的立法规范，经历了由限制到自由的路径。

根据1988年我国《基金会管理办法》的规定，基金会的成立要经中国人民银行批准，基金会进行投资活动受到许多限制：基金会不得经营管理企业；基金会可以将资金存入金融机构收取利息，也可以购买债券、股票等有价证券，但购买某个企业的股票额不得超过该企业股票总额的20%。

而随着2004年6月1日《基金会管理条例》的正式实施，其中第28条规定：基金会应当按照合法、安全、有效的原则实现基金的保值、增值。与1988年的《基金会管理办法》相比，基金会的资金运作活动被赋予了更大的自由空间，但是也有很多基金会因为没有细化的规则而不敢贸然进行投资，甚至觉得无所适从。

民政部《关于规范基金会行为的若干规定（试行）》（2012年7月）延续了"合法、安全、有效"的原则，同时进行了初步细化：一是将可投资资产进行了限定，即基金会可用于保值增值的资产限于非限定性资产、在保值增值期间暂不需要拨付的限定性资产；二是对委托投资进行了限定，即基金会进行委托投资，应当委托银行或者其他金融机构进行。

2014年教育部、财政部、民政部三部联合下发的《关于加强中央部门所属高校教育基金会财务管理的若干意见》（教财〔2014〕3号），是目前对于

---

① 《高校校友捐赠渐成趋势，但开展投资的大学基金会不到1/3》，《光明日报》2017年6月14日。
② 《2016年报 | 四成非公募基金会无投资收入，友成基金会亏损300万》。

基金会财产保值增值规定最为详细的制度，制定了专门的章节来规定中央部门所属高校教育基金会资产的保值增值，基本要求为"规范投资行为，防范和控制财务风险"，对于可投资资产范围、决策程序、委托投资、禁止投资的范围均进行了初步的规定。尤其是对投资对象进行了较为宽泛的规定，不得投向期货、期权等衍生金融工具，这一规定实际上给中央部门所属高校教育基金会投资解绑，避免了原有因无规定而不进行投资的消极处理。

2015年，《慈善法》延续了"合法、安全、有效"的原则，同时对投资进行了初步细化，一是规定了投资收益的使用，投资取得的收益应当全部用于慈善目的；二是规定了初步的决策程序，慈善组织的重大投资方案应当经决策机构组成人员三分之二以上同意；三是规定了不得用于投资的财产，即政府资助的财产和捐赠协议约定不得投资的财产，不得用于投资。

2017年7月，银监会、民政部出台《慈善信托管理办法》，规定慈善信托财产运用应当遵循合法、安全、有效的原则，可以运用于银行存款、政府债券、中央银行票据、金融债券和货币市场基金等低风险资产，但委托人和信托公司另有约定的除外，对投资范围进行了初步限定。

2017年，民政部落实《慈善法》的要求，起草了《慈善组织保值增值投资活动管理暂行办法》，其中对于基本原则、投资范围、模式及条件、投资决策运行、投资风险控制、监督管理等进行了规范，其中重点明确了"投资活动的自律与他律"等三个问题。该规定已经于2017年12月7日向社会公开征集意见，可以预见此规定将成为慈善组织保值增值领域的核心规制文件，将对大学教育基金会的保值增值活动起到具体的指导作用。

（一）关于可投资资产

关于可投资资产采用的列举式和除外式结合的规定，可用于保值增值的资产限于非限定性资产和在保值增值期间暂不需要拨付的限定性资产，如《关于规范基金会行为的若干规定（试行）》；而不得用于投资的资产为政府资助的财产和捐赠协议约定不得投资的财产，具体参见《慈善法》规定。由此可以推断出，大学教育基金会所获得政府配比资金、政府其他拨款等均不得用于投资。

此外，在《关于加强中央部门所属高校教育基金会财务管理的若干意见》中规定了两个条件。一是捐赠人对于其捐赠款投资有限制性意见的，基金会不能违背捐赠人意愿开展投资活动。此处所规定的捐赠人的限制性意见，笔者认为还是应该体现为捐赠协议，即大学教育基金会在接受捐赠时，可提醒捐赠人注意相关条款，如无反对意见，则可以进行投资。二是基金会应保持资金的流动性，投资活动不得影响公益支出的实现。这就要求大学教育基金会在投资时，要充分考虑到公益支出的需求，不能盲目为追求投资收益而影响公益活动的开展。

《慈善组织保值增值投资活动管理暂行办法（征求意见稿）》中将流动性进一步细化，从资产类型和期限方面都进行了明确，规定慈善组织应当保持足够的现金类资产，以保证连续 3 年的慈善活动支出符合法定要求和待拨捐赠财产及时足额拨付。这就要求大学教育基金会在开展保值增值活动时，既要考虑当年支出的需求，又要充分做好规划，对于未来三年的支出活动要有具体的、可量化的科学的预期，避免因流动性不足带来的风险。

（二）关于投资范围

1988 年制定的《基金会管理办法》对基金会的投资范围有较为细致的规定，例如，可以存款，也可以购买债券、股票等有价证券，不得经营管理企业等。但是《基金会管理条例》实施后，取消了对投资范围的相关规定。《关于规范基金会行为的若干规定（试行）》中延续了条例的做法，并未规定具体的投资范围。

《关于加强中央部门所属高校教育基金会财务管理的若干意见》中规定，基金会的资金不得投向期货、期权等衍生金融工具，即除了期货、期权等衍生金融工具以外，其他的金融产品大学教育基金会都可以进行投资。《慈善组织保值增值投资活动管理暂行办法（征求意见稿）》对投资范围方面进行了细化的规定。

一是从合法、安全、有效的原则出发，借助金融领域的行政和行业监管，规定慈善组织开展投资可以购买金融机构发行发售的产品，或者委托专业投资管理机构进行。其中直接购买的产品包括商业银行、证券公司、基金管理公司、信托公司、保险资产管理公司等金融机构发行发售的理财产品、债券、证券投资基金、信托产品等投资品种，同时对理财产品、债券、信托产品等从信用等级方面进行了细化的规定。

二是对直接股权投资进行了限制性规定，将其限定在可以直接进行与慈善组织宗旨和业务范围直接相关的股权投资。这是除了被投资方的经营范围与慈善组织的宗旨和业务范围直接相关的情形，即开展扶贫济困、支持困难群体就业创业等慈善活动所需要进行的股权投资以外，慈善组织不得进行其他直接的股权投资。这既减少了慈善组织通过直接成立营利性企业进行利益输送的可能，也防止捐赠财产转变为长期股权后丧失了流动性，影响慈善活动支出。

三是规定了禁止慈善组织开展的活动。《办法》对风险过高背离保值增值目的，或者有悖于慈善宗旨的行为予以禁止。这十二种情形中有的不是投资行为，但在实践中经常以"投资"的名义出现，一并予以禁止，具体为：在非银行金融机构存款；直接投资二级市场股票；投资人身保险产品；投资期货、期权、远期、互换等金融衍生产品，用于对冲风险的除外；不具有稳定现金流回报预期或者资产增值价值的投资；向个人、企业直接提供与本组织宗旨和业务范围规定的慈善活动无关的借款；违法开展保证、抵押，以及将慈善组织的财产用于与组织宗旨和业务范围规定的慈善活动无关的质押；将慈善组织的财产以明显不公允的价格低价折股或者出售；高污染等不符合国家产业政策项目的投资；可能使本组织承担无限责任的投资；违背本组织宗旨、可能损害信誉的投资；参与非法集资等国家法规政策禁止的其他活动。[①]

（三）关于投资方式

投资方式有两种，直接投资和间接投资。应该说，两种投资方式都存在一定的投资风险。在委托投资中，可能会因为所选择的委托机构不当操作而使投资面临风险。例如，陈嘉庚科学奖基金会曾将 3000 万元原始资金交由中国银河证券进行投资，但因对方重组导致三年投资收益为零，甚至险些无法收回本金。[②] 当然，自己组织团队进行投资也同样会面临投资风险，而且如果缺乏专业的投资人员，自己投资比委托投资可能承担更大的投资风险。

根据《关于规范基金会行为的若干规定（试行）》，基金会进行委托投资，应当委托银行或者其他金融机构进行。但是对于自行投资的，并未提出要求。基本养老金和社保基金均采取直接投资与外部委托投资相结合的方式。社保基金理事会直接运作的社保基金的投资范围限于银行存款，在一级市场购买国债，其他投资需委托社保基金投资管理人管理和运作并委托社保基金托管人托管。即根据投资产品的风险度作为区分直接投资和委托投资的标准。2014 年末，全国社保基金直接投资占 50.26%，委托投资占 49.74%。

《慈善组织保值增值投资活动管理暂行办法（征求意见稿）》除特定投资

---

① 《关于〈慈善组织保值增值投资活动管理暂行办法（征求意见稿）〉的说明》，民政部。

② 王崇赫、孙凌霞：《非公募基金会投资管理模式选择——美国经验及启示》，《社团管理研究》2010 年第 2 期。

产品慈善组织可以自行投资之外，其他均要委托专业投资管理机构进行投资。此外，鉴于目前受托投资机构的多元化以及慈善组织整体鉴别能力相对较弱，办法参照企业年金、养老金、社保基金对于财产托管方的要求，从受托方的业务资格、实收资本和过往记录等方面对其资质予以规范和明确，从而便于慈善组织进行选择，尽可能地保证委托投资时的慈善财产安全。

（四）关于投资风险控制

慈善组织为实现财产保值增值开展投资活动时首先要确保使命第一，投资次之。慈善组织的宗旨是开展慈善活动而不是牟利，慈善组织开展投资必须服从服务于慈善财产的保值增值，而不能是其他目的，慈善财产作为社会公共财产，在投资活动中应当将安全性放在首要位置。

《慈善组织保值增值投资活动管理暂行办法（征求意见稿）》除了在确定投资范围方面充分考虑安全性外，还用专门条款对投资活动的风险控制进行了规定。并规定了下列相关制度。

一是投资可行性论证制度，即在做出投资决策前，慈善组织应当对投资项目进行可行性论证，必要时可聘请专家或者专业机构论证；二是经常性关注要求，即慈善组织应当经常、全面了解投资项目和被投资方的经营情况，及时回收到期的本金、利息和分红等应得收益；三是止损机制，即慈善组织应当根据投资品种的风险水平以及所能承受的损失程度，合理建立止损机制；四是风险准备金制度，即要求慈善组织可以建立风险准备金制度；五是集中度风险防范制度，即慈善组织的投资应注重防范集中度风险。投资权益类和固定收益类等资产，单个投资项目的投资金额不超过慈善组织总资产的30%。综合运用这些相关制度来确保慈善组织在投资活动中将风险控制在可承受的范围之内。

1. 关于投资决策程序

《关于加强中央部门所属高校教育基金会财务管理的若干意见》中明确规定，基金会投资决策与执行应当分离。建立规范的投资决策议事规则，投资计划必须经过理事会决策同意方可执行。理事会授权投资委员会开展投资活动的，投资计划也必须报理事会决策，投资结果必须向理事会汇报，投资责任仍由理事会承担。每一项投资决策都必须经过表决，决策记录应载明投资事项、提请投资人的意见和签名、参与表决人的意见和签名，表决结果存书面档案。

《慈善组织保值增值投资活动管理暂行办法（征求意见稿）》中还规定了重大投资方案的具体标准，要求慈善组织的重大投资方案应当经理事会组成人员三分之二以上同意。同时规定了相关人员的投资决策回避制度，不得损害慈善组织的合法权益。同时，在投资决策责任承担的规定中，征求意见稿中规定了相关人员的忠实、谨慎、勤勉义务。还规定了参与决策理事违法违规决策不当的赔偿责任。此规定没有达到我们所期望的尽职免责条款，但是同时又给决策不当增加了违法违规的限定条件，也可以说较为合理。

此外，《关于加强中央部门所属高校教育基金会财务管理的若干意见》中明确规定了资产管理的相关规定，如基金会应当加强资产管理，配备资产管理人员，建立定期盘点制度，对非现金资产应该进行登记和管理，做到账实相符、账表相符。

总体而言，大学教育基金会的资产保值增值应当遵循合法、安全、有效的原则，建立投资责任体系和追踪问责机制，明确投资止损原则，通过有效的过程管理控制投资风险。

五　关于募集资金的使用

（一）资金使用程序

大学教育基金会募集资金的使用范围和金额等用途，应为理事会的决策范围。《关于加强中央部门所属高校教育基金会财务管理的若干意见》中规定，基金会资金的募集、管理和使用计划、基金会财务收支预算、决算等重大事项，应当经理事会讨论决定。但是，如前所述，大学教育基金会具有特定的运行环境，除行政监管机关外，还要接受业务主管单位和学校财务部门的业务指导和监督，如教育部、财政部、民政部。因此，资金的使用，也需要符合上述部门的相关要求。

（二）使用用途

1. 配比资金的用途有明确具体的规定

《中央级普通高校捐赠收入财政配比资金管理暂行办法》中明确规定了配比资金的用途，即优先用于资助家庭经济困难学生、支持毕业生就业、开展教学科研活动等支出。不得用于偿还债务、发放教职工工资和津补贴、日常办公经费等。事实上，该用途与配比资金性质是一致的，是为了鼓励捐赠，是对中央级普通高校接受的捐赠收入实行的奖励补助，如果用于偿债、发放工资等，则失去了配比资金的意义。

2. 募集款用途应符合公益性，且不违反捐赠协议

一方面，大学教育基金会募集款项用途应具有公益性，这一点体现在多个规制文件中。实际上，大学教育基金会作为慈善组织，公益性是其基本属性。基金会的使用应符合公益宗旨的方向，或用于资助符合其宗旨和业务范围的活动和事业。另一方面，募资资金的用途还应符合捐赠人的意愿，即基金会与捐赠人订立了捐赠协议的，应当按照协议约定使用。如需改变用途，应当征得捐赠人书面同意。目前我国高校教育基金会收到的捐赠资金多为指定用途类捐赠，主要有奖学金捐赠和建筑物捐赠等，其中基建类捐赠在大额捐赠中占有较大比重，例如将校友捐赠资金用于盖教学楼、建实验室或运动场馆等。[①]

募资资金的用途禁止范围为：不得向个人、企业直接提供与公益活动无关的借款，不得资助以营利为目的活动。

实际上，越来越多的校友捐赠指定用于综合用途。例如 2016 年 9 月，当时刷新了中国高校接收单笔捐赠最高纪录的"博恩教育发展基金"，由熊新翔捐资 10.3 亿元支持电子科技大学的发展。"博恩教育发展基金"分为"校长基金"和"博恩跨学科创新发展基金"。其中，"博恩跨学科创新发展基金"总额度为 10 亿元，用于支持学校在环境保护、食品安全、大数据以及产融结合、商业人才培养等多领域跨学科创新发展，包括引进一流师资，设立讲席教授，冠名教授岗位，聘用专职科学研究人员，建设专用物理空间，设立专项发展基金等；"校长基金"总额度 3000 万元，用于支持校长本人认定并开展有助于学校教育事业发展的相关事项。[②]

（三）活动支出和管理费用——只用慈善法和细则的相关管理规定

慈善活动支出是指慈善组织基于慈善宗旨，在章程规定的业务范围内开展慈善活动，向受益人捐赠财产或提供无偿服务时发生的下列费用：直接或委托其他组织资助给受益人的款物；为提供慈善服务和实施慈善项目发生的人员报酬、志愿者补贴和保险，以及使用房屋、设备、物资发生的相关费用；为管理慈善项目发生的差旅、物流、交通、会议、培训、审计、评估等费用。慈善活动支出在"业务活动成本"项目下核算和归集。慈善组织的业务活动成本包括慈善活动支出和其他业务活动成本。

慈善组织的管理费用是指慈善组织按照《民间非营利组织会计制度》规

[①] 侯国帅：《高校如何利用基金会提高办学经费？》。

[②] 皮磊：《2017 中国慈善榜来了，那些捐给大学的钱到账了吗？》，微信公众号，2017 年 4 月 10 日。

定，为保证本组织正常运转所发生的下列费用：理事会等决策机构的工作经费；行政管理人员的工资、奖金、住房公积金、住房补贴、社会保障费；办公费、水电费、邮电费、物业管理费、差旅费、折旧费、修理费、租赁费、无形资产摊销费、资产盘亏损失、资产减值损失、因预计负债所产生的损失、聘请中介机构费等。

《基金会管理条例》区分了公募基金会和非公募基金会进行了不同的开支限额的规定，即公募基金会每年用于从事章程规定的公益事业支出，不得低于上一年总收入的70%；非公募基金会每年用于从事章程规定的公益事业支出，不得低于上一年基金余额的8%。

《慈善法》第60条规定，慈善组织中具有公开募捐资格的基金会开展慈善活动的年度支出，不得低于上一年总收入的70%或者前三年收入平均数额的70%；年度管理费用不得超过当年总支出的10%，特殊情况下，年度管理费用难以符合前述规定的，应当报告其登记的民政部门并向社会公开说明情况。同时规定了：具有公开募捐资格的基金会以外的慈善组织开展慈善活动的年度支出和管理费用的标准，由国务院民政部门会同国务院财政、税务等部门依照前款规定的原则制定。

2016年10月，民政部、财政部和国家税务总局颁布了《关于慈善组织开展慈善活动年度支出和管理费用规定》。此规定对慈善组织慈善活动支出和管理费用的列支原则、列支范围、列支比例等内容进行了明确和规范，并提出了相应的监管要求；明确了各类慈善组织年度慈善活动支出和管理费用的列支比例。分别对具有公开募捐资格的基金会、具有公开募捐资格的社会团体和社会服务机构、不具有公开募捐资格的基金会、不具有公开募捐资格的社会团体和社会服务机构制定了不同的年度慈善活动支出和管理费用标准，规定了在计算比例时可以用前三年平均数额代替上年数额以及上年总收入的调整方式，针对小规模慈善组织运转的实际特点和慈善组织遇有特殊情形的，允许年度管理费用不适用一般规定；不允许因捐赠协议的单项约定违背年度慈善活动支出比例和年度管理费用比例的整体规定；成为目前大学教育基金会关于成本、支出和费用方面的主要规制文件。

此规定中，明确区分了慈善活动支出、管理费用、其他业务活动成本，并对其具体的情形进行了定义。

1. 慈善活动支出

（1）慈善活动支出的认定

关于公益支出，在不同的法律规制中有不同的表述，如现行《基金会管理条例》所用表述为"公益事业支出"，《关于慈善组织开展慈善活动年度支出和管理费用规定》中表述为"慈善活动支出"，民政部根据《社会组织评估管理办法》制定的评估指标当中，也对公益支出赋予了较大的分值比重。"公益事业支出""慈善活动支出""公益支出"，用词不同，关注的重点相近，都是考察公益组织有没有把资金用在"公益"的刀刃上。由于基金会等公益组织的活动多种多样，再加上有些活动表现形式复杂，都给公益支出的认定带来了一定的困难。

《关于慈善组织开展慈善活动年度支出和管理费用规定》明确了慈善活动支出的几种情形，但是实际慈善活动中支出情况千差万别，如何确定到底是不是慈善活动支出有时会存在争议。目前实践中，具体项目中公益支出的认定往往由专业机构进行并承担风险，主要是会计师事务所的责任，其工作主要依据注册会计师协会基金会专业委员会出的《基金会财务报表审计指引》开展。而主管机关目前为止没有专门就项目的公益性或公益支出出台认定标准，只是大致把握几条。

一是对于支出对象是受赠人的情况，也就是捐赠支出的情况，需注意政府、事业单位原则上不能作为捐赠支出受赠人，因为这些是政府预算单位，有规定的除外；二是对于支出对象是执行方的情况，企事业单位可以作为执行方，只能采用发票报销的方式来实现，不能直接将资金给到企业、事业单位；三是对于支出对象是服务提供方的情况，如购买服务、物资的情况，需注意考察，这些服务和物资是否能到受益人的手上，让受益对象受益。同时，管理机关不对机构公益性做判断，机构报表的审计，其责任与风险均交由专业机构来承担。[①]

（2）慈善活动支出的标准

此外，大学教育基金会等不具有公开募捐资格的基金会，年度慈善活动支出和年度管理费用按照以下标准执行。

（一）上年末净资产高于 6000 万元（含本数）人民币的，年度慈善活动支出不得低于上年末净资产的 6%；年度管理费用不得高于当年总支出的 12%。

（二）上年末净资产低于 6000 万元高于 800 万元（含本数）人民币的，年度慈善活动支出不得低于上年末净资产的 6%；年度管理费用不得高于当年总支出的 13%。

---

① 汪伟楠：《基金会评价体系中的公益支出认定实务思考》，第三部门思想汇微信公众号，2017年10月21日。

（三）上年末净资产低于 800 万元高于 400 万元（含本数）人民币的，年度慈善活动支出不得低于上年末净资产的 7%；年度管理费用不得高于当年总支出的 15%。

（四）上年末净资产低于 400 万元人民币的，年度慈善活动支出不得低于上年末净资产的 8%；年度管理费用不得高于当年总支出的 20%。

大学教育基金收支占学校总收支的比例，特别是大学教育基金支出占学校总支出比例，反映了大学教育基金会在学校财务体系当中的分量与贡献，也是大学多渠道筹资的能力证明。一般来说，收入占比高，支出占比也应该高。如果收入占比明显高于支出占比，一方面可能是捐赠收入用于投资用途较多，当期使用较少，另一方面可能是遇到了校庆等筹资"大年"，筹资收入明显增加，但支出项目延续往年，相对来说稳定。

从表 1 可以看出，2016 年即便是最高的清华大学，捐赠支出占比不过刚过 5%。厦门大学和复旦大学超过了 4%，其他学校在低位徘徊。收入占比均值 3.2%，支出占比均值 1.98。2015 年的数据也大体接近于 2016 年情况。不过，由于中央高校配比资金直接拨付高校财务，如果考虑到这一因素及其与捐赠的因果关系，此消彼长间支出占比可能会小幅上升。

表 1　2016 年部分高校收支情况明细①

名称	学校总收入（万元）	捐款收入（万元）	学校总支出（万元）	公益支出（万元）	收入占比（%）	支出占比（%）
清华大学	1612490.15	158931.87	1370074.60	70702.75	9.86	5.16
北京大学	1160713.90	57049.67	940460.12	26373.77	4.92	2.80
四川大学	530394.04	8190.55	506301.68	3352.77	1.54	0.66
厦门大学	473762.13	39963.06	437138.93	20547.72	8.44	4.70
浙江大学	1234223.36	35288.00	899758.88	19594.05	2.86	2.18
上海交通大学	1033502.88	27523.46	820640.46	15722.68	2.66	1.92
中山大学	708659.83	20216.81	637418.05	23654.77	2.85	3.71
复旦大学	711509.61	16720.14	586358.51	25127.19	2.35	4.29
武汉大学	604678.00	16156.04	542796.00	7730.29	2.67	1.42
同济大学	522955.31	13067.09	432294.17	4883.39	2.50	1.13
吉林大学	571599.67	11458.86	560270.42	5303.64	2.00	0.95

① 杨维东：《2016 年部分一流大学建设高校捐赠收支与总收支占比一览》，高校筹资联盟，2017 年 12 月 6 日。

名称	学校总收入（万元）	捐款收入（万元）	学校总支出（万元）	公益支出（万元）	收入占比（%）	支出占比（%）
北京师范大学	417605.16	10666.63	408234.92	10940.03	2.55	2.68
西安交通大学	669021.66	10412.18	669021.66	5888.49	1.56	0.88
中国人民大学	392331.71	9117.88	341395.45	6942.47	2.32	2.03
南开大学	324819.00	7270.54	312180.00	2828.86	2.24	0.91
天津大学	394610.02	6727.42	434200.41	5785.26	1.70	1.33
华东师范大学	388882.62	4486.81	352338.00	1853.17	1.15	0.53
中国农业大学	275716.91	4158.30	293505.96	1950.88	1.51	0.66
重庆大学	354970.23	3783.92	354443.79	2810.99	1.07	0.79
中南大学	425922.13	3164.12	389976.23	3295.05	0.74	0.84

2. 管理费用

在《基金会管理条例》颁布之前，我国的非营利组织法律中没有运作成本的直接规定，只规定非营利组织的行政管理成本只能从利息等收入中提取，而不准从捐款中直接列支。在非营利组织的强烈呼吁下，政府开始注意到这些机构运行成本中，除人员工资和行政费用以外，还有项目运行成本问题。

从我国目前的法律规定来看，2004 年制定的《基金会管理条例》改变了以往不承认运作成本的问题，但是对运作成本做了限制。该条例规定了基金会工作人员工资福利和行政办公支出不得超过当年总支出的 10% 。这就给了大学教育基金会征收运作成本的空间，但对于应当依据多大的比例进行征收，还有待各个大学教育基金会根据自身情况来决定。但无论比例多少，是否高效地使用捐款依然是对运作成本最好的约束。在此意义上，加强大学教育基金会的财务信息公开制度建设是非常必要的。

2016 年 9 月实施的《慈善法》规定："慈善组织应当积极开展慈善活动，充分、高效运用慈善财产，并遵循管理费用最必要原则，厉行节约，减少不必要的开支。"同时，规定"慈善组织中具有公开募捐资格的基金会……年度管理费用不得超过当年总支出的 10%"。《关于慈善组织开展慈善活动年度支出和管理费用的规定》规定慈善活动支出在"业务活动成本"项目下核算和归集。慈善组织的业务活动成本包括慈善活动支出和其他业务活动成本。

《关于加强中央部门所属高校教育基金会财务管理的若干意见》中规定，捐赠协议和募捐公告中约定可从捐赠收入中列支工作人员工资福利和行政办公支出的，按照约定列支；没有约定的，不得列支。基金会工作人员工资福利和行政办公支出应当符合《基金会管理条例》要求，累计不得超过当年总支出的 10%。

对大学教育基金会而言，只要其正常运行，成本问题就不可避免，但目前，我国大学教育基金会对运作成本还不是非常敏感，这不仅是因为有大学支撑，而且是因为大学教育基金会主动走出去从事社会募捐，并实行募捐项目策划的活动还比较少，所以感觉不到太多的运作成本。事实上，从国外基金会的运作经验来看，基金会收取运作成本是很正常的，也是合理的，而且越是运作得成功的基金会，越是有着合理的运作成本收支制度。

就我国目前基金会发展而言，人才成为制约基金会内部智力水平的重要因素，2014 年，新华网一篇《中国公益组织现人才困境：百万年薪难觅秘书长》文章引发了业界热议，而目前对于数量日渐庞大的基金会，这样的状况并没有多大缓解。高端人才难觅，基层人员难留，公益从业者待遇低已经是众所周知的事实。[①] 而工作人员工资福利和行政办公支出累计不得超过当年总支出的 10% 的限制，以及"基金会工作人员在学校有薪金收入的，不得再从基金会取得收入"的限制，再加上社会大众对基金会的误解，如果把捐赠者的捐赠用于提高人员工资福利就使得其失去了慈善的性质，使得大学教育基金会的人员工资长期处于较低的水平，这不利于吸引人才和项目运作，这也在一定程度上制约了大学教育基金会的发展。

---

① 郭士玉：《中国基金会距离伟大还有多远？》，基金会中心网微信号，2017 年 12 月 5 日。

慈善税收法律规制与大学教育基金会的实践

余 蓝

《2016 年度中国慈善捐助报告》数据显示，2016 年我国接收国内外款物捐赠共计 1392.94 亿元，占全国 GDP 的 0.19%，人均捐赠 100.74 元；同年，美国慈善捐赠总额约合 25706.6 亿元人民币，占 GDP 的 2.1%，人均捐赠约合 7957.1 元人民币。图 1、2 统计了中美两国 2011～2016 年每年慈善捐赠总额及其占 GDP 的比例，从中可以发现我国慈善捐赠总额呈逐年递增趋势，但占 GDP 的比例却存在一定程度的上下波动，2016 年较往年有显著提升；美国慈善捐赠总额年均增长幅度稳步上升，占 GDP 的比重基本在 2.0% 以上，这说明近年来经济缓慢复苏和居民可支配收入稳中有升的状况对慈善捐赠产生了正向的影响。如果继续往前追溯会发现，即使是 2008～2009 年经济危机期间，美国慈善捐赠总额占 GDP 的比例仍维持在 1.9% 的水平。高比例且较稳定的慈善捐赠水平固然与美国的慈善传统与宗教文化有关，但完备、开放且易操作的慈善捐赠税收法律体系功不可没。

已有的理论和实证研究发现，纳税与捐赠具有完全替代效应，税收可被视为慈善捐赠的"价格"。在中国，政府对高等院校的财政投入对慈善捐赠存在"示范效应"，即税收负担会向居民释放出增加公共服务供给的信号反而刺激慈善捐赠，但从长期来看尤其是在慈善信息公开机制相对完善和捐赠者更加理性、成熟的情况下，最终还是会对慈善捐赠产生"挤出效应"。[①] 雷蒙多指出，时滞的存在也对税收政策调整慈善捐赠产生影响；慈善性支出扣除条款的缺失将显著降低捐赠水平。[②]《慈善法》实施以来，我国与慈善捐赠密切

---

① 闵琪、伊淑彪：《慈善捐赠与政府拨款的关系：以高等教育为例》，《中国行政管理》2016 年第 4 期。

② 曲顺兰、崔红霞：《慈善捐赠税收政策文献述评及研究展望》，《中国金融研究》2013 年第 6 期。

相关的税收法律框架已基本确立，但相配套法律法规的补充与修订尚在逐步推进之中，现行有效的慈善税收立法大多停留在部门规章层次，且分散于各类规范性文件之中。

图 1　中美 2011~2016 年度慈善捐赠总额

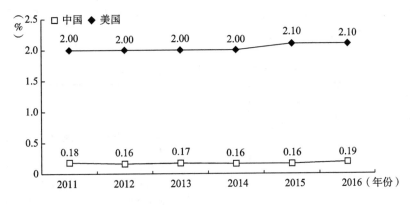

图 2　中美 2011~2016 年度慈善捐赠 GDP 占比

资料来源：中民慈善捐助中心 2011~2016 年度中国慈善捐助报告，2017-12-01，http:／／www. zmcs. org. cn／yanjiureport／index. jhtml；The annual report on philanthropy written by Giving USA，https:／／givingusa. org／。

具体就高等教育领域而言，我国目前仍要求捐赠者通过向具有公益性捐赠税前扣除资格的公益性社会团体等途径进行，才能享受相应的税收优惠待遇，因此大学教育基金会作为高等院校吸纳社会慈善资源的组织载体，在高等教育捐赠税收法律关系中处于核心的主体地位。与其他非营利组织甚至慈善组织不同的是，大学教育基金会在税收法律实践中会遇到哪些问题以及如何解决，有必要进行客观分析加以研究。

一 慈善税收优惠的现行法律框架

我国慈善税收法律法规体系正逐步趋于完善，形成了由法律、行政法规和部门规章等不同层次规范性文件共同组成的法律制度体系。近年来为配合《慈善法》实施，对已有的法律法规做了一系列的清理与修订，在条文数量、规范内容和文字表述上渐趋统一，起到了很好的解释、补充作用。表1系统地梳理了我国现行慈善税收法律法规，以便在宏观层面整体把握目前与慈善捐赠有关的税收法律制度及其主要内容。

《慈善法》作为现行效力层次最高的纲领性法律，从纳税主体出发构建了慈善组织、捐赠者、受益人"三位一体"的税收优惠制度框架，同时对慈善税收征收管理做了原则性规定。截至目前，仅有《企业所得税法》（2017年修正）做出了相应的修订，其他与慈善捐赠税收相关的配套法规尚未修订或者补充完善。下文将按照《慈善法》关于税收优惠待遇的框架，结合已有的配套性法规来分析发生的变化以及可能存在的问题。

表1 我国现行慈善税收法律法规体系

效力层次	颁布时间	文件名称	颁布主体	主要内容
法律	2016.03.16	《慈善法》	全国人民代表大会	·慈善组织及其取得的收入依法享受税收优惠 ·自然人、法人和其他组织捐赠财产用于慈善活动的，依法享受税收优惠。企业慈善捐赠支出超过法律规定的准予在计算企业所得税应纳税所得额时当年扣除的部分，允许结转以后三年内在计算应纳税所得额时扣除。境外捐赠用于慈善活动的物资，依法减征或者免征进口关税和进口环节增值税 ·受益人接受慈善捐赠，依法享受税收优惠 ·慈善组织、捐赠人、受益人依法享受税收优惠的，有关部门应当及时办理相关手续

效力层次	颁布时间	文件名称	颁布主体	主要内容
	2017.02.24	《企业所得税法》（2017年修正）	全国人大常委会	·企业发生的公益性捐赠支出，在年度利润总额12%以内的部分，准予在计算应纳税所得额时扣除；超过年度利润总额12%的部分，准予结转以后三年内在计算应纳税所得额时扣除
	2011.06.30	《个人所得税法》（2011年修正）	全国人大常委会	·个人将其所得对教育事业和其他公益事业捐赠的部分，按照国务院有关规定从应纳税所得中扣除
	1999.06.28	《公益事业捐赠法》	全国人大常委会	·公司和其他企业依照本法的规定捐赠财产用于公益事业，依照法律、行政法规的规定享受企业所得税方面的优惠 ·自然人和个体工商户依照本法的规定捐赠财产用于公益事业，依照法律、行政法规的规定享受个人所得税方面的优惠 ·境外向公益性社会团体和公益性非营利的事业单位捐赠的用于公益事业的物资，依照法律、行政法规的规定减征或者免征进口关税和进口环节的增值税
行政法规	2011.07.19	《个人所得税法实施条例》（2011年修订）	国务院	·个人将其所得对教育事业和其他公益事业的捐赠，是指个人将其所得通过中国境内的社会团体、国家机关向教育和其他社会公益事业以及遭受严重自然灾害地区、贫困地区的捐赠。捐赠额未超过纳税义务人申报的应纳税所得额30%的部分，可以从其应纳税所得额中扣除
	2007.12.06	《企业所得税法实施条例》	国务院	·所谓公益性捐赠，是指企业通过公益性社会团体或者县级以上人民政府及其部门，用于《中华人民共和国公益事业捐赠法》规定的公益事业的捐赠 ·企业发生的公益性捐赠支出，不超过年度利润总额12%的部分，准予扣除
	2004.03.08	《基金会管理条例》	国务院	·基金会、境外基金会代表机构依照本条例登记后，应当依法办理税务登记。基金会应当接受税务、会计主管部门依法实施的税务监督和会计监督
	1997.07.07	《契税暂行条例》	国务院	·国家机关、事业单位、社会团体、军事单位承受土地、房屋用于办公、教学、医疗、科研和军事设施的，免征契税（改变土地、房屋用途除外）

效力层次	颁布时间	文件名称	颁布主体	主要内容
	2011.01.08	《印花税暂行条例》（2011年修订）	国务院	·财产所有人将财产赠给政府、社会福利单位、学校所立的书据免纳印花税
部门规章	2016.01.01	《关于公益股权捐赠企业所得税政策问题的通知》（财税〔2016〕45号）	财政部、国家税务局总局	·企业向公益性社会团体实施的股权捐赠，应按规定视同转让股权，股权转让收入额以企业所捐赠股权取得时的历史成本确定。前款所称的股权，是指企业持有的其他企业的股权、上市公司股票等 ·企业实施股权捐赠后，以其股权历史成本为依据确定捐赠额，并依此按照企业所得税法有关规定在所得税前予以扣除。公益性社会团体接受股权捐赠后，应按照捐赠企业提供的股权历史成本开具捐赠票据
	2014.01.29	《关于非营利组织免税资格认定管理有关问题的通知》（财税〔2014〕13号）	财政部、国家税务局	·非营利组织免税优惠资格的有效期为五年。非营利组织应在期满前三个月内提出复审申请，不提出复审申请或复审不合格的，其享受免税优惠的资格到期自动失效
	2007.01.08	《关于公益救济性捐赠税前扣除政策及相关管理问题的通知》	财政部、国家税务总局	·经民政部门批准成立的非营利的公益性社会团体和基金会，凡符合有关规定条件，并经财政税务部门确认后，纳税人通过其用于公益救济性的捐赠，可按现行税收法律法规及相关政策规定，准予在计算缴纳企业和个人所得税时，在所得税税前扣除
	2004.07.02	《关于个人捐赠后申请退还已缴纳个人所得税问题的批复》	国家税务总局	·允许个人在税前扣除的对教育事业和其他公益事业的捐赠，其捐赠资金应属于其纳税申报期当期的应纳税所得；当期扣除不完的捐赠余额，不得转到其他应纳税所得项目以及以后纳税申报期的应纳税所得中继续扣除，也不允许将当期捐赠在属于以前纳税申报期的应纳税所得中追溯扣除

注：除上表所列法律法规外，还有一些与慈善捐赠税收有关的政策。比如，2013年国务院颁布的《关于深化收入分配制度改革若干意见》首次从政策上提议允许企业慈善捐赠跨年度结转。2014年国务院颁布的《关于促进慈善事业健康发展的指导意见》对企业与个人的捐款扣除限额都做出了明确规定，提出要让符合条件的公益慈善组织享受到税收优惠政策等。

资料来源：北大法宝，http://www.pkulaw.cn/。

（一）慈善组织的税收优惠待遇

慈善组织与其他法人一样在法律上都是纳税主体，但由于在某种程度上具有供给公共服务和从事慈善活动的目的和功能，因此政府明确赋予慈善组织以税收优惠待遇，让渡部分税收利益意在鼓励和促进慈善组织、活动与事业的发展。《慈善法》规定"慈善组织及其取得的收入依法享受税收优惠"，也就是说，该条适用的对象是慈善组织而非一般性的非营利组织，只有符合法定的慈善组织认定条件和程序，才能获得慈善组织的身份进而享受相应的税收优惠待遇。2014年财政部、国家税务总局发布的《关于非营利组织免税资格认定管理有关问题的通知》目前仍然有效，对非营利组织申请免税资格的条件和程序做出了明确规定。也就是说，现在实际上有两种资格认定，一种是慈善组织身份和地位的认定，另一种是非营利组织免税资格的认定（见表2）。

表2　慈善组织认定与非营利组织免税资格认定的对比

		《关于非营利组织免税资格认定管理有关问题的通知》（财税〔2014〕13号）	《慈善组织认定办法》（民政部令第58号）	后者与前者比较有何差异
适用对象		依照国家有关法律法规设立或登记的事业单位、社会团体、基金会、民办非企业单位、宗教活动场所以及财政部、国家税务总局认定的其他组织	《慈善法》公布前已经设立的基金会、社会团体、社会服务机构等非营利性组织，申请认定为慈善组织	范围更窄、类型明确
申请条件	组织形式		申请时具备相应的社会组织法人登记条件	必须是法人
	宗旨目的	从事公益性或者非营利性活动；且活动范围主要在中国境内	以开展慈善活动为宗旨，业务范围符合《慈善法》第三条的规定	界定清晰
	财产的分配与使用		申请时的上一年度慈善活动的年度支出和管理费用符合国务院民政部门关于慈善组织的规定	增加年度支出与管理费用的规定，参照《慈善组织开展慈善活动年度支出和管理费用标准》及其说明
		取得的收入除用于与该组织有关的、合理的支出外，全部用于登记核定或者章程规定的公益性或者非营利性事业	不以营利为目的，收益和营运结余全部用于章程规定的慈善目的	
		财产及其孳息不用于分配，但不包括合理的工资薪金支出	财产及其孳息没有在发起人、捐赠人或者本组织成员中分配	均规定"禁止分配原则"，但后者在分配范围上更加明确

续表

《关于非营利组织免税资格认定管理有关问题的通知》（财税〔2014〕13号）	《慈善组织认定办法》（民政部令第58号）	后者与前者比较有何差异
工作人员工资福利开支控制在规定的比例内，不变相分配该组织的财产，其中：工作人员平均工资薪金水平不得超过上年度税务登记所在地人均工资水平的两倍，工作人员福利按照国家有关规定执行	有健全的财务制度和合理的薪酬制度	取消了对工资薪金上限比例的规定，更加灵活和市场化 突出强调了健全的财务制度
按照登记核定或者章程规定，该组织注销后的剩余财产用于公益性或者非营利性目的，或者由登记管理机关转赠给予该组织性质、宗旨相同的组织，并向社会公告	章程中有关于剩余财产转给目的相同或者相近的其他慈善组织的规定	均规定"近似原则"，但取消了登记管理机关转增的规定，改由"章程"规定，充分体现了对法人处分自身财产自由的尊重
投入人对投入该组织的财产不保留或者享有任何财产权利，本款所称投入人是指除各级人民政府及其部门外的法人、自然人和其他组织		
申请程序		·申请认定为慈善组织，社会团体应当经会员（代表）大会表决通过，基金会、社会服务机构应当经理事会表决通过；有业务主管单位的，还应当经业务主管单位同意	体现法人治理结构的决策程序
报送材料 ·申请报告 ·事业单位、社会团体、基金会、民办非企业单位的组织章程或宗教活动场所的管理制度 ·税务登记证复印件 ·非营利组织登记证复印件 ·申请前年度的资金来源及使用情况、公益活动和非营利活动的明细情况 ·具有资质的中介机构鉴证的申请前会计年度的财务报表和审计报告 ·登记管理机关出具的事业单	·申请书 ·符合本办法第四条规定以及不存在第五条所列情形的书面承诺 ·按照本办法第六条规定召开会议形成的会议纪要 ·社会团体、社会服务机构还需提交：（一）关于申请理由、慈善宗旨、开展慈善活动等情况的说明；（二）注册会计师出具的上一年度财务审计报告，含慈善活动年度支出	体现了法人自治原则，但部分地保留了"双重管理"体制

《关于非营利组织免税资格认定管理有关问题的通知》（财税〔2014〕13号）	《慈善组织认定办法》（民政部令第58号）	后者与前者比较有何差异
位、社会团体、基金会、民办非企业单位申请前年度的年度检查结论 ·财政、税务部门要求提供的其他材料	和管理费用的专项审计 ·有业务主管单位的，还应当提交业务主管单位同意的证明材料	
有效期 ·非营利组织免税优惠资格的有效期为五年。非营利组织应在期满前三个月内提出复审申请，不提出复审申请或复审不合格的，其享受免税优惠的资格到期自动失效 ·非营利组织免税资格复审，按照初次申请免税优惠资格的规定办理		取消了有效期的规定，降低了慈善组织的负担和税务部门的行政成本
税收 对取得的应纳税收入及其有关的成本、费用、损失应与免税收入及其有关的成本、费用、损失分别核算	慈善组织符合税收法律法规规定条件的，依照税法规定享受税收优惠	比较笼统，前者不符合税前扣除规则的会计核算方法

由此可见，非营利组织免税资格的认定标准与慈善组织的认定条件之间既有共性也有差异。从简化税收征管程序和复杂性的角度来说，这两种资格要不要合并？也就是说，某组织一旦被认定为慈善组织后，就能够自动获得非营利组织的免税资格。理论上是成立的，因为非营利组织的概念要大于慈善组织，即慈善组织一定是非营利组织，而非营利组织却不一定是慈善组织，那么非营利组织所享有的税收优惠待遇自然也适用于慈善组织。但是，慈善组织与非营利组织所享有的税收优惠完全一样吗？是否有必要以非营利组织的公益性程度为标准对税收优惠待遇加以区分？许多国家和地区为鼓励慈善事业的发展，给予慈善组织更大力度的税收优惠，但同时也对慈善组织施以更为严苛的法律监管，这符合权利义务相匹配的公平原则，有效地防范了慈善组织与其他非营利组织甚至营利组织之间的不正当竞争。我国尚未就慈善组织享有的税收优惠待遇出台特殊性的政策，因为这取决于相应的法律监管能否到位。

另外，这里"取得的收入"的具体范围和种类有哪些？是全额扣除还是设定比例限制？如何抵扣或减免？根据国家税务总局网站"办税指南"栏目下设的"企业所得税优惠"之"符合条件的非营利组织的收入免征企业所得税"，所指"收入"包括：取得的捐赠收入、不征税收入以外的政府补助收入、会费收入、不征税收入和免税收入滋生的银行存款利息收入等，不包括营利收入。[①] 目前只有法定的"不征税收入"或"免税收入"才能获得税收减免，未来对慈善组织的免税范围要不要扩大，哪些属于"营利收入"，如果捐赠收入用于投资所产生的收益是否应当纳税，这些问题都需要进一步明确的解释。

（二）捐赠者的税收优惠待遇

《慈善法》还规定："自然人、法人和其他组织捐赠财产用于慈善活动的，依法享受税收优惠。"结合已有法律法规对捐赠者享有税收优惠的条件、程序、税种及比例等方面的规定，可以做如下分析。

第一，我国对捐赠形式的法律规定经历了一个由"间接捐赠"改为"用于公益性事业"到改为允许"直接捐赠"的过程。所谓"间接捐赠"指的是法律规定无论是企业还是个人用于公益事业的捐赠，如果要享受捐赠的税收减免优惠，必须通过中国境内的公益性社会团体或者县级以上人民政府及部门。比如《关于公益性捐赠税前扣除有关问题的通知》规定个人和企业只有通过公益性社会团体或者公益性非营利的事业单位及政府部门进行间接捐赠才能享受税前扣除资格。[②] 现行有效的诸多法律法规做如是规定，《公益事业捐赠法》（1999）第9条规定："自然人、法人或者其他组织可以选择符合其捐赠意愿的公益性社会团体和公益性非营利的事业单位进行捐赠。"《个人所得税法实施条例》（2011年修订）规定："个人将其所得对教育事业和其他公益事业的捐赠，是指个人将其所得通过中国境内的社会团体、国家机关向教育和其他社会公益事业以及遭受严重自然灾害地区、贫困地区的捐赠。"《企业所得税法实施条例》（2007）规定："所谓公益性捐赠，是指企业通过公益

[①] 《符合条件的非营利组织的收入免征企业所得税》，国家税务总局网站，http://www.china-tax.gov.cn//n810346/n2199823/n2199848/n2200112/c2322942/content.html。

[②] 参见财政部、国家税务总局和民政部发布的《关于公益性捐赠税前扣除有关问题的通知》（财税〔2008〕160号）及补充通知（财税〔2010〕45号）。2015年，该通知作为非行政许可审批事项予以取消，改由财政、税务、民政等部门结合社会组织登记注册、公益活动情况联合确认公益性捐赠税前扣除资格，并以公告形式发布名单。这样做在很大程度上简化了税务部门确认捐赠税前扣除资格的工作程序，也减轻了捐赠者及其对应的公益性社会团体申请减免税的负担，详见《关于公益性捐赠税前扣除资格确认审批有关调整事项的通知》（财税〔2015〕141号）。

性社会团体或者县级以上人民政府及其部门,用于《中华人民共和国公益事业捐赠法》规定的公益事业的捐赠。"这种仅对间接捐赠行为实施税收优惠的规定容易将捐赠财产引向公益性社会团体并导致慈善资源相对集中而滋生腐败,或者由于找不到符合条件的公益性社会团体而放弃捐赠导致慈善资源的流失。为什么直接捐赠行为(比如个人救助)不能享受税收优惠待遇呢?主要是因为捐赠者难以获得申请减免税的有效凭证(比如捐赠发票或收据),但这样的规定无疑在某种程度上抑制了捐赠者的热情和积极性。2015 年 12 月 31 日,"公益性捐赠税前扣除资格确认"已经作为非行政许可审批事项予以取消,改由财政、税务、民政等部门结合社会组织登记注册、公益活动情况联合确认公益性捐赠税前扣除资格,并以公告形式发布名单。①这样做只是简化了税务部门确认捐赠税前扣除资格的工作程序,也减轻了捐赠者及其对应的公益性社会团体申请减免税的负担,但并不意味着捐赠的方式和对象不再受限,因为现行有效的《个人所得税法实施条例》(2011 年修订)和《企业所得税法实施条例》(2007)仍规定"个人将其所得通过中国境内的社会团体、国家机关向教育和其他社会公益事业以及遭受严重自然灾害地区、贫困地区的捐赠"和"企业通过公益性社会团体或者县级以上人民政府及其部门"等。现行《慈善法》明确规定:"捐赠人可以通过慈善组织捐赠,也可以直接向受益人捐赠。"《慈善法》的表述虽然是"捐赠财产用于慈善活动",与《公益事业捐赠法》等"用于公益事业"的表述略有差别,但严格意义上讲"慈善活动"的范围界定可能更狭窄,对直接捐赠行为予以税收优惠应该如何操作仍有待落实。最大的问题可能存在于执行层面,个人向受益人的直接捐赠行为如何获得税前的全额扣除。②

第二,税收优惠针对的捐赠形式和税种问题。就捐赠形式而言,《慈善法》仅规定捐赠的财产是有权处分的合法财产,可以是货币、实物、房屋、有价证券、股权、知识产权等有形和无形财产;捐赠的实物应当具有使用价值,符合安全、卫生、环保等标准。实践中易于操作的主要是货币形式的捐赠,但实物捐赠、股权捐赠、劳务捐赠以及无形资产捐赠等形式将越来越普遍。按照《企业所得税法实施条例》(2007),"企业发生非货币性资产交换,以及将货物、财产、劳务用于捐赠、偿债、赞助、集资、广告、样品、职工

---

① 详见《关于公益性捐赠税前扣除资格确认审批有关调整事项的通知》(财税〔2015〕141号)。

② 参见《关于教育税收政策的通知》(2004)的规定,"纳税人通过中国境内非营利的社会团体、国家机关向教育事业的捐赠,准予在企业所得税和个人所得税前全额扣除"。

福利或者利润分配等用途的，应当视同销售货物、转让财产或者提供劳务，但国务院财政、税务主管部门另有规定的除外"。"视同销售"所强调的是企业捐赠的实物、劳务等也应依法纳税，纳税人应依法进行会计处理，至于是否给予减免税优惠应依据其他规定执行。但是，具体就捐赠的实物、劳务和无形资产等如何估值却没有明确界定。① 如果估值过低，会增加捐赠者的成本和负担；如果估值过高，会造成政府税收收入流失的风险。以实物捐赠为例，目前较普遍采用的估值方法是要求捐赠者自行提供有关凭据，如果没有凭据或凭据上标明的金额与受赠财产公允价值相差较大的，应以该受赠财产在公平交易中同类或者类似财产的市场价格来确定，或者由符合资质的专业评估机构进行估价并出具价值评估报告。然而，无法提供实物捐赠的价值证明或者就估价数额无法达成一致，导致无法获取捐赠票据进而不能享受税前扣除优惠的问题却时有发生。

就股权捐赠而言，财政部《关于加强企业对外捐赠财务管理的通知》（2003）对对外捐赠的范围做了明确规定："企业可以用于对外捐赠的财产包括现金、库存商品和其他物资。企业生产经营需用的主要固定资产、持有的股权和债权、国家特准储备物资、国家财政拨款、受托代管财产、已设置担保物权的财产、权属关系不清的财产，或者变质、残损、过期报废的商品物资，不得用于对外捐赠。"2009年，财政部又发布《关于企业公益性捐赠股权有关财务问题的通知》，专门就企业以持有的股权（含企业产权、公司股份）进行公益性捐赠的有关财务问题做出规定：要求依法履行内部决策程序，经投资者审议决定，不影响企业债务清偿能力以及捐赠对象限于依法成立的公益性社会团体和公益性非营利的事业单位。办理股权变更手续，不再对已捐赠股权行使股东权利，并不得要求受赠单位予以经济回报。该规定的目的在于引导企业规范开展公益性捐赠，维护所有者权益。《关于公益股权捐赠企业所得税政策问题的通知》（2016）规定："企业向公益性社会团体实施的股权捐赠，应按规定视同转让股权，股权转让收入额以企业所捐赠股权取得时的历史成本确定。企业实施股权捐赠后，以其股权历史成本为依据确定捐赠额，并依此按照企业所得税法有关规定在所得税前予以扣除。公益性社会团体接受股权捐赠后，应按照捐赠企业提供的股权历史成本开具捐赠票据。"问题

---

① 现已失效的《企业所得税法实施细则》（2008）曾规定，基于捐赠方式取得的固定资产、生产性生物资产和无形资产"以该资产的公允价值和支付的相关税费为计税基础"。但在涉及价值换算时并没有明确规定评估公允价值的方法，在如何估价、由谁估价、估计数额发生异议等方面也没有明确的规定。

是，企业将持有的其他企业的股权、上市公司股票捐赠给公益性社会团体后，其增值后的投资收入是否应予纳税呢？当然，转让意味着与原有的捐赠者已经没有关系，那就涉及公益性社会团体能否就捐赠股权所产生的投资收益即前述"取得的收入"享有税收优惠待遇的问题了。

就税种而言，我国捐赠者所享有的税收优惠主要体现在所得税方面。企业慈善捐赠的所得税税前扣除比例经历了从应纳税所得额的 3% 到 2007 年度利润总额的 12%①，再到超过 12% 的部分允许向后结转三年的变化过程。现行法律明确允许企业捐赠超额部分向后结转三年的规定，有利于减轻企业的税负进而鼓励捐赠，因为之前有规定"纳税人纳税申报当期的应税所得当期扣除不完的捐赠余额，不得转到其他应税所得项目以及纳税申报期的应税所得中继续扣除，也不允许将当期捐赠在属于以前纳税申报期的应税所得中追溯扣除"，这意味着，即使企业当年发生亏损，也必须缴纳企业所得税，而不能就此前捐赠支出超额部分享受税前扣除。然而，对个人捐赠者而言，按照《中华人民共和国个人所得税法》（2011 年修正）和《个人所得税法实施条例》（2011 年修订），"个人将其所得对教育事业和其他公益事业的捐赠，是指个人将其所得通过中国境内的社会团体、国家机关向教育和其他社会公益事业以及遭受严重自然灾害地区、贫困地区的捐赠。捐赠额未超过纳税义务人申报的应纳税所得额 30% 的部分，可以从其应纳税所得额中扣除"。《慈善法》并未对个人捐赠免税的比例上限和超过限制的部分是否能够结转做出规定，暂可理解为超出 30% 的部分不能享受免税，也不能向后结转。"法定限额内的捐赠准予扣除"规则划定了政府减让税收利益的界限，能够均衡保护公共消费者、捐赠受益人的合法权益。但是，每位纳税人决定是否捐赠除了利他主义外，也有对自身税收利益的考量，依据税法合理地进行个人税务筹划将日渐普及，根据国情和个人可支配收入的实际状况适当调整对个人捐赠比例的限制将有助于扩大慈善资源，尤其

---

① 1993 年 12 月 13 日，《中华人民共和国企业所得税暂行条例》（国务院令〔第 137 号〕，现已失效）第六条第四款规定："纳税人用于公益、救济性的捐赠，在年度应纳税所得额百分之三以内的部分，准予扣除。"2007 年 3 月 16 日，《中华人民共和国企业所得税法》（主席令第 63 号）第九条规定："企业发生的公益性捐赠支出，在年度利润总额 12% 以内的部分，准予在计算应纳税所得额时扣除。"明确将税前扣除基数从应纳税所得额调整为年度利润总额，好处在于避免了应纳税所得额计算过程的复杂，便于纳税人申报计算，节约了纳税成本，也便于税收征管。扣除比例提高到 12%，实现了中外资企业公益性捐赠扣除比例的同等待遇。《企业所得税法》（2017 年修正）第九条被修改为："企业发生的公益性捐赠支出，在年度利润总额 12% 以内的部分，准予在计算应纳税所得额时扣除；超过年度利润总额 12% 的部分，准予结转以后三年内在计算应纳税所得额时扣除。"

是在捐赠税收优惠所覆盖的税种较少且不全的情况之下。流转税的税收激励主要体现在进口环节方面，比如《慈善法》规定："境外捐赠用于慈善活动的物资，依法减征或者免征进口关税和进口环节增值税。"①

另外，具有反向激励作用的遗产税和赠与税尚未开征。随着民间藏富能力的增强，立法者应考虑如何利用税收政策来刺激富人将更多的个人财产捐赠给慈善事业。在目前个人所得税总体规模偏小且收入差距过大的情况下，适时开征遗产税和赠与税，对促进个人慈善捐赠具有重要意义，也有利于缩小收入分配差距。

（三）受益人的税收优惠待遇

《慈善法》仅原则性地规定："受益人接受慈善捐赠，依法享受税收优惠。"但对具体受益人享有哪些税收优惠，如何操作尚无明确规定。此点可参考和借鉴他国的立法经验。以英国为例，受益人被区分为个人受益人和法律实体受益人两大类。一种是个人收到捐赠的，可能需要缴纳所得税或遗产税，如适用的话。慈善组织个人受益人收到资助的，一般不用缴纳所得税，除非该资助是返款或者具有收入性质。大学、学院或其他教育机构的全日制学生收到的奖学金大都是免税的。另一种是非慈善性质的组织收到捐赠的，可能需要缴纳所得税或遗产税，如适用的话。慈善组织公司受益人收到资助的，一般不用缴纳所得税或企业所得税，除非该资助是返款或者具有收入性质。② 从实操层面讲，界定慈善捐赠的受益人相对容易，但如何确定受益人接受捐赠完全符合"慈善目的"而非变相地获利，需要依据相应条款和事实情况才能加以判定，因此立法者有必要考虑如何防止受益人滥用慈善税收优惠规则。

（四）税收征税管理

目前我国税收减免手续比较烦琐，要求捐赠者只能凭政府机关或非营利

① 一是在接受捐赠的科研、教学用品和残疾人专用品时，不仅免征进口增值税，而且免征进口环节的消费税以及关税；二是境外捐赠人向境内扶贫、慈善社会团体以及政府有关部门的捐赠，同时必须直接用于扶贫、慈善事业的生活必需品、食品类及饮用水、医疗、教学服务器等物资，免征进口环节的增值税和关税；三是接受境外机构以及个人捐赠的中国文物在进口时，只要符合相关规定，则可以享受关税、增值税以及消费税的免税优惠政策；四是外国政府、国际组织向我国政府或境内企业无偿赠送的物资，免征关税；五是外国政府和国际组织无偿援助项目在国内采购货物时，免征增值税，同时允许销售免税货物的进项税额在其他内销货物的销项税额中抵扣。

② 褚蓥、吕成刚：《欧亚三十二国基金会法律精义》，知识产权出版社，2015。

组织开具的合法、有效的收据才可以申请税前减免，而且审批环节多、程序过于复杂、行政成本高成为申请免税的阻碍，也间接增加了捐赠者的经济成本和时间成本。我国个人所得税的扣缴义务人实行代扣代缴，个人实施捐赠之后根本无法扣除，结转更是无从谈起。另外，各地慈善捐赠税收减免在执行层面差异较大，比如捐赠发票是否当月抵扣？免税资质何时取得？抵税与免税之间存在时间差怎么办？税前扣除标准的统一、简化税前扣除的程序以及税收退还申请等具体规则的设计尚需改进。提升税法规范的技术性和可操作性，可以避免出现即使捐了款也不愿意到税务局去办理税收抵免的尴尬现象，同时税务机关也要加强核实捐赠数额和监管的力度，避免出现纳税人虚假捐赠实则恶意逃税的情形。

二　高等教育捐赠的税收法律规制

（一）高等教育捐赠税收法律与政策

从宏观层面讲，现行慈善税收优惠的法律法规覆盖了高等教育捐赠领域，但为了鼓励和吸纳社会慈善资本投入高等教育事业，也有一系列涉及高等教育捐赠问题的规范性文件，除了法律法规层次以外还有一些政策（见表3）。

表3　我国高等教育捐赠税收法律与政策

效力层次	颁布时间	文件名称	颁布主体	主要内容
法律	2015.12.27	《高等教育法》（2015年修正）	全国人大常委会	·高等教育实行以举办者投入为主、受教育者合理分担培养成本、高等学校多种渠道筹措经费的机制。国家鼓励企业事业组织、社会团体及其他社会组织和个人向高等教育投入
部门规章	2004.02.05	《关于教育税收政策的通知》（财税〔2004〕39号）	财政部、国家税务总局	·纳税人通过中国境内非营利的社会团体、国家机关向教育事业的捐赠，准予在企业所得税和个人所得税前全额扣除 ·对境外捐赠人无偿捐赠用于各类学校的教学仪器、图书、资料和一般学习用品，免征进口关税和进口环节增值税 ·国家机关、事业单位、社会团体、军事单位承受土地房屋权属用于教学、科研的，免征契税等 ·对学校取得的财政拨款，从主管部门和上级单位取得的用于事业发展的专项补助收入[①]，不征收企业所得税

续表

效力 层次	颁布 时间	文件 名称	颁布 主体	主要内容
				·对国家拨付事业经费和企业办的各类学校、托儿所、幼儿园自用的房产、土地，免征房产税、城镇土地使用税；对财产所有人将财产赠给学校所立的书据，免征印花税
政策	2010.07.29	《国家中长期教育改革和发展规划纲要（2010—2020年）》	教育部	·社会投入是教育投入的重要组成部分。充分调动全社会办教育积极性，扩大社会资源进入教育途径，多渠道增加教育投入。完善财政、税收、金融和土地等优惠政策，鼓励和引导社会力量捐资、出资办学。完善非义务教育培养成本分担机制，根据经济发展状况、培养成本和群众承受能力，调整学费标准。完善捐赠教育激励机制，落实个人教育公益性捐赠支出在所得税税前扣除规定

注：①这里所指的"专项补助收入"比如中央高校捐赠收入的财政配比资金。财政部、教育部于2009年颁布《中央级普通高校捐赠收入财政配比资金管理暂行办法》，规定："对符合规定条件的捐赠收入总额采取分档按比例核定的方式，并综合考虑高校地理位置、财力状况等因素，逐校确定配比资金数额，按部门预算管理程序拨付资金。各高校所获配比资金实行上限控制，并适当向财力薄弱高校倾斜。"2011年，财政部、教育部又发布《关于加强中央高校捐赠收入财政配比资金管理工作的通知》，规定："从2011年起，中央财政将采取分档超额累退比例的分配方式安排配比资金。即将财政部、教育部评审确认的各高校合格捐赠收入额度分为0－5000万元（含）、5000万元以上两档，配比比例分别为100%和50%。各高校合格捐赠收入从零开始分别归入上述两档，分档计算配比额度，加总确定配比资金。本配比方式暂定于2011－2013年实施，此后由中央财政根据实际情况适时调整。"据悉，该配比政策目前正在进一步的修订过程中。

可见，国家是鼓励企业和个人及其他社会组织向高校捐赠以促进高等教育事业发展的，捐赠者享有税前全额扣除的税收优惠待遇，税种涉及所得税、进口关税和进口环节增值税、契税、房产税、土地使用税、印花税等。作为指导国家教育事业发展的纲领性文件，《国家中长期教育改革和发展规划纲要（2010—2020年）》明确提出了"完善税收优惠政策"和"落实个人教育公益性捐赠支出所得税税前扣除规定"的要求，具有较强的行政约束力和政策执行力。

（二）高等教育捐赠税收的实践困境

高等教育历来是慈善捐赠相对集中的领域，适当的税收优惠待遇是维持和刺激社会慈善资源投向高等教育的制度性保障。大学教育基金会作为独立的非营利性法人，是大学处理与捐赠相关事项的重要组织形式，在大学捐赠税收法律关系中居于核心地位。然而，与国外大学捐赠的组织管理形式存在诸多差异的是，我国大学教育基金会兼具公共筹款机构和运作型基金会的特点，集筹募资金、运营增值和运作公益项目三项功能于一身，因而在税收法律规制与实践中也遇到了复杂而棘手的问题，需要引起慈善税收立法和执行层面的关注和研究。

1. 大学教育基金会以何种资格减免税

大学教育基金会按照《基金会管理条例》的规定属于"非营利性法人"，依法可以申请取得非营利组织免税资格认定，但显然《慈善法》所构建的税收优惠待遇更立体更有利于全面保护捐赠关系中的利益相关者，但前提是要取得慈善组织资格。如果未来出台专门针对慈善组织的税收优惠待遇，则未申请认定为慈善组织的大学教育基金会及其捐赠者、受益人便可能无法享受。当然，是否申请取得慈善组织资格，取决于各个大学教育基金会对自身未来发展方向和利弊得失的考量，因为更优惠的税收待遇及其他倾斜政策同时也意味着更严格的法律监管和义务。是否申请认定为慈善组织，对已经设立的大多数大学教育基金会而言似乎没有悬念，因为依照《基金会管理条例》的定义和大学教育基金会的章程及其主要从事的活动来看，完全符合慈善组织认定的实质性条件，即"非营利性""禁止分配原则""近似原则"等，而且新的慈善法律体系将慈善组织的法律身份与公开募捐资格、支出管理费用标准、信息披露义务和慈善信托行为等均捆绑在了一起，如果不主动申请认定或注册为慈善组织，将对大学教育基金会未来的行为性质、活动范围和法律责任造成困扰甚至不便，所以纳入慈善组织统一的制度和管理平台对大学教育基金会的未来发展来讲影响深远。

实践中发生的尴尬情况是，有的大学教育基金会设立之后，没有申请免税资格的意识，觉得自己与所属高校一样，自动享受税收优惠待遇，不仅没有进行纳税申报，也没有申请非营利组织免税资格认定。近年来，主管税务机关开展了较严格的稽查工作，要求其补缴以前的税款。这种情况出现的原因是该大学教育基金会没有意识到自己作为独立的非营利性法人，同时也是税法意义上的纳税主体，承担着税负义务，只有依法申请获得了免税资格认定以后，才能够享受税收减免的优惠待遇。《关于非营利组织免税资格认定管理有关问题的通知》(2014) 就明确规定："非营利组织必须依法办理税务登记，按期进行纳税申报。取得免税资格的非营利组织应按照规定向主管税务机关办理免税手续，免税条件发生变化的，应当自发生变化之日起十五日内向主管税务机关报告；不再符合免税条件的，应当依法履行纳税义务；未依法纳税的，主管税务机关应当予以追缴。"《税收征收管理法实施细则》(2016

年修订）第32条规定："纳税人在纳税期内没有应纳税款的，也应当按照规定办理纳税申报。纳税人享受减税、免税待遇的，在减税、免税期间应当按照规定办理纳税申报。"此外，也有大学教育基金会由于年检不合格没能通过非营利组织免税资格的认定，这种情况在组织成立之初较为常见。因此，大学教育基金会的管理层和工作人员应加强对相关法律法规尤其是税法规定的理解与适用，合理、规范地进行内部治理以便顺利地获得免税资格认定和相应的减免税利益。

2. 大学教育基金会免税的种类与比例

目前校友捐赠是我国大学教育基金会捐赠收入的主要来源。除了现金捐赠外，很多校友在捐赠的时候都会捐出自己所持有的企业股权或上市公司股票。因此，消除股权捐赠的税收优惠待遇所面临的法律障碍对大学教育基金会来讲具有现实意义。《关于公益股权捐赠企业所得税政策问题的通知》（2016）已经明确规定了股权捐赠的估值方式和税前扣除办法，但适应对象仅限于企业所持有的其他企业股权、上市公司股票。那么，个人捐赠股权是否也参照此规定进行估值并享有税前扣除优惠呢？可见，规划纲要首次明确提出"完善捐赠教育激励机制，落实个人教育公益性捐赠支出在所得税税前扣除规定"很有必要，因为相对于企业慈善捐赠的税收优惠规定及落实状况而言，个人慈善捐赠的税收优惠待遇无论是在现行规定上还是在实际操作中都显得更加薄弱。《个人所得税法实施条例》（2011年修订）规定个人"捐赠额未超过纳税义务人申报的应纳税所得额30%的部分，可以从其应纳税所得额中扣除"。也就是说，无论个人捐赠的总额（包括现金、股权、实物和无形资产等所有形式在内）多少，最多只能享受应纳税所得额30%的扣减，这一上限比例是否有提高的空间值得商榷。另外，《慈善法》只规定了企业慈善捐赠超额部分向后结转三年，未就个人捐赠超额部分的结转问题做出规定，可以理解为不能向后结转，那么这一规定是否会对个人捐赠造成一定程度的抑制呢？相关法规应尽快明确个人捐赠现金、股权、有价证券、固定资产等多种财产形式是否享有相应的税收减免优惠以及具体的扣减比例和方法，以便个人捐赠者能够根据自己的可支配收入和相应的税收优惠规定进行合理的税收筹划，选择双赢的捐赠策略。

关于投资收入是否应纳税的问题。早前国家税务总局于1999年发布的《关于基金会应税收入问题的通知》规定"基金会的投资收入和企业一样，要缴纳33%的企业所得税"，尽管该通知现已失效，但它首次明确了基金会投资收入的纳税比例。《基金会管理条例》（2004）规定："基金会及其捐赠人、受益人依照法律、行政法规的规定享受税收优惠"；"基金会应当按照合法、安全、有效的原则实现基金的保值、增值"。但该条例并未对基金会保值增值的部分是否可以免税予以规定。保值增值的规定一方面授权了基金会从事投资行为，另一方面为规范投资行为做出了原则性规定。我国大学教育基金会在法律属性上是非营利性法人，符合条件者可获得非营利组织免税资格的认定；同时，绝大多数大学教育基金会设有留存（本）基金或捐赠基金，仅以基金投资或增值的收入用于公益性支出，捐赠基金完全可以纳入捐赠收入之列，而其产生的收益是否就属于"取得的收入"而依法享有税收优惠待遇呢？事实上，许多大学教育基金会的投资收入并没有被征税，但严格来讲这一点处于比较模糊的监管地带，有些地方民政部门认为不应该缴税，而税务部门却认为只要不是捐赠收入都应该缴税，这可能会导致实践中产生冲突与矛盾。

至于是否开征遗产税和赠与税，取决于目前的实施条件是否成熟。比如，完善个人财产申报与登记制度；设立专门、权威和公正的资产评估机构，对个人财产进行评估；同时要加快财产公证制度与国际惯例的接轨，完善个人财产公证制度。为与之配套，还需修订《继承法》，对遗产税和赠与税进行明确、清晰的规定，等等。

3. 大学教育基金会税收征收管理问题

慈善捐赠的税收征收管理是共性问题，税务部门要加强对大学教育基金会免税资格的审查和监督，间接地推动大学教育基金会内部治理尤其是财务和税收方面的制度化和规范化。对大学教育基金会而言，有义务提前告知捐赠者申请捐赠免税的时间周期和相关程序，为协助捐赠者及时有效地获得税收减免优惠而提供配合服务，比如及时提供申请免税所需的捐赠票据和凭证等。

三 美国高校非营利组织免税规则

（一）高等院校享有免税的慈善组织身份

美国主要采用税法的技术性规范来界定慈善、慈善目的和慈善组织，并给予相应的免税待遇。《联邦税收条例》（*The federal tax regulations*）规定了九种慈善实体的类型：为穷人提供救济；为受难者提供救济；为弱势群体提供救济；发展宗教；发展教育；发展科学；建立或维护公共建筑、纪念性建筑或作品；减轻政府负担；推动社会福利。^①依据慈善实体的免税规定而享有免税资格的主要有七类组织：教育组织；宗教组织；科学组织；文学组织；促进国家或国际体育竞赛组织；反对虐待儿童或动物组织；维护公共安全组织。据此，学院和大学一般享有免税的慈善组织身份，当然，营利性私立院校除外。但要真正获得免税资格，则必须依法向国税局提出申请，只有在满足了《国内税收法典》（*Internal Revenue Code*）501（C）（3）项所列举的条件以及通过一系列测试（比如组织测试、运营测试、相应性测试等）的前提下才能实现。在美国，非营利组织运营所要遵循的法律标准取决于该组织的类型，所享受的税收优惠待遇也要根据非营利组织的公益性程度来加以区分。如果非营利组织不属于免税组织，那么所遵循的法律标准与营利组织几乎是一样的；如果非营利组织属于免税组织但并非慈善组织，那么所遵循的法律标准会更高一些；免税的慈善组织所遵循的法律标准要求是最高的，各方面运营活动均应满足"合理性"和"谨慎性"的标准，组织的一切活动都应以合理的方式进行，且达到合理的目的。如果某免税的慈善组织的支出或从事的活动被认定为不合理，那么联邦税法赋予该组织的慈善或其他特定形式的免税资格就将被取缔；在州法层面同样如此，任何不合理的行为都可能引起州检察长对该组织的调查。

（二）税收优惠待遇更倾向于个人捐赠者

2015年，美国慈善捐赠总额达到3732.5亿美元，其中个人捐赠总额为2645.8亿美元，占比多达71%，企业捐赠总额为184.5亿美元，仅占5%。这直观地反映了美国人的慈善文化观念与捐赠行为模式，当然也与税法更倾向于鼓励个人捐赠有着直接的关系。美国税法规定捐赠者向拥有免税资格的慈善组织进行捐赠可以享有税前扣减的待遇。①捐赠者通过慈善组织的捐赠：个人直接捐赠现金最高可以按照调整后毛收入的50%进行扣除；而个人非现金形式的捐赠，其税前扣除的比例为调整后毛收入的30%；而符合条件的企业捐赠物品时，按照应纳税所得额的10%进行税前扣除。对于超过比例扣除的部分，可以结转于捐赠后的5年。假使该企业在5年内又继续捐赠，那么之前未扣除的部分捐赠额可以先于当年的捐赠额进行扣除。②捐赠者通过私人基金会进行的捐赠：符合规定的个人进行物品捐赠时，其税前扣除比例为调整后毛收入的20%，而对于个人超出限额部分则没有结转与递延的规定，

---

① Reg. § 1.501（c）（3）－1（d）（2）。

即不能向后结转；企业则没有任何优惠。与通行做法不同的是，美国允许个人通过直接捐赠的形式进行捐赠时，税前扣除比例为调整后毛所得的10%；而企业进行直接捐赠时可按照应纳税所得额的10%进行扣除。

至于个人捐赠的税前扣除的比例及相关规则，美国也经历了长期的制度演变。美国从1913开始征收个人所得税，1917年国会通过法案规定捐款或实物捐赠可用来抵税，所得税可抵扣部分最高达到15%。2003年个人所得税法修正案第27条对私人捐赠也有明确的减税政策，并把个人可调节的收入税率分为六档（依次为10%、15%、27%、30%、35%、38.6%），这就意味着捐赠一定数额的收入就可以实现从高档税率降到低档税率的目的。捐赠的数额从应计税金额中扣除以后，根据扣减后的基数确定税率，不仅减少应计税的数额，还有可能降低税率档次，既做了慈善又少交了税，这种累进税制刺激了高收入群体将个人财富捐向慈善事业。同时，联邦税法还限定个人每年累计捐赠数额不超过纳税人在纳税年度的捐赠基数的50%，超过部分在5~7年进行结转和递延。① 比例上限的规定主要是为了防止捐赠人过多地捐赠个人收入影响到基本生活或者纯粹为了达到避税目的。而《国内税收法典》对企业捐赠者的税收扣减比例和结转规定是："对于公司而言，对于任意纳税年度，该法规定的扣除总额不超过纳税人的应税所得的10%；法人捐赠者对任意一年不超过10%的须纳税的收入进行税收减征，税收减免可以延长至5年内完成。"无论是个人还是企业的捐赠，捐赠超限额向后结转的部分都优先于当年的捐赠扣除，也就是说，即使收入减少或亏损，也可以就以前纳税年度的所得额先行税前扣除。另外，美国对个人所得税的征收采取的是综合扣除法，即对纳税人全年各种不同来源的应税所得综合起来，扣除相应的不予计列项目、分项扣除项目和个人宽免额，就其余额按累进税率计征所得税。

（三）减免税种的多样性及科学计价方式

学院和大学获得免税组织身份后，可以免征所得税、销售税、财产税、增值税、关税和其他直接的税收形式。

以实物捐赠的所得税估值方式为例，如果捐赠的实物属于带有普遍所得性质的财务或在出售时产生短期资本所得的类型，那么捐赠物的价格就被限定为下述两者中数量较小的一类：一是按规定调整后的基值，二是在捐赠当

---

① 贝希·布查尔特·艾德勒、大卫·艾维特、英格里德·米特梅尔：《通行规则：美国慈善法指南》，金锦萍、朱卫国、周虹译，中国社会出版社，2007。

天该财产的公平市场价格。如果捐赠的实物属于带有长期资本增益或称长期资本利得性质的财物，那么捐赠物的价格就按市场价格直接进行税前扣除。这种对实物捐赠的分类标准以及相应的价值计算方法，易于实践操作也更科学。

《财经法》（*Finance Bill*，2002）第96条规定了对不动产捐赠和捐赠中个人所得税的优惠政策做了司法解释。2003年个人所得税法修正案对私人捐赠也进行规定和修订，捐赠不动产根据不同财物性质及捐赠形式采用不同的税收优惠比例，超过减税捐赠额的捐赠部分可顺延5年进行抵扣。

设定高额的遗产税和赠与税对慈善捐赠形成了"倒逼"机制。美国遗产税于1797年首次开征，1916年，联邦政府为防止通过生前赠与以及将遗产以信托的方式转让给子女的下一代或几代从而逃避遗产税，又相继开征赠与税和隔代遗产转让税。1916～1976年，美国遗产税的个人豁免额都很低，最低的时期为4万美元，最高的时期为10万美元。从2001年开始，联邦政府对67.5万~300万美元的遗产征税税率为37.5%，对超过300万美元部分遗产征收的税率高达55%。这就意味着每捐赠100美元，就少交55美元的遗产税，实际捐赠的数额仅为45美元。2013年联邦政府遗产税的起征点猛增至525万美元，超出起征点的财产税率每年都在变化，税率从2001年的55%降至2013年的40%。遗产税同样采取超额累进制，税率被分成18个等级，从18%到50%，也就是说遗产越多，税率越高。遗产还包括动产与不动产、有形与无形的任何财产等形式。税法规定对总遗产按扣除所有捐赠项目后的余额计征遗产税，等于说对慈善捐赠的遗产部分全部免税，且没有任何比例限制。可以说，正是高额的遗产税和高比例的捐赠扣除才促使富人们更愿意将财产投入慈善事业中，在享受税前全额扣除优惠的同时还为社会留下了巨额财富。

（四）界定不相关商业活动及收入的征税

美国对免税慈善组织的商业活动范围规定相当严格而明确。《国内税收法典》在"慈善机构用于非营利目的的财产税"部分规定，"免缴联邦和州所得税，但仍必须缴纳与慈善目的无关的贸易和商业收入所得税"。所谓不相关营业所得税，是指慈善组织为其经常性开展的营业活动的收入所缴纳的消费税。一般来说，慈善组织通过开展教育、救济等慈善活动所获得的收益是不用纳税的，但如果所开展的活动与免税的目的不具备实质性的联系，而且该活动是经常性开展的，就需要纳税。国税局在对慈善组织的免税资格审查中要进行"运营型测试",即要求免税的慈善组织"主要"参与的活动应完成一个或多个免税目的。但是,"主要"并不是"专有"的意思。也就是说,免税的慈善组织可以参与非实质性的非免税活动,但如果非免税活动超过了非实质性的界限,该组织就不能作为慈善、教育或其他实体而享有免税资格了。[①] 因此,学院和大学及其关联性组织能够参与不相关的营业活动但同时保留其免税资格,前提是不能突破实质性原则,因为联邦最高法院判例规定:"不管有几个真正的免税目的,也不管其重要性如何,如果存在一个实质性的非免税目的,免税资格将被取消。"[②]

为了保持免税地位,学院或大学必须主要从事以教育、慈善和科学为目的的活动。然而,高等院校所拥有的专业知识和经验以及未充分利用的资产和设施潜藏着很多商业机会,能够为学院和大学带来收益,比如设施租赁、广告和企业赞助、出版物、书店、餐饮服务、会议中心运营、停车场运营、商业调查实施等活动,都属于不相关商业活动的范围。[③] 具体如何征税或者减免有着非常繁复而细致的标准,而且通常要依据个案的事实和情况予以考量和裁定。国税局曾举例说某大学与某公司合伙办了某公司,为该大学的教师提供培训服务,如参加该公司的经营并不是该大学的主要活动,则该大学不受不相关营业税规则的限制。另外,如果学校的全资分或子公司从事营业活动,而且该公司不是独立纳税的机构,则该学校也应适用该规则。因此,这里需要确定的是不相关营业活动的构成要件是什么。首先必须是营业活动,其次必须是经常性开展,最后是与免税目的无实质性联系。因此,活动的范围和规模及收入的最终去向都是判断的因素。不符合法律规定的,慈善组织都应缴纳不相关营业所得税,包括红利、利息、养老金或者其他投资收益,从事矿产开采等特许经营的收益,不动产出租收益研究收益、处置财产的收益等,从不相关营业总收入中减去部分与营业活动直接相关的扣除额,所余收入应当纳税。

学院和大学在每年申报免税资格时除了要提交年度信息表外,还须提交990 – T表申报不相关的商业活动及其应纳税收入。不相关商业活动与收入是

---

① Reg. § 1.501 (c) (3) –1 (c) (1)。

② 华盛顿商业促进局(Better Business Bureau)诉美国案,美国最高法院判例汇编,第 326 卷,1945,第 279、288 页。

③ 国税局在 2006 年对 400 多所公立和私立高等院校进行了一项合规性项目调查,调查表中假定有 47 种活动构成不相关商业活动,报告显示最常见的就是设施租赁与广告和企业赞助。《合规项目中期报告》(Compliance Project Interim Report)。

税务稽查部门重点审查的对象，国税局有权通过所谓的"碎片规则"，尽可能多地将学院和大学的每一项业务进行分解，以寻找不相关活动及其收入进而审查其是否符合免税资格。

（五）对免税高等院校施以严格法律监管

取得免税资格的慈善组织并不能一劳永逸，法律上规定对此类慈善组织要进行定期评估和审查，对不合格的要取消其免税资格，最核心的判断标准即"慈善目的"。国税局及其稽查机构依法会对慈善组织进行审查，比如填报年度信息披露表、接受免税资格专项调查、对慈善组织的账目和内部治理进行审计等，如果发现有违规操作，轻则给予处罚，重则吊销其免税资格。[①] 严格的法律监管在一定程度上杜绝了某些组织滥用免税身份和税收优惠的行为，也为慈善捐赠提供了简化的税收减免程序。具体操作方法比较便捷，只需要纳税人在年度的报税单上附上慈善机构的抵税发票即可。美国人纳税法治意识较强，能够积极履行自己的义务，对于捐赠行为的税收减免亦是如此。美国计算机征管网络以贯穿于从纳税申报到税款征收、税源监控、税收违法处罚等税收征管的全过程，先进的科技手段也普遍应用于税收征管领域，大大提高了税收征管的效率、质量和效益。美国税收征管机构"人机对话"技术的运用，极大地方便了纳税人，使得捐赠税收减免的手续更加简洁、便利和经济。

此外，由于税法种类繁多且条文多而细，因此税务代理业务比较普遍，美国会计师事务所、独立执业会计师、律师事务所等社会中介服务机构较多，且严格遵照法律办理业务，为客户恪守保密原则，在一定程度上简化了捐赠者的税收减免手续，提高了捐赠者办理税收减免的积极性。

四 结语

税收制度是一个杠杆，它可以撬动某一个产业或者行业的发展，同时也是一个风向标，反映出一种国家的意志，是鼓励这个行业发展还是抑制这个行业的发展。[②] 慈善税收优惠的法律制度发挥着激励捐赠和促进慈善的重要作用，通过税法的技术性规范一则可以对慈善组织的行为及活动进行法律监管，

---

① 常思亮：《美国高校社会捐赠制度的路径依赖分析》，《教育与经济》2010 年第 1 期。
② 谢民：《试论税收促进慈善发展的二律背反现象》，《中国经贸导刊》2014 年第 5 期。

使之按照符合慈善目的的方向发展；二则可以设立相应的免税条件与标准，达到调节社会资源再分配和公平目的。但是，科学有效的税收立法应当具有一定的灵活性和很强的可操作性。目前我国除了要继续补充和修订与慈善捐赠有关的税收法律法规外，迫切需要建立一套完善的慈善组织及活动的法律监管体制和社会监督体系，比如免税资格审查、信息披露机制、专业机构评估等以重塑慈善行业的公信力。

我国高等教育的主体是公立高等普通学校，财政拨款仍是高校经费的主要来源，近年来高校"大额捐赠"案例层出不穷，出现"井喷式"增长，但在支持高校运营预算的总体中所占比例依然偏低。与美国高等院校的构成体系和经费渠道截然不同，这决定了我国高等教育捐赠的法律监管体系不可能照搬美国税收立法的规定。对大学教育基金会的税收优惠待遇应纳入我国现行慈善组织税收法律制度的体系之内，这样有利于法律监管的统一和实施，但从鼓励和促进高等教育慈善发展的角度，也可以考虑在遵循公平性原则的前提下参照他国经验给予某些特殊的规定。

参考文献

[1] 金荣学、张迪、张小萍：《中美高等教育捐赠税收制度比较》，《教育研究》2013 年第 7 期。

[2] 叶珊：《社会财富第三次分配的法律促进——基于公益性捐赠税前扣除限额的分析》，《当代法学》2012 年第 6 期。

[3] 郭健、张继华：《高校社会捐赠税收激励研究——以美国为例》，《教育与经济》2011 年第 4 期。

[4] 杨维东：《中国大学基金会治理问题研究》，中国政法大学出版社，2015。

[5] 魏明英、胡静：《关于完善我国慈善捐赠税收优惠制度的法律思考》，《税收经济研究》2012 年第 5 期。

[6] 周贤日、马聪：《美国高校捐赠制度的特点与启示——〈美国高校捐赠报告〉解读》，《高教探索》2012 年第 6 期。

[7] 解锟：《英国慈善组织监管的法律构架及其反思》，《东方法学》2011 年第 6 期。

高校教育基金会与中国慈善文化传承

许文文

一 滞后的中国慈善文化与新兴的高校教育基金会

纵观中国慈善的发展历程，在社会需求、政府政策等多重动力的推动下，我国慈善环境、慈善事业处于几十年来最好的发展状态。社会组织数量、善款捐赠数额、志愿者数量等数据向我们展示了我国慈善事业的蓬勃。截至2017年10月，全国依法登记的社会组织近75.58万个，其中社会团体35.39万个、社会服务机构39.59万个、基金会6028个，另外还有纳入城乡基层群众自治管理的社区社会组织300多万个；近五年来社会捐赠每年都保持在500亿元以上，尤其是互联网募捐。《慈善法》实施一年来，通过网络实施捐赠超过10亿人次，仅2017年"99公益日"几天，就有4500万人次通过网络捐赠9.5亿元；截至2017年，全国社会工作专业人才资源总量近80万人，全国注册志愿者已达5700万，记录志愿服务时间超过8.5亿小时。[①]

在不断增长的慈善力量中，高校教育基金会作为一支新兴的力量，发展势头同样不容忽视。自1994年我国第一家高校教育基金会——清华大学教育基金会成立以来，我国高校教育基金会的发展一直处于半停滞状态。2010年以来，伴随着《国家中长期教育改革和发展规划纲要（2010—2020年）》[②]、《基金会管理条例》、中央财政配比等几个重要支持性政策的出台，我国高校教育基金会的数量高速增长。截至2017年12月6日，我国已经注册登记的高校教育基金会527家，占所有基金会数量的8.68%。截至2015年，我国所有高校教育基金会共收到捐赠收入近68亿元，净资产超过284亿元。高校教育

---

① 詹成付：《中国社会组织工作要自觉肩负起新时代的历史责任——学习党的十九大报告的初步体会》，2017年10月24日。

② 陈大恩、徐樟有、高红等：《行业特色高校教育基金会拓宽资金募集渠道策略研究——以北京中国石油大学教育基金会为例》，《教育教学论坛》2015年第8期，第270~272页。

基金会已经成为高校有效动员社会资源的组织形式。①

与上述斐然成就相悖的是，我国慈善文化的发展十分滞后，仍处于刚刚启蒙的阶段。20 世纪 80 年代，《中国大百科全书》中对慈善的释义是："从同情、怜悯或宗教信仰出发对贫弱者以金钱或物品相助，或者提供其他一些实际援助的社会事业……带有浓重的宗教和迷信，其目的是为了做好事求善报；慈善者通常把慈善事业看作是一种施舍……它只是对少数人的一种暂时的、消极的救济……它的社会效果存有争议。"与这一时期将慈善界定为"伪善"的文化相较，我国当前的慈善文化发展已经取得了很大的进步。慈善已经成为被民法典、慈善法肯定的社会价值。《慈善法》中明确说明了弘扬慈善文化的价值，我国政府也开始高度重视培养公民的慈善意识。然而，同西方国家相较，我国慈善文化的发展还存在很大差距，慈善尚未发展为一种普遍的生活方式，很多人甚至对慈善毫无认知，不知道慈善组织的存在，也不能正确理解善款捐赠的价值，更不会主动参与慈善活动。这一结论从善款捐赠的一系列数据中可见一斑。中国的慈善捐款基本保持在每年 1000 亿元人民币左右，占 GDP 的比重比较低，仅 0.17%，而美国的捐款在 2013 年是 3000 亿美元，占其 GDP 的 2.2%。② 英国慈善救助基金会发布的全球慷慨指数显示，2015 年中国位于世界 146 个国家中的倒数第 2 名。比善款捐赠这一指标更能说明问题的是我国志愿者的参与，我国志愿者占整个经济活动人口的比例十分低。可见，滞后的慈善文化已经制约了我国慈善事业的发展。

慈善文化是慈善事业的根基，如何挽救滞后的慈善文化？如何促进中国慈善文化的传播，营造良好的慈善文化氛围，让慈善文化真正深入每一位中国人的内心？新兴的高校教育基金会在其中将如何发挥作用？这些是亟待我们回答的问题。

二　中国慈善文化的传统与现代③

1. 慈善文化的内涵

传承慈善文化的前提是对慈善文化的清晰认知，但慈善文化是一个非常

---

① 中国大学教育基金会：《过去、现在与未来》。

② 数据来源：邓国胜 2014 年 12 月 15 日在"夜话：重建中国公益生态"上的发言。

③ 该部分对中国慈善文化的阐述引用自中国公益创新研究院的研究成果，主要体现在研究团队成员胡楠的博士学位论文《当前中国大陆文化格局以及文化变迁机制研究——以公益文化为例》，2015。

复杂的问题，目前学术领域比较有代表性的看法有如下几种。

慈善文化是人类在长期的慈善行动和慈善事业发展过程中形成的思想价值观念和行为规范的总和。①

慈善文化是基于对和谐、美好生活的追求和向往，注重社会道义，强调社会责任，更多地考虑社会分配的公正性，把从社会得来的利益，再回报给社会。②

慈善文化可以从三个层面进行剖析：第一是观念层面，即人类在社会实践和意识活动中化育而生的价值取向、审美情趣、思维方式，凝聚而成的文化精神内核；第二是制度层面，即人类在社会实践中建构的各种社会规范、典章制度；第三是行为层面，即人类在交往中约定俗成的习惯定势，以礼俗、民俗、风俗形式出现的行为模式。③

慈善文化是人们发自内心的一种精神、一种理念的体现，这些精神或理念主要包括人本权利观、公民社会责任观、利他主义价值观、理性社会财富观、企业公民观、社会志愿精神、"授人以渔"的新慈善精神。④

综合上述研究成果，本文认为慈善文化包括利他主义的价值观、利他主义的行为模式以及利他主义背后存在的社会制度，是一个复杂的社会系统工程。

2. 中国慈善文化格局

除慈善文化的内涵以外，已有的研究成果还可以在我们对中国慈善文化的认知过程中发挥重要作用。截至目前，聚焦中国慈善文化的系统研究还非常缺乏，而中国人民大学中国公益创新研究院的研究团队在福特基金会的资助下进行的大型实证研究项目"中国公益文化研究"的研究成果给出了中国慈善文化的素描图像。

近30年来，中国慈善文化受到三种文化力量的影响：以儒家文化为主的中国传统文化，西方的自由主义文化以及计划经济时期的中国文化。在三种力量的影响下，中国慈善文化出现了"冷拼盘"的情况，由中国传统慈善文

① 毕天云：《慈善文化的民族性及其意义》，中华慈善文化论坛（无锡）暨首届市长慈善论坛会议论文，http://www. sociolo-gy. cass. cn/shxw/xstl/xstl32/P020070227404251255349. pdf。

② 张维：《慈善文化：慈善事业发展的原动力》，《成都大学学报》（社会科学版）2007年第4期，第10~11页。

③ 肖国飞、任春晓：《论慈善文化的道德意蕴》，《中州学刊》2007年第1期，第139~143页。

④ 高红、李雪卿：《论和谐社会视阈中的慈善文化》，《中共青岛市委党校青岛行政学院学报》2007年第5期，第53~57页。

化、西方现代的慈善文化、计划经济时期的利他模式三种公益文化构成，是一个多元文化共存的状态。这种拼盘具体可以描述为三种公益文化中没有一种公益文化能够独霸，将其他两个排除在外，也没有任何一种公益文化被完全淘汰，每一种公益文化既有被保留的部分，也有被淘汰的部分。在三种公益文化相互碰撞和融合中，人们的实际观念中并没有形成一套一以贯之，或者说是自成体系的观念。①

（1）中国传统公益文化

周秋光和曾桂林所著的《中国慈善简史》，可以说是目前国内能够比较系统全面介绍中国慈善思想和慈善事业的学术专著。作者梳理了"慈善"这一基本概念；对中国传统文化中所蕴含的慈善思想及其源流进行了分析；以时间为维度考察了中国古代慈善事业的演变历程；介绍了中国近代慈善事业所涵盖的内容和特征，以及近代慈善家的实践所折射出来的思想理念。② 此外，王卫平、魏宇、王长坤、夏明月等研究者都分别从不同的角度梳理了中国传统的慈善文化。中国公益创新研究院的研究团队基于上述研究成果，在自己构建的框架上梳理出了中国传统公益文化的大致面貌。中国传统公益文化相信"向善"是人性的内在本质，相信"人"在"行善""为善"上具有的能动性是重要的人性论基础。就对善的定义而言，中国传统公益文化坚持"善"的观念的绝对性，认为存在不以个人喜好和意志转移的道德定律——"天道"。人类社会是天道的一部分，人间秩序是以自然界的"公"为准则，追求"公"就能实现社会理想、天下太平。那么如何达到这样一种善呢？概括来说，就是"我为人人、人人为我"，具体而言，就是每个人依据"推己及人"的原则，由近及远，践行"忠恕之道"，达到"老吾老以及人之老，幼吾幼以及人之幼"，最终达到"四海之内皆兄弟"的"大同"境界。在此基础上，可以将中国传统公益文化概括为"基于道德实践的善行"。行善是个体自我道德成长和人格完善的需要。就行善对象的选择而言，出于对天然的人际伦理关系的尊重，中国传统公益文化承认父母子女之间、兄弟姐妹之间、朋友故交之间与一般的社会成员之间相比，要更加亲近，因而彼此要承担更多的互助责任。但同时强调人与人之间的关怀和互助并不止于此，而是应该进一步包容社会的全体成员甚至是所有人。"亲疏原则"之外，中国传统公益文化依

---

① 胡楠：《当前中国大陆文化格局以及文化变迁机制研究——以公益文化为例》，中国人民大学博士学位论文，2015。

② 周秋光、曾桂林：《中国慈善简史》，人民出版社，2006。

据"需求原则"选择受助者，那些不能够依靠自身和家庭力量的特殊群体成为首要的关注对象。就帮助内容和行善方式而言，主要是由己出发、秉持"爱人"原则，来确定帮助什么以及如何帮助。行善过程的各个环节均由主要施助人自己决定，不太注重受助对象的参与性。

（2）西方现代公益文化

资中筠的《财富的归宿：美国现代公益基金会述评》一书对美国现代公益事业的历史渊源、兴起的社会背景及其特点进行了较为全面的考察，对基金会所代表的思想理念、基金会的动机和效果进行了探讨。[1] 李韬在《慈善基金会缘何兴盛于美国》一文中，将美国慈善基金会的兴起和繁荣归因于宗教和文化。[2] 戚小村在《论西方公益伦理思想的两大历史传统》一文中指出，"古希腊罗马传统"和"基督教传统"是西方公益伦理思想的两大历史渊源。[3] 中国公益创新研究院的研究团队认为"人性恶"的观念和在此基础上生发出的"罪感文化"是现代西方公益文化重要的人性论基础。就对善的定义而言，个人主义的伦理观消解了"善"的道德绝对性，使其具有多元主义的特征——个人有不同的意愿及选择自己生活方式的自由，因此存在善的观念的多样性。如果能够实现人人平等，那么就能够使得所有人都有平等的机会按照其意愿来追求其自身善的观念。从而，实现"人人平等"和自由成为善的最高境界。"人人为己、社会为人人"是实现上述境界的重要途径，也就是说，在机会均等情况下每个人自我奋斗和自由竞争，依据公民义务依法纳税，按照良知的指引捐赠、做志愿工作等，政府或者社会则有责任给每个人提供保障，使得每个人的权利和机会均等。相应地，可以将西方现代公益文化概括为"基于权利行使和义务履行的善行"。行善既是个体行使其追求自身善的观念的权利，也是利益相关者履行自己的公民义务。西方现代公益理念中的"权利观"和"平等观"落实到行善对象的选择上，集中体现为"公平原则"——任何人都平等享有基本权利，因此任何人都应受到公平合理的对待，既不享有任何特权，也不履行任何不公平的义务，并且权利与义务相一致。根据公平原则，在现实操作过程中，西方公益组织主要按照权利缺失的状况来确立其行善对象。就帮助内容和行善方式而言，主要围绕"权利"这一概念来确定救助内容和选择行善方

① 资中筠：《财富的归宿：美国现代公益基金会述评》（增订本），三联书店，2011。
② 李韬：《慈善基金会缘何兴盛于美国》，《美国研究》2005年第3期，第132~146页。
③ 戚小村：《论西方公益伦理思想的两大历史传统》，《湖南科技大学学报》（社会科学版）2006年第4期，第43~47页。

式。在整个行善过程中，强调施助者和受助者双方的平等性，一方面增强受助对象的参与意识，另一方面在决策、实施、监测、评估各个环节增加受助对象的发言权。

（3）计划经济时期利他模式

计划经济时期利他模式认为没有抽象的、普遍的、永恒的人性，人是社会的产物，是一切社会关系的总和。人性是由生活于其中的社会塑造的。道德是历史性的，社会的不同发展阶段有不同的道德观念，同时道德也是阶级性的，每个阶级都有自己的道德观念。其最高价值是消灭压迫和剥削，实现全人类的自由和平等，追求的是共产主义社会。计划经济时期的民间利他模式主张以共产主义为终极奋斗目标，要求社会成员有高尚的道德，这个时代强调作为主体的人对于客体的人或社会的责任和贡献，一个合格的共产主义新人，首先应该是"全心全意为人民服务"的，是"毫不利己专门利人"的，是大公无私认为国家和集体的利益高于一切的，是时刻准备为共产主义事业奋斗终生的。但同时也是爱憎分明的，是有不断革命的意志的，是不计较个人得失，无私利之心的。马克思主义要消灭不平等，建造一个穷人的世界，让大家一样富有。要通过无产阶级革命，建立社会主义制度、共产主义制度来解决这个问题，彻底消灭资本主义。

追求公平正义是任何一个思想体系都不反对的。无论哪种公益文化，都是为了解决不平等的问题。如果没有不平的现象存在，人和人之间没有财富上的差异，大家都一样富有，就谈不上富人捐献出私人的时间、金钱、智力来帮助需要帮助的人，公益也就不存在了。但是如何对待不平等，在不平等的社会里，公平正义怎么摆放，怎么认识和解决不平等的问题，三个思想体系却存在差异。中国的传统文化和西方现代文化都赞同发展公益慈善，通过社会保障来解决不平等的问题。两个思想体系一方面承认私有制，另一方面承认差异和结果的不平等。同时两者都鼓励富有的人要有良知，要拿出一部分钱和精力来救济穷人。所以在这个意义下，它们都认为富人拿出自己的东西缓解不平等，维护他人的基本保障是正当的。它们主张通过政府的行为、公众自发的行为解决这个问题，政府行为就是财政转移，民间行为就是慈善活动。①

前两者与计划经济时期最大的区别就是承认不平等。马克思主义拒绝私有制，否定不平等。消灭不平等的途径就是通过暴力革命消灭私有制，建立

---

① 公益文化项目会议纪要，主要内容和观点由康晓光教授提出。

公有制，通过国家的再分配来代替市场的机制。要实现共产主义，就必须消灭封建主义和资本主义，但是封建地主阶级和资产阶级要维护自身的利益，他们不可能主动退出历史舞台，因此无产阶级一定要通过暴力革命，消灭以上两个阶级，才能建立社会主义，最终实现共产主义。[①]

综上所述，中国慈善文化的现状是由中国传统慈善文化、西方现代的慈善文化、计划经济时期的利他模式三种慈善文化构成的冷拼盘，三类文化类型的具体表现如表1所示。

表 1　三种文化类型的综合比较

比较维度		西方现代公益文化	中国传统公益文化	计划经济时期利他模式
公益文化	对人性以及人的看法	人具有作恶的潜能，个人本位	人具有为善的潜能，社会本位	人性是由生活于其中的社会塑造的，阶级本位
	道德观	个人主张权利，博爱，社会保障个人权利，进而实现个人自由	个人承担责任，爱由亲始，推己及人，达到社会和谐，天下大同	通过阶级斗争，消灭压迫和剥削，实现全人类的自由和平等
	对待不平等的态度以及策略	承认不平等，通过温和的方式缓和不平等	承认不平等，通过温和的方式缓和不平等	不承认不平等，通过暴力革命的方式彻底消灭不平等
	行善主体	社会组织和个人为主，政府为辅	政府为主，社会组织和个人为辅	政府和个人，不承认社会组织
	行善动机	基于权利行使和义务履行的善行	基于报的观念的善行；基于道德实践的善行	富人的慈善是伪善；私是万恶之源，大公无私
	行善对象的次序	依据权利/需求原则选择	依据道德/需求原则选择	依据阶级选择
	行善方式	平等主义的行善方式	父爱主义的行善方式	一方有难八方支援、极权主义

资料来源：胡楠：《当前中国大陆文化格局以及文化变迁机制研究——以公益文化为例》，中国人民大学博士学位论文，2015。

三　中国慈善文化的断裂与困境

1. 中国慈善文化的断裂

中国传统文化中的慈善思想为我国现代的慈善文化奠定了根基，直至今日，活在中国人心中的慈善文化的主要构成成分便来自中国传统文化。然而，丰富的中国传统慈善文化的传承和延续在计划体制时期产生了

---

① 孙立平：《社会转型：发展社会学的新议题》，《开放时代》2008年第2期，第60~61页。

断裂。

计划经济体制下采取单一的政府分配体制，由政府担负起整个社会的福利体系，即所谓"单位办社会"，绝大多数人在政府规划的整个社会结构中拥有一个位置，因此理论上当时的中国不存在巨大的贫富差距，而所有的公共服务也由政府统一供给，所有的社会问题也由政府统一解决。此外，在马克思主义的指导下，慈善是市场经济背景下的产物，其能够弥补资本主义体制所带来的一系列问题。由此在"伪善""私是万恶之源"等普遍的社会整体认知下，慈善文化的传播就此停滞。时至今日，尽管改革开放的进程已经持续了30多年，但计划体制的意识形态依然没有完全消弭，政府统一安排下的"对口帮扶""行政体制内的统一捐赠""一方有难、八方来援"仍然是广大公众习惯的解决社会问题的方式。尽管这些计划经济时期形成的利他方式同样能够展示中国慈善文化的独特精髓，但与慈善的自发性仍是背道而驰的。

2. 中国慈善文化的困境

（1）政策制度的滞后

改革开放为中国带来了从一到多的深刻变革。伴随着经济体制的深刻转变，我国的社会结构也发生了翻天覆地的变化。政府之外的主体逐渐出现，当然首先出现的是与市场体制相匹配的企业，20世纪80年代末，慈善机构在国内需求暴涨、全球化力量推动的双重作用力推动下也逐渐兴起，并在2008年汶川大地震期间爆发式增长，自此中国迎来了第三部门的逐渐壮大。与社会中对慈善事业的需求程度、慈善事业的发展速度相较，中国政府在慈善事业的政策制度的设计方面处于滞后状态。对于中国政府来说，走出计划体制，面对新兴的监管对象——慈善机构，政策制度的设计需要一个不断摸索的过程。慈善制度、法律法规是中国慈善文化建设的保障，是慈善活动的外在约束力，慈善事业顺利发展的保障力，但长期以来，我国一直缺少严密、规范、系统的法规制度，一直到2016年，首部《慈善法》才正式出台。

在上述漫长的摸索过程中，政府对于慈善机构模糊、矛盾的态度同样制约了中国慈善文化的传播。根据慈善机构的本质特征以及功能，在理论上，我们可以从公共管理学和政治社会学的两大视角观察政府与慈善机构的关系。首先，作为公共问题的解决者、公共服务的提供者，慈善机构可以与政府达成共同的目标，形成协同甚至是合作的关系。然而，同时，慈善机构还具有打破政府在公共领域的垄断地位、遏制政府暴政、形成与政府抗争的对抗力量的功能，因此慈善机构很可能成为政府的对立者。① 上述逻辑向我们展示了政府在处理与慈善机构关系时的矛盾，我们大可以推断，无法合理地对慈善组织进行定位，同样也是政策制度滞后的原因之一。

尽管滞后是一个事实，但慈善事业终究迎来了春天，目前大力推动慈善事业发展，培育健康的慈善文化已经成为政策制度设计的原则之一。

（2）慈善机构公信力与效率的缺乏

除政策体制环境外，慈善机构本身存在的问题也严重阻碍或者误导了公众对慈善文化的认知。

我国慈善机构缺乏透明度、公信力差让公众对慈善敬而远之甚至不满谩骂。首先，长期以来，我国绝大部分慈善机构由于缺乏人力资源、缺乏管理技能、缺乏良好的管理态度等因素对捐赠者不尊重，对善款的管理不科学，不能够及时向捐赠人反馈善款的使用情况以及公益项目的进展情况，造成公众的慈善捐赠体验感不够优良，没有动力进行持续捐赠，进而造成对慈善事业的无感和不认可。此外，更加棘手的是，少数慈善机构甚至缺乏自律性，不能做到善款善用，对善款截留、挪用、贪污，例如河南宋庆龄基金会万元餐、抗震救灾过程中的万元帐篷等一系列的事件。这些恶劣的事件使得慈善机构失去了群众的信任感和社会的公信力。值得说明的是，慈善事业与市场的运行逻辑不同。在市场中，一家企业出现了有损声誉的负面消息，与其同行业的其他企业由于向市场提供相似的替代品而获得业绩的增长，然而，在慈善事业中，一家慈善机构出现绯闻将造成公众和社会对整个慈善行业的质疑和否定，郭美美事件后中国公益机构公众筹款额度整体断崖式下跌就是最好的说明。尽管经历过一段长期的公信力缺失的过程，但近几年来增加机构的透明度、争当透明口袋已经成为我国的慈善机构共同追求的目标。相信，伴随着慈善事业透明度的整体提高，社会公众对慈善文化的接受也将得到促进。

除透明度和公信力外，慈善机构专业性的缺乏，解决公共问题效率低同样导致了公众对慈善机构的负面评价。在慈善事业未得到社会的整体认可的情况下，对于慈善机构而言，很难获得优秀的专业人才。其原因在于，我国缺乏培养专业慈善人才的教育体系，与此同时优秀的人才进入慈善机构工作并不能得到社会的赞誉和广泛的理解。优秀的专业的人力资源的缺乏导致慈

---

① 康晓光、韩恒：《分类控制：当前中国大陆国家与社会关系研究》，《社会学研究》2005 年第 6 期，第 73 ~ 89 页。

善机构无法高效地提供公共服务，解决公共问题，从而影响政府和公众对慈善机构的认可度。自此，一个恶性的循环就此形成。直至今日，对于公众来说，相信慈善机构能够为自己提供优质的服务仍不是一件容易的事。大量生长的基层社区中的养老机构和托幼机构在没有政府背书的情况下无法入户提供服务就是最好的说明。打破这种恶性循环，让慈善机构成为高效、专业、灵活的公共问题解决者，甚至是公共问题创新解决方案的提供者也是促进慈善文化传播过程中的重要一环。

（3）媒体传播力量的缺位

在信息时代，媒体的作用不仅在于提供既有信息又有价值观的知，而且在于对社会主流价值观做引导的教，当我们随便翻开报刊或浏览网页，多半是花边新闻比如明星失态、醉酒，对慈善文化的传播诠释引导都相对薄弱，并且都是在大灾大难面前的偶发性、间歇性，而缺乏连贯性。慈善文化给社会以信心和力量，如果缺乏媒体价值观的指导和教化，就很难在人心人情的救赎、道德体系重建以及主流价值观的整合方面有更大的作为，因此媒体对慈善文化的宣传的间歇性和不连贯性对中国当代慈善文化建设是一个制约因素。为弥补大众传媒在传播慈善文化方面的缺位，部分慈善机构开始利用传统的、新兴的多元传媒形式对慈善文化进行传播，例如，《慈善家》杂志、各慈善机构创办的微博、公众号等网络自媒体以及慈善拍卖等大型公益类活动等。

（4）理性财富观的缺乏

受多种因素的影响，现阶段，我国的大部分公众仍然保留储蓄、守财的传统的财富观。这一财富观也成为制约慈善文化发展的主要因素。

首先，改革开放之前，整体经济发展的落后导致了广大社会成员在经济上缺乏安全感，储蓄、守财的思想比较严重。现阶段，尽管生活水平得到了本质改善，但大部分公众仍保留着大量储蓄的习惯，以对抗对未来不确定性的担忧、焦虑和压力。

其次，中国的社会保障体系不够健全也使得广大社会公众缺乏安全感。社会保障体系覆盖面窄、社会福利水平较低、养老以及医疗成本较高导致了人们总倾向于将财富留给自己未来养老。此外，贫富差距的增大让公众对金钱过分追求和向往，即使是生活质量已经很高的家庭。"金钱的能量越大，制造的不平等越深，人们对金钱的守护心理就越强，就越不肯割舍和出让，更不会有慈善。"[1]

---

① 梁治平：《寻求自然秩序中的和谐》，中国政法大学出版社，1997。

再次，传统的宗族思想以及"差序格局"的社会结构导致大部分中国人选择将大量的财富用于自身宗族内部人员，或者留给子孙后代，而不是捐赠给社会去解决社会问题，促进整个社会的进步。

综上所述，中国的传统文化中拥有丰富的慈善文化资源，也曾指导我国公众开展丰富多彩的慈善活动，例如施粥、开仓赈灾等。但计划经济时期，由于社会文化与政治制度方面的因素，我国的慈善文化未能延续，产生了断裂。改革开放之后，伴随着经济体制的深刻改革，社会结构的变化，社会对慈善的需求再次复苏，慈善主体作为新兴主体逐渐出现并壮大。然而，相较于蓬勃发展的慈善事业，中国慈善文化的传播却一直处于滞后的状态，并面临诸多困境。如何在断裂之后再传承，在困境中求发展是慈善文化的建设者要思考的问题。

在上述背景下，本文要开始讨论高校教育基金会为何参与慈善文化的传承，在慈善文化的传承中高校教育基金会有何优势，又应该如何突破慈善文化发展的种种困境等一系列重要问题。

四 高校教育基金会传承慈善
文化的使命和优势

1. 传承慈善文化的重要意义

《中国慈善事业发展指导纲要（2011—2015年）》强调，要继承和发扬中国优秀传统慈善文化，吸收国际先进的慈善理念和管理方式，不断丰富与社会主义核心价值体系相统一，与人道主义精神、现代财富观、社会责任感等相融合的现代慈善文化。慈善文化的建设是实施公民道德建设工程的主要渠道，是慈善事业发展的根本动力，慈善文化的传承与建设具有重要价值和意义。

慈善文化传承是实施公民道德建设工程的主要渠道。十九大报告强调：新时期我们要"深入实施公民道德建设工程，推进社会公德、职业道德、家庭美德、个人品德建设，激励人们向上向善、孝老爱亲，忠于祖国、忠于人民"，"推进诚信建设和志愿服务制度化，强化社会责任意识、规则意识、奉献意识"。无论是中国传统的慈善文化、计划经济时期的利他主义精神还是西方的慈善文化，其精神内核都是利他主义以及利他精神。利他主义精神强调对他人困难或者社会问题的同情和关注，凸显人性中除自私之外的利他性和公共性。因而，慈善文化的传承有助于提高整个民族的道德素质，在全社会营造浓厚的人文关怀氛围，促进人与人之间的彼此奉献和温暖关怀，减少人与人之间的冲突和矛盾。

慈善文化传承是慈善事业发展的动力源泉。慈善事业的发展之于国家整体发展的意义已经被反复强调。消灭贫困、不断缩小贫富差距、缓解社会矛盾是十九大给出的重要任务之一。而慈善事业已经成为缓解贫困的主要手段之一以及社会保障体系中的重要一环。而慈善事业建立在全社会的参与和奉献之上，建立在人们自觉自愿、互帮互助的基础之上，因此社会中是否拥有良好的利他主义氛围对于慈善事业的发展而言十分重要。在我国社会贫富差距扩大、社会结构逐渐紧张、社会矛盾加剧的大背景下，培育和传播慈善文化，有利于慈善事业的发展，健全社会保障制度，缓解贫困，缩小贫富差距，缓和社会矛盾，促进社会和谐。

2. 高校教育基金会传承慈善文化的使命

在中国，历经20多年的发展，高校教育基金会几乎已经成为大学治理体系中的标准配置，所有的985学校以及绝大部分211学校都已经成立自己的基金会。高校教育基金会在法律层面上属于私募基金会，但与其他种类的非营利组织不同，高校教育基金会依托大学成立，其初衷不在于解决社会问题，而是帮助其大学解决特定问题，特别是社会资源的吸纳。高校教育基金会由于服务于特定主体的成立初衷，经常被诟病不应当属于真正的非营利组织。但由于其服务于教育事业，且主要为学校吸收社会捐赠两大特征，无论是中国还是西方，无论是法律层面还是社会观念方面，高校教育基金会仍然是非营利组织的一类重要成员。作为一类慈善机构，是否能够获得社会捐赠，慈善文化同样是重要的制约因素，因而为传承慈善文化做出贡献对于高校教育基金会而言是必要的。此外，由于高校教育基金会背靠大学，大学担负着广大青年人的培养重任，大学是价值观形成的重要时期，是慈善文化培养的重要时期，因此高校教育基金会拥有传承慈善文化的使命。

（1）高校教育基金会传承慈善文化的必要性

美国的慈善发展程度及慈善参与率都被世界公认处于全球前列，美国公众的慈善捐赠约占GDP的2%。这些慈善捐款的最大受益者除了宗教组织外，就是教育行业，其中约420亿美元的善款支持教育。[①] 其中，教育领域中善款的主要接受者就是高校教育基金会。高校教育基金会在美国大学中的地位尤为重要。美国高校教育基金会的生存之道包括完善的治理结构、创新的投资

---

① 《美国高校教育基金会》，北京联合出版公司，2016，第1页。

模式以及有效的社会捐赠。从美国高校教育基金会的经验来看，社会、企业以及校友的捐赠对于基金会来说并不是锦上添花的行为，而是基金会赖以生存和发展的必备条件。相较于美国大学基金会，我国高校教育基金会无论是发展数量、资产价值还是社会影响力等都需要进一步的发展。2013年的数据显示，我国高校教育基金会净资产规模为221亿元，仅占大学总收入的3%。

中美高校教育基金会之间的差距与中美整个社会的慈善文化氛围的不同有着直接的联系。在美国慈善已经成为公民生活的一种方式，为母校捐赠、促进母校发展已经成为校友们的习惯，而在中国还远远达不到这种程度，为母校捐赠还停留在极个别成功校友的范围，并没有在广大校友中形成氛围。究其原因，除了高校教育基金会本身的活跃程度不足外，慈善文化在我国整个社会中未广泛传播是根源。

综上所述，高校教育基金会参与慈善文化的传承与自身的生存和发展息息相关。我国高校教育基金会应当积极参与到慈善文化的传播和建设中去，在慈善文化的建设和发展与高校教育基金会的生存和发展之间形成相互促进的良性循环。

（2）高校教育基金会传承慈善文化的责任

高校教育基金会依托大学而存在，大学是文化塑造的主要阵地。慈善文化是社会主义核心价值观的一部分，高校教育基金会应当与所依托的大学合作，培养大学生的慈善精神，弘扬利他主义行为，帮助大学生形成正确的价值观。

高校具有保存、传承、传播和创造先进文化的作用。党和国家高度重视社会主义文化建设，而社会主义文化建设过程中存在一个不可缺少的主体即高校。[①] 根据《中国普通高等学校德育大纲》，"高校的根本任务是培养德智体全面发展的社会主义事业的建设者和接班人"。而慈善文化是社会主义文化的重要组成部分。慈善文化是人们发自内心的一种精神、一种理念，这些精神或理念包括权利观、公民社会责任观、利他主义价值观、理性社会财富观、企业公民观、社会志愿精神、"授人以渔"的新慈善精神。[②] 2011年7月，民政部发布的《中国慈善事业发展指导纲要（2011—2015年）》把加强慈善文化建设作为加快慈善事业发展的重点任务之一，明确指出"以学校、社区为

---

① 蓝春娣：《高校是培育与传播慈善文化的重要基地》，《当代青年研究》2013年第3期，第25～29页。

② 高红、李雪卿：《论和谐社会视阈中的慈善文化》，《中共青岛市委党校青岛行政学院学报》2007年第5期，第53～57页。

主要载体，将慈善文化融入课堂，挂入社区宣传栏，加强慈善学科建设，制订慈善教育计划，并纳入学生素质评估中"。① 可见，在以上重要政策中都明确说明了大学传承、塑造、培育慈善文化的责任。而作为大学治理结构中的重要组成部分，传承慈善文化同样也是高校教育基金会的自身使命。

3. 高校教育基金会传承慈善文化的优势

以上论述了高校教育基金会传承慈善文化的必要性和责任。相较于其他的慈善机构高校教育基金会的本质特征——依托大学成立和发展决定了其在传承慈善文化方面具有天然的优势。

任何文化的培育或者传播都是一个社会化的过程。社会化（socialization）是个体在特定的社会文化环境中，学习和掌握知识、技能、语言、规范、价值观等社会行为方式和人格特征，适应社会并积极作用于社会、创造新文化的过程。它是人和社会相互作用的结果。通过社会化，个体学习社会中的标准、规范、价值和所期望的行为。慈善文化也不例外。慈善文化的传承的终极目标在于让社会中的所有人能够认可慈善文化的内容，并将其转化为特定的社会行为方式，使得慈善成为一种生活方式。为达到上述目标，慈善文化的传承同样需要每个人经过社会化的习得过程。社会化的过程需要有场域或者载体，典型的社会化载体包括家庭、学校、媒体以及其他群体。作为社会化载体，学校是有组织、有计划、有目的地向个体系统传授社会规范、价值观念、知识与技能的机构，其特点是地位的正式性和管理的严格性。个体进入学龄期后，学校成为其社会化最重要的场所。学校教育促使学生掌握知识，激发其成就动机，并为学生提供广泛的社会互动的机会。学校还具有独特的亚文化、价值标准、礼仪与传统。

综上，高校教育基金会在传承慈善文化上的天然优势来源于可以借助两类重要的社会化载体——学校以及其他群体。首先，青年群体是传承慈善文化的重要群体，青年强则国强。而对于青年来说，大学期间是价值观形成的重要阶段，高校教育基金会可以借助大学的力量，对在校青年产生影响，从而实现传承慈善文化的目标。其次，大学还是一个接触中产阶级的重要渠道，而作为社会的中坚力量，中产阶级在慈善事业中一直扮演着重要的角色，无论是参与慈善活动还是传播慈善文化。在中国，很多高校教育基金会与校友会会设置在一起，即使在组织机构上是分开的，高校教育基金会也经常与校

---

① 闵清、计毅波、黄永昌：《大学生慈善意识与校园慈善文化的培育》，《学理论》2014 年第 23
期，第 233 ~ 235 页。

友会合作活动，因而高校教育基金会可以借助校友会的力量联系到大学校友，以他们为目标，传承慈善文化。

高校教育基金会在传承慈善文化方面的优势是与生俱来的，如何好好利用上述优势，促进慈善文化的传承，优化自身的生存环境，为慈善事业添砖加瓦是我国高校教育基金会应当思考并付诸实践的问题。

五　高校教育基金会传承慈善
文化的路径：学生与校友

整体来看，高校教育基金会在传承慈善文化方面仍处于缺位的状态。缺位状态的根源首先在于高校教育基金会在传承慈善文化方面缺乏重视，其次与部分高校教育基金会仍处于休眠和被动状态有关，截至目前，相当一部分高校教育基金会仍处于被动接受社会捐赠的状态，并未开始主动活动。尽管如此，也已经有一些高校教育基金会开始采用多元的活动积极地践行慈善文化的传承。通过上文对高校教育基金会传承慈善文化的优势的理论分析，以及对现实的观察，高校教育基金会传承慈善文化的路径为学生工作、校友工作，也就是说高校教育基金会应当充分发挥自身优势，以学生和校友为主要目标人群，采用理念倡导和实践活动两种方式，促进慈善文化在两类目标人群中的传播。如上所述，学生和校友代表着青年和中产阶层，在文化氛围塑造方面，青年和中产阶层对于整个社会有着重要的引领作用，因此，慈善文化在两类群体中的传播对于塑造整个社会慈善文化氛围至关重要。

1. 学生工作——理念倡导与实践活动

学生是慈善文化的最佳传承人。已有部分高校开始重视慈善文化建设，并以各种形式推动慈善文化教育。作为支持学校教育事业发展的高校教育基金会，也开始认识到慈善文化建设的重要意义，有意识地将传播慈善文化与推动学校教育事业发展相结合。上海高校非常重视慈善文化教育，华东师范大学在全国首建高校慈善爱心屋，并以慈善文化为主题举办了一系列活动；东华大学将学校的慈善爱心屋和学校的勤工俭学结合起来，打造成了学校慈善育人基地；复旦大学也开设了慈善爱心屋，并每年举办慈善文化周；上海大学每年会举办大学生慈善文化节……①西北地区的高校也不落人后，西安交

---

① 蓝春娣：《高校是培育与传播慈善文化的重要基地》，《当代青年研究》2013年第3期，第25～29页。

通大学、西北大学、长安大学等 8 所西安高校在校园内开展慈善文化征文、慈善文化大讲堂、慈善文化主题志愿服务、慈善公益广告创意大赛等活动，将慈善文化带入校园，激发大学生对慈善的认知。① 四川大学地处经济发展落后的西部地区，加之四川省内又经历了几次大的自然灾害，包括汶川地震、雅安地震等，因此四川大学教育基金会自 2010 年成立以来，就确立"心向至善，胸怀苍生"的公益理念，积极倡导利他主义思想的现代慈善文化观，坚持慈善事业与育人工作相结合、慈善文化与校园文化相融汇，主要从加强学生感恩意识培养、培养学生志愿服务精神、创新慈善文化宣传的渠道和方式、建立协调机制四方面积极开展对大学生慈善意识、慈善行为的培育……②可见围绕在校学生进行慈善文化传播的形式十分多元，本文认为可以从思想倡导和实践活动两大思路探寻慈善文化传承的具体策略。

（1）理念倡导

首先，高校教育基金会可以与大学合作，说服大学将慈善文化作为教学的重要内容，甚至是一门学科纳入教育体系当中。

截至目前，除中国人民大学、北京师范大学、清华大学、上海交通大学、中山大学个别学校开设了专门的慈善专业外，大部分高校还未将慈善作为一个专业进入整体的教育体系。这也是上文提到的慈善事业领域缺乏专业人才，影响到中国慈善机构的整体效率，从而影响社会对慈善机构的整体看法，进而影响到慈善文化传播的根源之一。因此高校教育基金会可以说服所在大学，甚至可以采用社会捐赠专门设立慈善专业的方式让慈善专业进入正轨的培养体系。实际上，在西方，慈善作为一门独立的学科也经历了一个逐渐发展的过程。首先西方逐渐出现将慈善文化引进课堂的现象，最初慈善文化作为道德教育或公民教育的内容被纳入课堂中，后来逐渐发展成一门独立的学科。③

由于目前我国的高等教育政策还未将慈善作为一门本科专业纳入高等教育体系中，且一门专业的设立需要足够的师资、教材资源作为支撑，将是一个长期的过程。因此，对于高校教育基金会而言，与所在大学合作设立专门的慈善专业并不是一件容易的事，但在学校中开设专门的慈善课程，并将慈善课程纳入学分体系是有可能的。目前已经有学校进行了这方面的实践，例

---

① 闵清、计毅波、黄永昌：《大学生慈善意识与校园慈善文化的培育》，《学理论》2014 年第 23 期，第 233～235 页。

② 王亚宜、周密、荣建国等：《高校教育基金会应引领慈善文化建设》，《高等教育发展研究》2015 年第 2 期，第 62～64 页。

③ 石国亮：《文化进学校：意义、挑战与路线图》，《长白学刊》2015 年第 2 期，第 132～139 页。

如众多高校都开设了慈善类的专业课程，还有一些高校，如中国矿业大学（北京），将志愿课程作为学校第二课堂必修课。即使不能实现课程与学分的对应，高校教育基金会至少可以组织专家资源在校内开设与慈善文化相关的系列讲座，为在校学生提供了了解慈善文化的窗口。

其次，高校教育基金会可以充分利用自己网站、微信、微博、杂志、纸质简报等多种媒体形式，在校园内打造慈善文化宣传平台，传播慈善文化；也可以与大学广播台，大学的官方网站、公众号以及各类学生社团的宣传平台合作，发挥以上媒体的宣传优势，共同策划慈善文化宣传活动。高校教育基金会对各类媒体的充分运用将弥补上文中提到的我国媒体在慈善文化宣传中的缺位问题，并且高校教育基金会的这些媒体渠道可以更加针对学生和校友群体，目标群体更加清晰，针对性更强，效果更好。目前，已经有很多高校教育基金会开始尝试打造慈善文化的宣传平台，例如四川大学教育基金会已初步构建了网站、微博、微信、杂志等一体的慈善文化宣传平台，并与四川日报等多家媒体达成战略合作，慈善文化传播初显成效。①

（2）实践活动

除理念倡导外，高校教育基金会还应该通过让大学在校生积极参与慈善实践活动，实现慈善文化的培育和传播。

现阶段，社会中存在对慈善的错误理解，例如慈善是富人的事，和我们普通人无关，慈善只意味着捐赠，只有收入高的人才可以参加，因此指导大学生形成正确的慈善观十分重要，而最有效的方法就是让大学生亲身参与慈善活动，在体验中体悟慈善的价值。综上，高校教育基金会应当独立或者与大学以及其他慈善机构合作，设计各类志愿活动，吸引大学生的参与，让"奉献爱心、服务社会"成为当代大学生的生活方式。大学生志愿活动背后正是利他主义的价值观指导并激励大学生开展丰富多彩的志愿活动，建立大学生广泛参与的志愿服务体系，通过授予荣誉称号等方式肯定志愿者的爱心和善行，培养大学生形成正确的慈善观，改变大学生认为慈善是"富人"的事及慈善仅仅是捐款捐物的狭隘理解。志愿活动的形式可以是丰富多彩的，例如，2014年暑期，四川大学教育基金会发起了"微爱回家"大学生微公益社会实践活动，通过组织大学生利用暑期时间回家之际，深入自己的家乡，走进农村、社区，发挥大学生专业优势为留守妇女、儿童和老人开展多种形式

---

① 王亚宜、周密、荣建国等：《高校教育基金会应引领慈善文化建设》，《高等教育发展研究》2015年第2期，第62~64页。

的志愿服务；辅导留守学生们做功课；与留守妇女谈心，向她们宣讲妇女权益保护知识和健康常识；走近留守老人，向他们身边的人宣扬尊老敬老爱老优良传统，为自己的家乡做出力所能及的贡献。①

2. 校友工作——筹资与慈善文化传承的合一

校友是除在校学生之外，高校教育基金会依托高校能够直接接触到的另一类人群，而高校校友又恰恰是慈善文化传播的重要目标人群，原因有二：首先，高校校友应当是我国各区域典型中产阶层的主要成员，而中产阶层作为社会的中间层，无论是从经济能力、空闲时间还是从对社会的关心程度来看，中产阶层都能够成为慈善事业的参与人；其次，已有研究成果早已说明慈善并不仅仅是富人的事，中产阶层广泛参与才是慈善事业的根基，西方国家的捐赠以及志愿活动方面的数据已经论证了这一论点，因此在高校校友中传播慈善理念，提高高校校友在慈善事业中的参与度对于整个国家的慈善文化传承、慈善氛围塑造非常重要。因此，高校教育基金会应当利用自身优势，与高校校友会合作，在高校校友中传播慈善理念。

在高校的治理体系中，校友工作一般放在校友会。尽管分别为高校中两类独立的机构，但高校教育基金会经常会与校友会共同活动，二者主要的连接点在于"高校的募款工作"②。高校教育基金会成立的初衷就是为高校吸收来自社会的各类捐赠，而校友是高校主要的捐赠者，也是高校教育基金会主要的募款对象。不同于西方高校，在我国高校中校友工作目前处于发展初期，整体来看，校友工作的活跃程度似乎与知名校友以及知名校友的捐赠行为直接相关，在我国各知名大学中，伴随着一系列知名校友的大额捐赠，例如清华大学、中国人民大学、浙江大学、武汉大学等大学的知名校友的过亿捐赠，校友工作越来越受重视。但一些普通高校，缺乏知名校友，校友工作仍待发展。然而，实际上，校友工作的重点从来不应当仅仅在于知名校友，调动尽可能多的校友对母校的关心，参与母校的建设，才是校友工作的终极目标。因此，高校教育基金会也应当与校友会一起进一步强化校友工作，此过程也应当同时是高校教育基金会传承慈善文化的过程。高校教育基金会应当能够实现校友工作、慈善文化传播以及筹资的相互促进。

无论是筹资还是慈善文化传播，其基础都是建立高校的校友网络，高校

---

① 王亚宜、周密、荣建国等：《高校教育基金会应引领慈善文化建设》，《高等教育发展研究》2015 年第 2 期，第 62～64 页。

② 邓娅：《校友工作体制与大学筹资能力——国际比较的视野》，《北京大学教育评论》2012 年第 1 期，第 139～150 页。

教育基金会应当协助校友会，二者共同依托校庆、校友沙龙、校友校园回访日等各类线下活动，以及校友微信群、微信公众号、微博等线上虚拟社区构建校友网络，吸引激励校友关注母校、关注慈善活动。高校教育基金会还应当设计各类参与门槛较低的公开募捐或者志愿活动，邀请每位校友参与，让每一位校友都有机会参与母校的建设和慈善事业，提高校友的参与度。相信不断地参与各类慈善活动，能够使广大校友从关心校友出发，进而关心社会，在此过程中，慈善文化自然能够得到传承。

六　最后的号召

慈善文化发展的滞后已经深深制约了我国慈善事业的发展。在政府从全能型向有限型转型的背景下，慈善事业已经成为我国公共问题解决以及公共服务供给的重要主体。无论是"第三次分配"还是"第三方政府"，都说明了慈善事业的重要程度。慈善事业能否快速发展，会直接影响我国公众的福利制度水平和生活质量。在促进慈善事业发展的过程中，传承慈善文化是最为根本的动力。

传承慈善文化的前提是对慈善文化的认知。现阶段，在中国传统文化、西方现代文化以及计划经济时期的文化三种文化力量的影响下，我国慈善文化呈现三元格局，其由中国传统的慈善文化、计划经济时期的利他文化以及西方现代的慈善文化共同构成，三种慈善文化之间利他动机、利他行为模式、利他的制度基础各不相同。尽管如此，无论哪一种文化，慈善文化的内核都是利他主义精神。利他主义精神的传播是慈善文化传承的根本。

慈善文化的断裂、政策体制缺乏、慈善机构的能力不足、公信力缺乏、传媒在慈善文化传播中的缺位、理性财富观的缺乏等因素共同导致了我国慈善文化发展的滞后，高校教育基金会应当利用自身优势，借助高校这一社会化载体，与校友会合作，在学生和校友两大目标群体中，开展多元形式的学生工作和校友活动，实现青年和中产阶层对慈善文化的正确认知，促进慈善文化的传承。课程体系的重构、课外兴趣讲座的开办、丰富的志愿活动都能够帮助高校教育基金会实现慈善文化在高校学生中的传播，而校友工作的关键在于校友网络的构建，高校教育基金会应当与校友一起共同构建校友网络，从而通过各类校友活动实现慈善文化的传播。

慈善文化传承的终极目标在于实现全社会公众对慈善事业的正确认知和

接受，让慈善成为广大公众的一种生活方式。显然，这不是一件易事！作为慈善机构的一分子，高校教育基金会坐拥高校平台，相较于其他慈善机构，其在慈善文化的传承中有着天然的优势，因而，高校教育基金会应当承担起传承慈善文化的伟大使命！

图书在版编目（CIP）数据

中国大学教育基金会发展报告. 2018 /《中国大学
教育基金会发展报告》编写组编. -- 北京：社会科学文
献出版社，2018.3（2022.2 重印）
ISBN 978 - 7 - 5201 - 2278 - 8

Ⅰ.①中… Ⅱ.①中… Ⅲ.①高等教育－教育基金制
－研究报告－中国－2018 Ⅳ.①G649.2

中国版本图书馆 CIP 数据核字（2018）第 037981 号

中国大学教育基金会发展报告（2018）

编　　者／《中国大学教育基金会发展报告》编写组

出 版 人／王利民
项目统筹／谢蕊芬
责任编辑／谢蕊芬　孙连芹
责任印制／王京美

出　　版／社会科学文献出版社·群学出版分社（010）59366453
　　　　　　地址：北京市北三环中路甲 29 号院华龙大厦　邮编：100029
　　　　　　网址：www. ssap. com. cn
发　　行／社会科学文献出版社（010）59367028
印　　装／北京虎彩文化传播有限公司

规　　格／开　本：787mm × 1092mm　1/16
　　　　　　印　张：19.75　字　数：350 千字
版　　次／2018 年 3 月第 1 版　2022 年 2 月第 3 次印刷
书　　号／ISBN 978 - 7 - 5201 - 2278 - 8
定　　价／89.00 元

读者服务电话：4008918866